王阳明

《传习录》讲疏

［明］ 王阳明 —— 著

刘兆伟 —— 讲解

胡永成 —— 整理

辽宁人民出版社

图书在版编目（CIP）数据

王阳明《传习录》讲疏／（明）王阳明著；刘兆伟
讲解；胡永成整理 . -- 沈阳：辽宁人民出版社，2024.
12. -- ISBN 978-7-205-11370-4

Ⅰ . B248.25

中国国家版本馆 CIP 数据核字第 2024XX1244 号

出版发行：辽宁人民出版社

　　　　地址：沈阳市和平区十一纬路 25 号　邮编：110003

　　　　电话：024-23284325（邮　购）　024-23284300（发行部）

　　　　http://www.lnpph.com.cn

印　　刷：辽宁新华印务有限公司

幅面尺寸：160mm×240mm

印　　张：38

字　　数：420 千字

出版时间：2024 年 12 月第 1 版

印刷时间：2024 年 12 月第 1 次印刷

责任编辑：盖新亮

装帧设计：丁末末

责任校对：吴艳杰

书　　号：ISBN 978-7-205-11370-4

定　　价：118.00 元

前　言

　　王阳明，名守仁，字伯安，1472 年生于浙江余姚。其家世代书香，祖上王览是晋朝初年大将军，王羲之是其第三十四世祖，祖父、父亲都是进士。父亲王华，号龙山公，成化十七年的状员，官至南京吏部尚书，封新建伯。

　　明朝开始，朱元璋建都南京，其孙建文帝继位不久，即被其四子，即小皇帝的四叔明成祖朱棣取而代之了。协助者是朱棣的同母胞弟朱权。朱权封地在今赤峰宁城，故称宁王。朱权本不愿从成祖夺权，成祖骗其出城，烧了宁城，逼其同行。现在宁城那个辽代古塔，城墙根儿就是明代的。后来王阳明在江西擒获造反的宁王朱宸濠就是朱权的后代。朱宸濠因其祖助成祖夺权，功劳大，几代皇帝都让他三分，导致他跋扈僭越。王阳明平定朱宸濠叛乱，为朝廷立了大功，亦封新建伯，官至南京兵部尚书。当初，明成祖夺权后，把国都迁到北京；南京亦未放弃，官府衙门、办事大臣照样设置。所以北京有兵部尚书，南京亦有兵部尚书。

　　王氏本居山东琅琊，西晋末年迁到南京，后来由于权势者聚安江南，南京米贵，望族逐渐再往南迁，其家迁到了绍兴，后曾一度迁到余姚。王阳明的父亲又从余姚迁回了绍兴。1472 年 10 月 31 日，王阳明生于余姚。后其父于北京做官，其11岁即到北京，学经书之余，接触各色人物，包括看相的、算命的、占卜的；还曾跨过长城，跑到塞外，去了解边塞烽火。王阳明十五六岁就琢磨国防事务，很有家国情怀。

王阳明17岁，成婚于南昌，岳父诸养和，是江西布政使参议。18岁偕夫人归余姚，乘船经广信即江西上饶，拜见理学大儒娄谅（号一斋），一见而为终身之师。王阳明向其学习格物致知之学，先生甚是喜欢。王阳明22岁参加科举未中。与其父亲来往者皆为达官贵人，或有开其玩笑者，阳明很为不满，便说"世人以不得第为耻，吾以不得第动心为耻"。26岁再考，恰遇被他斥责者做主考，自然落榜。28岁考中进士，后任刑部云南清吏司主事、山东主考官等职。34岁遇上了湛若水即湛甘泉，一见如故，成为真朋友，一并开始讲学。

王阳明开始讲学，时当明孝宗刚去世，明武宗登基。当时宦官作祟，对中正之士加以迫害。南京谏官戴铣等人上书指斥太监刘瑾等。为此，刘瑾唆使皇帝下旨，把戴铣等人从南京押往北京。王阳明为救戴铣等人给皇帝上了奏折，请求皇帝佑护忠臣，以彰圣德。由于太监从中作梗，王阳明被打四十大板，当场昏迷，幸运至甚，竟然神奇苏醒。

王阳明后被发配到贵州龙场驿（今修文县）。龙场驿就是古驿站，原来山路艰险，难于行走。那时，此地毒蛇猛兽出没，瘴气回荡，没吃的、没住的，周围是语言不通的少数民族。当时王阳明37岁，他面对险恶环境决意活下去。《传习录》中讲，修养的最大问题、最大考验还是生死的考验。他之所以讲得那么确切、那么有说服力，就在于自己经历过。所谓龙场悟道，首先悟的是必须活下去，既而悟到得向内修，不要向外求。王阳明讲格物就是要格己心之非，不是去格外部的事物，不是格别人身上的问题。

有一天，他睡着睡着突然大喊，我明白了！我终于明白了！明白了什么？明白了怎么做人，怎么立于世。要活下去就得从自身、从内心学圣人之道，行圣人之道。从此王阳明浑身清爽、精神振作，给病人熬汤药，与当地人交朋友。用破泥碗、破瓢舀酒，别人喝完，他也拿过来就喝。既而说，这就是尧、舜时的生活呀！这就是尧、舜时的快乐呀！这就有了活下去的条件了。他写诗说："寄语峰头双白鹤，野夫终不久龙场。"我绝不能久居龙场，一定会好的。有了这个期盼，这个信心，王阳明不但和当地人相处融洽，而且还给他们讲讲做人之道。他刚到龙场时，住的地方叫玩易窝，就是一个石头窝。现在有的说法说是石椁、石棺，说王阳明就躺在里边说，我想不明白就不起来了。这都是演绎的。其实就是个石头窝，弄点儿草一靠，就睡觉了。后来老百姓拥戴他，就在二里外的高地建了个简易的房子，就在现在的阳明广场里边。所谓的何陋轩、君子亭，就是老百姓帮助搭的窝棚、草棚，取"君子居之，何陋之有"之义，在木板上写了"何陋轩""君子亭"挂上了。王阳明就搬到这个地方给大伙儿上课，办学就这样搞起来了。当时，王阳明38岁。

当时，在贵阳有一个被贬谪的人叫席书，号元山，时为贵州提学副使。他听闻王阳明在此地讲学，就去听课，说你讲得这么好，到贵阳去讲吧。贵阳修了一个阳明书院，现在还在。由此王阳明开始讲"知行合一"。不久，皇帝下令将王阳明调到江西吉安府庐陵县当县令，时年39岁。县令只做了7个月就做成了模范。王阳明不用惩罚、杀戮等手段，大量精力都用在讲学上，特别见效。

王阳明 40 岁时回北京述职，便于大兴隆寺讲课了。方献夫比王阳明官大，听了王阳明的课后即行拜师，王阳明拒绝不得。还有黄绾（字宗贤），与王阳明、湛若水三人一起讲学，后黄绾坚拜王阳明为师。

王阳明开始研究朱陆之学，后任南京太仆寺官员。他回乡探亲，同徐爱在夜间乘船，开始讲《大学》，这就是《传习录》之始。他 42 岁到滁州督责军需兵马。他在醉翁亭下环龙潭边讲学，听讲的人很多，有时一讲就讲到半夜。那时他讲的主要还是知行合一，涉及天理，但还未涉及致良知。真正的致良知，把它作为一个定论，非常有信心地向别人宣讲，是王阳明 50 岁以后。43 岁时王阳明升南京鸿胪寺卿，学生更多了。45 岁时升任都察院左佥都御史，巡抚南、赣、汀、漳等地。

王阳明 46 岁时，平定赣、漳等地匪患，改授提督南、赣、汀、漳等处军务，在赣州推行《十家牌法》。《十家牌法》就是十家一组，每天一家值日。值日的竹牌挂到谁家门上，谁家就要看管这十家所有的人丁，特别是青壮年的男丁。负责的这天如果有人跑上山去当土匪，不但要抓值日者，还要抓跑者家长，十家都要连坐。所以这十家都会互相监督，就怕谁家的孩子跑上山。这个办法厉害，没有上山当土匪的人了，也没有人送饭送粮给土匪了。就这样，一面说服，一面清剿。先说服，再清剿。当然这个方法也不是他的独创，商鞅也提出过类似方法，只是没完善。商鞅变法注重治，不注重化；王阳明注重教化。他当时提出了一个重要观点，"破山中贼易，破心中贼难"。后来他在教学过程中，也说"破心中贼难"。私心杂念，不诚之处，都是心中之贼。这个心中之贼时常被掩护，所以最难破。"心中贼"破了，天下就长治久安了。

王阳明 47 岁时，平定浰头山匪患，升任都察院右副都御史，刻古本《大学》《朱子晚年定论》。学生徐爱在这一年去世。其48岁时，镇压宁王叛乱。在这个过程中，足见王阳明的大修养、大智慧。他到了江西，了解到当地的流言和百姓的感受，就基本确定宁王必反。他曾给皇帝写过奏折，隐晦地建议对宁王应有防范。但皇帝以亲情恩德之名给搪塞回去了。《论语》说："不逆诈，不亿不信，抑亦先觉者，是贤乎！"王阳明正是此等贤人。宁王更是防备他，跟朝廷大臣勾结，促使皇帝把王阳明调离江西，到漳州、汀州做官。王阳明走得很慢，怕宁王把他打发走了就造反。果然，王阳明刚到丰城，宁王宣布反朝廷，并挂上自己的旗帜。于是王阳明马上返回吉安和知府伍文定召集兵马，组织江西的人力物力，抵抗宁王叛军。如等朝廷旨令，就是用快马，来回也需要十天，就耽误了战局。宁王欲从南昌经鄱阳湖到九江，顺着长江打到南京，在南京称王。王阳明充分发挥他的聪明才智，以迅雷不及掩耳之势镇压了宁王。宁王被抓住之后，对王阳明说，娄妃是娄谅的女儿，是贤人，她多次谏我不反，我没听，其投水自尽，请予安葬。王阳明派人把娄妃打捞上来，将其安葬了。可见，即使是反面人物也有这种情义。正如王阳明所说，良知人人皆有，坏人只不过是良知被蒙蔽了。就像做强盗的，叫他强盗，他听了也会脸红，也会感到难过。王阳明认为这就是良知。王阳明镇压宁王立了大功，尽管有些波折，还是被封为新建伯。

当时，王阳明50岁，其父亲71岁。一个兵部尚书，一个吏部尚书。其父说，我们今天父子团圆就算到了极点，但一定要知道，从此我们要逐渐走向衰落了。不久，其父去世。王阳明在家守丧，逐渐又开始讲学。王阳明54岁时夫人去世，55岁时有了小儿子，《王阳明年谱》（后简称《年谱》）记载为继室张氏所生。1527年，王阳明 56 岁，朝廷命其到广西剿匪。赴任时，其学生从绍兴相送，每一步都走得很艰难，大家都不愿意让他走。途中，都是在讲学。到了南昌附近，漳江分流的地方叫南浦，学生三百余人都聚集到那，好多老百姓也想看看王阳明，挤得不得了。后来临时设一暂驻之地。王阳明端坐，老百姓东进西出，与之见面。有的年轻人回过头来再排队，足见当时其影响之大。之后王阳明就到了吉安，又通过肇庆到了广西。

1528 年，王阳明 57 岁时平定了广西叛乱，于南宁、思州、田州办学校。后其旧病复发，时常吐血，给朝廷写奏折请辞，未获准。王阳明自觉身心不支，遂决定往回走。王阳明去广西有两个官职，一个是总督江西、湖广、广东、广西四省军务，另一个是两广巡抚。王阳明回来时，把这个巡抚就交给了学生王大用。王大用为其置办了一副棺材，随船带着走，有事马上就能用得上。王阳明一边写奏折，一边往回走。就在喘不上来气要不行了的情况下，还通过广州到五世祖王纲立功地增城祭祀一下，还到湛若水的家乡看了一眼。然后越过梅岭，到了江西境界南安府（今江西省大余县）。在漳江边又上了船，愈觉病重，气喘吁吁。南安府有一个推官名周积，是王阳明学生，听说老师病了，急忙跑上了船，问老师病情如何。王阳明摆摆手说，近来进学如何？周积汇报后去找医生，医生说无力回天。去世前，周积问王阳明有何遗言，他微笑说："此心光明，亦复何言？"瞑目而逝。按公历算，1529 年 1 月 9 日，王阳明去世于青龙铺漳江边船上。

王阳明灵柩回程路上，地方迎送，学生护行，灵船到了南昌，官民留之过年，在南昌过了春节。节后到广信，以王畿和钱德洪为首的弟子前来迎灵。据《年谱》载，先生葬于绍兴城外洪溪，离兰亭五里。"门人会葬者千余人，麻衣衰屦，扶柩而哭。四方来观者莫不交涕。"

众弟子迎灵于广信时决定，老师去世了，遗言不能丢，要在三年之内，尽力搜集，然后集中到钱德洪那里加以整理刊刻。三年后，钱德洪的母亲去世了，就暂缓了此事。后来，学友曾才汉将钱德洪当年整理而没有刊刻的文稿刻出来了。怕草率，请钱德洪重新审核。钱德洪再次审核，删去一些，补充一些，就形成了现存的《传习录》下篇。

《传习录》的上篇，主要是王阳明讲学语录，从王阳明41岁给徐爱讲《大学》开始。徐爱把老师讲课内容整理成稿，薛侃（字尚谦）把徐爱整理的稿本刻成书。这就是今天的《传习录》上篇。王阳明为父守丧后，在家讲学，绍兴知府南大吉听课后，心境豁然，修了稽山书院，建立了尊经阁。南大吉又将老师论道的八封信件刻版成书，称为《传习录》下篇。后来钱德洪在老师去世后，整理刻印的部分，再加上《朱子晚年定论》作为下篇之后，南大吉刻的这部分就变成了中篇。

王阳明给徐爱讲《大学》始，一直到下篇结束，思想体系都是一脉相承的。但是由于谈话对象、指导对象不一样，方法、切入点也不同。对这个人讲了，但那个人还没听到；在绍兴讲过的，这回要在赣州讲，故再讲一遍的章节也有，但绝不会无意义地重复。怎么讲也没离开王阳明的思想体系，正如孔子言："吾道一以贯之。"

《传习录》的"传习"二字，取自《论语·学而》，曾子曰："吾日三省吾身，为人谋而不忠乎？与朋友交而不信乎？传不习乎？"取要传、要习之意。王阳明理解这个习就是实践，传道就要践行。在其前，朱熹与吕祖谦编辑了周敦颐、张载、程颢、程颐的语录集，名为《近思录》。"近思"二字，取自《论语·子张》，"博学而笃志，切问而近思，仁在其中矣"。王阳明的《传习录》也受到朱熹《近思录》的启发。近思、传习，朱熹注重思，王阳明注重习、践行。

《传习录》上篇

一、《大学》与"亲民"

王阳明认为，所谓大学问，就是"明明德""亲民"，就是把做人的道理学明白。天给我们的善性别丢掉，使它更善一点，更善一点就能更好一点。天赋予我们的善，如是萌芽的，就要把它弘大。弘大的具体体现是什么？是"亲民"。学道不"亲民"，就是佛，就是老庄，不是给百姓服务。儒与佛、老庄，还有其他宗教不同之处就在于"亲民"否。阳明先生认为佛教是弃人伦，一切情欲之私都不染着，似无私心，而实质上都只是成就他一个私己的心。他要清闲，他要成佛，他不管别人疾苦，这是毫不负责任的。

"圣人之学明，则仙佛自泯。"这话不是王阳明说的，但他没反对。王阳明说过，"佛氏不着相，其实着了相；吾儒着了相，其实不着相"。佛氏外表的这个相，他不着世间的生生死死，富贵贫瘠，他不管这个。但其实他着了相，其实他是怕别人累了他，他才逃离了家庭去修养，这是最不负责任的。这就是表面不着相，其实着了相。儒家表面着相，其实不着相，表面是没离开生死，没离开富贵，没离开穷达，但其实他不着相，他修养到高境界，在人世间修养，他处理问题要循天理、节人欲，要灭掉非分的欲望，这其实是不着相的。儒家中名副其实的儒者，就是我们中华民族五千年文明史上进步的中国人、先进的中国人。孟子讲，天之生万民也，有先知，有先觉；有后知，有后觉。先知先觉者承担着责任去教育引导后知后觉的人。

王阳明与朱熹的分歧是什么？朱熹把"亲民"改成了"新民"。朱熹讲，"大学之道，在明明德，在新民"。王阳明认为，新民，是使令他新、教化他新、引导他新，主客体鲜明，不是自然的，是外加的。亲民，是以情感、情义化民，以友情助民，"亲亲而仁民，仁民而爱物"。君民一体，民之所好好之，民之所恶恶之，老百姓喜欢什么就去做什么，反对什么就不做什么，这叫亲。所以比新要好，更进一步。历史上传下来的是亲民，朱熹给改成了新民，王阳明改回来，认为亲民是对的。

朱熹提出"格物"是了解天下万事万物，学习天下万事万物，在今天教育学生这样做也是不错的。但是了解它，就能正确对待它吗？人若无良心，怎能正确对待万物呢？人若有良知，万物才能各得其所，各尽其用。所以格物是格己心之非。只有不断地格己心之非，一事一物都格己心之非，才能致良知，才能讲良心。只有讲良心才能真诚。只有真诚才能讲良心。一事当前，一利当前，考虑人家的感情，人家对我们怎么看；我们对人家怎么样，合于礼义廉耻否？把这些都格透了，这才利于致良知。只有反省良知，才能把这个事、这个物格透了。只有格透了，具有良知了，才真能做到诚。诚者自明。明了、诚了，再去照别人。格物、致知、诚意都做到了，心还能不正吗？正心才能修身、齐家、治国、平天下。"治国""平天下"就是"明明德"；"明明德"就是"亲民"。真正"亲民"、爱民，才是"止于至善"，才是修养的最高境界。这就是《传习录》上篇里第一重要问题。

二、知行合一

关于知行合一，王阳明所举的例子，本身也是诚，只有理解诚，才能真正理解知行合一。在文字定义上，《传习录》中王阳明几次谈到诚，那么诚是什么？"如好好色，如恶恶臭。"好好色，恶恶臭，这是自然的，这是天然的，这是诚的。如果我们对待万事万物，对待与别人相处的问题，能像好好色这样自然，像恶恶臭这样真实，那就是真，那就是诚。知道它是好色，知道这个牡丹花开得好，芍药花开得好，知道是知；而同时，喜欢这个花了，知和行已经合一了。知道这个花，同时就好了，就喜欢了，这时的好、喜欢就是行。知和行是不可分的，不是有一个知的过程，知好了，弄明白了再决定好，又有一个好的过程，不是的。从自然意义讲，知行是合一的，"知是行之始，行是知之成"。不行，知是没效用的；不知，就没有行的开始。

王阳明为什么强调知行合一？他说你们和我论来论去，到底是知行合一，还是知和行是两回事，这个不重要。关键是你们要明白我立言的宗旨，我为什么提出知行合一？就是因为社会上有太多知行不合一。知行不合一最大的体现就是全国上下都学四书、五经，但对待老百姓疾苦问题上、水旱灾害上，就不是按照圣人"亲民"的思想去办。考试，中了进士去当官，都用圣贤思想做标准，但是当了官对待老百姓就不用圣贤思想做标准了。如此类事不解决，学习圣贤书有什么用呢？正因为存在这类问题必须解决，我才提出知行合一这个对症的药。

三、天理良心

理皆在心中，心中如不讲理，那还有什么理？所以就是要在具体事上学存天理，尽人性；在具体事上明明德，致良知，讲良心。人心、道心只是一颗心，未杂染于人欲之私，这颗心就是道心；道心杂染上私欲的非分念头，就是人心。人心得正，就是道心；道心失正，就是人心。何为主一？主一个天理，就是主一。或说专心做工作，一丝不苟，这叫主一。这话亦不错，但王阳明说的不是这个意思。如专心做事就是"主一"，主一做坏事，主一好钱，主一好色，主一好利，这就叫主一了吗？不是的。主一就是"主一个天理"，主一个天理、良知。只念念要存此天理，这就是主一。念念存此天理，事事存此天理，这也是立志。要立志这么做，能不忘乎此，久则自然在心中凝聚，才能使得"此天理之念常存，驯至于美大圣神"。孟子说："充实之谓美，充实而有光辉之谓大，大而化之之谓圣，圣而不可知之之谓神。""亦只从此一念存养扩充去耳。"也只是存此一个天理之念，而把它扩展出去罢了。越扩充就成了美大圣神了。所以只是抓住一个天理，对照所做的事合乎天理不，合乎良心不，总敲打自己，老提醒自己，这样无论是做事、做人都不会错的。

传圣人思想精神，需要贤达之士。圣贤传下之书，皆形状大略，里面的精神气概，需要贤达人士去传。为使后世学圣贤文化不走样，就要努力传其真。庶人为名利转，不能保持圣人的精气神。徒知静养，而不用克己的功夫，临事便倒。离开社会，只静养，不与世间名利接触。如果不用克己的功夫，有事时就会手足无措。只有在事上磨，在事上克己复礼，在事上格物致知，在事上炼诚意，方能立得住。对别人诚不诚，真不真，就像过去在农村铲地。高粱、谷子的苗还细小，苗旁的草都容易超过它，这个草叫护脖子草。在铲地的时候，稍不注意就把苗铲倒了。也有不认真的人，用锄头一刨土，就把草盖住了，当时省事，过后草又长出来了，这样庄稼是不会长好的。而我们在修养问题上就像铲除护脖子草一样，要把我心里的草一根根都锄掉，这才叫诚。如果总是谅解自己，就像那个不好好铲地者用土盖草是一样的，遇到大事就垮台了。所以在人家对不起我的事上，别较真儿；我对不起别人的事上，要较真儿。要对得起别人，要对得起良心，要对得起一生的工作。这就是较真儿，这就是在事上磨，这就是在事上诚。能做到这样，就是"静亦定，动亦定"。心里不慌、不长草，就不会患得患失，自然合群利群。

只要去人欲，存天理，就是功夫。静时念念不忘去人欲，存天理；动时念念不忘去人欲，存天理。不管宁静不宁静，以循天理为主，何尝不宁静？而以宁静为主，未必能循天理。学在用，用得好才是明，才是灵觉精察，自然就是知行合一。只要有良心，外表的所有的功夫、所有的德行，都会长久存在的。

"何思何虑"，这是《易经》上的话。王阳明说过多次，"何思何虑"，考虑什么？只思一个天理，只考虑一个良心就够了。还要什么标准？只要有天理良心，什么事也不会差得太远。虽终日应酬，而不出天理，就是良心在腔子里，没有跑掉。如果良心没在腔子里，人就没有灵魂了。要保住天理、良心，得需要养。按照孟子的话，"苟得其养，无物不长；苟失其养，无物不消"。所以要养，怎么养？孟子说，"我善养吾浩然之气"。浩然之气怎么养？集义。不断做好事，经常做善事，经常做关爱民众的事，一点点小事都能体现心里有别人。有人会说，那人太多了，怎么关心？先从近处来，第一个范围的关心完了，再关心第二个、第三个范围的，这就是养天理，养良心。永保天理、良心，就是永保做人的高尚。

四、修养在磨镜上用功

诚是什么？王阳明说，一面镜子上不落纤细的灰尘，透明的，照得高的就是高的，矮的就是矮的，什么德行就是什么德行，这就是明镜。王阳明所批评的一些官、一些教师只在照上下功夫，不在明上下功夫。不管是什么破镜子，拿过来就要照别人，然后就说别人是丑的，别人是错的。这个镜子如本身就是污浊的，照出的东西是不准确的。所以王阳明说，要在诚上下功夫。

镜子磨得越来越光亮，天理良知就更明。所谓磨镜的问题，就是要在磨心镜上下功夫，不要在照别人上做功夫。心如明镜，无纤尘，方照得准。心镜之明，在于纯正天理人心。

王阳明说，精神、道德、言语、动作大率以收敛为主，发散是不得已，天地人物皆然。这值得参考，从道的角度来讲，收敛为主是对的。《易经》中义，谨慎、小心、谦让、恭敬，还包括朋友相处互相让一步，这些都是收敛。处朋友，"务相下，则得益，相上则损"。王阳明很实际，教育学生、告诉朋友的话有许多不是官话，朋友相交，一定互相谦让，那么彼此都是受益的；如果都相上，争来争去，则皆受损伤。

道无方体，不可僵化。拘滞于文义上求道，远矣！道是没有固定模式的，求道之人不能偏执。如果拘泥于某种文字的表述，那样就离道愈远了。需要酌情，大道无方，在执行过程当中，具体问题具体分析。《孟子·离娄下》中"汤执中，立贤无方"说的也就是这个。所以说，圣贤给我们留下的智慧确实很了不起，我们要把它用得具体、灵活、恰当。

关于用人的问题，一定要做到随才成就。王阳明在孔子的因材施教基础上，提出随才成就。是什么材料，就往哪方面培养。"与其为数顷无源之塘水，不若为数尺有源之井水，生意不穷"，就是有没有后劲儿，有没有潜力的问题。一个人有没有潜力，这是要考虑的。朱熹的"半亩方塘一鉴开，天光云影共徘徊。问渠那得清如许？为有源头活水来"，也是讲的这个问题，圣贤们都是共通的。

人的举止言行，处理大事小事，回到家里或在单位，如只是少事做到和，少事做到中，这不能叫作天下之大本也、天下之达道也。而修养到自然而然的无所不容、无所不合，什么事、什么场合都中、都和，这叫大本，这叫大道。

五、必有事焉，而勿正，心勿忘，勿助长也

孟子不动心与告子不动心不同，孟子不动心是不断地"集义"，不断地积累正义，涵养浩然正气。正气怎么积累？不断地做好事，做善事，做利于群众、利于国家的事，这叫"集义"。不断地集义，那么养成的正气，养成的不动心，这是自然的。而告子的不动心是控制自己的心，掐着自己的心让它往正道上去思考，是把捉着自己的心，强迫着自己的心。这样好不好？好。但是一松开手，它就又回去了。要想像孟子那样不动心，就必须一件一件做善事，做好事，积累善事，积累好事。集义成功之后，这个人就充盈了浩然正气，就能自然而然地流淌出来善性善意。

每人之心所及之物，均需以天理制约，凡能用天理制约心里所及之物，就叫万物皆在吾心中，心外无物。心外无物是什么？不是心外不存在万物，而是心外无我良知所及之物。我良心跟它们没打交道，所以心外无物。

圣人纯天理而无人欲染着，犹如精金。诸位圣人都在不同程度、

不同分量上持有精金。持有精金的人，都可以称为圣人，虽然分量不同。王阳明说，尧、舜可能有一万镒；周文王、孔子有九千镒；禹、汤、武有八千镒；伯夷、叔齐可能有三千镒。都是圣人，分量有所不同。在此意义上讲，普通人只要严格要求自己，可能有一两，有二两，再少也是精金，所以普通人也可以成为圣人。这不是空话。在事上做到"存天理，去人欲"，就有圣人之质。一个人的能力有大小，但有精一精神者即可谓之圣。

修养的问题，不求日增，但求日减。不是说我学了圣贤的思想要增加什么，而是要减少欲望，减少私心。减得一分人欲，则复得一分天理。"惟患夺志"，人怕的就是志向被销蚀了。《尚书·泰誓上》讲，"惟人万物之灵"。人是万物之灵。蚂蚁遇到了挫折，它还要向前爬，无论如何都向前爬，负担重物也不放下，人也应该有这个劲头。如果一点志都没有，什么事都所谓的看破红尘，不应是思想主流。要避免夺志，志向要坚定。立志为善，决不旁骛。日久天长，"必有事焉"，修而不辍，勿忘勿助，日夜培植，立志贵专，专则能中，中而不迁。

圣人以下，不能无蔽，故需格物。格物以致其知，着实用意，便是诚意。如一味地好善，一味地恶恶，则有失于中，却成偏好了。若是有所目的地做善事，或有所目的地恶恶事，那就有失于偏。圣人之学简易、广大、忠恕、仁爱，修道即是修人性，就是修天理。王阳明说，"汝但戒慎不睹，恐惧不闻，养得此心纯是天理，便自然见"。学道需要悟，说不明白，要知道怎么去做。王阳明比喻说，"哑子吃苦瓜，与你说不得，你要知此苦，还须你自吃"。这几句话很形象生动，很深刻，要扪心自问，要将心比心，要自己身临其境去感受。王阳明教育人非常实际，认为如此才是真知，才是真行，才是实学。

《传习录》中篇

一、知行之本体

王阳明学说与佛教的"明心见性""定慧顿悟"有何区别？

王阳明学说始终不离在事上修养，不脱离社会实际，在具体事上用格物、致知、诚意、正心的功夫；而佛教主张抛掉情义，离开社会，故不同。王阳明学说主张的是亲民，不离开社会，所以致良知，存天理，去人欲，和明心见性本质上不是一回事。顾东桥等提出这个问题，王阳明告诉他，万变不离其宗的就是"亲民"。不离社会，在事上磨，在官任上修养，在判案上修养。办理公务，处理案件，一件一件地考虑自己是不是致良知，是不是知行合一。区别在此。

真知必然行，真行自然知。顾东桥实质是赞同知行合一的，但不同意行即是知。王阳明说，"知之真切笃实处，即是行，行之明觉精察处，即是知"。行的过程当中非常透亮，脑袋非常清楚，明觉精察，到了这个程度，就是知。知行功夫本不可离，只是后来的学者把它分成两节用功，失去了知行的本体，所以才创立知行合一之说。"真知即所以为行，不行不足谓之知。""外吾心而求物理，无物理矣。"无心则无理，心即理也。"外心以求理，此知行之所以二也。求理于吾心，此圣门知行合一之教。"只看了书本不做事，学了孝悌忠信礼义廉耻，根本没关心社会的事，就讲孝悌忠信礼义廉耻，是讲不明白的，本质上是不知的。王阳明之所以讲得起作用，行得起作用，就在于他和社会是结合在一起的，他不脱离社会万事万物。

学、问、思、辨、行，五者为一体，源于《中庸》。反对王阳明的人提出，学问思辨是知，笃行是行，这本来明显就是两样嘛！前四个字是知，是学；后一个字是行。如果知行是合一的，何必再单列出一个行啊？王阳明说，真正的学必有行，学行是合一的；问行是合一的；思行是合一的；辨行是合一的。学、问、思、辨、行都是合一的。如果不行，比如说问和行的关系，问了不行和问的过程当中不含行，坐而论道是问不清楚的，问不明白的，什么事都不能脱离开行。思也脱离不开行，没有行的思就是佛的思，而行的定义就是联系社会、老百姓。王阳明说，"知不行之不可以为学，则知不行之不可以为穷理矣；知不行之不可以为穷理，则知知行之合一并进而不可以分为两节事矣"。

二、修养要因人而宜，皆需务本

王阳明主张，修养者不同，基础、程度不同，要区别对待。修养者多不能做到生而知之，安而行之。修养者多不是圣人，做不到生知安行，所以不能责之以"尽心、知性、知天"，像要求圣人那样是不可以的。而世人多为"困而学之、学而知之，勉而行之"，故当多责之"夭寿不贰，修身以俟，困知勉行"，所以应当多督促他们做到不管长寿短寿，都没有二心，要学致良知，要学知行合一，做人应该是这样的。做好自己，这叫"修身以俟"，就是修身等待。王阳明主张，"所谓致知格物者，致吾心之良知于事事物物也。吾心之良知，即所谓天理也。致吾心良知之天理于事事物物，则事事物物皆得其理矣。致吾心之良知者，致知也。事事物物皆得其理者，格物也"。

修养的问题，最关键的就是一事一念，均以天理察之，善则充之，恶则遏之，"志也，天聪明也"。所以王阳明学问的根本，就在这个意念上。"善念发而知之，而充之；恶念发而知之，而遏之。"一念一发就知道它是善、是恶，善的扩充，恶的把它堵住。这就是圣贤传下来的修养之士最高的志向，天给的聪明。"圣人只有此，学者当存此。"圣人只不过就有这个罢了，学人就应学这个罢了。王阳明说："不于吾心良知一念之微而察之，亦将何所用其学乎？"不在我心、最潜在的一念之微而察之，那还往哪用我这些学问呢？我学这些学问有什么用啊？这就是王阳明倡导的修道之根本！

修道在日常，平常讲良心，天天如此，事事如此。偶发变故，仍然是以良心对待，绝不会错的。修养有规矩，抓住良心；无成法，都是因时因事而宜，遇事而格，用良知，求良知，即格物而后致良知，有良知而后自然诚，诚而后自然正。故"舜不告，武不葬"则可。

任何大人君子之壮举，皆须合乎念念之正，念念之诚。不然，其所举则不义。忽视良知，丢了诚，即使呕心沥血，百计千方，也不会成事；即使成事，自己也不会安然无恙，也长久不得。《易经·大畜·象》说，"君子多识前言往行，以畜其德"。如果以蓄德为目的去学习，读什么好书都可以为蓄德服务，只不过学经书更为集中一些罢了。以前的事、以前的话多学多行，以蓄其德。我们自己德性的积累，得向圣贤学，更要在社会实践中不断做利群之事，即孟子之"集义"。

王阳明强调内修，心即理，心地澄明，无一毫人欲之私。而他同时强调知行合一，凡修养事，皆在事上磨，恰到好处，不极端。所以怎么修也不会像佛家那样修道忘民，忘了自己的义务。他强调亲民。国家治理、教化的根本在于统治者。"人而无信，不知其可。"统治者心有不良，纵有千般招法，也是纣王式的人物，害人而已。王阳明反对"星术浅陋之士，推步占候"，其妄称无所不知晓。尧舜之知而不遍物，虽尧舜亦未必能之也。而曲知小慧之人反夸佞道。

王阳明还认为"'封禅'之说，尤为不经，是乃后世佞人谀士，所以求媚于其上，倡为夸侈，以荡君心，而糜国费。盖欺天罔人，无耻之大者，君子之所不道，司马相如之所以见讥于天下后世也"。

修养要"拔本塞源"。此为《左传·昭公九年》中的词语。拔去根本，堵塞本源。在这里有两层意思。第一层意思是，三代之后逐渐邪说横行，佞道成风，利熏众心，官非官，儒非儒，民非民，皆违名分，从根本上拔掉了圣道之本，堵塞了圣道之源。第二层意思是，阳明先生要把那些错误的拔掉圣道之本的恶本拔掉，把恶源堵塞住。那怎么拔？就是知行合一、致良知、心即理、亲民。这就是拔掉这个毒根的办法。堵塞那个恶源，用天理良心来堵塞那个私心、私欲。这些做法要灵活运用。今天对社会一些恶劣的行为，就是要拔本塞源。

三、学者当立志不移

王阳明对立志的问题看得非常重要。他说，"吾人为学紧要大头脑，只是立志，所谓困忘之病，亦只是志欠真切。今好色之人未尝病于困忘，只是一真切耳"。人要修养主要在立志，一切的记不住、困了、忘了、没时间等，王阳明认为这些都是志欠真切。如果这个志真切，那什么困难都没有了。他说好色之人，对于好色就没有困的时候，也没有忘的时候。为什么？只是一真切耳。真是这样，真这么想的，真正追求的，就没有困忘。有困忘、疲惫，种种原因，说出多个理由来，根源就是志欠真切。所以办事时，对某事坚持不下来，自己就得考虑这事想不想做下去，想做下去，这个志立好了，就不论什么条件，一定能达到目的。王阳明讲，要立志体认天理，致良知。"若不就自己良知上真切体认，如以无星之称而权轻重，未开之镜而照妍媸"，就像用没有星的那个称去称物件的重量，用没有磨光的镜子去照美丑，那就叫作以小人之心度君子之腹。自己不从良知天理上体认，是辨别不了真正的孰是孰非的。所以应该坚持自己的志向，坚持自己体认天理、致良知。

莫论人之是非，当论己之是非。当然，是非问题不可不论，但要看从哪个意义上去论。王阳明说："'攻吾之短者是吾师'，师又可恶乎？"谁揭我的短，谁就是我的好老师。这样的老师还讨厌吗？真正的明白人，都有一些能对自己提出批评意见、讲真话的好朋友，所以垮不掉。每个人都应该有几个能攻我短的朋友，亲戚、兄弟、邻居都可以，总之得有几个能跟我讲真话、指责我缺点的人，那就垮不掉。

王阳明曾说，"思、孟、周、程无意相遭于千载之下，与其尽信于天下，不若真信于一人。道固自在，学亦自在，天下信之不为多，一人信之不为少"。这是指子思、孟子、周敦颐、二程，假如这些大家都同时遇到一起了，与其得到天下所有人的信任，不如一人真信他们。真信圣人之道、真行圣人之道的人，即使少，但是精金，精金不怕少，精者方能传承圣道精髓。怕的是似是而非的潮起潮落，没有精纯良知之根本。《孟子·离娄下》载，孟子曰："苟为无本，七八月之间雨集，沟浍皆盈；其涸也，可立而待也。故声闻过情，君子耻之。"

四、性、气之论

无气则无性，人要无气就没有人性了。这个气是有生气的、生动的、有活力的，是物质层面的。同时王阳明说，恻隐、羞恶、辞让、是非之心，原本是人性善的开端，但也是气。如果只论人性而不论气不可以，那就不完备；如果只论气不论性，那就不清明。孟子说，

"我善养吾浩然之气"，就是指这种气。"我善养吾浩然之气"的气和生命的这个气不完全是一回事，但又不是截然分开的。"善养吾浩然之气"，养的这个气是物质的，是有生命的，是动的。说它大，它充斥于天地之间；如果修养不够，这个气就馁了、瘪了、散了。这个气要坚持下去，就得要"集义"，集聚正义，不断地聚义，积累正义之事，积累自己的美善行为，这个气才能够永远充斥着、满盈着，不会散去。比如文天祥的《正气歌》，文天祥被拘在元的土牢里，住了两年，里面是臭气、腥臊气、土气，各种各样的恶气。尽管文天祥身体孱弱、疾病缠身，可是其于土牢活得很精神，以正气抵七种腐败恶臭之气，还写了《正气歌》。这就是文天祥善养的浩然之气。这个气是大无畏的气势，阳刚的风貌，正直不屈而坚毅不拔的气节。这种气也包括英雄人物敢于拼搏、敢于牺牲的血性。如果没有这种气，良知、善良、美好的心境，就不完备，也不完美。只有拥有这种气，才能在关键时展现出担当精神、责任意识，修养的善良人性才能充分发挥它的作用。如果没有善性，只论气，只是血性，只是担当，那方向和目标就不明确、不准确、不精确。气是动力，是能量；性是原则，是方向。所以性和气二者必须很好地结合，修养才能落到实处。

王阳明讲求的修养不离开事，不离开人民，不离开社会，都落在实处，事上看，事上磨。如果逃避，如果不亲民，那与学佛、求仙无异，修养得再好，也就是佛、道而已。这里说的是性、气的关系，实质也是修养和担当的关系。"性无不善，故知无不良，良知即是未发之中，即是廓然大公，寂然不动之本体，人人之所同具者也。但不能不昏蔽于物欲，故须学以去其昏蔽。"所以需要通过学去掉这些良知上的障蔽、遮挡。良知不能超然于体用之外，体是良知之体，用是良知之用。良知离不开用，不用良知，久而久之就没有良知了。

只要以良知主之，静亦定，动亦定，在任何工作活动中，总不会动邪心、邪念，即是定。无论何时何事，皆以良知为主，则无论动静，皆不能影响修养。修得良知、天理，已发、未发都是天道人心。

王阳明说，"必欲此心纯乎天理，而无一毫人欲之私，非防于未萌之先，而克于方萌之际不能也"。此正是《中庸》的戒慎恐惧，"戒慎乎其所不睹，恐惧乎其所不闻"；《大学》的致知、格物之功。舍此之外，别无功矣。这就是修养的好办法。有了良知，前念易灭，后念也不会生了。

五、道不离众与智慧行道

《中庸》说，"道不可须臾离也，可离非道也"。道不离众，道不能离开民众；道如果可以离开民众，那就不是道。它就是一个脱离民众的道，一个高高在上的道怎么去治理群众？道不可须臾离众，不可须臾离社会。圣人之乐与民同耳。真正是圣人，他所好和民所好是一致的。如果领导人和民不同乐，那就是不正常；正常的是同乐，是同道。圣人有天理良知而珍惜之，众人原来也有良知而放弃之。庶民需要受了教育后一念一念开明，这个开明是个动词，把蒙蔽挑开，使之透气、透光、通善。庶民一念一念地开明，一件事一件事地明白，渐而诚明，也会有圣人之乐了。

致良知之功须"至诚无息"，不停止地至诚，不间断地至诚。如不诚的病根在，虽未发病，也要致良知，循天理，治之不辍。若信得良知，只在良知上用功，虽千经万典，无不吻合，异端曲学，一勘尽破矣。只要抓住致良知，一切尽可勘透。这个"勘"字，是看破之意。真要是处处良知，处处诚，社会就会好治理得多。

关于扑人逐块。这是佛家的语汇。有人手里拿块金子，别人想抢，直接盯在这块金子上，往往抓不到。聪明的人，他不瞅这个金子，他盯这个人，把人抓到了，那块金子也就得到了。这就是讲，修养好了处理问题，能抓要害，抓主要矛盾。这里一是谈修养，另外也处处闪现着王阳明处理问题的智慧。他在《传习录》里也好，给皇帝写奏折也好，时时很小心谨慎，掩盖锋芒，回避一些自己高明的见解，但是怎么也躲藏不了他的智慧。这也是导致朝廷有人说他诡诈的缘由。但王阳明做到了，第一是忠于朝廷，关键时候不怕牺牲自己，具有为国担当精神；第二他教诲别人，自己先做到了，他不是空谈，他自己带头践行；第三就是他的教育，对国家、对学生都是正向的，他教育学生的追求和国家的目标都是一致的。他之前教育的学生都参加了科举，并且多数都考中了进士；他后来收的学生也都是进士，所以他的教育思想与国家的大政方针都是一致的。他有智慧，但他的智慧不是用来和国家分庭抗礼的，是用来组织学人忠心耿耿地做好官，忠于朝廷，好好对待百姓的。所以王阳明的一些做法很值得我们后人借鉴。

如果思想主流是致良知，一切往来莫非致良知，一切社会活动当皆为致良知。思不可少，思什么是关键。孟子说，"心之官则思，思则得之，不思则不得也"。不得是不得什么？是不得良知，不得善性。要思良知，去私欲，所以思不可少。

"不逆诈，不亿不信，抑亦先觉者，是贤乎！"这是《论语·宪问》的话。如何才能做到？不逆诈，不主动去考虑别人的奸诈，不主动考虑别人不信义；但是别人一旦做坏事，立即能觉察到。王阳明认为，只有良知莹彻者，有良知者，对方一旦不信而诈，自然觉察其欺，非刻意防其欺。这就是比较高的修养了。孔子说的"不逆诈，不亿不信"，对方有了错一下子还能觉察到，还能控制得住，这是贤达之士。良知莹彻者才能做到，良心修养得非常透彻的人才能做到，这还是含糊话，而这含糊话还不能让别人很信服。如理解为不主动琢磨人家坏，但他坏不等于我不知道，他一旦干坏事，我立即就能觉察，马上就有应对的办法。这样好像更能接近现实，好理解些。如果空洞地说，良知修养到莹彻的程度，那就能"不逆诈，不亿不信"，他有了毛病我立即就知道，好像还是有点不太好理解。一般认为王阳明这么讲，也包括《论语》上的注释，都有点空，有点太原则性的大道理，落到实处有距离。这就不太好学，不好操作。

王阳明引用《易经·系辞下》的话，"尺蠖之屈，以求信也；龙蛇之蛰，以存身也；精义入神，以致用也；利用安身，以崇德也"，"性之德也，合内外之道也"。这表明王阳明的主张，在致良知的前提下，要注重中，要讲智慧，要善于保护自己。王阳明一生做到了。龙场悟道，他能活下来，是智慧；到了江西，发现宁王阴谋并镇压立功，更是智慧；他处理一些问题，善于保护自己，善于保护部下，善于为民请命，当然也更善于维护皇帝的利益。如只善于给老百姓请命，一直说皇帝不对，那这个官就不用做了。这些都能做到，不容易，王阳明真是大智慧者。

王阳明认为，孟子批评杨朱，因其为我之宜过矣。为我不是错，恰到好处是正，过了即错。杨朱就是拔一毛利天下而不为。批判墨子之兼爱，因其仁而过矣。墨子兼爱，摩顶放踵，利天下而为之。皆有失中。所以孟子不是批判兼爱，也不是批判为我，是批判为我之过、兼爱之过。

王阳明说，过去对我学说非笑者有之，置之不足以辩议者有之，谩骂攻击者有之。而我坚持致良知，不是照样有人相信嘛！这种坚持致良知的精神，颇有孔子周游列国弘道、传道的境界。所谓道，就是做人之道、治人之道、为事之道。所谓讲学，就是讲做人的身心之学。

六、属意聂豹（字文蔚）为传道之士

王阳明认为，聂豹可以传道，他看中了聂豹的气度与胆略。聂豹是吉安永丰人，正德十二年进士。据《年谱》载，在王阳明去世的前两年，1526年，聂豹以御史身份巡按福建，他久闻王阳明大名，就渡过钱塘江，到绍兴见王阳明，觉得收获颇丰。别后致书王阳明，王阳明回书。关系愈来愈深厚，但此时并没有拜师称弟子，在信件中和见面时都称后生、后学。王阳明去世后四年，也就是1532年，聂豹任苏州太守，找到了钱德洪、王畿说，"吾学诚得诸先生，尚冀再见称赞，今不及矣。兹以二君为证"。具香案拜先生，遂称门人。据《明儒学案》载，豹知华亭县时，拔徐阶。徐阶后来做了礼部尚书，内阁大学士。聂豹被冤，阶为讼冤，并提拔聂豹做了兵部右侍郎。豹一生中正，临暴不惊。他讲课时，进来一伙人抓他。他说我跟你们走，但得把课讲完，讲毕《中庸》而去。聂豹很有胆识，很有气魄。王阳明初见即认为豹能传道，很有担当精神，望其传承大业。

王阳明说，君子不被肯定，仍不违大道，方是君子。传道、致良知是君子的天职。唯人有良知，方能东西南北，万古文明，伦常不变，不然什么坏事都能做得出来。所以到任何时候，教化和法制必须很好地结合。只有法制，不完善；只有教化，也不是完善的。

学道就是要有天下的责任心、担当精神，良知是教人化民、和衷共济的，其意义大矣。坚持良知化天下，是富有担当精神、责任意识。不虑他人的冷言、讥笑，坚持正道直行。孔子、孟子传道尚且十分艰难，王阳明遇上讥讽，实为正常。他不求理解，只求对天下万民有益，就坚持传道。王阳明说，我虽不才，不能与孔子相比，但愿我的学友们共弘良知学说，以救社会，而聂豹就是最好的同志。王阳明在广西病入膏肓之际，把军务、政务都处理妥帖之后，给聂豹写了一封信，主要论及的是，讲学之要应该是什么。"必有事焉，而勿正，心勿忘，勿助长也。"他强调，一定要着重讲"必有事焉"的功夫，"必有事"是什么？天天克己，天天致良知，天天怕出错误，就是天天"必有事"，就是天天在"集义"。如果我必有事焉，坚持不忘，就没有忘的问题了；我不急不火，就没有助的问题了。助就是拔苗助长，忘就是间断。他认为聂豹等是继承自己传道的最好人选。

时代不同，人群不同，风气不同，而功夫只有一个，就是致良知。用今天的话，就是讲不讲良心的问题。千变万化，所有美德就是一个致良知，就是一个讲良心。尧、舜之道，孝悌而已矣；惟精惟一，其根也是致良知。守住良心，什么杂染，亦无大碍。王阳明对四书理解得透彻，今人只知四书的外表，其深意太欠缺。欠缺什么？欠缺的是从内心来解决自己克己复礼的问题，所以不学四书就学《传习录》《近思录》，会很困难的。

七、论儿童教育

关于儿童教育的问题，王阳明认为：第一，教育儿童，"惟当以孝、弟、忠、信、礼、义、廉、耻为专务……歌诗以发其志意，导之习礼以肃其威仪，讽之读书以开其知觉"。大声朗诵诗歌来发抒心智，学习礼仪来整肃威仪，以读书开其智慧与觉悟。今天看，小学到初中阶段，学生年龄有变化，性情有变化的时候，需要用诗歌去导引性情。郁闷了，朗诵诗歌来发抒情绪，呼啸咏歌，以宣泄"幽抑结滞"。古时候的体育活动不像我们今天这么重视，但是也很注重血脉的流通，气力的运作。"周旋揖让而动荡其血脉"，通过频繁地揖拜，以期解决血脉流通的问题。第二，"今教童子，必使其趋向鼓舞，中心喜悦，则其进自不能已。"小孩如果不喜悦，把学校当囹圄，把老师当狱卒，那他绝不会学好。所以一定要使儿童活泼欢快，自然就争先恐后地学习。教育要"调理其性情，潜消其鄙吝，默化其粗顽"。儿童教育应该调理性情，潜在地不知不觉地消除每个儿童的鄙吝。鄙吝就是粗鄙、愚鄙、吝啬、小气，缺乏群体精神。在教学当中，要潜滋暗长地使学生消除粗吝、顽劣的性情，令其充满正气，生机盎然地向上、向善。

《传习录》下篇

一、身心之论

王阳明认为"身、心、意、知、物，是一件"，"耳、目、口、鼻、四肢，身也，非心安能视、听、言、动？心欲视、听、言、动，无耳、目、口、鼻、四肢亦不能，故无心则无身，无身则无心。但指其充塞处言之谓之身，指其主宰处言之谓之心，指心之发动处谓之意，指意之灵明处谓之知，指意之涉着处谓之物，只是一件"。这个身就是外在的躯壳，用佛家常说的话，一具臭皮囊而已。就是装满了思想的、装满了人性的这个体魄叫身。身也好，思想也好，是谁主宰？是心。意是心之发动。非常精明的地方就是知。意也好，心也好，想到什么事、什么物上，那这个事物就叫物。想到车，想到马，想到洪水来了，那这个车、马、洪水就是物。你的意涉着了什么，放在哪上了，那个所涉点就是物。所以王阳明认为，目、耳、口、鼻、四肢是身，身、心、意、知都离不开物，物其实和心、意、知都是一体的。如果没有物，心、意、知就不存在了。所以在这个意义上来讲，身、心、意、知、物只是一件事，是一体的。意未有悬空的，必着事物。一定得落到一个事和物上。故欲诚意，则随所在某事而格之。"去其人欲而归于天理，则良知之在此事者无蔽而得致矣。"此便是诚意的功夫。比如想到马，就在马上去格己心之非。那么格什么呢？就格怎么对待马，怎么认识马，喂它的草料对不对。如有小童放马，旁边的小孩放牛。牛是走着吃草，马是站住吃草，马要是跑跑哒哒地吃草它吃不饱。那个小孩骑着牛，牛就一边走，一边舔着草往肚子里咽，它也不嚼，到时候反刍。放马小童不懂，他骑马，别人骑牛，就这么跟着走，回家了马吃不饱，结果马越放越瘦。要格自己内心对马的认识，有错误，就要纠正过来。这就是格物，这也是诚意的功夫。

王阳明说，"实无无念时"。实实在在地说，没有没念的时候。就像说我在这静养，我就不想别的，我无念，一刹那硬不念可以，过一会儿还得有念。关键是什么念。如念的是想要大家好、想着帮别人，这就叫静，这就叫定，这就叫最高修养。如果入静了，什么都不想，别人有难就有难吧，那距离就很远。如果这样的话，再静、再定，都不是王阳明讲的修养标准。定，就是以良心主之、以良知主之。

二、致良知之诀窍

王阳明说致良知有诀窍，其实也不是什么诀窍。他常讲："尔那一点良知，是尔自家底准则。尔意念着处，他是便知是，非便知非，更瞒他一些不得，尔只不要欺他，实实落落依着他做去，善便存，恶便去。他这里何等稳当快乐。此便是格物的真诀，致知的实功。若不靠着这些真机，如何去格物？"总结起来，他说的诀窍就是自己的一点点的良知作为自己行事的衡量是非的标准。有人也许没受过教育，但是懂得"我要对父母好"，这就是良知。这一点点的良知别丢，遇到别的事时，就拿这点良知作为一个标准。就按照这个标准，按照对父母亲人的这个标准去对待别的老人。按照这个标准，是就是，非就非，对就对，错就错，发展下去，那就会格物格得准，格物格得准就是诚，诚就是真正的致良知。所以在古代社会，无论哪个昏聩的皇帝都不反对孝悌忠信，因为他明白一个道理，欲求忠臣必于孝子。要想叫谁对我好，他得对其父母好；他对父母都不好，那他对我也不能好。所以再糊涂的人，也倡导孝道。"人若知这良知诀窍，随他多少邪思枉念，这里一觉，都自消融。真个是灵丹一粒，点铁成金。"所以孟子在孔子基础上提出，"老吾老，以及人之老，幼吾幼，以及人之幼。天下可运于掌"。对自己的父母孝敬，也会照顾到别的老人。这个事做到了，管理天下，那就易如反掌啊！古人说这话不含糊，都是有着落的。与别人的情感到了那个程度，大家不用怎么管，都能按照正道去办事，听指挥。所以王阳明说它是"灵丹一粒，点铁成金"。

据《年谱》记载，王阳明50岁时与陈九川说，"我此良知二字，实千古圣圣相传一点滴骨血也"。"某于此良知之说，从百死千难中得来，不得已与人一口说尽。只恐学者得之容易，把作一种光景玩弄，不实落用功，负此知耳。"致良知是千古圣传之秘，但不是什么天机，圣人早已指示人，只不过被后世掩匿了。王阳明说，"我发明耳"。把它从土堆里拿出来，把土掸一掸，它的明亮露出来了，这叫"发明"。有人思绪万千，名利扰扰，明知不妥，就是停不下来。王阳明认为，只是致良知的功夫断了，继续旧功便好！按照良知良心这个功夫做下去，就能好！官员无时间听课、读书，亦能学道。"簿书讼狱之间，无非实学。若离了事物为学，却是著空。"在事上学，在事上磨。各种案子，各种材料，打官司告状之间，没有不是实学的。由于精察明晰，由于良心端正，就能减少冤案，把坏人绳之以法，这就叫良知实学。

在历史上，此类实例很多。欧阳修被发配到峡州（夷陵）。《宋史·欧阳修传》载，"方贬夷陵时，无以自遣，因取旧案反覆观之，见其枉直乖错不可胜数，于是仰天叹曰：'以荒远小邑，且如此，天下固可知。'自尔，遇事不敢忽也。学者求见，所与言，未尝及文章，惟谈吏事，谓文章止于润身，政事可以及物"。所以王阳明讲，只要学道，在具体判案之中去体现道，无非实学。若离开事物为学，却是着空。也就是说在事上学，在事上磨。

三、实事求是才是道

对学生宽和，各从其所长而成就之。圣人教人，只怕不简易。王阳明讲的都是简易之规。仙、佛说虚说无，皆不如圣人说"致良知"。佛、道不能治天下，儒能治天下。因为儒提出的修养未离却事物，不离开社会，而顺其天则自然。佛、道却要禁绝事物，把心看作幻相，渐入虚寂，与世间隔离，脱离群众，所以不能治天下。与人民大众隔离者，与人民大众不同者，就是异端。这是王阳明的观点。孔、孟关于舜的论说，主要是舜合群利群，善与人同。

人与万物是相通的。"人的良知，就是草、木、瓦、石的良知。若草、木、瓦、石无人的良知，不可以为草、木、瓦、石矣。……天地无人的良知，亦不可为天地矣。盖天地万物与人原是一体，其发窍之最精处，是人心一点灵明。"万物都靠着人心的这点灵明，才能使得万物成为万物。正因为万物与人是一体，万物才能为我服务。"五谷禽兽之类，皆可以养人；药石之类，皆可以疗疾：只为同此一气，故能相通耳。"但是，人与万物虽然相通，还是有个亲疏远近。孟子说，"亲亲而仁民，仁民而爱物"。对亲人要亲是亲情，对人民要仁爱，要关爱，但不是亲情。这个是有区别的，在某种意义上可以说一样，但本质上不一样。仁人对物是爱惜物，使物各当其所，各得其用，这就叫君子"亲亲而仁民，仁民而爱物"。张载提出了"民胞物与"，其实也是说的这种区别。民为同胞，物为相与。

"先生游南镇，一友指岩中花树问曰：'天下无心外之物，如此花树，在深山中自开自落，于我心亦何相关？'先生曰，'你未看此花时，此花与汝心同归于寂。你来看此花时，则此花颜色一时明白起来。便知此花不在你的心外'。"以前对于这样的说法都认为是唯心主义的，是要批判的。尤其是对陆九渊的心即理，就是批判。至于王阳明这么说对与不对，不能简单地否定，也不能简单地肯定。这是作为他的学说当中的一个例子，他的学说中主要还是致良知、知行合一、心即理、亲民。心内有了理，到外边才能正确对待外界。从大的方面上给予肯定，具体例证上是唯心、唯物，不必要去评判他，他有他的道理。他讲心外无理，是指心外无良知所及之理，从逻辑上也是站得住的。就像此花在我没见到的时候，与我心同寂；我见到此花之后，与我心同光明，这个在逻辑上也说得通。

四、学问生死与良知

怎么对待生死？"学问功夫，于一切声利嗜好俱能脱落殆尽，尚有一种生死念头毫发挂带，便于全体有未融释处。"只要有一点生死的念头没有解决，便于全体有未融释处，还没都通。"人于生死念头，本从生身命根上带来，故不易去。若于此处见得破，透得过，此心全体方是流行无碍，方是尽性至命之学。"王阳明曾在龙场经历了生死考验，使他对这个问题有了正确认识。他说悟道，第一就是悟这个生死问题。王阳明悟道没离开孔孟之道。

孔子说，"杀身成仁"。孟子说，"舍生取义"。需要全面地看，不只是见义不怕死，而要权衡诸方的利弊，决定如何做更是为了仁，更是为了义，这不是怕死。王阳明认识到，只有活下去才能明辨是非，才能使自己的一些好想法得以实施。况且活下来，启发知行合一、致良知、亲民、心即理等学说，贡献巨大。《论语·雍也》篇载："宰我问曰：'仁者，虽告之曰："井有仁焉。"其从之也？'子曰：'何为其然也，君子可逝也，不可陷也；可欺也，不可罔也。'"有人说井里有仁德，那怎么对待，马上也跳到井里去追寻仁德吗？孔子说，怎么能一下就跳下去呢？君子听到这事要跑去看一看，了解了解情况，这是可以的。不能一下子就跳下去，不可以莽撞。你可以被人欺骗，但不可以被人愚弄。

王阳明说，"诚是实理，只是一个良知。实理之妙用流行就是神，其萌动处就是几，诚、神、几曰圣人。圣人不贵前知。祸福之来，虽圣人有所不免。圣人只是知几，遇变而通耳。良知无前后，只知得见在的几，便是一了百了。若有个‘前知’的心，就是私心，就有趋利避害的意”。这个“几”，是微，隐微的规律，隐微的关键，若隐若现的大道。看不清，描述不明白，但感觉它确实存在。圣人明白它的存在、它的作用，又不能用语言表述出来，这叫隐、微、几、机。《论语·卫灵公》载孔子说，“人无远虑，必有近忧”。远虑是良知之虑，非私心之虑。一切思虑之别，在于是否致良知。但修良知，不问前程。

五、圣人不拘死格

喜、怒、哀、惧、爱、恶、欲七情顺其自然之流行，皆是良知之用，不可分别善恶，也不可有所着。这七情如顺自然而流行，就是良知之用。如不是自然的，是勉强的，后天人为的，就不是良知之用了。这七情不可分别出善恶来，亦不可执着某一方面。“七情有着，俱谓之欲，俱为良知之蔽；然才有着时，良知亦自会觉，觉即蔽去，复其体矣！此处能勘得破，方是简易透彻功夫。”后来的戴震说：“性之欲之不可无节也。节而不过，则依乎天理；非以天理为正，人欲为邪也。天理者，节其欲而不穷人欲也。是故欲不可穷，非不可有；有而节之，使无过情，无不及情，可谓之非天理乎！”

“圣人之知如青天之日，贤人如浮云天日，愚人如阴霾天日，虽有昏明不同，其能辨黑白则一。”虽然昏暗程度不同，但是他们都懂得白的好，黑的不好。“虽昏黑夜里，亦影影见得黑白，就是日之余光未尽处。”人只要有这个“日之余光未尽处”，就是良知未泯，知道黑白，知道善恶，这就是良知。有了这个良知，再学下去，就能恢复人的善心。“困学功夫，亦只从这点明处精察去耳！”

王阳明说：“圣人何能拘得死格？大要出于良知同，便各为说何害？"若良知修得好，从哪个角度谈问题都没有害处。"且如一园竹，只要同此枝节，便是大同。若拘定枝枝节节，都要高下大小一样，便非造化妙手矣。汝辈只要去培养良知。良知同，更不妨有异处。汝辈若不肯用功，连笋也不曾抽得，何处去论枝节？"据《年谱》记载，王阳明在为父亲治丧中，严守丧礼同时，"百日后，令弟侄辈稍进干肉，曰：'诸子豢养习久，强其不能，是恣其作伪也。稍宽之，使之各求自尽可也。'"王阳明对丧礼不拘死格，从实际出发。对外来吊丧的高年老者也给肉吃。"后甘泉先生来吊，见肉食不喜，遣书致责。先生引罪不辩。"

修养不能死修养，要修养活了。有人认为，为了不犯错误，不能和一些人"鬼混"。自己端正，"鬼"能影响你吗？如果一辈子不接触"鬼"，修养未必成功，要把捉着心坚持在正道里。不去接触社会繁杂的问题，那么生动活泼的社会气息就没了。圣人给我们留下的典要，如死盯盯地固守，那么事实上圣人的天下情怀与群众精神、群众性就受到滞碍了，甚至是死了。现实中就比如，"我不太了解你的朋友，一桌用餐，你的朋友可靠不可靠？我应该与之同坐吗？"谁也不接触，这样的修养是把捉着自己的心，避免沾染。但是时间久了，活泼泼的社会生机、融洽的社会性就会受到影响、滞碍。而学养深厚的人，又那么活泼泼的，那么文明，又那么朴实，既能理解上层意思，又不脱离群众。这个修养的标准最初接触，将信将疑，这怎么能做到啊？王阳明认为，学好了天理良知，万事皆诚，全身心通透莹彻，不染私念，自然能做到。王阳明讲得透亮，做得明白。

"有父子讼狱……先生听之，言不终辞，其父子相抱恸哭而去。"王阳明怎么断的呢？他说，"我言舜是世间大不孝的子，瞽瞍是世间大慈的父"，"舜常自以为大不孝，所以能孝。瞽瞍常自以为大慈，所以不能慈"，然后又讲了舜对待弟弟象的问题，风之、化之、熏之、陶之。慢慢熏，急不得。《尚书·尧典》讲，"烝烝乂，不格奸"。为了用好良知，保持良心，王阳明提出，"琴、瑟、简编，学者不可无。盖有业以居之，心就不放"。有点闲工夫，就要弹琴、鼓瑟、看书，这样人心就不放。回到家里就看书，这样的官员能不好吗？他始终是以书上圣贤的思想和理性精神归拢自己，收束自己。

"用功到精处，愈著不得言语，说理愈难。若着意在精微上，全体功夫反蔽泥了。"往简单了说，粗拉拉就是天道。太细微、太精专了反而拘泥了。照顾孩子也是，粗拉拉的最好，什么环境都可以，什么人都能交流，什么东西都能吃，就挺好。太仔细了，什么都注意，都干净，吃的东西过分小心，结果可能未必好。

王汝止说，"见满街都是圣人"。王阳明说，"你看满街人是圣人，满街人到看你是圣人在"。王阳明送邹谦之于浮峰。别后慨叹不已说："江涛烟柳，故人倏在百里外矣！"何以如此？王阳明说："曾子所谓'以能问于不能，以多问于寡；有若无，实若虚；犯而不较'，若谦之者，良近之矣！"

六、天理良知是安身立命之根本

"圣人无所不知，只是知个天理；无所不能，只是能个天理。"认准一个天理，就无所不知，就无所不能。"圣人本体明白，故事事知个天理所在，便去尽个天理。"保持天理，天性即善，本性即善；过与不及即恶。故曰善恶一体。善恶怎么说它是一体呢？天理人性，都是一体的，人性一过就是恶，人性不及就是恶，所以过与不及和中都是一体的。王阳明说，"人但得好善如好好色，恶恶如恶恶臭，便是圣人"。一般人好恶总是夹着私心杂念，故圣人之学，只是一个诚字而已。既知致良知，又何可讲明？良知本是明白，实落用功便是。不肯用功，只在语言上越说越糊涂。就是在实事上用良知，这个事要真做了，真见效。

王阳明说，"吾教人致良知，在格物上用功，却是有根本的学问。日长进一日，愈久愈觉精明。世儒教人事事物物上去寻讨，却是无根本的学问。方其壮时，虽暂能外面修饰，不见有过"。社会上普通的读书人所谓修养，表面装饰一些，没有根本学问，壮年时也看不出什么毛病。"老则精神衰迈，终须放倒。"严格要求自己的能力都没有了，完全松懈了，丑陋的思想掩饰不了了，所以最后放倒。"譬如无根之树，移栽水边，虽暂时鲜好，终久要憔悴。""只要良知真切，虽做举业，不为心累。"纵有累，也会及时克之。良知不碍举业，举业者有良知，诸事可通。人要永远致良知，即如天地万物时时在发展进步。如间断了良知，自己的思想即是一潭死水，与天地万物即脱离了。故圣人也要不断努力跟上大自然运转，与时偕行。有良知才能有坚强的意志，才能有铁铸的身板；而有了良知，生死问题也看得更加分明；为正义，为正事，为国家大事，就是身死也在所不惜。所以良知是点铁成金的法宝。王阳明50岁时，在南昌给邹守益信中说："近来信得'致良知'三字，真圣门正法眼藏。往年尚疑未尽，今自多事以来，只此良知无不具足。譬之操舟得舵，平澜浅濑，无不如意，虽遇颠风逆浪，舵柄在手，可免没溺之患矣。"

主宰正，视听言动皆可正。修身根本在正其心，正心关键在诚意，诚意之本在致良知，致良知之本在格物。只有严于格物，才不至于使得诚意、致知落空。格除恶，即真的不做恶事了，这是学实事，做实事。"这里言格物，自童子以至圣人，皆是此等功夫。但圣人格物，便更熟得些子，不消费力。如此格物，虽卖柴人亦是做得，虽公卿大夫以至天子，皆是如此做。"

"心不是一块血肉，凡知觉处便是心，如耳目之知视听，手足之知痛痒，此知觉便是心也。"

先生说："诸公在此，务要立个必为圣人之心，时时刻刻，须是一棒一条痕，一掴一掌血，方能听吾说话句句得力。若茫茫荡荡度日，譬如一块死肉，打也不知得痛痒，恐终不济事。回家只寻得旧时伎俩而已，岂不惜哉！"只要着实用功，致良知，格物，即使有些妄想，久而自消。

"人生大病，只是一傲字。"历史上多少名人，只是因为一个"傲"字，便了了一生。"谦者众善之基，傲者众恶之魁。"曾国藩也有类似的论断。弟子舒国裳中过状元，还要王阳明为之写《孟子·告子上》语，"拱把之桐梓，人苟欲生之，皆知所以养之者。至于身，而不知所以养之者，岂爱身不若桐梓？弗思甚也"。状元还需诵此以求警。王阳明倡导学生多思多问，曾举子贡、颜回为例，"圣人被他一难，发挥得愈加精神"。

《中庸》说，"尊德性而道问学，致广大而尽精微，极高明而道中庸"。尊德性者必问学求道，不问学求道者，也不能尊德性；广大者是由"集义"、尽精微而成；不集义、不尽精微者就不可能致广大；极高明者仍然学中庸不已，如不学中庸，也不可能高明。致良知即中庸之道也。

总之，《传习录》全书提出四大论点：一是亲民；二是知行合一；三是心即理，心外无理，心外无物；四是致良知。王阳明 56 岁时，在出征思州、田州前，与钱德洪、王畿提出四句教的心学要诀："无善无恶心之体，有善有恶意之动；知善知恶是良知，为善去恶是格物。"王阳明在给王嘉秀、萧子玉送别诗中说："吾道既匪佛，吾学亦匪仙，坦然由简易，日用匪深玄。"这就道出了王阳明学说的真谛，广泛而深远的心学实践价值。王阳明《睡起偶成》诗说："四十余年睡梦中，而今醒眼始朦胧。不知日已过亭午，起向高楼撞晓钟。起向高楼撞晓钟，尚多昏睡正懵懵。纵令日暮醒犹得，不信人间耳尽聋。"这首诗充分展示了王阳明爱国拯民的担当情怀及其坚毅不拔地为良知、良心信仰而奋斗不息的精神。《传习录》提出四个修养方法：第一，由《大学》入手，学好格物、致知、诚意、正心、明明德，而后自然致良知。第二，在心上一念之微处，辨别充遏善恶是非。引程颢话，"宁学圣人而不至，不以一善而成名"。细工慢火，终生坚持。第三，在事上学，在事上磨；《年谱》载，王阳明于 1527 年给黄绾信中说："人在仕途，比之退处山林时，功夫难十倍；非得良友时时警发砥砺，平日志向鲜有不潜移默夺，弛然日就颓靡者。""彼此约定，便见微有动气处，即须提起致良知话头，互相规切。凡人言语正到快意时，便截然能忍默得；意气正到发扬时，便翕然能收敛得；愤怒嗜欲正到腾沸时，便廓然能消化得：此非天下之大勇不能也。"就这么磨，就这么学。第四，教人、化人，不拘死格，持中，致良知，而后具体问题具体分析，有具体指向地去化育。

《传习录》有传承、有创见，是儒家思想，也是中华民族优秀传统文化的一个新的高峰。它使得中华民族在其后的五百年发展中，积聚了厚重的民族精神、民族信仰，为中华民族融通世界奠定了文化自信之根基，是中华民族宝贵的思想精神财富。

目　录

卷三　语录三

卷一　语录一

《传习录》上

[徐爱序]

先生于《大学》"格物"诸说，悉以旧本为正，盖先儒所谓误本者也。先生对于《大学》中的"格物"等学说，全部按照旧本来讲的。旧本和新本是怎么分的呢？朱熹之前的是旧本，朱熹给《大学》做了补充、调整，我们学的《大学》是朱熹的本子，所以叫新本；王阳明说的旧本是《十三经注疏》里边的，那是旧本。先儒指的是朱熹，他认为那是错误的版本。**爱始闻而骇，既而疑，已而殚精竭思，参互错纵，以质于先生，然后知先生之说，若水之寒，若火之热，断断乎百世以俟圣人而不惑者也。**爱，是徐爱，字曰仁。徐爱是王阳明最亲近的朋友，也是他的亲妹夫。他对王阳明非常客气，完全是执师生之礼。徐爱很年轻时就去世了。王阳明认为朱熹改本不对，应该按旧本。我徐爱听了很惊骇，而后感到疑惑，于是我尽力思考，相互对比来考虑，再去请教先生。然后知道先生的学问，就像水一样寒澈，像火一样炙热，非常清晰，绝对是等百世以后圣人出现，他看到先生的论述，也会感到正确而不迷惑的。**先生明睿天授，然和乐坦易，不事边幅。**先生的聪明睿智是与生俱来的，然而和气乐观，坦荡平易，不修边幅，穿衣戴帽很随便。**人见其少时豪迈不羁，又尝泛滥于词章，出入二氏之学，骤闻是说，皆目以为立异好奇，漫不省究。**人们看到他少年的时候，豪迈不羁，狂放而不受约束，又经常在诗词歌赋中游荡，口中出入都是佛、道两家学问，骤然间听他讲"格物致知"之说，都说他是标新立异，对他不做更深入的研究，很不以为然。**不知先生居夷三载，处困养静，精一之功，固已超入圣域，粹然大中至正之归矣。**他们不知道先生在龙场驿经过三年的陶冶、苦练，思想上有了根本的变化，能在困难环境当中养静，"精一"之功得到了提炼，已然进入圣境了。"粹然"，精米为粹，先生已然回归到纯粹的大中至正之理了。

爱朝夕炙门下，但见先生之道，即之若易，而仰之愈高；见之若粗，而探之愈精；就之若近，而造之愈益无穷。 我徐爱早早晚晚都在他的门下熏染着。这个"炙"是烤肉，在这里就是熏烤的意思。"但见先生之道"，接近时觉得很简易，往高一望，先生的道也不比古圣先贤的低，他的思想很高远；见他讲的这些东西，觉得很一般，但是研究起来很精微；接近他似乎浅显，但看到他的造诣，愈深愈无穷尽，学也学不尽。**十余年来，竟未能窥其藩篱。** 我跟他十几年来，并没看到他学业的边缘。《论语》中子贡说，老师的墙比我的墙高，我的墙及肩，老师的墙不可窥。这里也有这个意思，都是把圣人的书学透了。**世之君子，或与先生仅交一面，或犹未闻其謦欬，** 世上所谓的君子，有的仅与先生见过一面，有的连咳嗽声都没听到，**或先怀忽易愤激之心，而遽欲于立谈之间，传闻之说，臆断悬度。** 有人就先怀揣着轻视激愤之情，没把先生的学说看得明白，仓促之间仅凭三言两语，传闻流言，就对先生的学说臆断、揣度，在那胡乱揣想。**如之何其可得也？** 那怎么能领会先生的学问呢？**从游之士，闻先生之教，往往得一而遗二。** 这样的学子门生聆听先生教诲，往往是得到的少而遗失的多啊。**见其牝牡骊黄，而弃其所谓千里者。** 只看到这个马匹是公的、母的，黑的、黄的，而不管它是不是千里马。**故爱备录平日之所闻，私以示夫同志，相与考而正之，庶无负先生之教云。门人徐爱书。** 我徐爱怕出现这些问题，就把先生讲的话记下来，私下里给我们同学、同志留着互相商讨，以免谬误，这样不辜负先生的教诲。这是徐爱写的几句说明的话。

一

爱问："'在亲民'，朱子谓当作'新民'。后章'作新民'之文似亦有据。徐爱问，在朱子注的《大学》中，"大学之道，在明明德，在新民，在止于至善"。这个"新"是他改的，朱熹在这事上胆子是很大的。朱熹讲成新民，后边似乎也有据，"苟日新，日日新，又日新"。其实，讲成"在亲民"，与后边那个"新"也不矛盾。徐爱提出这个问题，老师你说在亲民，朱子说在新民，那在《大学》后边，作"新民"似乎也有证据啊。**先生以为宜从旧本作'亲民'，亦有所据否？"**先生您认为应该遵从旧本作亲民，这也有根据吗？

先生曰："'作新民'之'新'是自新之民，与'在新民'之'新'不同，此岂足为据？先生说，"作新民"的新是自新之民，这与"在新民"的新不一样。王阳明在剿匪的过程中，给当地办学校，并且告诉老百姓不许欺负这些改过从善的土匪，要让他们重新做人。王阳明把这一部分人叫新民。他们变了，他们不像原来那样烧杀抢掠了，所以叫新民，是改过自新之民。王阳明讲新民是有实践基础的，他就把那个意思糅到这里了。所以"自新之民"与"在新民"之"新"不同，此岂足为据？**'作'字却与'亲'字相对，然非'新'字义。**"作新民"的"作"字和"亲"字相对，但它不是"新"的意思。**下面'治国平天下'处，皆于'新'字无发明，**下面的"治国平天下"等，都与这新字没有关联说明。**如云'君子贤其贤而亲其**

亲，小人乐其乐而利其利'；'如保赤子'；'民之所好好之，民之所恶恶之，此之谓民之父母'之类，皆是'亲'字意。就比如，"君子人能够尊重贤人，亲近亲人；普通人能够乐其所乐，而获其所利""爱护人民如同爱护婴儿一样""人民喜爱的他也喜爱，人民憎恶的他也憎恶，这样的国君可以称之为父母"这些表述，都有亲字的意思。《大学》上这些话都是亲的意思，不是新的意思。'亲民'犹孟子'亲亲仁民'之谓，亲之即仁之也。"亲民"就犹如孟子所说的"亲亲而仁民，仁民而爱物"，亲爱人民就是仁爱人民。百姓不亲，舜使契为司徒，敬敷五教，所以亲之也。老百姓不亲和，舜安排契去做司徒管礼教。"敬敷五教"，这个敷在这有铺陈的意思，铺陈就是普施的意思，普遍实行五教。五教实指就是孟子提出的五伦，父子、君臣、夫妇、长幼、朋友这五伦。用五伦去教化，所以就能亲了。《尧典》'克明峻德'便是'明明德'。《尧典》就是尧政绩的记载，《尚书》中第一篇叫《尧典》，《尧典》说的"克明峻德"便是"明明德"。这个克明峻德的"克"就是能，能够明崇高的德就是明明德，能够使峻德明，所以也是明明德。'以亲九族'至'平章'、'协和'，便是'亲民'，便是'明明德于天下'。"以亲九族""平章"都是《尧典》上的话。《尚书·尧典》中说，"克明峻德，以亲九族，九族既睦，平章百姓，百姓昭明，协和万邦"。你能做到克明峻德，就"以亲九族"了。这个九族不只是中原内部的九族，也包括了周边的少数民族。九族既睦，百姓有了和平环境，这就是重视百姓。百姓昭明，百姓每个人都有文明素质，这就能协和万邦。那个时候，圣贤们还不知道离我们遥远的地区是什么样子，但不会绝对地看问题。先圣先贤提出协和万邦，不是指我们周围这个九族，而是指九族之外的地方。这是很了不起的！这个基础就是克明峻德。在这一个国家里，你是决策者，你不明峻德，那下边这些好做法就都没有了。这就是亲民，这便是使明德更显明于天下。**又如孔子言'修己以安百姓'，'修己'便是'明明德'，'安百姓'便是'亲民'。**就像孔子说，修正自己以安抚百姓，"修己"就是"明明德"，"安百姓"便是"亲民"。**说'亲民'便是兼教养意，说'新民'便觉偏了。**说"亲民"便有了兼顾教诲和养育的意思，如果按朱熹说新民，那就偏了。亲民比新民要强，亲民就要教民，就要化民，就要为民的长远利益着想。没有比亲民更切合我们中华文化的实际的了。

<h2 style="text-align:center">二</h2>

爱问："'知止而后有定'，朱子以为'事事物物皆有定理'，似与先生之说相戾。"徐爱问，知道应达到的境界之后，志向才能坚定。朱子却认为万事万物都有其特定的道理，这似乎与先生您的学说相悖。

先生曰："于事事物物上求至善，却是义外也。先生说，在事事物物上探求至高的善，这就是义外之说了。在《孟子》中，有人提出了仁内义外说，孟子反复批判。仁义都是在自己的内心，自己的内心做不到，而推到外边去，那是不可以的。**至善是心之本体，只是'明明德'到'至精至一'处便是。**至高的善是心的本体，只要"明明德"到达"至精至一"的程度就是至善。**然亦未尝离却事物，本注所谓'尽夫天理之极，而无一毫人欲之私'者得**

之。"然而至高的善也未尝离开过客观事物，本注中所谓的只有穷尽天理而没有一丝一毫人欲私念的人，才能达到至善的境界。这个"本注"是指朱熹的《大学章句》，是朱熹的观点。他认为"尽夫天理之极，而无一毫人欲之私"的人，才能达到至善。王阳明认同这个观点，他说："不于吾心良知一念之微而察之，亦将何所用其学乎？"我们每个人都要在一念之微上去辨别是恶是善。"善念发而知之，而充之；恶念发而知之，而遏之。知与充与遏者，志也，天聪明也。"如果能知道善念发，把它扩充；恶念发，把它遏制了。能这样做的人，这就是真正的有志者，也是最聪明的人。"圣人只有此，学者当存此。"圣人只不过就这样罢了，那学者就应该学习这样罢了。一念一念地察，都能够精一纯正，这就"尽夫天理之极，而无一毫人欲之私"，就能达到至善的程度。

三

爱问："至善只求诸心，恐于天下事理有不能尽。" 徐爱问，至高的善只在心里去追求，恐怕对于天下的事理有不能完尽的地方，不能都包括进去。

先生曰："心即理也。天下又有心外之事，心外之理乎？" 先生说，心就是天理呀。天下哪有存在于心外的事、心外的理呢？

爱曰："如事父之孝，事君之忠，交友之信，治民之仁，其间有许多理在，恐亦不可不察。" 徐爱说，就像侍奉父亲的孝道，辅佐君主的忠诚，与朋友相交的诚信，治理百姓的仁爱之心，这其间有许许多多的事理存在，恐怕不能不细致考察吧。

先生叹曰："**此说之蔽久矣，岂一语所能悟？今姑就所问者言之：且如事父，不成去父上求个孝的理？**先生慨叹说，这个说法已经障蔽人很久了，岂是一句话就能点悟的？现在就你所问的话题说吧，就说侍奉父亲，难不成还要去父亲身上求个孝道的理？你孝不孝，得从自身来找你，不能从父亲身上去找。**事君，不成去君上求个忠的理？**事君忠不忠，不能探讨国君对你怎么样你再想忠不忠，主要是探讨你自己忠不忠。**交友治民，不成去友上、民上求个信与仁的理？都只在此心。心即理也。**交朋友与治民，不能在朋友、百姓身上去寻求诚信与仁爱的道理，要在自己心里去寻求这个理。从这个意义上说，所有的道理都在心中，人心即是天理也。**此心无私欲之蔽，即是天理，不须外面添一分。**这颗心只要没有被私欲遮蔽，那就是天理，不用在外面多添一丝一毫。**以此纯乎天理之心，发之事父便是孝，发之事君便是忠，发之交友治民便是信与仁。**就用这颗纯然天理的心，侍奉父亲就是孝道，辅佐君王就是忠诚，对待交友、治民就是诚信与仁爱。**只在此心去人欲、存天理上用功便是。"**只要在去除此心的私欲、存养天理上用功就可以了。今天我们强调要站在历史环境中看待历史问题，这句话也是有历史背景的。这里讲解决孝的问题，解决忠的问题，不是从外部解决，而是要从内部解决。内心怎么想行为怎么做，这个是主要的。所以在这个意义上说心就是理。抓住心，只要有良知、良心，那你怎么做也都不会错的。

爱曰："**闻先生如此说，爱已觉有省悟处。**徐爱说，听得先生如此说法，我已经有明白的地方。**但旧说缠于胸中，尚有未脱然者。**但是过去旧的思想观念还纠缠在我的心中，尚有未摆脱掉的地方。**如事父一事，其间温清定省之类，有许多节目，不亦须讲求否？"** 就比如侍奉父亲这个事，其中的冬暖夏凉、早晚请安之类，有许多的礼仪细节，不也需要讲求注意吗？

先生曰：**"如何不讲求？** 先生说，怎么不讲求呢？**只是有个头脑，只是就此心去人欲、存天理上讲求。** 只是这里有个主次的问题，最重要的就是在心里去除私心杂念，在存养天理上去讲求就行了。**就如讲求冬温，也只是要尽此心之孝，恐怕有一毫人欲间杂；讲求夏清，也只是要尽此心之孝，恐怕有一毫人欲间杂：只是讲求得此心。** 比如在讲求父母冬天保暖上，只是要尽你的孝心，唯恐有一丝一毫的私欲杂染其间；在讲求父母夏天清凉上，只要尽你的孝心，唯恐有一丝一毫的私欲杂染其间：只是讲求这份孝心而已。**此心若无人欲，纯是天理，是个诚于孝亲的心，冬时自然思量父母的寒，便自要去求个温的道理；夏时自然思量父母的热，便自要去求个清的道理。这都是那诚孝的心发出来的条件。** 这份心意若没有丝毫的私欲杂染，纯是天理，是一颗诚实孝敬的心，那冬天时自然就会考虑到父母的寒冷，便自然就去寻求保暖的道理；夏天时自然就会考虑到父母的炎热，便自然就去寻求清爽的道理，这些都是这颗诚实孝敬的心所起的作用。**却是须有这诚孝的心，然后有这条件发出来。** 只是需要先有这颗诚实孝敬的心，然后才能起到这些作用。**譬之树木，这诚孝的心便是根，许多条件便是枝叶，须先有根，然后有枝叶，不是先寻了枝叶，然后去种根。** 就比如树木，这颗诚实孝敬的心就是树根，这许多的枝叶就是所产生的作用。必须先有个根，然后才能有枝叶。不是先有了这些枝叶，再去种这个树根。《礼记》言：'孝子之有深爱者，必有和气；有和气者，必有愉色；有愉色者，必有婉容。'须是有个深爱做根，便自然如此。"《礼记》中说，深爱父母的孝子，对待父母一定很和气，有和气的态度就一定有愉悦的气色，有愉悦的气色就一定会有美好的容貌。这些都需要有一颗深爱的心作为根基，就自然如此了。《论语》中子游问孝，孔子说，色难！孔子很早就提出了这个问题，做子女的一贯对父母和颜悦色，是很难做到的。和颜悦色不是装出来的，是内心深爱的外在表现，所以婉容是很重要的。这里所讲的关于孝道问题，这个根还是指孝道的心，孝道的心越纯正、越精一越好。推而广之，就是忠诚于国君的心也要像孝道这样，内心有了忠诚的、纯正的良知、良心，那么外在的做法不会差得太远，这是从根本上来抓问题。

四

郑朝朔问："至善亦须有从事物上求者？"郑朝朔问，至高的善也需要从具体的事物上求得吗？

先生曰："至善只是此心纯乎天理之极便是。更于事物上怎生求？且试说几件看。"先生说，至善只是使得自己的心达到纯粹极致的天理就是了。至善是什么？就是这颗心纯粹合乎天理，一丝一毫都没有别的杂质，这便是至善。在具体事物上怎么能求得至善呢？你讲几个例子，我听听看。

朝朔曰："且如事亲，如何而为温清之节，如何而为奉养之宜，须求个是当，方是至善。所以有学问思辩之功。"朝朔说，就比如说侍奉父母的事，如何做到对父母冬暖夏凉侍奉得当，如何做到侍奉赡养适度，务求个得当，这才是至善啊！所以才有了学问思辨的功夫啊。

先生曰：**"若只是温凊之节、奉养之宜，可一日二日讲之而尽，用得甚学问思辩？惟于温凊时，也只要此心纯乎天理之极；**先生说，如果只是对父母冬暖夏凉侍奉适当、赡养适度，那样的话一两天就能讲得明白，还用什么学问思辨的功夫？只是对于父母冬暖夏凉的关怀，也只需要自己的心达到纯乎天理的境界。**奉养时，也只要此心纯乎天理之极。**侍奉赡养父母的时候，也只需要自己的心达到纯乎天理的境界就可以了。**此则非有学问思辩之功，将不免于毫厘千里之谬，所以虽在圣人，犹加'精一'之训。**然而做到这一点，如果没有学问思辨的功夫，那就会差之毫厘，谬以千里呀。如果没有学问思辨的修养功夫，对奉养父母，好像有些事做到了，实质上还差好远。所以就算是圣人，也要求自己要做到精一呀！**若只是那些仪节求得是当，便谓至善，即如今扮戏子，扮得许多温凊奉养的仪节是当，亦可谓之至善矣。"**如果只是把那些礼仪规范做得适当，就叫至善的话，那就像今天唱戏的人，他可以装扮侍奉赡养这些礼节适当，这也可称之为至善吗？所以说，王阳明的学说确确实实没离开孔孟的思想核心。孔子讲："人而不仁如礼何？人而不仁如乐何？"特别是子夏问："巧笑倩兮，美目盼兮，素以为绚兮，何谓也？"孔子说"绘事后素"。然后子夏就开悟了，"礼后乎？"礼后于仁德吗？仁德应该是基础吗？就是得有仁德作为基础，那孝亲敬长，必须内心有一个至善的、孝亲的情怀，然后再加上外表的礼节、规矩。如果特别注重规矩，忽略了内心真正的这种敬爱之情，这个规矩再多也像演戏一样。

爱于是日又有省。徐爱在这天又有所省悟。

五

爱因未会先生"知行合一"之训，与宗贤、惟贤往复辩论未能决，以问于先生。我徐爱因为没有领会先生"知行合一"的教诲，就与宗贤、惟贤两学友反复辩论，得不了定论，就拿这件事去问先生。宗贤即黄绾，是王阳明的朋友，他和王阳明一样在朝为官，年龄也差不太多。黄绾跟着王阳明游学了一二年，觉得自己应该好好地向王阳明学习，就拜了王阳明为师。后来王阳明去世，朝廷对王阳明有些误解，没有及时封赏，黄绾就上书说王阳明的思想是端正的，不是像奸臣所说的邪说。黄绾把王阳明的思想归纳成"致良知""知行合一""亲民"这三点，上奏皇帝。也有说王阳明去世后，黄绾把王阳明的妻子和小儿子接到自己家里奉养，王阳明的小儿子成人后，他把自己女儿嫁给了这个小儿子，是个很够朋友的人。黄绾祖上是做官的，是世荫继承的官位，这个人对于传承王阳明的思想贡献很大。惟贤即顾应祥，浙江长兴人，是王阳明的学生。

先生曰："试举看。"先生说，你举个例子来谈。

爱曰："如今人尽有知得父当孝、兄当弟者，却不能孝、不能弟，便是知与行分明是两件。"徐爱说，现在的人都知道对父母应该孝，对兄长应该悌，但实际上却做不到。可见，知和行分明是两件事。

先生曰："此已被私欲隔断，不是知行的本体了。先生说，这是知和行被私欲隔断，已经不是知和行的本体了。**未有知而不行**

者。知而不行，只是未知。圣贤教人知行，正是要复那本体，不是着你只恁的便罢。真正的知不会不行。知了还不行，那只是还未知。圣贤教导人们的知和行，正是要恢复那个本体。什么的本体？天理的本体，按天理办事的本体。圣贤所教，正是恢复这样的天理良知，不是你随意、随便就可以做到孝、做到悌的。故《大学》指个真知行与人看，说'如好好色，如恶恶臭'。所以《大学》给出了一个真知真行的例子给你看，《大学》的这个例子，真是高明，如好好色，你说谁人不好？如恶恶臭，谁人不恶？见好色属知，好好色属行。见到好的色，这是属于知；马上就喜欢好的色，这就是行。只见那好色时已自好了，不是见了后又立个心去好。只是见到好的色的时候，就已经自然地喜欢了，不是见到之后再去立一个心去喜欢。二者几乎是同时的。闻恶臭属知，恶恶臭属行。开始闻到恶臭这是属于知，开始厌恶恶臭这是属于行。只闻那恶臭时已自恶了，不是闻了后别立个心去恶。只是闻到恶臭的时候，就已经自然地厌恶了，不是闻到之后再去生一个心去厌恶。二者也是同时的。如鼻塞人虽见恶臭在前，鼻中不曾闻得，便亦不甚恶，亦只是不曾知臭。就像鼻塞的人，虽然看见了恶臭的事物在眼前，而鼻子却不曾闻到，那就不会太厌恶，其实只是不知道这个事物有多恶臭罢了。就如称某人知孝、某人知弟，必是其人已曾行孝行弟，方可称他知孝知弟，不成只是晓得说些孝弟的话，便可称为知孝弟？就比如某个人他知道孝悌，那也一定是这个人已经行了孝、行了悌，才可以说他是知得孝悌的。不能只是晓得说一些孝悌的话，就可以说他知道孝悌了吧？又如知痛，必已自痛了方知痛；知寒，必已自寒了；知饥，必已自饥了：知行如何分得开？又比如知得痛，一定是自己已经痛过了，才知道真正的痛；知得寒，一定是自己已经寒冷过了；知得饥饿，也一定是自己饥饿过。所以知和行如何能分得开呢？**此便是知行的本体，不曾有私意隔断的**。这便是知和行的根本，不曾被人的私欲隔断。**圣人教人，必要是如此，方可谓之知**。圣人教导人，一定是这样的，才可以称之为知。**不然，只是不曾知。此却是何等紧切着实的功夫！**不然的话，也只是不曾真正知道。这是多么要紧而又切合实际的功夫啊！**如今苦苦定要说知行做两个，是甚么意？某要说做一个是甚么意？**现在却要非得把知和行说成是两件事，这又是什么意思呢？我要把它们说成一件事，又是什么意思呢？**若不知立言宗旨，只管说一个两个，亦有甚用？**"如果大家不知道我立言的宗旨是什么，那有什么用？立言宗旨，就是要把圣人的教诲化为人们的行动。如果不实践，学习圣道而不落实圣道，你说它是一个事还是两个事，那有什么用？"知行合一"的问题，最后落到要知道强调"知行合一"的宗旨是什么。

爱曰："**古人说知行做两个，亦是要人见个分晓，一行做知的功夫，一行做行的功夫，即功夫始有下落**。"徐爱说，古人把知和行说成是两件事，也只是要人们弄个明白，一边做知的功夫，一边做行的功夫，这样功夫才能有实落处。

先生曰："**此却失了古人宗旨也**。先生说，这样说就失去了古人的本意了。**某尝说知是行的主意，行是知的功夫**；我常说知是行的主脑，这个主意就是主脑，行是知的施行功夫。**知是行之始，行是知之成**。知是行的开始，行是这个知的完成，把它落实了才是知的完成。**若会得时，只说一个知，已自有行在**；要是真会的时候，真正明白了，只说一个知，自然就有行动在了；**只说一个行，已自有知在。**只是说一个行动，已自然就有知的存在了。**古人所以既说一个知又说一个行者，只为世间有一种人，懵懵懂懂的任意去做，全不解思惟省察，也只是个冥行妄作，所以必说个知，方才行得是。**古人之所以说了一个知，又说了一个行，就是因为世上有一种人，昏头昏脑地由着性子去做事，完全不认真地观察思考，只是盲目行动恣意妄为，所以必须跟他强调一个知的问题，他才能行得端，做得正。**又有一种人，茫茫荡荡悬空去思索，全不肯着实躬行，也只是个揣摸影响，所以必说一个行，方才知得真。**还有一种人，只会漫无边际地空想，根本不去落地实践，不肯亲自行动，也只是在那里主观臆断地猜想，所以必须给他强调行的问题，那样他才能知得真切。**此是古人不得已补偏救弊的说话，若见得这个意时，即一言而足，今人却就将知行分作两件去做，以为必先知了然后能行。**这都是古人为了补偏救弊不得已而说的话，如果能真正领悟了这里的含义，那么用"知行合一"一句话就能说明白了，现在的人却要将知和行分作两件事情去做，认为一定是先知了然后才能实践。**我如今且去讲习讨论做知的工夫，待知得真了方去做行的工夫，故遂终身不行，亦遂终身不知。**我现在如果只去讨论怎么做到知的功夫，等到真正知了再去做行的功夫，那样就会终身不能实践，也就会终身一无所知。**此不是小病痛，其来已非一日矣。**这不是简单的毛病，其由来也不是一天两天的事了。**某今说个知行合一，正是对病的药。**我现在说的知行合一的观点，正是对此毛病的药。**又不是某凿空杜撰，知行本体原是如此。**这绝不是我凭空杜撰的，知和行的本质原本就是这样的。**今若知得宗**

旨时，**即说两个亦不妨，亦只是一个**。如今你要知道我立言的宗旨，就是要把圣人的话变为大家可以行动的话，你说知和行是两个也没关系，目的只是一个，要做到践行。**若不会宗旨，便说一个，亦济得甚事？只是闲说话。**"如果不能领会我的立言宗旨，即便是说成一个，那能有什么帮助呢？对社会无益，只是说些闲话罢了。我就是要清清楚楚地告诉大家，要践行圣道，要践行圣贤留下的这些好思想。如果不践行，说什么都白费。比如，八股取士，文章写得越来越空疏，脱离实际。人们都只在文字对仗上下功夫，思想越来越局限，越来越偏狭，和实际解决明朝的具体问题距离很遥远，导致培养出来的官员不能做到"知行合一"。王阳明认为这是一个大忌，所以集中力量倡导"知行合一"，学了圣道要用。

六

爱问："**昨闻先生'止至善'之教，已觉功夫有用力处。但与朱子'格物'之训，思之终不能合。**"徐爱问，昨天听到先生关于"止至善"的教诲，已经觉得功夫有了着力的地方了。但想来想去，这与朱熹所讲的关于"格物"的训导不能吻合。

先生曰："**格物是止至善之功，既知至善，即知格物矣。**"先生说，格物是"止至善"的功夫，既然明白了至善，那就明白了格物。王阳明把这些东西弄透了，格物就能联系到至善，格物本身是至善的功夫。格己心之非，这是至善的功夫。己心要做到精一，什么事都要反省自己，不至善就得格，格除一些不合乎至善的杂质。

爱曰："**昨以先生之教推之格物之说，似亦见得大略。但**

朱子之训，其于《书》之'精一'，《论语》之'博约'，《孟子》之'尽心知性'，皆有所证据，以是未能释然。"徐爱说，昨天就用先生的教诲推论到格物的学说，似乎能明白其大概。但是按照朱熹的讲法，有《尚书》中的"精一"之论、《论语》中的"博约"之论、《孟子》中的"尽心知性"之论，都是有所依据的，因此不能完全释然。

先生曰："子夏笃信圣人，曾子反求诸己。笃信固亦是，然不如反求之切。先生说，子夏笃信于圣人，而曾子反省探求自身。笃信于圣人固然是正确的，然而比不上反省探求自己更深切。这就是新观点了，笃信老师也不错，但是不如反省探求自身之切。今既不得于心，安可狃于旧闻，不求是当？今天既然没在内心解决问题，又怎么能习惯地相信旧的说法，而不探求正确的意见呢？就如朱子，亦尊信程子，至其不得于心处，亦何尝苟从？就比如朱熹，他很遵从相信程子，但对于不符合自己观点想法的地方，又怎么能苟同呢？这都是进步的思想。'精一'、'博约'、'尽心'，本自与吾说吻合，但未之思耳。"精一""博约""尽心"这些论说，本来就与我的观点相吻合，只是你没有仔细思考罢了。朱子格物之训，未免牵合附会，非其本旨。朱熹关于格物的论说，未免牵强附会了，并不是格物的原本宗旨。精是一之功，博是约之功。精纯是达到至极的功夫，博闻广学是恪守礼法的功夫。曰仁既明知行合一之说，此可一言而喻。徐爱你既然知道知行合一之说，这就可以用一句话来说明了。尽心、知性、知天，是生知安行事；存心、养性、事天，是学知利行事。尽心、知性、知天，是生而知之、安而行之的事；存心、养性、事天，这是学而知之、利而行之的事情。

'夭寿不贰，修身以俟'，是困知勉行事。 不论寿命短长而不改变修养自身，以等待天命，这是困而知之、勉而行之的事情。这是《中庸》里的话，不管命短命长，我都不三心二意，我修身等待天怎么对待我，我都按良知的标准修身。至于我做不做官，就凭天，天是什么？就是社会。用我，我就去做，好好做；不用我，我就好好修养。"夭寿不贰"是这个意思。**朱子错训'格物'，只为倒看了此意，以'尽心知性'为'物格知至'，要初学便去做生知安行事，如何做得？"** 朱熹错解了格物的含义，只是因为颠倒了这个意思，认为"尽心知性"就是"物格知至"，而要求初学的人就去做到生而知之、安而行之的事情，这怎么可能呢？所以，四书必须得搞明白，然后再看这些东西，就会容易得多了。王阳明经常引用，他不是自己的发明创造，都是在圣人基础上阐发的一些议论。"只为倒看了此意"，这是什么意思？第一层次，尽心、知性、知天是生知安行的人，生而知之，安而行之，那就一切都很顺利，都很通达；第二个层次，存心、养性、事天，是学而知之、利而行之的人；第三个层次，"夭寿不贰，修身以俟"，是困而知之，为了解决困难，比较被动地学，被动地学也得做到"夭寿不贰，修身以俟"的人。那么朱子把这个事情看倒了，倒看了此意。本来"格物"应该是格除己心之非，不是一般人都能格尽的，那得是尽心、知性、知天，生而知之的这些人，他才能搞透的。朱熹一下子把"格物"弄成了困知勉行的人，他也去"格物"，所以是这样一个倒意。以"尽心知性"为"物格知至"，要初学者便去做生知安行的事，如何做得呀？所以，这就很明确了，《大学》不是初学入门之径。在这个问题上，朱熹的看法确实还是值得商榷的。朱熹、二程都认为《大学》是初学入门的路径，王阳明认为《大学》是大学问，是高级的学问。"格物"不是指小孩接触事物，今儿看看马，明儿看看羊，知道多了，就更多地了解万事万物，不是的。"格物"是格己心之非，要格心，然后才能够致良知，致良知之后才能诚。那反过来，你不诚，你也不能格己心之非。这些本来是一个有相当修养的人进一步探讨的问题，哪是一些小学生学习的道理啊？"大学之道，在明明德，在亲民，在止于至善"，这不是小孩子学做的事情！

爱问："'尽心知性'，何以为'生知安行'？"徐爱问，"尽心知性"，怎么就是"生知安行"呢?

先生曰："**性是心之体，天是性之原，尽心即是尽性**。先生说，人的本性就是他心的主体，而天是人性的本原，所以扩充善性就是彻底发挥本性。'**惟天下至诚为能尽其性，知天地之化育'，存心者，心有未尽也**。只有天下至诚的人，才能彻底发挥他的本性，才能认知天地的造化孕育。这是《中庸》中的话。所以尽心知性，才是那种生而知之的人所掌握的，他知天地之化育。要存养善心的人，心中会有没被彻底发挥的本性。**知天，如知州、知县之知，是自己分上事，已与天为一**；知天的这个知，就如同知县、知州的那个知。这个知在这里不是知识、知道，是掌握天，了解天，了解天性，了解天命，这叫知天。圣人知天命、知天性、知天理，这是自己分上的事，已经和天同而为一了。**事天，如子之事父，臣之事君，须是恭敬奉承，然后能无失，尚与天为二，此便是圣贤之别**。侍奉天，就像儿子侍奉父亲，臣子侍奉君主，一定要恭恭敬敬的，然后才能没有过失，这仍然与天为二，不是一回事，这就是圣人与贤士的区别。**至于'夭寿不贰'其心，乃是教学者一心**

为善，不可以穷通夭寿之故便把为善的心变动了，只去修身以
俟命。至于长寿短寿都不二的心，就是教导初学者要一心为善，不
能因为知晓了寿命终究有局限的缘故，便动摇了一心为善的决心，
而只顾着修身以待天命了。**见得穷通寿夭有个命在，我亦不必以
此动心。**即使明白了寿命长短的天命所在，我也不必为此而动摇为
善的决心。**'事天'虽与天为二，已自见得个天在面前；'俟命'
便是未曾见面，在此等候相似：此便是初学立心之始，有个困
勉的意在。**侍奉天，虽然未能与天合二为一，但也已经认识到了天
理在那里；等待天命，就像从未见过面，却在此等待相类似：这是
在初学建立本心时，就有些勤奋刻苦的意思在。就有这样的心理准
备。**今却倒做了，所以使学者无下手处。"**现在都做反了，所以
使得初学者无从下手。

爱曰："**昨闻先生之教，亦影影见得功夫须是如此。今闻
此说，益无可疑。爱昨晓思'格物'的'物'字即是'事'字，
皆从心上说。"**徐爱说，昨天听了先生的教诲，也能影影绰绰感到
做功夫应该是这样的。现在听到这个教诲，更没有什么可疑惑的了。
我昨天早上想，格物的"物"字就是"事"字，都是从本心上说的。

先生曰："**然。身之主宰便是心，心之所发便是意，意之
本体便是知，意之所在便是物。**先生说，是这样。身体的主宰就
是本心，本心所生发的便是意念，意念的本体就是认知，意念所着
落的就是物。你的意念准得落到物上。**如意在于事亲，即事亲便
是一物；意在于事君，即事君便是一物；意在于仁民爱物，即
仁民爱物便是一物；意在于视听言动，即视听言动便是一物。**
如果意念在于侍奉亲人上，那么侍奉亲人就是一事物；如果意念在

于侍奉君主上，那么侍奉君主就是一事物；如果意念在于仁爱百姓、爱惜万物上，那么仁爱百姓、爱惜万物就是一事物；如果意念在视听言动上，那么视听言动便是一事物。**所以某说无心外之理，无心外之物。**所以我说，没有本心之外的天理，没有本心之外的事物。《中庸》言**'不诚无物'**，《大学》**'明明德'之功，只是个诚意。诚意之功，只是个格物。**"《中庸》讲的"不诚无物"、《大学》讲的"明明德"的功夫，其实都讲的是诚意。而诚意的功夫，就在于格物。不格己心之非，就不可能有诚意；意要不诚，也不能去彻底格物。

七

先生又曰：**"'格物'如《孟子》'大人格君心'之'格'，是去其心之不正，以全其本体之正。**先生又说，格物，就像是《孟子》中的"大人格君心"的格，是格去君主心中不正当的思想，以成全君主心中本体的正确。**但意念所在，即要去其不正以全其正，即无时无处不是存天理，即是穷理。天理即是'明德'，穷理即是'明明德'。"**但凡意念所在之处，就是要格掉不正确的东西，以保全正确的东西，就是无时无处不在存天理，就是在穷理。天理就是明德，穷理就是明明德。

八

又曰："知是心之本体。心自然会知：见父自然知孝，见

兄自然知弟，见孺子入井自然知恻隐，此便是良知，不假外求。先生又说，知是心的本体，心自然就会知：见到父亲自然就知道尽孝，见到兄长自然就知道敬重，见到小孩子掉到井里自然就知道同情不忍，这就是良知，不用到外边去借，不用到外边去探求。**若良知之发，更无私意障碍，即所谓'充其恻隐之心，而仁不可胜用矣'。**如果良知在心里产生了，就没有私意来阻碍它、遮挡它。"充其恻隐之心，而仁不可胜用矣"，是孟子提出的理论。人与生俱来具有四大善端，仁义礼智，四大善端就是人的善性开端。修养过程、教育过程就是要让善端充实而不丢失，而后弘扬扩展善端，把善的涓涓细流变成汹涌澎湃的大江大河。而变成大江大河，就形成了完善的善性，完善的善性就是把小善性反复扩充，给它鼓气，给它助力，这叫充其恻隐之心，而仁德就宏大了。**然在常人不能无私意障碍，所以须用致知格物之功。**然而常人不能做到完全地摒弃掉私欲的障蔽，所以必须用格物致知的功夫去战胜私欲。**胜私复理，即心之良知更无障碍，得以充塞流行，便是致其知。知致则意诚。"**把一般人思想的私欲给它战胜，使之按天理办事，这是复理，这样心中的良知就不再有障蔽，就得以充塞浩然正气，充塞于天地之间，然后流而行之，这便是致其知。致其知是什么？就是致其良知，就是诚意。良知能够达到极致了，那意才能诚。诚意就是存天理，就是明明德。

九

爱问："先生以'博文'为'约礼'功夫，深思之未能得，略请开示。"徐爱问，先生认为"博文"是"约礼"的功夫，我深思后仍未能明白，请老师您给予开导解释。"博我以文，约我以礼，欲罢不能。"这是《论语》中颜渊说的话。以文学、文化使我广博，以礼仪来规范我，老师这样教育我，我想停下来也停不下来，我想不学都不可能。还有，子曰，"博学于文，约之以礼，亦可以弗畔矣夫"。用文使之博，用礼使之约，凡事我都不会犯错误了。在《论语》中一般都是这样讲法。但是王阳明把它提得更高了，在这里他提出来"博文约礼"，四个字把这八个字都概括了。博文就是博之以文，约礼是约之以礼。王阳明理解的这个文，不像我们理解得这么简单。我们一般认为，文和礼是不可分的，礼仪、规矩那是外在的，文表面一看也应该是外在的。可是王阳明认为文是内在的，礼也是内在的。这个礼表面是礼，但实质没有内心的这个"理"去支撑它，它不会形成真正的"礼"。礼者，理也。程朱理学提出的理也是这么来的，是心理的"理"。王阳明的观点是"博文"为"约礼"的功夫，只有博文才能约礼，为了很好地约礼，以礼相约，那么就必须很好地博文。

先生曰："'礼'字即是'理'字。先生说，礼字就是理字。'理'之发见可见者谓之'文'；理要展现出来，能被人看得见的就是文。这个文不只是文化，也包括外表。这个文就好比是老虎的皮、老虎的牙，也就是老虎的外表。"'理'之发见可见者谓之'文'"，老虎之所以为老虎，被人们认为是老虎的根据，就是其外在的特征。这个就和文质彬彬的那个文类似，"文质彬彬，然后君子"。质是内在的素质，文是外在的形象、形貌。'文'之隐微不可见者谓之'理'：只是一物。文的隐微之处，看不见的那个地方就是理：这本来就是一个事物。这只是一事物的两个方面，一个是里，一个是面。**'约礼'只是要此心纯是一个天理**。"约礼"，只是要使本心纯粹是一个天理。孔孟思想就是以"礼"来规范自己的，这是朱熹的讲法，朱熹是顺着孔孟的思想这么讲的。而王阳明是在朱熹之后把它提高了，"约礼"不是表面规矩的问题，是使天理纯一、精一的问题，"只是要此心纯是一个天理"，这是约礼。**要此心纯是天理，须就'理'之发见处用功**。既然要此心纯是一个天理，就必须在理发"见"的地方、展现的地方去用功夫，就在文上用功。**如发见于事亲时，就在事亲上学存此天理**；如侍奉父母时，就在对待自己父母的具体事情上学习存此天理。这个约礼，他提升到了一个天理的问题。**发见于事君时，就在事君上学存此天理；发见于处富贵贫贱时，就在处富贵贫贱上学存此天理；发见于处患难、夷狄时，就在处患难、夷狄上学存此天理**：表现在侍奉君主的时候，就在侍奉君主这个事上学习存此天理；表现在处于富贵或者贫穷之时，那就在富贵或者贫穷的这件事上学习存此天理；表现在身处患难，或者少数民族地域之时，就在身处环境中存此天理。《中庸》中讲："素富贵，行乎富贵；素贫贱，行乎贫贱；素患难，行乎患难；素夷狄，行乎夷狄。"我处于富贵的环境，我有富贵的条件，那么我的行动、行为、生活方式就可以合乎富贵的环境、富贵的条件；我处于贫贱的家庭、贫贱的环境，我就行贫贱条件的事情，穿衣戴帽就得节俭，吃什么粗粮都可以。舜当年在深山和野猪、野鹿一起，过着野人一般的生活，但是当了天子之后，有娥皇、女英陪伴，弹着琴，吃着好的饭食，别人看着他就好像本来如此。享得了富贵，受得了贫穷，到什么环境都特别适应，这就叫"素富贵，行乎富贵；

素贫贱，行乎贫贱"。"素夷狄，行乎夷狄"，那么到了边远少数民族地区，就要合乎他们的生活习惯。王阳明后来写，在龙场就喝破瓦罐装的那些酒。那些酒就是米酒发酵了，甚至都长绿毛了，脏手把这个绿毛往旁边一扒，就那么喝。人家喝完了让他喝，他也拿过来就喝。只有这样的人才能在困境中活下来。王阳明把这段话引来，把它概括在一起，就是身处什么样的环境，就要在这样的环境中去存养天理，行使天理，去落实"精一"的修养。王阳明开始时在玩易窝那个地方，没有房子住，没有锅碗瓢盆，没有粮食，周围还有瘴气。那瘴气就像云彩一样飘荡着，吸到瘴气就得死。可是在这种情况下，也得按天理良心办事。**至于作止语默，无处不然，随他发见处，即就那上面学个存天理**。至于行动还是闲坐，讲话不讲话，无处不是按照追求天理而为。这个"发见处"是什么？就是心里一念，动了一念，那么就要在这个念头上、在这个事上，去考察、省察是否合乎天理。就像那些酒罐子又脏又黑，当地土人拿过来就喝，并恭恭敬敬地送给我喝，我能嫌弃吗？而在喝的时候，我要考虑的是我的心是不是正的。如果我的心不正，我要把它端正了，就在这个问题上、这个事上叫我的心存天理。不管什么环境，什么条件，什么事儿，我都用纯正的天理对待之。就像过去做买卖的人，一般都会写个"童叟无欺"的条幅放在自己的柜台上，就是要讲信誉，对谁都不欺骗。**这便是'博学之于文'，便是'约礼'的功夫。**这就是在万事万物的性质与表象上广博学习，就是循理办事的功夫。这不是《论语》的原话，也不是《大学》的原话，这是王阳明把它扩展了。**'博文'即是'惟精'，'约礼'即是'惟一'。"**广博地学习事物的特质，就是求得天理的精纯；循理办事，就是求得与天理的一致。说一千道一万，就是一切都要精一到与生俱来的善性上，这个善性还要纯而又纯。做一个纯粹的人，真正的人，就是一丝不正当的杂念都没有。精一就是"博文约礼"的最终目标。这还是回到了孔子思想的源头：学习一切文化知识，学习一切规范礼仪，学习一切高深的道理，最终要落到道德善性修养的纯粹、精一。所以"博文约礼"最后应该落到这儿，书读得再多，道理学得再多，只要良心不纯正，就没有学好。王阳明认为在宋朝以前圣贤文化传播的历史阶段，还有不实际、学了没用、学了没学好、没落到实践上等问题，所以他力挽狂澜，大声疾呼，学了要精、要一、要纯粹、要践行。由此可见，王阳明是真的富有民族文化情怀，很有担当精神，很负责任。

一〇

爱问："'道心常为一身之主，而人心每听命'。以先生'精一'之训推之，此语似有弊。" 徐爱问，道心常常是身体的主宰，而人心每每听命于道心。道心是什么？道心就是天理，道心就是仁义礼智信。依照先生的"精一"之论，来推而论之的话，这个话好像有毛病。

先生曰："然。心一也，未杂于人谓之道心，杂以人伪谓之人心。 先生说，是有毛病。本心只是一个。纯粹的、没有杂念的心叫作道心。掺杂人的私欲的心叫作人心。**人心之得其正者即道心，道心之失其正者即人心，初非有二心也。** 人心去私欲而达到了天理之正就是道心。道心失掉了天理之正就是人心。当初不是存有两个心。**程子谓'人心即人欲，道心即天理'，语若分析而意实得之。**程子说，人心就是人欲，道心就是天理。这个话好像是把人心、道心分开来讲，但他的意思是能掌握的，实际都是一颗心。因为人心不正了，就是有私欲，有了非分之念、非分之想、非分之求。不应该得到的他也要得到，这就是非分之欲，当然也就是非分之心了，那就不是道心了。**今日'道心为主，而人心听命'，是二心也。**现在你讲，道心为主宰，而人心听命于道心，这不就是两个心了吗？王阳明在这里始终强调一，不要分开，正确不正确都在自己心里，别找客观原因。**天理、人欲不并立，安有天理为主，人欲又从而听命者？"**天理、人欲不并立呀，冰火不同炉啊，怎么会有以天理为主，而人心从而听命呢？他反复论证就是一个心，就看你的意念，就看你的思想是否端正。

一一

爱问文中子、韩退之。徐爱请教文中子、韩退之（韩愈）这两位先生怎么样。文中子就是隋朝的王通，王通有大才，也是历史上一个重要的转折性人物，但他三十多岁就死了。王通的学生有杜如晦、房玄龄、魏征。他还是《滕王阁序》的作者王勃的爷爷，王勃也早逝，二十多岁就死了。文中子很厉害，对贞观之治的形成有很大的影响，因为他的三个学生都是唐朝的重臣，影响大，所以唐太宗也很推崇他。他曾经模仿《春秋》写过《元经》。人们对《元经》有褒有贬，有人说他是大才、史才，但也有人认为他不应该仿写经书。

先生曰："退之，文人之雄耳。先生说，韩愈是文化人的执牛耳者，是文化人的带头人。这个耳是罢了的意思，文人之雄罢了。这就是说他还不是道，还不是大道之人。**文中子，贤儒也。**文中子是贤儒，是学大道的。**后人徒以文词之故，推尊退之，其实退之去文中子远甚。"**而后人只是因为文章词句，就十分推崇韩愈，其实韩愈要比文中子差多了。韩愈是唐宋八大家之首，在文章上韩愈比其他的文化人要有觉悟，提出道统说。从尧舜禹汤文武，一直到孔孟，他认为这个文化道统不应该失传。从孟子之后到现在，文化道统已经没有人接续了，现在的仁义之道应该重新倡起，这是他的贡献。但比较起来，他毕竟是当官的，只是在文章上、诗歌上贡献大。而像文中子这样的人，他研究的是道，是研究治国、治民的，他写的东西都是从大局着想，所以韩愈比文中子差远了。

爱问："何以有拟经之失？"徐爱接着问，既然文中子这么值得肯定，那他为什么竟然出现了模仿写经书这样的错误呢？

先生曰："拟经恐未可尽非。先生说，他模仿写经书恐怕也不一定全错。**且说后世儒者著述之意，与拟经如何？"**况关于拟经，后世学者一是认为这是胆大妄为，一是认为这就要争着和古圣先贤齐名，这就有了求名誉心切之意了。而王阳明认为这也不见得都错。再说后世的儒者著书、写诗、写文，不也是求名吗？本质上也没有什么大差别。这既给文中子开脱，也说明文中子有求名之嫌。

爱曰："世儒著述，近名之意不无，然期以明道。拟经纯若为名。"徐爱说，现在的一些儒者著书立说，有求名之意，这个也是很显然的。然而他也是希望使儒家的道统得以流传，也要传扬正道。可是文中子模仿经书写东西纯粹是为名啊！

先生曰："著述以明道，亦何所效法？"先生说，如果著述都是为了讲明圣人之道，那其中效法什么依据呢？

曰："孔子删述《六经》，以明道也。"徐爱说，孔子删述六经，就是为了明道啊。学生的提问也是步步紧逼。孔子把杂乱无章的史料做了整理，删述了六经，这才是用以明道。那为什么不在研究经书上去明道呢？为什么自己还要写个经书呢？

先生曰："然则拟经独非效法孔子乎？"先生说，那按照你的说法，文中子模仿经书写东西，就不是效仿孔子吗？

爱曰："著述，即于道有所发明。拟经，似徒拟其迹，恐于道无补。"徐爱说，自己写书，阐述经书问题，就是对于道要有所发明。拟经，是按照经书的形式、行文、状貌，在这些方面模仿，这恐怕对于道的弘扬没有什么补益。这个"有所发明"和今天我们所说的发明创造的"发明"的含义稍有不同，但也有相同的地方。比如水是什么味道，想办法把它的味道揭示出来，叫别人知道它的好，这个就是发明。把它发表出来，把它原来不鲜明的地方叫它更明、更亮，这叫发明。

先生曰："子以明道者使其反朴还淳而见诸行事之实乎？抑将美其言辞而徒以誃誃于世也？天下之大乱，由虚文胜而实行衰也。"先生说，你以为现在一些明道的人、著述的人，难道真的是使孔孟之道回到本真，把虚言去掉，然后落到实处，真在实践上去体现吗？还不是华美其言辞，闹哄哄、吵吵嚷嚷地哗众取宠吗？现在天下的混乱，不就是由于这些文章越做越虚，越讲越空，越讲越脱离实际造成的吗？**使道明于天下，则《六经》不必述**。真要使圣人之道明于天下，就六经来讲也不必去阐述，实际去做就可以了。**删述《六经》，孔子不得已也**。删述六经，孔子是不得已罢了。**自伏羲画卦，至于文王、周公，其间言《易》如《连山》、《归藏》之属，纷纷籍籍，不知其几，《易》道大乱**。自从伏羲氏画卦，到周文王、周公，其间讲《易经》、研究《易经》的比如《连山》（夏朝的《易》）、《归藏》（商朝的《易》）等，众说纷纭，不计其数，太多了，使得"《易》道"大乱。**孔子以天下好文之风日盛，知其说之将无纪极，于是取文王、周公之说而赞之，以为惟此为得其宗**。孔子认为天下好虚文之风一天比一天盛，没规范到无边无际。在这种情况下，孔子采取了周文王、周公的学说，认为只有这样才能把握住《易经》的宗旨。**于是纷纷之说尽废，而天下之言《易》者始一**。孔子这么一倡导，其他的学说就废掉了。天下论述《易经》的言论才开始统一。**《书》、《诗》、《礼》、《乐》、《春秋》皆然**。《尚书》《诗经》《礼记》《乐记》《春秋》都是这样的。孔子要不说，别人就乱说，孔子要不讲，别人就乱讲，迫不得已就得讲。所以说实践是最重要的，能够践行圣人之道是最重要的。**《书》自《典》、《谟》以后，《诗》自《二南》以降，如《九丘》、《八索》，一切淫哇逸荡之词，盖不知其几千百篇**；《尚书》自《尧典》《舜典》《大禹谟》《皋陶谟》以后，《诗经》自《周南》《召南》之后，像《九丘》《八索》等这样淫逸邪荡的词章，不知道有成百上千之多；《九丘》《八索》是失传的书，历史上只有这个目录。史籍上记载，孔子整理《诗经》之前有三千多篇，孔子整理之后剩下305篇。《论语》里边说："《诗》三百，一言以蔽之，曰：'思无邪。'"这是定论了，怎么还有淫荡的呢？这里说的是在孔子删三千多篇诗歌之前，《诗经》杂乱无序，里边包藏着许多淫荡的诗篇。**《礼》、《乐》之名物度数，至**

是亦不可胜穷。《礼记》《乐记》的名称、实物、仪则、数目，也多到数不胜数的程度。这在历史上是真实存在的，有人总是批判这是假的、那是假的，历史的记载是很真实的。人类也好，中华民族也好，发展到这个历史时期、历史阶段是非常鲜明的。开始的时候就是以自然美为最高的美，后来社会美提到了更高的一层，然后道德美、伦理美，人的境界美逐渐提升了。在《诗经》有三千多篇的时候，那是自然美产生的。到了周公以后，伦理道德的东西提到更高一层，用伦理道德美去整顿自然美。当然，也不是全部都否了。从我们的文化来讲，他不是绝对的，不是绝对肯定一边，否定另一边。

孔子皆删削而述正之，然后其说始废。孔子把不大好的、没有正面影响的东西删掉了，纠正了它，然后这些种种的说法就废掉了。

如《书》、《诗》、《礼》、《乐》中，孔子何尝加一语？ 就像《尚书》《诗经》《礼记》《乐记》中，孔子何曾加过一句话呀？**今之《礼记》诸说，皆后儒附会而成，已非孔子之旧**。现在的《礼记》等解说，都是后来儒者附会而成之语，已不是孔子原来的本意了。确实，《礼记》夹杂着一些别的东西。**至于《春秋》，虽称孔子作之，其实皆鲁史旧文**。至于《春秋》，虽然称作是孔子所作，其实都是鲁国史书的旧文。**所谓'笔'者，笔其旧；所谓'削'者，削其繁**：笔其旧，用笔记其旧，传了旧的，传下来经书的优秀思想，他又把它传递下去。所谓削者，就是删掉了繁复的东西。为什么笔削《春秋》呢？就是在竹简上写字，错了就用刀削掉，所以过去管文臣叫刀笔吏，不是拿着刀的官员，他是用小刀削竹简，再用笔写字，刀笔吏就是这么来的。**是有减无增**。整理圣人的东西是有减无增，保证圣人的真。**孔子述《六经》，惧繁文之乱天下，惟简之而不**

得，**使天下务去其文以求其实，非以文教之也**。孔子传述六经，就是担心繁文缛节祸乱天下，想要精简表述，却始终无法做到。他力求天下有识之士务必去掉六经的繁杂文饰，而要寻求其真实意义，并非是以表面的繁文教化天下。**《春秋》以后，繁文益盛，天下益乱**。春秋时期以后，繁文缛节越来越盛行，天下就越来越乱。**始皇焚书得罪，是出于私意，又不合焚《六经》**。秦始皇焚书坑儒，得了历史的罪名，这是出于他的私意，更不应当焚六经。**若当时志在明道，其诸反经叛理之说，悉取而焚之，亦正暗合删述之意**。如果秦始皇当时的志向在于明道，他把那些离经叛道、不符合规矩的歪理邪说，都取来把它烧掉，那也正合了删述之意。就是合了删《诗》《书》，定《礼》《乐》，修《春秋》，赞《易经》的意思。**自秦、汉以降，文又日盛，若欲尽去之，断不能去；**自从秦、汉以后，繁文缛节又一天比一天兴盛，如果想把它彻底去掉，是不可能的；**只宜取法孔子，录其近是者而表章之，则其诸怪悖之说，亦宜渐渐自废**。那就适合效仿孔子的做法，摘录、传入近似于正道学说的，进而表彰之，这样那些荒谬悖论的学说，也就渐渐地自行消失了。这是明确表彰孔子的思想，凡是合乎孔子思想的好文章、好书就要彰显，不符合孔子思想的书渐渐地就消失了。**不知文中子当时拟经之意如何？**虽不知道文中子当初模仿经书写一些东西，究竟为何？**某切深有取于其事，以为圣人复起，不能易也**。但我深切认同文中子是有可取之处的，认为就算圣人重生，也不会改变看法。王阳明对文中子很肯定，对韩愈肯定一半。而文中子拟经的事被学生抓住不放，所以他最后说，就拟经的事即使弄不清楚，但就从他的事迹上看，以后出现了新的圣人也不会否定他。可见王阳明确实注重实际的功效、作用。就文中子培养的一些学生而论，像虞世南、房玄龄、杜如晦、魏征等人，对唐朝的贡献太大了，他发挥了他的作用。另外，文中子主张自耕自食、读书教书之外，还要劳动，带着学生劳动，他提倡这种精神。王阳明对于文中子给予了充分肯定。肯定他的实践精神，肯定他对于社会、对国家的贡献。**天下所以不治，只因文盛实衰，**天下之所以治理不好，就因为繁文兴盛而实际践行衰微。**人出己见，新奇相高，以眩俗取誉，徒以乱天下之聪明，涂天下之耳目，使天下靡然争务修饰文词，以求知于世，而不复知有敦本尚实、反朴还淳之行，是皆著述者有以启之。"**学者各出己见，相互较量新奇观点，以炫耀俗媚博取名誉，只会混乱天下人的聪明，蒙蔽天下人的耳目。天下读书人争相靡费于修饰文章辞藻，而不再知道尚有敦实于本分、崇尚于实践、返璞归真的行为，这些都是对著述文章的读书人应该有所启发的。王阳明还是强调"知行合一"，他看到了社会风气的问题，必须注重实干，这个社会才能够踏实、稳定地进步。

爱曰："著述亦有不可缺者，如《春秋》一经，若无《左传》，恐亦难晓。"徐爱说，著述也还是有不可缺少的，就像《春秋》这部经书，要是没有《左传》的话，别人看了也很难明白。徐爱提出这样的问题是有道理的，没有《左传》的话，后世理解这段历史是不会那么清楚的。但王阳明不这么认为。

先生曰："《春秋》必待《传》而后明，是歇后谜语矣。先生说，如果《春秋》一定要有《左传》的出现才能看明白，那就是歇后谜语了。**圣人何苦为此艰深隐晦之词？**圣人为什么写些人们不好懂的话，还得用另一部书来说明它？**《左传》多是鲁史旧文，**

若《春秋》须此而后明，孔子何必削之？"《左传》大多是鲁国史的旧文，如果《春秋》需要有了《左传》才能看懂的话，孔子又何必要笔削呢？

爱曰："伊川亦云：'传是案，经是断。'徐爱说，程颐也说《左传》是一个故事、事迹、案件，六经是结论、判断。**如书弑某君、伐某国，若不明其事，恐亦难断。**"比如，《春秋》上写杀了某国国君，伐了某个国家，如果没有《左传》记载事情的经过，恐怕也不好判断正误。

先生曰："伊川此言，恐亦是相沿世儒之说，未得圣人作经之意。先生说，程颐这么说，也是沿袭了过往的儒者说法，还没有得到圣人作经书的本意。**如书'弑君'，即弑君便是罪，何必更问其弑君之详？**比如写了"弑君"，那么弑君便是罪过，何必还要问个弑君的翔实过程呢？《春秋》上写弑君，就不需要有《左传》做解释，更不需要有《公羊传》《谷梁传》。弑君本身就是罪，这就是圣人的态度。**征伐当自天子出，书'伐国'，即伐国便是罪，何必更问其伐国之详？**征伐之命应该出自天子，即写了征伐他国，那么征伐他国就是罪，又何必要去探求征伐别国的过程呢？**圣人述《六经》，只是要正人心，只是要存天理、去人欲，于存天理、去人欲之事，则尝言之；**圣人著述六经，只是要端正人心，只是要存天理、去人欲，对于存天理、去人欲的事经常谈论；**或因人请问，各随分量而说，亦不肯多道，恐人专求之言语，故曰'予欲无言'。**有时会根据各人的提问，依据他们各自的理解程度而回答，也不肯多说，就是怕有的人在语言上较真。这是《论语》上的话，子曰，"予欲无言"。子贡说，老师你可别不说话，你不说话，弟子们学什么呢？孔子说，"天何言哉？"天它也没说啥话呀，四季照样运行，万物照样生长，天说什么话了吗？"予欲无言"是这个意思。

若是一切纵人欲、灭天理的事，又安肯详以示人？ 如果是那些纵人欲、灭天理的事件，又怎么能详细地告诉世人呢？不需要写得那么详细。**是长乱导奸也。**《左传》就是写得非常详细嘛，他认为这就是给后人助长混乱、误导奸邪。**故孟子云：'仲尼之门，无道桓、文之事者，是以后世无传焉。'此便是孔门家法。** 所以孟子曾说，孔子门下，没有讲述齐桓公、晋文公的事，因此后世没有流传。这是孔门家法。梁惠王问孟子怎么用兵的事，孟子说，"仲尼之门，无道桓、文之事者"。桓是齐桓公，文是晋文公。在《论语》中，孔子见卫灵公，卫灵公也问他行阵之事。然后孔子也讲了，我不懂得桓、文之事，我懂的是俎豆之事。孔子会因场合、对象，来看主要矛盾。在齐景公威胁鲁国的时候，曾有夹谷之会。那个地形就是两山之间的一块平地，在那会盟。会盟之后，齐景公违背了诺言。他答应归还占领鲁国的土地，但喝完酒之后，他就威胁鲁定公，拒绝归还土地。这个时候，孔子带着宝剑，闯上去，那是很有一点敢于拼命的精神，最后逼迫齐景公归还了土地。《孔子世家》记载，冉求仗打得很好，季孙氏就问，你是跟谁学的呢？他回答，学自孔子，我从老师那学来的。所以孔子不是不会打仗，也不是不懂军事，他是分对象的。这个国家首先应该解决的是礼仪问题，是道义问题，不要老谈打仗的事。**世儒只讲得一个伯者的学问，所以要知得许多阴谋诡计，纯是一片功利的心，与圣人作经的意思正相反，如何思量得通？"** 世上的儒者只是讲求霸者的学问，所以他要知道许多阴谋诡计之事，纯粹是为了一己功利之心，这与圣人作经书的意思正好相反，那怎么能想明白呢？

因叹曰："此非达天德者，未易与言此也！" 因此先生感叹说，如果不是通达天德之士，与他谈论这个话题很难啊！像《左传》这样的书，是探讨霸者如何得逞、得到权力的。如果搞偏了，不就是研究阴谋诡计了吗？但是他应该有另一句话，就是研究好的人物，对于阐释、传播经书的宗旨更有力，也更有意义。王阳明在这一段里，他认为《春秋》讲的是结论式的规矩、礼，何须细言呢？没有《左传》这类书，照样也行，也不是为了传历史、传事件，而是为了明理明道。以上这两节都是谈"经"和"传"的关系，与删《诗》、删《书》的必要性。

又曰："孔子云：'吾犹及史之阙文也。' 先生又说，孔子说过，我还赶上了史书有存疑疏漏的时候。在这他引用的就是《论语·卫灵公》里的一章，子曰："吾犹及史之阙文也，有马者，借人乘之。今亡矣夫。"他借用了这一段话，说孔子还赶上了那样的历史阶段。我的马我自己驯不好，不能硬装。驯不好就是驯不好，请会驯的人帮我驯。意思是要承认历史事实，自己不明白的不能瞎写乱编，所以遇到不明白的地方长段阙文，标明这段在传的过程中丢了。

孟子云：'尽信《书》不如无《书》，吾于《武成》取二三策而已。' 孟子说，完全相信《尚书》，不如没有《尚书》，我认为《武成》这篇只有二三策可取而已。我们学王阳明，主要是学他怎么理解孔子和孟子的话，看他是如何升华的，他的思想又是如何寄寓其中的。"尽信《书》不如无《书》"，就是说，孟子对待《尚书》写周武王、周成王这段历史的时候，他就信两三策。"两三策"指的是两三个竹简写的内容。为什么呢？他说，既然是圣人治国，那怎么能把周武王伐纣写成血流漂杵呢？他不可能杀了那么多人啊，所以这话能信吗？虽然写到《尚书》上了，我也不能信。这是孟子的观点。**孔子删《书》，于唐、虞、夏四五百年间，不过数篇，岂更无一事？**孔子删《诗》《书》的时候，删到《尚书》，唐尧、虞舜、夏禹这中间有四五百年，就留那么几篇，这其间难道就没有别的事吗？有啊，删了。为什么删了？因为对治理国家、安定人心没有正能量的东西，就都删掉了，这是有选择的删，他讲的是这个道理。**而所述止此，圣人之意可知矣。**而删述达到了这个程度，圣人的意图就可以知道了。**圣人只是要删去繁文，后儒却只要添上。**"圣人只是要删去繁文缛节的东西，而后世儒者却要添上。特别是汉朝，在秦始皇焚书坑儒之后，收集天下的书，越多越好，有的把假的当成了真的。王阳明强调的是要把脱离实际的东西去掉，要能返璞归真，才有利于落实圣人的思想，最终达到"知行合一"。实践是最重要的，不要老搞文字游戏，他强调这个，所以他的思想主流是积极的。但汉朝收集天下之书，唯恐历史的东西有所遗失，那也是积极的啊，也是对我们中华民族优秀文化的传承做出了积极的努力啊！所以，对我们民族发展、文化传承有利的思想和理论，就要肯定。

爱曰：**"圣人作经，只是要去人欲、存天理。**徐爱说，圣人写这些经书，主要是要人们去人欲、存天理。**如五伯以下事，圣人不欲详以示人，则诚然矣。**圣人不想把五霸那些坑蒙拐骗、虚张声势、巧诈夺利的事张扬出来，都把它掩埋起来，或者把它删掉。真是这回事啊。**至如尧、舜以前事，如何略不少见？"**但是像尧、舜以前的事，怎么也都被简略而无法得见呢？

先生曰：**"羲、黄之世，其事阔疏，传之者鲜矣。**先生说，伏羲和黄帝时候的事，宽泛稀疏，很久远了，能传下来的很少。**此亦可以想见。** 这是可以想象得到的。**其时全是淳庞朴素，略无文采的气象。** 在那个时代，都是淳朴单纯的，还没什么文采的气象。**此便是太古之治，非后世可及。**"这便是太古之治世，不是后世能相比拟的。差别太大了。

爱曰："如《三坟》之类，亦有传者，孔子何以删之？" 徐爱说，像《三坟》《五典》《九丘》《八索》这些古书，也有流传下来啊，孔子怎么把它也删减了？

先生曰："纵有传者，亦于世变渐非所宜。 先生说，纵然有流传下来的，也和我们现在的世道差得太远了，不符合时宜了。**风气益开，文采日胜，至于周末，虽欲变以夏、商之俗，已不可挽，况唐、虞乎？** 风气越来越开放，文采风貌越来越盛行，以至于到了周朝末期，虽然想要以夏、商时期的风俗改变风气，但已经无可挽回了，更何况用唐、虞时代的呢？总的来讲，窗户打开了，什么风都有。所以在开放的时候就要想到，不善之风怎么去杜绝。**又况羲、黄之世乎？** 更何况要恢复到伏羲、黄帝那个时代呢？那是根本不可能的。**然其治不同，其道则一。** 然而虽是治理手段不同，但根本大道是一样的。伏羲的时候和五千年后的今天，阴阳之道也是一个道理，高下远近，总得是矛盾对立的，总得是相依相存的。**孔子于尧、舜则祖述之，于文、武则宪章之。** 孔子对于尧、舜是循祖著述，对于文王、武王是效法彰显。**文、武之法，即是尧、舜之道。** 文王、武王治世之法，也就是尧、舜治世之道。**但因时致治，其设施政令已自不同。** 但是由于时代不同了，治理的方法随之而变，其设施政令也各不相同了。**即夏、商事业，施之**

于周已有不合，故周公思兼三王，其有不合，仰而思之，夜以
继日。即使是夏、商时代的政策，实施于周朝，也已经不合时宜了，
所以周公思考着三王之策，兼收并蓄，找出不合时宜之处，反复思
考，夜以继日。**况太古之治，岂复能行？**更何况是太古时代的治
国之策，怎么还能推行呢？把《论语》中的话拿过来，我们还根本
看不出《论语》的痕迹。"周公思兼三王"，在《论语》中，舜、禹、
周文王、周公是怎么对待天下的。周公处理问题，一旦遇到难解的事，
就参考一下夏、商、周三王是怎么做的。看到自己做法和三王所论
不合，就抬头思考。白天思考不明白，晚上接着思考。一旦考虑明
白了，就在那坐着等天亮。期盼着尽快天亮，立即就把思考出来的
好思想用在社会治理上。**斯固圣人之所可略也。**"所以这正是圣人
删除繁文的原因啊。古道不可行于新世，圣人不传，甚至删削。所
以说，五霸以后那些坑蒙拐骗的事、尔虞我诈的事可以省略。而那
些远而朴素，又被推尊的圣人，他们的思想怎么也搞得那么简单呢？
《尚书》怎么那么简单呢？因为它太久远了，把它的精神传下来可以，
但它的具体做法今天用不上了。不需要把那些用不上的东西大写特
写。所以尧、舜、禹、汤的一些东西，都可以简略了。《尚书》以前
的篇章就少，每一篇的字数也少，说的是这个事。

又曰："**专事无为，不能如三王之因时致治，而必欲行以
太古之俗，即是佛、老的学术。**先生又说，如果像老子那样凡事
主张无为，不能像禹、汤、周文王、周武王那样因时而治，因时而
宜，而一定要按太古俗政来治理国家，那即是佛教和老子的学说了。
**因时致治，不能如三王之一本于道，而以功利之心行之，即是
伯者以下事业。**因时来治国，与时俱进，但不能像三王那样以道

为根本，按精一之道、爱民之道来治国，而是以功利之心来因时而治，这就是五霸以后的治世之道了。**后世儒者许多讲来讲去，只是讲得个伯术**。"后世的许多儒者讲来讲去，就是讲的霸术而已，非王道。

一二

又曰："**唐、虞以上之治，后世不可复也，略之可也**；先生又说，唐尧、虞舜他们以前的治国方略，后世是不能照样再做了，省略他们是可以的；**三代以下之治，后世不可法也，削之可也**；夏、商、周三代以后的治国方略，后世不可以效仿，删削掉是可以的。**惟三代之治可行**。只有夏禹、商汤、周文王的治国方略是可以施行的。**然而世之论三代者，不明其本，而徒事其末，则亦不可复矣！**"然而社会上在讨论这三代治国之策的人，他并不知道三代治国的根本是什么，而只是注重三代的那些细枝末节而已，所以也是不可能恢复的。

一三

爱曰："**先儒论《六经》，以《春秋》为史。史专记事，恐与《五经》事体终或稍异**。"徐爱说，先儒论述六经，认为《春秋》是史书，史书是专门记事的，恐怕与其他五经的内容和体裁还是有不同的。

先生曰："**以事言谓之史，以道言谓之经**。先生说，以记事而言就是史，它记的是事；以思想精神的本质而言就是道，以道而言就谓之为经。**事即道，道即事**。事件本质也是道，道也要由事件体现。《春秋》这部书记的事是道，而道也是通过这些事件来反映出来的。**《春秋》亦经，《五经》亦史**。《春秋》也是经书，五经也是史书。**《易》是包牺氏之史，《书》是尧、舜以下史，《礼》、《乐》是三代史**。《易经》就是八卦，是包牺氏即伏羲氏那个时代的史书，《尚书》是尧、舜及夏、商、周的史书，《礼记》《乐记》是夏、商、周三代的史书。**其事同，其道同，安有所谓异？**"它们记载的事件相同，它们阐述的道也相同，怎么会有所谓的差异呢？

一四

又曰："**《五经》亦只是史**。先生又说，五经也只是史书。**史以明善恶，示训戒**。史书就是用来明辨善恶的，展示教训诫勉的。**善可为训者，时存其迹以示法；恶可为戒者，存其戒而削其事以杜奸**。"善事可以记下来，作为教训大家、教育大家的示范，时时地保留历史事迹让世人效仿；恶的事可以被用作警示，保留这种告诫、警戒，而削除这种恶事，以杜绝别人效仿。

爱曰："**存其迹以示法，亦是存天理之本然；削其事以杜奸，亦是遏人欲于将萌否？**"徐爱说，保存善事而让后世效法，这也是存养天理的根本；削除所载的恶行，以杜绝后世效法，这也是遏制人的私欲于萌发之际吗？

先生曰："**圣人作经，固无非是此意，然又不必泥着文句**。"先生说，圣人著述经书，固然无非就是这个意思，然而又不必泥滞于文字限制。就是不要受文字、语句的限制，"泥"在这里是束缚的意思。

爱又问："恶可为戒者，存其戒而削其事以杜奸，何独于《诗》而不删郑、卫？ 徐爱又问，恶行可以作为警戒，保留这种警戒而削除宣扬恶行的事迹以杜绝邪恶，为什么删《诗经》而不删减《郑风》《卫风》呢？这个问题的本身，放到今天来讲就不对了。"何独于《诗》而不删郑、卫？"那是因为郑、卫都已经删完了，徐爱认为删后的《诗经》里边还有郑、卫的淫声。**先儒谓'恶者可以惩创人之逸志'，然否？"** 朱子讲"警示恶行可以惩戒人们的恣意放纵的思想"，是这样吗？这个"逸志"是闲逸、安逸、散荡，标明坏人干的坏事，把恶行拿出来警戒别人，要把他记上，不要回避，这样可以惩戒人的闲逸之志。

先生曰："《诗》非孔门之旧本矣。孔子云：'放郑声，郑声淫。' 先生说，现在的《诗经》已经不是孔子删定的版本了。孔子说，禁绝郑声，郑声是靡靡之音。**又曰：'恶郑声之乱雅乐也。郑、卫之音，亡国之音也。'此是孔门家法。** 孔子又说，厌恶郑声扰乱了优雅之乐。郑、卫之声，是亡国之音。这是孔子门下的家法。**孔子所定三百篇，皆所谓雅乐，皆可奏之郊庙，奏之乡党，皆所以宣畅和平，涵泳德性，移风易俗，安得有此？是长淫导奸矣。** 孔子所删定的《诗经》三百篇，都可以称得上优雅之乐，都可以在祭祀天地宗庙中演奏，也可以在乡间邻里中演奏，都是用以宣扬和平、涵养德性、移风易俗的，怎么能有郑、卫之音掺杂其中呢？这是助长了靡乱而导致了奸邪啊！**此必秦火之后，世儒附会，以足三百篇之数。** 王阳明认为这一定是在秦火之后，汉朝的儒者牵强附会，为了补足这三百篇的数量，在收集的时候，就把原来删下的一些东西又给找回来。把好的烧了，民间还有一些散存的，就把这些收集进来了，所以说这三百篇不全是孔子原来的，是凑数的。**盖淫泆之词，世俗多所喜传，如今闾巷皆然。**而这些淫逸之词，世间之人大多喜欢流传，如今街巷皆知一般。**'恶者可以惩创人之逸志'，是求其说而不得，从而为之辞。**"警示恶行可以惩戒人们的恣意放纵的思想"的说法，这是没有办法的办法。王阳明的这个观点，还是认为《诗经》现有的版本305篇里头有郑、卫的淫声。王阳明虽是圣人之列，但是他有些观点是错的。这还是一个认识问题。比如《静女》，"静女其姝，俟我于城隅。爱尔不见，搔首踟蹰。自牧归荑，洵美且异。匪汝之为美，美人之贻"。这个静在今天是很恬淡的，姑娘在土城角等待那个小伙子。姑娘先到，就藏到草丛里了。小伙子来了之后找不到，他就挠挠脑袋，一会儿想走，一会儿又回来，犹豫徘徊。写得非常形象。"自牧归荑"，这个"归"字古代和这个"馈"字通假，他放牧回来，赠送给姑娘一个用芦苇根做的笛。这个笛一吹吱吱响。"洵美且异"，非常美，非常不一般。但是实质呢，"匪汝之为美"，不是这个苇子根做的这个笛美，"美人之贻"，因为是心爱的人送的。像这样的诗都是很美好的，古代也认为是很美好的。所以王阳明还是在道学、儒学、礼学这些东西上有点极端化。他很回避这些人性本真自然美的东西。王阳明也好，朱熹也好，他们在这方面还是有些过。

[徐爱跋]

爱因旧说汩没，始闻先生之教，实是骇愕不定，无入头处。

我徐爱因受旧说的影响很深，刚听到先生这么解释一些问题，我感到很惊讶，抓不着头脑，无入手处。**其后闻之既久，渐知反身实践，然后始信先生之学为孔门嫡传，舍是皆傍蹊小径、断港绝河矣！** 之后听老师谈论久了，渐渐知道实践是重要的，就是先生不管讲的什么，最终落脚点是实践。然后才相信先生的学问真是孔门学说的嫡传，除此之外，别的一些说法都是旁门小道，都是一些断港绝潢。**如说格物是诚意的工夫，明善是诚身的工夫，穷理是尽性的工夫，道问学是尊德性的工夫，博文是约礼的工夫，惟精是惟一的工夫：诸如此类，始皆落落难合，其后思之既久，不觉手舞足蹈。** 就像先生说的，"格物"是"诚意"的功夫，"明善"是"诚身"的功夫，"穷理"是"尽性"的功夫，"道问学"是"尊德性"的功夫，"博文"是"约礼"的功夫，"惟精"是"惟一"的功夫，诸如此类，开始时候都会难于理解，之后随着思索的时间越久，就越能领会其中奥妙，不自觉便高兴得手舞足蹈起来。

右曰仁所录。 以上是徐爱记录的。

一五

陆澄问："主一之功，如读书则一心在读书上，接客则一心在接客上，可以为主一乎？" 陆澄问，关于主一的功夫，就像读书，就一心在读书上用功，接待客人就一心在接待上用功，就是一心在什么事上，就叫主一吗？陆澄是王阳明学生中比较灵活、聪明的一位，论道也论得比较好。

先生曰："好色则一心在好色上，好货则一心在好货上，

可以为主一乎？先生说，好色，就一心在好色上用功；好货，就一心在好货上用功，这也可以算作是主一的功夫吗？**是所谓逐物，非主一也。主一是专主一个天理。"**这只是所谓的追逐事物，而不是主一之功。主一是将心专注于一个天理上。不能说读书就一心在读书上，看戏就一心在看戏上，这不叫主一。主一是专注于天理，念念都要存天理，这就叫守住天理之致。在这个问题上，主一之论与二程、朱熹都是同样的，没有区别。

一六

问立志。陆澄向先生请教立志的问题。

先生曰："只念念要存天理，即是立志。先生说，只要念念不忘存养天理，就是立志。**能不忘乎此，久则自然心中凝聚，犹道家所谓结圣胎也。**能做到时刻不忘存养天理，久而久之天理就自然在心中凝聚，就像道家所谓的结圣胎。就是在心里凝聚一个天理而不放。**此天理之念常存，驯至于美大圣神，亦只从此一念存养扩充去耳。"**这个存养天理的念头时刻不忘，逐渐达到美大圣神的境界，那也只是从这一个天理善念的存养并发扬扩充罢了。孟子说，"充实之谓美，充实而有光辉之谓大，大而化之之谓圣，圣而不可知之之谓神"。这是美大圣神。充实之谓美，什么充实？道德充实，仁义充实。"充实而有光辉之谓大"，大而化之和我们今天讲的大而化之不一样，不是把什么事儿给冲淡了。这是讲有了一定的位置之后，重点要在化上，化育别人才叫圣人。而圣人影响别人、化育别人是在不知不觉之中完成的。就像春风吹拂，柳树就绿了。这个过程不可知之就称作"神"。王阳明引用这句话，说人修养到"美大圣神"的程度了，"亦只从此一念存养扩充去耳"，还是存养天理，抓住天理，把它扩充开来罢了。

一七

"日间工夫，觉纷扰则静坐；觉懒看书则且看书，是亦因病而药。"先生接着说，每天做功夫，觉得心情纷纷扰扰，抓不住天理的时候就静坐着；觉得懒得看书，那你就一定要看书，这就是对症下药。

一八

"处朋友，务相下则得益，相上则损。"跟朋友相交往，务必要互相谦让，才能彼此受益；若是互相争高下，就会带来损伤。

一九

孟源有自是好名之病，先生屡责之。孟源有自负而又好名声的毛病，先生多次批评他。

一日警责方已，一友自陈日来工夫请正。一天，先生刚刚批评完他，一个学友陈述自己几天来的修养功夫，请求先生来指正。

源从傍曰："此方是寻着源旧时家当。"孟源从旁边说，这正是我孟源过去时候的做法。

先生曰："尔病又发。"先生说，你的毛病又发作了。

源色变，议拟欲有所辩。孟源一下脸色都变了，发现自己怎么又错了，打算要辩解。

先生曰："尔病又发。"先生说，你的毛病又犯了。**因喻之曰："此是汝一生大病根。**因而开导他说，这是你人生中最大的病根。**譬如方丈地内，种此一大树，雨露之滋，土脉之力，只滋养得这个大根；四傍纵要种些嘉谷，上面被此树叶遮覆，下面被此树根盘结，如何生长得成？**就比如在这方丈之内，种植一棵大树，有滋润的雨露、肥沃的土地，只是滋养了这个树的大根；四周即使种植了一些五谷，上面被这个大树的枝叶遮蔽着，下面又被这个大树的根系盘结着，怎么能生长得成呢？**须用伐去此树，纤根勿留，方可种植嘉种。**一定要伐掉这个大树，一点根系都不能留下，才可以种植其他的五谷。**不然，任汝耕耘培壅，只是滋养得此根。"**否则，任你怎么耕耘培育，那也只是滋养了这个大树的树根。这个根就是那个病根，所以必须砍树绝根。《盐铁论》上有句话，"故茂林之下无丰草，大块之间无美苗"。虽有大树好乘凉，但另一面是有了大树，别的苗也不好长，就是说需要辩证地看。

二〇

问："**后世著述之多，恐亦有乱正学。**"陆澄问，后世的学者著述太多了，恐怕有可能扰乱正道学问。

先生曰："**人心天理浑然，圣贤笔之书，如写真传神，不过示人以形状大略，使之因此而讨求其真耳；**先生说，人心与天理浑然一体，圣贤所著之经书，就像画像一样传递精神，不过是给人演示出大概的外形轮廓，使得大家根据这个来探求其真知罢了；**其精神意气，言笑动止，固有所不能传也。**而圣人的精神意气，言谈举止的内涵，确有不能完全真实表述的。王阳明是这么认为的，古代许多大思想家也都这么认为。后世学者著述可以，为什么后来科举考试要用圣人立言呢？就是不允许你别立他说，就得按照这个正道来办，你不能另起炉灶。**后世著述，是又将圣人所画，摹仿誊写，而妄自分析加增，以逞其技，其失真愈远矣。**"然而后世这些学说、著述，又将书本上的形状大略画一下，模仿一下，誊写一下，又妄自把自己的分析加进去了，来炫耀他的技能，这离圣人倡导的本真就相去甚远了，这就又失掉了圣人的真义、天理人心的本真。所以传承圣人思想，传承者是很重要的。

二一

问："**圣人应变不穷，莫亦是预先讲求否？**"陆澄问，圣人的应变能力无穷尽，莫不是事先他也探求过？这是圣人的本真反应，还是有意的准备啊？

先生曰："**如何讲求得许多？**先生说，圣人怎么能事先探求那么多呢？**圣人之心如明镜，只是一个明，则随感而应，无物不照，未有已往之形尚在，未照之形先具者。**圣人的心就如同明亮的镜子，只是要求这个镜子明亮，所以能够随时感应事物而应对自如，没有什么事物不能照，没有过往照过的形象还留在镜子里，也没有未照过的形象提前在镜子里存在。就是没照过这个形，怎么能准备呢？而过去的怎么还能够有所留存呢？圣人的心就像明镜一样，遇到什么物，他就去照什么物。你问圣人问题，圣人回答的话是根据你的具体情况，随时而应。**若后世所讲，却是如此，是以与圣人之学大背。**这些后世学者写的东西，确是如此的话，那就完全违背了圣人之学。**周公制礼作乐以文天下，皆圣人所能为，尧、舜何不尽为之而待于周公？**周公制定礼乐以文教化天下，都是圣人能够做到的，那么尧、舜为什么不尽可能做到，而要等到周公来做呢？"以文天下"的文，不是"质胜文则野，文胜质则史"的文，那个文是广泛的文。"以文天下"，是以文化天下，是以人文的思想活动改变天下，使得天下进步。"尧、舜何不尽为之而待于周公？"这话问得厉害呀！**孔子删述《六经》以诏万世，亦圣人所能为，周公何不先为之而有待于孔子？**孔子删述六经以诏告、教化万民，这也是圣人能做到的，那周公为什么不先做，而要等到孔子来做呢？

是知圣人遇此时，方有此事。从这就能知道，圣人遇到这个时机，才会有这样的作为。这是结论，就是什么时候，遇到什么事，就处理此事。**只怕镜不明，不怕物来不能照。**怕的是镜子不明亮，不怕物来了镜子不能照。《世说新语》中有这样的话，"何尝见明镜疲于屡照，清流惮于惠风？"《世说新语》是魏晋南北朝时候的南朝宋刘义庆所撰写，说明关于明镜的说法在中国文化史上早已有之。"何尝见明镜疲于屡照"是什么意思呢？圣人，作为人的一个标杆，对周围的影响是不会感到疲劳的。谁要想学好，那就与这个标杆比照。所以王阳明说的也不完全是他自己独创，这是我们文化史上一直有的思想。再往上追溯，那就是汤之《盘铭》曰："苟日新，日日新，又日新。"就是要看自己的心修养成什么样，自己的心有无杂尘。把我们的文化展现出来，就能看到几千年来都是如此，一脉相承，如此深厚。我们虽然历经沧桑，国经百难，然而文化不衰，是因为我们的文化之根太深了。**讲求事变，亦是照时事，然学者却须先有个明的工夫。** 探求事物的变化，也就是用镜子来照时事，然而学者必须先要有一个能使镜子明的功夫。怕镜不明是什么意思呢？是怕心不明，怕心里的良知不纯。"讲求事变，亦是照时事"，就是指事情、社会不知道会发生怎么变化，但是不管怎么变化，也是照时事。当时的事也是用这个天理、良心、良知来衡量。你自己得有个明的功夫，才能正确对待纷扰复杂、变化无常的社会环境。**学者惟患此心之未能明，不患事变之不能尽。**"学者只怕自己的这颗心不能明，不必怕事变不能尽照，不能分析明白。心里明了，那么什么事便都能够照得清晰，照得明白。

日："然则所谓'冲漠无朕，而万象森然已具'者，其言如何？"陆澄说，既然这样，那么程颐说的"冲漠无朕，而万象森然已具"又如何理解呢？所谓"冲漠无朕"，"冲漠"是恬静、虚淡；"无朕"就是无我。在秦始皇之前，朕就是第一人称，没有统治者和平民的区别，都是当"我"字讲。"冲漠无朕"，恬淡虚静而无我，这就是《庄子·齐物论》中的"坐忘"。《庄子》最难读的就是《齐物论》，而不是《逍遥游》。《齐物论》的哲学性很强。开头写的南郭子綦，也是个修养家，他有个学生叫颜成子游。颜成子游说，老师你今天坐的这个样式跟往常怎么不一样呢？老师说，嗯，你说得对，"今者吾丧我"。我今天我把我自己忘了，不知道我是谁了。这是整部《庄子》追求的所谓最高修养境界。按照老子讲，人为什么怕生啊、死啊、疼啊、痛啊，就因为有我，把我这躯壳要抛了的话，那什么问题都解决了。而庄子提出来了"今者吾丧我"，然后就开始论，一个人修养可以形如槁木，心如死灰吗？身体像个枯干的木头，心里头像一捧死灰似的。你可以那样吗？他说人修养到一定程度，就是无我的境界，一切虚淡、空虚，不但万事皆无，我自己都没了，整个灵魂都出窍了，就剩下个躯壳了，这个时候是最高境界。"万象森然已具"，这个"万象森然"是《二程遗书》中记载的，是程颐的话，它的意思是万象森然，皆聚其体。就是说你冲漠无朕了，到了空灵忘我的程度了，那万物森然，都集中在你的心中了。"冲漠无朕"，貌似道家，但下边的话又不是道家的本意。"万象森然已具"，已具自己的胸中。可是真正的道家是坐忘，连我都丢了，还有什么万物啊！那是真正的空，真正的虚。而王阳明的空、虚是指杂念、杂想、杂心、思念这些东西要空、要虚，但真正的天理要守好，这样的话，万事万物皆聚其体，都不会跑的。他用了道家的话，要指出儒家的高境界学说，我们追求天理的精一程度，就像道家的忘我修为，忘掉了一切。我们只要抓住了天理，万物万象皆聚于胸中。

曰："是说本自好，只不善看，亦便有病痛。" 先生又说，这个学说本来是很好的，世人只是不善于理解，也就有了病痛。"不善看"，是使别人不易看明白。

二二

"义理无定在，无穷尽。 义理没有一定的标准，是没有穷尽的。**吾与子言，不可以少有所得而遂谓止此也。** 我跟你讲，不可以有了一定的收获，就以为仅此而已。这就是孔子的中道思想，就是义理的问题，"无适也，无莫也，义之与比"。合乎道义的，那我们去做；不符合道义的，我们就不做。**再言之，十年、二十年、五十年未有止也。**"即使再讲十年、二十年、五十年，也是没有止境的。**他日又曰："圣如尧、舜，然尧、舜之上，善无尽；恶如桀、纣，然桀、纣之下，恶无尽。**过了几天，先生又说，先圣如尧、舜之辈，然而尧、舜以上的圣人，善也是没有止境的；邪恶如桀、纣之流，然而桀、纣以下的恶人，他们的邪恶也是没有止境的。**使桀、纣未死，恶宁止此乎？使善有尽时，文王何以'望道而未之见'？**"假使桀、纣没有死去，难道邪恶就会终止了吗？假使仁善有尽头，那为什么文王还有"寻求正道但自己还没有见到"的感慨？就是善无头、恶无尾。关键在于有修养的人，不管善也好，恶也好，都能按照天理良心来对待社会的万事万物。文王"望道而未之见"，是《孟子》里面的话。文王"望道而未之见"，看着老百姓总觉得老百姓是受伤害的人，先圣先王的道并没落实在他们身上，他们还没解决贫穷疾苦的问题。我做了这么多年的努力呀，周朝的百姓他们的生活没有根本的扭转啊！圣人是这样的想法。

二三

问："静时亦觉意思好，才遇事便不同，如何？"陆澄问，静的时候觉得修养得很好，但遇到事了就不同了，这怎么看呢？

先生曰："是徒知静养而不用克己工夫也。先生说，这是你只知道静养，却不在具体事上用克制自己的非分之欲的功夫，你克己的功夫没下到。**如此，临事便要倾倒。**如果是这样的话，你遇到事了便会觉得原来的功夫不好用了。就是要虚心、谨慎地"临事而惧"，遇到事情要谨慎、敬慎地来对待，不要太以为自己有把握，会处理得好。**人须在事上磨，方立得住，方能'静亦定，动亦定'。**"人还是需要在具体事情上磨炼自己，才能立得住，才能做到"静时有定力，动时也有定力"。"在事上磨"不是说遇到的事多了，感觉无所谓，不当回事。"磨"是指在这个事上，我合乎天理良心否？做这个事，对待这个人，我合乎天理良知否？反复地这么磨，磨自己，不管对高上、低小、权势、弱势，都能够用天理良知、良心来衡量自己做得对不对。你这么磨了，不管是动还是静，你都能够做到天理良心。

二四

问上达工夫。陆澄请教先生所谓上达的功夫。

先生曰："后儒教人才涉精微，便谓'上达'未当学，且说'下学'。先生说，后世的儒者教育学生才涉及精妙细微之处，便说这是属于上达的学问，还未到应该学的时候，就改为讲习下学的学问了。《论语》中讲，"下学而上达"。下学不是指下边的学问、劳动者的学问，而是相当于能摸得到、看得见的，就是我们说凡是唯物的东西，都属于下学；上达是精神境界里边的高追求。**是分'下学'、'上达'为二也。**这就是把上达功夫和下学的学问分为两个事情了。**夫目可得见，耳可得闻，口可得言，心可得思者，皆'下学'也。**凡是眼睛可见的，耳朵可以听到的，口中能说出来的，心里能想到的，这都是下学。**目不可得见，耳不可得闻，口不可得**

言，**心不可得思者，'上达'也**。凡是眼睛不能看到的，耳朵不能听到的，嘴巴不能说出来的，心里不能思考的，这都是上达的功夫。**如木之栽培灌溉，是'下学'也；至于日夜之所息，条达畅茂，乃是'上达'。人安能预其力哉？**就像栽培灌溉树木的方法，这是下学；而树木无声无息地日夜生长，乃至于枝繁叶茂，这是上达的功夫。人怎么可能干预得了呢？**故凡可用功、可告语者，皆'下学'，'上达'只在'下学'里。**所以，凡是可以用功、可讲述的，都是下学的功夫，上达的功夫只存在于下学之中。以种树为例，不做下学的功夫，它哪有上达呀？从这个意义上来讲，上达是在下学里边。**凡圣人所说，虽极精微，俱是'下学'。**而凡是圣人所讲习的，虽然很精妙细微，那也都属于下学。**学者只从'下学'里用功，自然'上达'去，不必别寻个'上达'的工夫。"**所以学者只需要在下学上用功，自然就能达到上达的功夫，不必要再去寻求别的上达的功夫。

"持志如心痛。一心在痛上，岂有工夫说闲话、管闲事。"坚持自己志向就像感知心痛，如果一心在痛上，哪有工夫去讲别的、考虑别的事呢？我们坚持自己的志向，就是要达到天理、良知，那我一心在天理、良知上面，所以没工夫去想别的，去管别的，就是事事考虑自己合乎不合乎天理、良知。

二五

问："**'惟精惟一'是如何用功？**"陆澄问，怎样才能做到"惟精惟一"？

先生曰："'惟一'是'惟精'主意，'惟精'是'惟一'功夫，非'惟精'之外复有'惟一'也。先生说，"惟一"是"惟精"的主意，"惟精"是"惟一"的功夫，不是在"惟精"之外还有一个"惟一"。其实"惟一"就是主意。在这里王阳明认为，"惟精"和"惟一"的问题是一体，不能分。那"惟精"是为了"惟一"，"惟一"是"惟精"的目的，最终要落到"惟一"。"惟一"是什么？是天理。"精"是排除杂念，排除其他的一些不正当的思想。**'精'字从'米'，姑以米譬之**：精字是由米字而来，就用米来做譬喻。**要得此米纯然洁白，便是'惟一'意；然非加春簸筛拣'惟精'之功，则不能纯然洁白也。**要得到真正精米的纯然洁白，这就是"惟一"的意思；然而在这个过程中没有很好地碾、春、筛、拣的"惟精"的功夫，就不能得到精米的纯然洁白。所以"惟精"是"惟一"的功夫，"惟精"也是达到"惟一"的过程。**春簸筛拣是'惟精'之功，然亦不过要此米到纯然洁白而已。**而这些碾、春、筛、拣就是"惟精"的功夫，也只不过是使得精米能够纯然洁白而已。到了纯然洁白这个程度，就是惟一。**博学、审问、慎思、明辨、笃行者，皆所以为'惟精'而求'惟一'也。**博学、审问、慎思、明辨、笃行，都是"惟精"的功夫，而这些功夫都是为了达到"惟一"的目的。"一"是什么？是天理、良知、良心，学、问、思、辨、行都是要达到这个意义。**他如'博文'者，即'约礼'之功；**其他的就像"博文"，就是"约礼"的功夫。读什么书，跟谁学，最终是你得明白事，明白理，办事不走样、不走调，这个叫约礼。约礼也就是那个"惟一"，天理、良心。**'格物致知'者，即'诚意'之功；**"格物致知"就是"诚意"的功夫。格物致知最终目的就是诚意。

'道问学'即'尊德性'之功；"道问学"就是"尊德性"的功夫；"道问学""尊德性"是《中庸》上的话，"君子尊德性而道问学，致广大而尽精微"。道问学、问学道、学问道是一个意思。问道、问学、求学、求道这个过程，就是尊崇德性的功夫。没有一步一步地问学求道，最后你怎么能尊德性呢？**'明善'即'诚身'之功：无二说也。**"明善"就是"诚身"的功夫。明善不是明白善，是使善明。你明白了善，注重了善，弘扬了善，做的一切功夫都是为了诚身。所以没有别的解释了。前后都是一个学说，都是一件事的两个内涵，不是两个事。王阳明在理论上费了好大劲，最终落到知行是一件事上，理和实、理和做是一个事，不能掰开。

二六

"**知者行之始，行者知之成：**认知是践行的开始，践行实践是认知的完成。**圣学只一个功夫，知行不可分作两事。**"圣人之学只是一个功夫，知和行不能分作两件事情。

二七

"**漆雕开曰：'吾斯之未能信。'夫子说之。子路使子羔为费宰。子曰：'贼夫人之子。'曾点言志，夫子许之。圣人之意可见矣。**"先生引用《论语》的话，漆雕开说，我对于做官还没有信心。孔子听了很高兴。子路安排子羔到费地做官，孔子说，这是戕害别人家的孩子。曾点和老师说了自己的志向，孔子很是赞许。

通过这些事，圣人的心意就明白可见了。漆雕开是一个年龄比较小的孔子学生，孔子想安排漆雕开去做官，漆雕开说，我现在还没有自信，做官的事我还没有把握。孔子一听，非常高兴。漆雕开能够正确地认识自己、对待自己。孔子为他能很好地把握自己，没有不自量力地夸大自己感到非常高兴。子路安排子羔去做费地的长官，因为子路和冉求给季孙氏管事，季孙氏大家族有好大的地域，其中费这个地方是他管辖的地方。孔子认为这不是害人家的好孩子吗？子路还辩解了，说那个地方有什么不可以啊？孔子反对子羔去做费宰，就因为子羔在知行的问题上没有到稳妥成熟的程度，或者只知而未行，只知而不行，这样的人不能出去做官。王阳明举这两个例子是肯定的态度。曾点言志的时候，子路、冉有、公西赤、曾皙侍坐，然后孔子说，别以为我比你们大几岁，你们有什么想法都讲一讲，将来你们想做什么。子路说，要是有一个中等国家，我去做武装部长，三年就能使这个国家有勇，还能使得国家讲规矩。然后"夫子哂之"，孔子冷笑了一下，接着问，冉求，你怎么样？冉求说，要有方圆五六十里、六七十里的地方，我去管理三年，能够做到一般的丰衣足食，能解决衣食温饱问题，至于用礼乐来治国、治地方，那得等待以后的高明者，我还不行。然后孔子问，公西赤你怎么样？公西赤讲，我也不敢说能不能做什么，但是我希望做一个司仪者，穿上礼服，戴上礼帽，管一管礼仪活动，我觉得能做这个事。这个时候曾点正在那弹琴，孔子就问："点，尔何如？"曾点也叫曾皙，是曾子的爸爸。曾点当时"舍瑟而作"，把琴一放，站起来说，我希望在暮春三月，这个时候新衣服做好了，就到沂水河洗洗澡，然后到舞雩台上吹吹风，望一望，领着五六个成年的小伙子，六七个未成年的小学生，一路唱着诗歌回到家中，这种生活是我追求的。孔子喟然叹曰："吾与点也。"我赞成曾点的做法，我和曾点的观点一样的。孔子在周游列国之后，各个国家都不采用他的学说。后来他在删《诗》《书》、定《礼》《乐》、修《春秋》、赞《易经》的过程中，教授学生，他把未来的希望、他的道寄托在学生身上。所以在这个时候，曾点提出了这种观点。孔子说我愿意和你一个观点，通过办教育、培养人才，把希望寄托在下一代，我的道一定还是要实现的。在这里，王阳明鲜明地肯定了孔子的这个观点。他认为曾点还是站得高，从大局着眼，从老师的道能传播出去这个角度谈了自己的想法。王阳明认为曾点是道，那三个学友是器。那为什么孔子对子路冷笑了一下呢？孔子其实是既了解子路的优点也了解他的缺点，冷笑了一下，是认为子路说得过于肯定、草率。这就有点像家长说自己的小孩子，这小子就你能耐！这既是批评，也是欣赏。所以孔子的这个批评中也有欣赏和肯定，肯定当中又要提醒他要严谨、冷静。所以这里面又蕴含一个道理。对有些人的问题分析透了之后，既批评又不要太过分，把问题都彻底消灭，他的优点也没了。如果子路把这些所谓的小毛病都克服掉了，也就没有子路那些优长之处了，也就不成为子路了。

二八

问："宁静存心时，可为'未发之中'否？"陆澄问，一个人在宁静处存养心性的时候，可以说是"未发之中"吗？就是自己内心宁静的时候，是不是可以看作就是"未发之中"。

先生曰："今人存心，只定得气。先生说，现在人所谓存养心性，只是定得了气。**当其宁静时，亦只是气宁静，不可以为'未发之中'。**"当他安静的时候，也只是气息的宁静，还不可以说是"未发之中"。

曰："'未'便是'中'，莫亦是求'中'功夫？"陆澄说，未发就是中，这不也是求"中"的功夫吗？

曰："**只要去人欲、存天理，方是功夫。**先生说，只要去除人的私欲，存养天理，才是功夫。**静时念念去人欲、存天理，动时念念去人欲、存天理，不管宁静不宁静。**静的时候念念不忘去除私欲，存养天理，动的时候也念念不忘去除私欲，存养天理，不管宁静还是不宁静。**若靠那宁静，不惟渐有喜静厌动之弊，中间许多病痛，只是潜伏在，终不能绝去，遇事依旧滋长。**如果只是依靠宁静来存养天理，不只是渐渐会有喜欢静而讨厌动的弊端，中间也会产生许多毛病，只是潜伏着，表面没看到，到最终也不能完全消灭掉，遇到事情依旧还会滋长起来。归根结底还是人欲的问题，都会滋长起来。**以循理为主，何尝不宁静；以宁静为主，未必能循理。**"只要按天理办事，以天理为主，那何尝会不宁静，若是以宁静为主，那就未必能循天理。所以关键问题是要循天理、循良知、循良心办事。

二九

问："**孔门言志，由、求任政事，公西赤任礼乐，多少实用。及曾皙说来，却似耍的事，圣人却许他，是意何如？**"陆澄问，孔门师生谈论志向，子路、冉求想出任政事，公西赤想出任礼乐之事，这多多少少都是些实用的事情，而到了曾皙言志时，却像是玩耍一样，圣人却很赞许他，这是什么意思呢？圣人为什么鼓励这个呢？

曰："三子是有意必，有意必便偏着一边，能此未必能彼。 先生说，子路、冉求、公西赤这三人都有主观臆断和绝对肯定的问题，有了这种意思，那就会有偏颇之意了，能做这件事，未必能做那件事。"意必"是《论语》中的，子绝四："毋意，毋必，毋固，毋我。" 四毋，他就拿出两字"意必"，说三子者有意必，意必就是自己的主观臆断，自己一定要怎么样。王阳明就认为这是主观想象，就是一厢情愿嘛。**曾点这意思却无意必，便是'素其位而行，不愿乎其外'、'素夷狄行乎夷狄，素患难行乎患难，无入而不自得'矣。** 曾点说的意思就没有主观臆断和绝对肯定之意，这便是"君子人根据自己所处位置、环境而行事，不去做本分之外的事情"，"处于少数民族地区，那就做适应于少数民族地区的事情，处于患难之中，那就做适应于患难环境的事情，这样无论身处何处都可悠然自得"。这是《中庸》上的，"素其位而行"，根据自己所处的位置，所处的情形、情况、环境，而去做自己能做的事。"不愿乎其外"，不是要求外界给我什么支持，我再做什么事。曾点领几个孩子唱歌，这个不需要外界的支持他就能完成，如果做官，那得有更多的条件来支持他。**三子所谓'汝器也'，曾点便有不器意。** 前三位弟子就是所谓的"你是器皿啊"，而曾点就有了不局限于器皿的意思，就是道了。"汝器也"是《论语》中的话。子贡问老师，老师你评价评价我吧，我是什么人啊？"汝器也"，你是器皿啊，不是道。然后子贡又问，"何器也？""瑚琏也。"你是祭祀供品台上的一个高贵的祭器，跟一般的器不一样。这里说，三位弟子还是器皿啊，就是他们能做具体某一件或某两件事，乃至某三件事情，只是能做有限的具体事情。而曾点说领着几个学生春游、咏诗，那便有不是器的意思，有道的意思，所以曾点是高出了一截。**然三子之才，各卓然成章，非若世之空言无实者，故夫子亦皆许之。**"然而子路、冉求、公西赤三人的才华，都很卓越、很优秀，并不像世上那些夸夸其谈、华而不实的人，所以孔子也都很赞许他们。这里的"成章"不是志做文章，是乐谱、乐调在最后完成的整体演奏叫"成章"。这个"章"，多数人把它理解为立早章，其实是外行的话，真正的意义是"音十为章"，音乐奏满了十章，就是完满了的意思。

三〇

问："知识不长进如何？"陆澄问，知识学问老不长进怎么办？

先生曰："为学须有本原，须从本原上用力，渐渐'盈科而进'。先生说，做学问必须要有基础，必须要在基础上下功夫，渐渐地充满而有所进步。**仙家说婴儿，亦善譬。**仙家关于婴儿的说法，是个很好的比喻。老子说修养的最高境界，那就像婴儿一样。**婴儿在母腹时，只是纯气，有何知识？**在母体里的时候，还只是一团气，哪有什么知识？**出胎后方始能啼，既而后能笑，又既而后能识认其父母兄弟，又既而后能立、能行、能持、能负，卒乃天下之事无不可能。**离开母体后开始哭啼，然后会笑，又接着能认识他的父母兄弟，然后能站起来、能行走、能拿东西、能背负东西，最后天下之事没有不能做到的了。**皆是精气日足，则筋力**

日强，聪明日开，不是出胎日便讲求推寻得来。这都是他的精气日益充足，而筋骨力气日益强壮，聪明智慧日益开发，不是从他出娘胎日就能讲求推寻得来的。凡事都得有个过程。**故须有个本原。**所以必须要有一个基础本原。**圣人到位天地，育万物，也只从喜怒哀乐未发之中上养来。**圣人到了位立天地之间、化育万物的程度，那也只是从喜怒哀乐之未发的这个中上存养起来。**后儒不明格物之说，见圣人无不知、无不能，便欲于初下手时讲求得尽，岂有此理！**"后来的这些儒者不明白格物学说，见到圣人无所不知、无所不能，就想在开始学时，一下子就把儒家的深厚道理、境界学明白，哪有这样的道理！在这里补充一个观点，就是朱熹，也包括二程，都认为《大学》是初学者入门的著作；而在王阳明看来，《大学》应该是在《论语》《孟子》之后才能学的高深学问。

又曰："**立志用功，如种树然。**先生又说，立志用功，就像种树一般。**方其根芽，犹未有干；及其有干，尚未有枝；枝而后叶，叶而后花实。**当它生根发芽的时候，还没有树干；等到它有了树干，还没有树枝；有了枝条才能有枝叶，有了树叶然后才能有花朵果实。**初种根时，只管栽培灌溉，勿作枝想，勿作叶想，勿作花想，勿作实想。**刚开始种树根时，只管去栽培灌溉，不要想着枝条，不要想着枝叶，不要想着花朵，不要想着果实。**悬想何益！但不忘栽培之功，怕没有枝叶花实？**"空想有什么意义，你只要不忘栽培的功夫，花朵果实怎么会没有呢？王阳明在这里是告诉陆澄，不要考虑不长进，你要考虑你的根培育得好不好。根是什么？是天理良知。只要抓住了这个根本，你的学业一定会长进。做学问要步步坚实，事事诚敬，念念纯正，不必想结果。孟子曰："必有事焉，而勿正，心勿忘，勿助长也。"一定要天天把这个事儿放到心里，作为一个主要目标去追求，但是又没有框框，不是一定在什么时间达到什么程度。也不要拔苗助长，就是不断地修养，不断学习，事事念念都要求纯正、纯净。只想修养，不想结果，这个结果一定错不了。

三一

问："**看书不能明如何？**"陆澄问，看书看不明白、弄不清楚怎么办？

先生曰："**此只是在文义上穿求，故不明**。先生说，你只是在文字意义末节上穿凿求知，所以不能明白书的意义。**如此，又不如为旧时学问，他到看得多，解得去**。如果是这样，那就还不如去学程朱的学问，因为他们看得多，解释得也比较透彻。**只是他为学虽极解得明晓，亦终身无得，须于心体上用功**。只是他们做学问虽然解释得极为明白透彻，但也是终身无所收获，因为必须要在心体上用功。**凡明不得，行不去，须反在自心上体当即可通**。凡是不明白的，就是你用得不好。"行不去"就是行不通，行不通的时候需要在自己心里体会、琢磨，然后才能通。**盖《四书》、《五经》不过说这心体，这心体即所谓道，心体明即是道明，更无二。此是为学头脑处**。"四书、五经的本质也是讲心体。这个心体就是所谓的道。心体明白了就是天理透亮，更没有别的什么。这就是为学的关键之处。就是从根本上你得合乎天道、人心，这个心体就是心把万事万物体谅好了，合乎天理良知。其实这也是我们入脑、入心的出处。当你弄不通了，你要回到思想当中、心灵深处去体验，去玩味，去反刍。

三二

"虚灵不昧，众理具而万事出。心外无理，心外无事。" 先生说，心体空灵而不蒙昧，天理人心具在心内，万事万物就都展露出来。所以天理不在心外，事物也不在心外。合乎心内天理的理才是正理、正道；不符合心内的天理，那就是无理。

三三

或问："晦庵先生曰：'人之所以为学者，心与理而已。'此语如何？" 有人问，朱熹先生说，人所以努力学习是为了解决心和理的问题。这话怎么样？

曰："心即性，性即理，下一'与'字，恐未免为二。此在学者善观之。" 先生说，心就是性，性就是天理。它们之间加了一个"与"字，恐怕不免就把它们分作两个了。这就在于学者自己要善于观察了。用王阳明的话说，心不是一块血糊糊的肉，而是装着天理的肉。如果硬把心和理分开，这就成了二，不是一体了。这类的问题就在于学者自己要好好观察、理解了。

三四

或曰："人皆有是心。心即理，何以有为善，有为不善？"

有人问，人都有这个善心，心就是天理，那怎么还有人善，有人不善呢？

先生曰：“恶人之心，失其本体。”先生说，恶人的心是失去了他的本真，他才产生了恶。王阳明在他最后出征广西之前，在绍兴他的家中，学生王畿、钱德洪等人都来相送，看老师还有什么嘱咐。王阳明对他们说，现在这个学说就定了，“无善无恶心之体，有善有恶意之动，知善知恶是良知，为善去恶是格物”。他走后几个月就死了，所以这就是他临死前的一个定论。“无善无恶心之体”，和孟子的与生俱来具有善性、仁义礼智四大善端是与生俱来的，他们之间是什么关系呢？王阳明尊崇孟子，如果从这句话来讲，那就和墨子的“素丝论”很相似了，就是“人性如素丝，染于苍则苍，染于黄则黄”。但是他本质上跟墨子不是一个观点。“无善无恶心之体”，这个“体”就他所说的模模糊糊一团血肉，是心，是“无善无恶”。而孟子说的与生俱来的善心，这是赋予了生命的善心。这是二者之别。“有善有恶意之动”，有了善的想法，有了恶的想法，对人有善、恶的看法，这个是意念，新的意念产生了，意念动了。“知善知恶是良知”，知道善，知道恶，这就是良知，这个是与生俱来的。从本质看，“知善知恶是良知，为善去恶是格物”，与孟子思想是一致的。为善去恶是格物，格物的过程中，格除己心之非，己心的错误，己心的贪欲，那这些东西我把它去掉，恢复我的良知、善性，这是格物。他这么概括，是把圣人的一些语言作为他的道的一个寄寓，圣人的话原来自有丰厚内容，他把这个内容给充实了、发扬了，使这个内容更丰满了。顺着圣人这个正气，他把它又解释得丰富了。这么理解不一定都恰当，但似乎是便于理解的一个讲法。他把圣人的格物致知、诚意的话作为了他的心学理论的一个壳，他把这个理论充实了。就是这里的格物已经不是曾子原来的那个格物的最原始的本意了，它更丰富了。你看格物成了为善去恶的内涵了，这不显然是丰富、充实了吗？这样看好像他没创造什么，他主要是解释圣人的理论，但这个过程事实上他也是创造了自己的学说。

<h2 style="text-align:center">三五</h2>

问："'析之有以极其精而不乱，然后合之有以尽其大而无余'，此言如何？"陆澄问，"用分析的方法来格物，可以做到极其精微而不混乱；然后综合起来，就能包罗万象而没有遗漏"，这话怎么样？

先生曰："恐亦未尽。此理岂容分析，又何须凑合得？圣人说'精一'自是尽。"先生说，恐怕这样也没有说明白。天理怎么能分析，又何必凑合而得呢？圣人说的"精一"已经全部都包括了。王阳明一再地"主一"，一再地坚持一体，"精一"就达到了尽头，达到了完善。所以还是老主张，天理是一体，知和行是一体，学和用是一体，是不可分的。对于"析之有以极其精而不乱，然后合之有以尽其大而无余"，王阳明认为这个话是不对的，天理不能分，也不是凑合。圣人说精一，达到一的程度，这就是尽善尽美了。这两句话出自朱熹的《大学或问》。

三六

"省察是有事时存养，存养是无事时省察。" 省察是有事时的存养心性；存养心性是没事时的自我省察。一个是急活儿，一个是慢工。一个是必要时候的努力，省察自己；一个是坚持长久的必有事焉，就是经常心里有这么个事，这叫存养。

三七

澄尝问象山在人情事变上做工夫之说。 陆澄曾经问先生，陆九渊在人情事变上做功夫的理论学说怎么样。象山是陆象山，就是陆九渊。

先生曰："除了人情事变，则无事矣。 先生说，除了人情世故，就没有其他什么事情了。人情事变好像说是功夫一部分，事实上，人情事变就是人要修养的一切啊！**喜怒哀乐非人情乎？自视听言动，以至富贵、贫贱、患难、死生，皆事变也。** 喜怒哀乐这不都是人情吗？从视听言动，以至于到富贵贫贱、患难生死，都是人情世故啊。以前我们讲的"素富贵，行乎富贵；素贫贱，行乎贫贱"，还有孟子的"富贵不能淫，贫贱不能移，威武不能屈"，这都是富贵、贫贱的事。视听言动这是颜回问仁，孔子告诉他"克己复礼为仁，一日克己复礼，天下归仁焉"。然后"请问其目"，子曰："非礼勿视，非礼勿听，非礼勿言，非礼勿动。"孟子讲，"生，亦我所欲也。义，亦我所欲也。二者不可得兼，舍生取义"。这都是谈贫富、死生，这些事都叫事变。**事变亦只在人情里，其要只在'致中和'，**

'致中和'只在'谨独'。"事变也只是包含在人情世故之中，其关键只是在"致中和"，而"致中和"也只是在于慎独。事变是经历多了，关键是所经过的事变要做到"致中和"，达到中，达到和。首先要做到"喜怒哀乐之未发"，喜怒哀乐一旦发了，那也要节制，使得这个"中"能够恰当，这就叫和。"致中和"只在谨慎、慎独，不是靠别人监督、靠制度，而是靠自己的良知。

<h2 style="text-align:center">三八</h2>

澄问："仁、义、礼、智之名，因已发而有？" 陆澄问，仁、义、礼、智的称谓是因为情感已经发出来了，才有这个名吗？

曰："然。" 先生说，是的。

他日，澄曰："恻隐、羞恶、辞让、是非，是性之表德邪？" 另一天，陆澄问，恻隐、羞恶、辞让、是非这些情感，是人天性的反应吗？是人性外在的道德吗？恻隐、羞恶、辞让、是非，这是孟子说的人性的四大善端。

曰："仁、义、礼、智也是表德。性一而已： 先生说，仁、义、礼、智也是人性外在的德性表现。天性只有一个而已。为什么说是"表德"呢？因为无良心，表德无存。仁、义、礼、智之所以存在，就在于良知在支配着人。外在看是仁、义、礼、智，其内在是良知、良心，这是一体的，所以叫性一而已，这是一件事。**自其形体也谓之天，** 从他外在的形体而言，称之为天；从仁、义、礼、智的形体而言，这是天给我们的，与天俱来的。**主宰也谓之帝，** 从主宰万事万物而言，称之为帝。之前总认为，这个"帝"应该是大地的"地"

吧？王阳明的思想当中怎么还能出现这个"帝"字呢？但是反复地研究，核对多个版本，就是这个"帝"。他说主宰是帝，在这里他不只是儒家思想的一个语汇，这是道家思想。庄子的《应帝王》，本身是帝王，"南海之帝为儵，北海之帝为忽，中央之帝为混沌。儵与忽时相遇于混沌之地，混沌待之甚善。儵与忽谋报混沌之德，曰：'人皆有七窍，以视听食息，此独无有，尝试凿之。'日凿一窍，七日而混沌死"。就是他这里讲的"帝"，是道家的语汇。其实这个也无妨，也不等于他的思想是从道家思想影响来的。**流行也谓之命**，从流行变化而言，称之为命运；**赋于人也谓之性**，当它赋予人时，称之为人性；**主于身也谓之心**。当它主宰人的时候，称之为心。**心之发也，遇父便谓之孝，遇君便谓之忠**，心发挥作用时，表现在父母身上便是孝，表现在事君上便是忠诚。**自此以往，名至于无穷，只一性而已**。以此类推，其称谓可以到无穷无尽，但心性只是一个。对待天，对待地，对待命，对待性，只要心是一，是天理，发到谁身上，就在谁身上体现最美好的修养。发在父亲身上就是孝，发在国君身上就是忠，名用之于无穷，但只是一个天理、人性主宰之而已。**犹人一而已：对父谓之子，对子谓之父**，就像人还是那么一个人，对于父亲就是儿子，对于儿子就是父亲。**自此以往，至于无穷，只一人而已**。以此类推，称谓可以是无穷多个，但只是一个人而已。上面的例子说的只是一个道，分对谁。对他说是性，对他说是命，对他说是心。这个"一"是什么？是天理，天理、人性、人心一也。所以说，大千世界，万千道理，就是人把自己的心修养得干干净净，像镜子一样，不允许利欲的污染。发现有污染，就要去扫除它、洗涤它。有了一颗清净的心，在单位是优秀的员工，到家是优秀的父母，回到父母家是优秀的儿女，是这个意思。**人只要在性上用功，看得一性字分明，即万理灿然。**"人只要在心性上用功，把这个"性"字看得分明了、悟透了，那么天下的道理就自然豁然通达了。

三九

一日，论为学工夫。一天，师生大家一起探讨做学问的功夫。

先生曰："教人为学，不可执一偏。先生说，教人做学问，不可偏执一端。**初学时心猿意马，拴缚不定，其所思虑多是人欲一边，故且教之静坐、息思虑。**初学的时候，人往往心猿意马，在这坐不稳、坐不安，心中所思虑的多是私欲方面的问题，所以在这个时候，应该教他静坐，平息思虑。**久之，俟其心意稍定，只悬空静守，如槁木死灰，亦无用，须教他省察克治。**久而久之，等到他的心意稍微安定下来，还只是悬空着静坐不动，就像槁木死灰一般，那也没什么作用，必须教导他反省体察、克己私欲的功夫。**省察克治之功，则无时而可间，如去盗贼，须有个扫除廓清之意。**而做这个反省体察、克己私欲的功夫，就不能间断，就如同去除盗贼，必须要有一个彻底根除的决心。**无事时，将好色、好货、好名等私欲逐一追究搜寻出来，定要拔去病根，永不复起，方始为快。**没事的时候，就要把好色、好物、好名等私欲逐个地追究搜索出来，一定要拔除病根儿，永远不让它复发，那才算得痛快。**常如猫之捕鼠，一眼看着，一耳听着，才有一念萌动，即与克去，斩钉截铁，不可姑容与他方便，不可窝藏，不可放他出路，方是真实用功，方能扫除廓清。**就像猫捉老鼠，眼睛看着、耳朵听着，刚刚有一丝的念头萌动，就立即克除，斩钉截铁，绝不姑息宽容给它方便，也不可以窝藏，不可以给它出路逃走，这才是真实的功夫，才能做到彻底根除。**到得无私可克，自有端拱时在。**到了无私欲可克除的时候，那便有了端坐拱手的自在时了。**虽曰'何思何虑'，非初学时事。**虽然也说"何思何虑"，但已经不是初学时候的"何思何虑"了。"何思何虑"是《易经·系辞下》的话，"天下何思何虑，天下同归而殊途，一致而百虑"。"天下何思何虑"，你考虑别的干什么？你不要想另出奇招，就按天下的大道、主流文化、主流社会思想去办事。**初学必须思，省察克治，即是思诚，只思一个天理，到得天理纯全，便是'何思何虑'矣。**"初学时候，必须要想着反省体察、克己私欲的功夫，那也就是思诚，只是要思考一个天理。等到天理完全都纯正了，也就是真正的"何思何虑"了。就是思虑一个天理，思虑一个良心，不用考虑别的。

四〇

澄问："**有人夜怕鬼者，奈何？**"陆澄问，有人晚上害怕鬼，怎么办？

先生曰："**只是平日不能'集义'，而心有所慊，故怕。**先生说，那只是由于平日里不能够做到集义，而内心有所亏欠，因而害怕。这个"慊"就是欠的假借，心有所欠，就是心有所愧，所以怕。**若素行合于神明，何怕之有？**"如果平时言行与神明相符合，那又有什么可怕的呢？你的所作所为没有违背良心，那怕什么鬼呢？

子莘曰："**正直之鬼不须怕；恐邪鬼不管人善恶，故未免**

怕。"子莘说，正直的鬼不用怕，但是恐怕邪恶的鬼不顾人的善恶，因此未免害怕。马明衡，字子莘，福建人，王阳明弟子。

先生曰："岂有邪鬼能迷正人乎？先生说，哪有邪恶的鬼能迷惑正直的人呢？**只此一怕，即是心邪，故有迷之者，非鬼迷也，心自迷耳。**只是这样的怕鬼，就是心里邪恶了，所以能够迷惑人心的，不是鬼迷惑了他，是他自己的心被自己迷惑了。**如人好色，即是色鬼迷；好货，即是货鬼迷；怒所不当怒，是怒鬼迷；惧所不当惧，是惧鬼迷也。"**就像人好色，就是被色鬼所迷惑；好货，就是被财鬼所迷惑；不该愤怒的反而愤怒，就是被怒鬼所迷惑；害怕不应该怕的，就是被怕鬼所迷惑。

四一

"定者心之本体，天理也。动静所遇之时也。"先生说，安定是心的本体，这是天理。动静是由于当时所处环境、遭遇产生的。什么时候动、静，是看所遇之时、所遇之环境，动静是一体，都是天理，只是根据具体问题具体分析。

四二

澄问《学》、《庸》同异。陆澄问老师《大学》和《中庸》哪些地方相同，哪些地方不同。

先生曰："子思括《大学》一书之义，为《中庸》首章。"先生说，子思概括了《大学》这一书的要义，作为了《中庸》的首章。

《大学》是曾子所作,《中庸》是子思所作。王阳明认为,子思把《大学》概括了之后,概括的内容作为了《中庸》的第一章。王阳明的说法我们一下子也不好理解,但王阳明不会妄言的。《中庸》首章内容是,"天命之谓性,率性之谓道,修道之谓教。道也者,不可须臾离也,可离非道也。是故君子戒慎乎其所不睹,恐惧乎其所不闻。莫见乎隐,莫显乎微,故君子慎其独也。喜怒哀乐之未发,谓之中;发而皆中节,谓之和。中也者,天下之大本也;和也者,天下之达道也。致中和,天地位焉,万物育焉"。按照大自然安排人的本性去做事,去行动,这就叫道。道是合乎自然的、合乎社会规律性的规范。修这个道、研究这个道,这就是教育。这个道不可离,可离就不是道。那我们不管在什么地方,都始终如一地按照天道来作为一个人的标准、规矩去做事。君子无论是在独处,还是身在热闹繁华之处,都能在心里谨慎地约束自己。慎独,不是说非要在一个偏僻的地方。"喜怒哀乐之未发",这叫"中",其实这个"中"就是王阳明讲的定、静。"中"是天下万事万物的大本啊,最大的根本啊!人也好,物也好,走路吃饭,办任何一个事,那都是"中"。要是没有"中",那就失去了正常状态。正常状态就是"中"的这种理论的践行,所以"中也者,天下之大本也;和也者,天下之达道也"。达道就是通达之路,解决万事万物的矛盾问题,都得通过这个道,通过这个途径,这叫达道。"致中和,天地位焉,万物育焉。"真正能达到中和的程度,天地万物,各正其位,万物也能正常地生长。回过头来看,这段话为什么是《大学》这一篇的概括呢?"大学之道,在明明德,在亲民,在止于至善。"八条目,"格物、致知、诚意、正心、修身、齐家、治国、平天下。"修身也好,诚意也好,治国平天下也好,如果没有中和，没有慎独，没有严格自律那都是达不到的。所以在这个意义上来讲，《大学》这一部书，《中庸》的首章就在理论上把它概括了。

四三

问："孔子正名，先儒说'上告天子，下告方伯，废辄立郢'。此意如何？"陆澄又问，孔子主张正名分，朱熹认为正定名分是"向上告知周天子，向下告知诸侯，废除辄而拥立郢"。这个说法对吗？孔子正名的理论学说，是认为"名不正则言不顺，言不顺则事不成，事不成则礼乐不兴，礼乐不兴则刑罚不中，刑罚不中则民无所措手足"。老百姓不知道怎么干，所以正名是主要的。什么叫正名？就是君君、臣臣、父父、子子，用老百姓的话解释就是干什么像什么，干什么吆喝什么，干什么能把什么事干得好，拿起责任、拿起担当，正名原来是这样的。先儒就是王阳明以前的朱熹学派，"上告天子，下告方伯，废辄立郢"，这原是《左传》所载之事。孔子周游列国十四年，在卫国的时间很长，卫灵公在理论上、情感上支持孔子，但是他一想用孔子，下边的得势者就反对，怕用了孔子而影响他们的利益。卫灵公在老年的时候娶了南子，这个女人比较厉害，不但长得漂亮，还很聪明，很有能力，操纵一些政务。她是宋国人，过去在宋国和一个叫宋朝的人有情感纠葛。她嫁给了卫灵公之后，卫灵公非常宠爱她，她就有恃无恐，竟然提出了非分的要求，叫卫灵公把宋朝请到卫国来做官，而卫灵公居然答应了她。卫灵公的大儿子蒯聩觉得这个事情太难看了，因为当时有民谣，说卫灵公父子简直是有点乱来。蒯聩面子上很过不去，就带了几个人来杀南子，结果杀手最后胆怯了，没杀成。然后南子跑到卫灵公那里告状，卫灵公下令把他大儿子蒯聩赶跑了。到了卫灵公晚年的时候，就出现了继承人这个问题。卫灵公还有个叫郢的儿子，是另一个女人生的。郢这个人颇得南子的喜欢，因为这个儿子比较顺从，南子就跟卫灵公说就用郢。但是朝廷的老臣说蒯聩跑了，但他有儿子辄在啊，应该用这个长孙辄来继承。所以问"孔子正名"，这是提出了个难题。孔子不吱声，就离开了。陆澄在王阳明的弟子当中是非常聪明机灵的一个，善于周旋。他提出这个问题，是有现实依据的，明朝的现状是这样的，那老师您怎么看这个问题？若是要按正名的角度来讲，"上告天子"这个事，当时卫灵公在世的时候，由卫灵公办；卫灵公不在世了，也得安排别人上告周天子。周朝虽然只剩下牌位，但是也得上告。"下告方伯"，这个"伯"就是霸王的霸，下告地方的大诸侯，然后把这个辄废掉，再立郢为继承人，朱熹的这个说法怎么样呢？

先生曰："**恐难如此。**先生说，恐怕很难这么做。**岂有一人致敬尽礼待我而为政，我就先去废他？岂人情天理？**哪能有一个人对我非常尊敬，让我帮助他为政，治理国家，而我就先去废他，那样做哪符合人情天理呢？**孔子既肯与辄为政，必已是他能倾心委国而听。**孔子既然肯为卫灵公的孙子辄辅政，帮助他治国，那就一定是他孙子能够认真理国，而听取孔子的意见。**圣人盛德至诚，必已感化卫辄，使知无父之不可以为人，必将痛哭奔走，往迎其父。**如果辄倾心地用孔子，圣人德性盛大至诚，一定能够感化卫辄，使辄能认识到对父亲不孝，就不能是真正的做人。辄必须得痛哭奔走，去迎接他的父亲回来。**父子之爱，本于天性，辄能悔痛**

真切如此，蒯聩岂不感动底豫？父子间的情感，本来就是天性使然，卫辄能够真切地悔悟苦痛，蒯聩怎么能不感动而喜悦呢？这个"底"字应该是"底"，和底字同，"豫"是悦乐。**蒯聩既还，辄乃致国请戮。**蒯聩既然归国回来，辄将国家交还给父亲，并请父亲杀了自己以谢罪。**聩已见化于子，又有夫子至诚调和其间，当亦决不肯受，仍以命辄。**而蒯聩见到自己的儿子有如此的感化，又有孔夫子诚挚地居间调停，当然不会接受治理国家的重任，仍然让辄来管理国家。**群臣百姓又必欲得辄为君。**群臣和百姓也一定会让辄继续为国君治理国家。**辄乃自暴其罪恶，请于天子，告于方伯诸侯，而必欲致国于父。**公子辄于是自曝自己的罪过，请命天子，昭告诸侯，而一定要还政于其父亲。**聩与群臣百姓亦皆表辄悔悟仁孝之美，请于天子，告于方伯诸侯，必欲得辄而为之君。**蒯聩和群臣百姓也都赞扬公子辄的悔悟、孝敬之德，请命于天子，昭告各方诸侯，一定要使公子辄为国君。**于是集命于辄，使之复君卫国。**于是大家共同请命于公子辄，使得他重新做卫国的国君。**辄不得已，乃如后世上皇故事，率群臣百姓尊聩为太公，备物致养，而始退复其位焉。**公子辄不得已，就像后世的帝王那样，率领群臣百姓尊奉蒯聩为太公，使得他养尊处优，而后才重新回到诸侯位上。**则君君、臣臣、父父、子子，名正言顺，一举而可为政于天下矣！**这样就使得君君、臣臣、父父、子子，各自名正言顺，由此一番举措，而使得天下为政于正道啊！**孔子正名，或是如此。**"孔子所倡导的正名分，或许应该是这样的。正名怎么正，不是硬拧，而要风而化之、熏而陶之，使之自然归于正。不能谁夺过来就给谁呀！正名得通过教化、感化，使得内在情感境界发生了变化，自然而然就落到正名的好结果上。

四四

澄在鸿胪寺仓居，忽家信至，言儿病危，澄心甚忧闷不能堪。 陆澄在鸿胪寺闲居，突然家中有书信到，说他的儿子病危，陆澄的心情忧闷而不能忍受。当时，陆澄没有做官，就是临时居住，谓之"仓居"。鸿胪寺是个官府衙门，在鸿胪寺里临时闲居。

先生曰："此时正宜用功。 先生说，这个时候正适合于用功。**若此时放过，闲时讲学何用？** 如这个时候放掉用功，闲暇的时候讲学有什么用呢？**人正要在此等时磨炼。** 人就是要在这个时候磨炼自己。**父之爱子，自是至情，然天理亦自有个中和处，过即是私意。** 父子之情是天理，自然情感至深，然而天理也有个中和的问题，超过了这个中和的程度就是私意。**人于此处多认做天理当忧，则一向忧苦，不知已是'有所忧患，不得其正'。** 人们往往在这个时候大多认为忧伤就是循天理，于是就一味地忧伤痛苦，却不知道已经陷入了"心中有所忧患，就不能得其中正"的问题。就是你过分了，天理是应该忧，但是不能忧过分了，过分地有所忧患就偏了，不能得其正了。"有所忧患，则不得其正"是《大学》上的话。**大抵七情所感，多只是过，少不及者。** 大概一般情况下，七情的感受过分的占多数，不及的占少数。七情就是喜、怒、哀、惧、爱、恶、欲。如果人要把七情都能修到比较中，对身体肯定有好处，不只是对道德有好处。**才过便非心之本体，必须调停适中始得。** 稍有过分就不是心的本体，就必须要调整到适中的程度才可以。**就如父母**

之丧，人子岂不欲一哭便死，方快于心？就像父母去世，为人之子哪有不希望一哭便跟着父母而去，心里才痛快的呢？然却曰'毁不灭性'，非圣人强制之也，天理本体自有分限，不可过也。然而却说"不能过分悲伤而失去本性"，这不是圣人强迫压抑人们的情感，而是天理的本体自有分寸界限，不能超过。人但要识得心体，自然增减分毫不得。"人只要识得这个心的本体，自然就不会增减一分一毫了。就是这七情不到位，不对；过了，不对。

四五

"不可谓'未发之中'常人俱有。先生接着说，不可以说"未发之中"普通人都能具有啊，一般人是做不到的。盖'体用一源'，有是体即有是用，有'未发之中'，即有'发而皆中节之和'。因为"本体与表象是同源的"，有这个体就应该有这个用，有"未发之中"，就应该有"发而皆中节之和"。今人未能有'发而皆中节之和'，须知是他'未发之中'亦未能全得。"现在的人不能有"发而皆中节"的"和"，就应该知道他的"未发之中"就不能实现完全的中道。上一句的"体"是本体，"用"是用于社会，本来是一源。一个内在不厚道的人，他的举手投足就不能中和。举手投足能做到中和，那他的本质就是忠厚的、宽宏的。这是长期的修养、积淀使然。陆澄儿子病危时，王阳明给予陆澄的意见是，虽然着急但不要过度。这种最痛心的事，正是在实践中磨的好机会，在事上磨，在事上炼。看自己能否做到"中"，要锻炼这个"中"。

四六

　　"《易》之辞，是'初九，潜龙勿用'六字;《易》之象，是初画;《易》之变，是值其画;《易》之占，是用其辞。"先生接着说，《易经》的爻辞，有"初九，潜龙勿用"六个字;《易经》的卦象，是初画;《易经》的变动，就是变置卦画;《易经》的占卜，是用卦辞和爻辞。从表面上看，《易经》之辞哪能就是一个"初九，潜龙勿用"的问题呢? 是打个比方，《易经》之辞，有"初九，潜龙勿用";《易经》之象，他举例说，就像初画的这一横杠，代表阳，这就是《易经》画;《易经》之变，是值其画，这个值是变置，就是把阴爻变成阳爻，阳爻变成阴爻，说明《易经》里的爻的位置变化;《易经》之占，是用其辞，用易来占卜，来占卦，是用的那个爻辞、卦辞。王阳明在《传习录》中几次提到《易经》，都是取其大意，说明变置的观点。按照古圣先贤的观点，"善《易》者不占"，善思、善虑者不卜，"《易》以决疑"。"《易》以决疑"是给谁决疑? 圣人无疑，贤人自己能解疑，那就是给有疑的人，决不了疑的人。在你难以选择的时候，通过《易经》帮你下个决心。王阳明说《易经》是起这个作用的，不是把《易经》说得神乎其神。这也许是在一个师生讨论的情境下，一个学生记录下来的，最终这段话落到了"《易》之占，是用其辞"。《易经》的本真问题，占卜也好，爻卦也好，最终是用那个"辞"来判断还是用文王留下的卦爻辞呢? 专研《易经》之术的人反对卦爻辞，认为卦爻辞是给想象限制住了。讲《易经》之术的人就这六爻来回变。他去推测，要摆脱卦爻辞。而用文王卦爻辞，就离不开经书的规范，就离不开道统。所以，王阳明在这里强调

《易》之占，是用其辞"，进一步肯定卦爻辞，也就是肯定了孔子的《十翼》。王阳明反对"《易》术"之偏，主张"《易》理"之教，倡导《易经》的经书作用。

四七

"'夜气'，是就常人说。存养"夜气"，这是就平常人说的。"夜气"源于《孟子》。孟子讲，牛山原来不是光秃秃的，是人们砍伐、牛羊啃草造成的。这就像人心原来是善良的，由于我们起了贪心、贪念，错事、坏事逐渐做多了，心里的修养就像牛山一样光秃秃了。那怎样才能恢复它呢？得靠"夜气"。就是在夜间睡觉的时候，这个时段不接触外物、没有种种的世间诱惑，这个时候的夜气和元气碰到一起是清纯的，所以早晨起来的时候会感到非常清爽，没有各种烦扰来牵扯纠缠。白天接触各种工作、各种人之后，好多事在牵扯我们，这个时候就把"夜气"那些清纯的东西给排除掉了。我们要尽量保持"夜气"能剩多一些。"夜气"是静养的结果。坚持维护这种夜间修养的静气，我们的道德就能好一些。**学者能用功，则日间有事无事，皆是此气翕聚发生处**。一个好的学者、修养者，如果自己能用修养之功，那么在白天有事没事的时候，都是这些夜气的收敛、聚合、发生之时。普通人白天做不到，一遇到事就忘了修养；可是学习用功的人，即使在复杂的万事万物中，他也能收发、聚集清纯之气。**圣人则不消说夜气。**"圣人就用不着有"夜气"之说。他不会把善良的东西丢掉，不需要特意修养夜气。王阳明根据修养程度不同把人分成了三类。

四八

　　澄问"操存舍亡"章。陆澄问老师关于"操存舍亡"这一章。这是《孟子》中的话，"操则存，舍则亡"。操什么？就是良知、良心，修养的浩然正气，你要抓它，它就在；你要忽略了它，它就跑了。当然这都是指一般人而论的，高尚的人不抓它也不跑，什么情况它都不跑。

　　曰："'出入无时，莫知其乡'。先生说，"人的善心出入没有规则，不知道其方向"。"乡"是向。**此虽就常人心说，学者亦须是知得心之本体亦元是如此，则操存功夫，始没病痛**。这虽然是就平常人说的，但是学者也应该知道心的本体原本就是这样的，根据这个道理去做存养的功夫，才不会有病痛问题。这里王阳明说，"出入无时，莫知其乡"。这是引用孟子的话，说人啊，"故苟得其养，无物不长；苟失其养，无物不消"。并且孟子又引用了孔子的话，孔子曰："操则存，舍则亡；出入无时，莫知其乡。惟心之谓与？"这几句话没在《论语》中，他说这是孔子说的，就像现在有些事搞不清楚的时候，也会说是谁谁说的，就是这么回事。但这个意思没错，是合乎孟子本来要论的问题的理念。**不可便谓出为亡，入为存**。不可以随便地认为出就是不存在，入就是存在。**若论本体，元是无出入的**。如果论及心的本体，原本是无出入的。**若论出入，则其思虑运用是出**。如果论说出入的话，那么他的思虑运用就是出。**然主宰常昭昭在此，何出之有？**然而良知、天理始终是昭昭明白于心，哪里还有什么出呢？始终在自己心里头。**既无所出，何入之有？**既然没有所谓的出，那还有什么入呢？**程子所谓腔子，亦**

只是天理而已。程子所说的"腔子"，也只是天理而已。**虽终日应酬而不出天理，即是在腔子里。**虽然每天有应酬，但也不会离开天理范围，就是在腔子里。你终日应酬，遇到各色人等，你都不离天理，你的良心没跑，在腔子里。**若出天理，斯谓之放，斯谓之亡。**"如果离开了天理范围，那就是所谓的放，就是所谓的亡。腔子里的良心没了，谓之放，就是孟子说的"求放心"，千学万学，学什么？就是学把丢掉的良心找回来。"人有鸡犬放，则知求之；有放心，而不知求。学问之道无他，求其放心而已矣。"

又曰："**出入亦只是动静，动静无端，岂有乡邪？**"先生又说，良知的出入也就是动和静，动和静没有一定之事，又哪来的方向呢？静就保持良知；动就是良知犹疑，被物、利所诱惑，这叫动。是否经得起诱惑，心动还是不动，取决于时也，势也。一个是时间，一个是形势。不一定被逼迫才叫迫，是指各种形势，影响人的各种制约、引导、诱惑。王阳明最后是四省兵马大元帅，兼两广巡抚，遇到功名利禄的种种诱惑，所以他说要在事上磨，经历过再说出这些话才有说服力啊！王阳明的长处就在于他自己实践过，他比我们古代其他的圣贤更有资格说在事上磨的理论。

四九

王嘉秀问："**佛以出离生死诱人入道，仙以长生久视诱人入道，其心亦不是要人做不好，究其极至，亦是见得圣人上一截，然非入道正路。**王嘉秀问，佛教以超脱生死来诱惑人修道，道家以可以使人长生不老来诱惑人修道，他们的本意也不是要人们做坏事，追其究竟，也只是看到了圣人的上面一部分，然而并不是修道的正路。"上一截"是什么？"下一截"又是什么呢？上一截是修养，下一截是用世。儒家讲究积极用世，积极为社会服务。孔子说，"修己以安人"。如何"安"？做社会带头人。所以这里讲，佛也好，道也好，是注重了圣人的上一截，只注重了修身、修养，以至于长生不老这都属于修养一类。那下一截他忽视了，他不强调怎么给社会服务，怎么做个好官，怎么做个好的带头人，怎么使百姓脱离水深火热，不讲这些。**如今仕者有由科，有由贡，有由传奉，一般做到大官，毕竟非入仕正路，君子不由也。**现在进入仕途当官的人有的可以凭借恩科，有的可以凭借贡举，有的可以凭借传袭俸禄，一般也可以做到大官，但毕竟不是入仕当官的正道，君子是不凭借这些的。正路是通过科举考试，通过个人努力考上的，所以君子认为那才是光彩的。**仙、佛到极处，与儒者略同，但有了上一截，遗了下一截，终不似圣人之全；**道家、佛家修到了极致处，就与儒家大略相同，但只是有了上一截的相似，而下一截却丢失了，终究不像圣人的修为那么全面。道、佛在修养、境界上与儒家是相近的，最典型的是明心见性，和王阳明的讲心性、明天理，把心打扫得像镜子一样透明，是非清楚，天理昭昭，这是有相通之处的。但，是相通，而不是相同。在修养、境界上到极致的时候有相通之处，但只是上一截，丢了下一截，在治理社会上毕竟不像圣人那样担当。**然其上一截同者，不可诬也。**然而他们在修养、境界方面是相通的，这是不可以攻击的。**后世儒者，又只得圣人下一截，分裂失真，流而为记诵词章，功利训诂，亦卒不免为异端。**后来的儒者忽略了圣贤修养的高尚境界，只注重圣贤的下一截，只是为社会服务。注重为社会服务，但实质不是服务，是注重个人的功名利禄，这就是下一截。因而使得上下两端分裂失真，转而流行于记诵词章，功利于训诂之志，也最终不免沦落为异端邪说。训诂是逐字地解释、研究古籍，叫训诂学。今天的文字学那时候都叫训诂学。搞训诂词章，在王阳明时代是刚刚开始。最严重是在八股文以后，尤其是顺治、康熙、乾隆、嘉庆这四朝最为严重；就训诂学本身来讲，历史上最有成就的也是这四朝。虽然这四朝训诂学搞得好，但也就脱离了中国文化的真谛，不讲思想性、本真性。王阳明这个时候是为了科举考试，就讲词章，背诵一些文章。而这些文章又不是圣贤的文章，当时写的叫作"时文"，就是科举考试的样文。考生就背这个文章。这就脱离了圣贤治国安民的主张，而这些东西就被视为异端。**是四家者终身劳苦，于身心无分毫益**。搞记诵、词章、功利、训诂这四方面的人，终身劳苦研究这个东西，但是对身心、良知之学，对于修养、关爱别人、自身素质提高一点益处都没有。**视彼仙、佛之徒，清心寡欲，超然于世累之外者，反若有所不及矣**。这时再看道教徒、佛教徒，他们能做到清心寡欲，超脱于世俗繁难之境，而儒家学者反而有所不及了。在这种情况下，还不如修仙、修佛呢。修仙、修佛的人起码还有良知不干坏事啊！搞这些东西累得够呛，追求功名利禄，既不是身心之学，又没有高尚境界。**今学者不必先排仙、佛，且当笃志为圣人之学**。所以今天的学者先不必要排斥道、佛之学，而应该是笃志诚心地学圣人之学。**圣人之学明，则仙、佛自泯**。圣人之学如果昌明了，那么道、佛之学就会自然消亡。这话说得好，虽然是王嘉秀说的，也是圣人之道。当然，这个真理也不是从王阳明才开始明白的。最早周公就明白，在《诗经·七月》里头，就把人们十二个月安排得紧紧的、满满的，没有一时轻松的时候，为什么？思想若是闲下来了就叫作饱暖生闲事啊。周公在那个时候就明白这个理儿，必须用好的伦理道德去填充空闲。**不然，则此之所学，恐彼或有不屑，而反欲其俯就，不亦难乎？鄙见如此，先生以为何如？**"如果我们不弘扬圣学的话，那么道、佛的信奉者，可能还对儒学感到不屑，而要让道、佛两家俯就于儒家圣学，不是更难吗？这是我的粗鄙见识，请问先生以为怎么样？

先生曰："**所论大略亦是。**先生说，大略上你论的东西是正确的。**但谓上一截、下一截，亦是人见偏了如此。**但是，讲所谓的上一部分、下一部分，也是由于人们的偏见所致。**若论圣人大中至正之道，彻上彻下，只是一贯，更有甚上一截、下一截？**如果论及圣人的大中至正的道理，彻上彻下都是贯通一致的，哪有什么上一部分、下一部分之说呢？王阳明讲，圣人之道是不能分开的事，他上一截没学好，下一截也不存在；上一截要真正学好存在了，下一截也一定会对老百姓的事关心备至，官也会做得好。'**一阴一阳之谓道**'，**但仁者见之便谓之仁，知者见之便谓之智，百姓又日用而不知，故君子之道鲜矣。**"一阴一阳的交替变化就叫道啊"，但为仁者见到它就叫它仁，智者见到它就叫它智慧，平常百姓天天在用它，却不知道这个道理，所以君子之道就很少有人掌握了。这是《孟子》中的话，"行之而不著焉，习矣而不察焉，终身由之而不知其道者，众也"。每天习以为常地这样做，也不用去省察哪里对或不对。就像普通百姓的生活，迎来送往，亲朋相处，一辈子都这么做的。也许没做得多好，但是也不坏，大体不差，也不知道是不是"道"，实质这是"道"。**仁、智岂可不谓之道？但见得偏了，**

便有弊病。"仁、智哪能不是道呢？如果偏了，太执着了，那就有毛病了。

五〇

"蓍固是《易》，龟亦是《易》。"先生又说，用蓍草占卜是《易经》，大龟壳占卜也是《易经》。这个跟前面涉及的《易》是一样的，而此处的含义是，一阴一阳之谓道，是变化无穷，是因时因事，因地而宜。王阳明以此变化之道，教育王嘉秀看问题别绝对。

五一

问："孔子谓武王未尽善，恐亦有不满意？"陆澄问，孔子说武王的乐未能尽善，恐怕对他还是有不满意的地方吧？"子谓《韶》，'尽美矣，又尽善也'。谓《武》，'尽美矣，未尽善也'。"《韶》是舜的乐，韶山在九夷之中，大舜南游到韶山。子闻《韶》，"三月不知肉味"嘛。所以说，"尽美矣，又尽善也"。而说武王的乐是"尽美矣，未尽善也"。"尽善尽美"这个词就从这来的。武王为什么"未尽善"呢？武王的父亲文王三分天下有其二，而周文王还是靠教化，不动武。到了武王的时候，会师于孟津，响应诸侯有三千。在纣王自杀之后，武王对着纣王尸体先射三箭，然后拿大斧子把纣王的头砍掉，再用小斧子把妲己的头砍掉。历史上没有人否定武王伐纣，但是比较起来，认为文王的做法好一些。所以有"伯夷、叔齐叩马而谏"。孔子也认为武王不如文王更有利于和谐，武王尽美而未尽善，这是相对于文王来讲的。

先生曰："**在武王自合如此**。"先生说，对于武王而言，自然合得如此。历史发展到那个时代、那个时间点上，武王就应该如此！

曰："**使文王未没，毕竟如何？**"陆澄又问老师，如果文王没死，那终究会怎样呢？

曰："**文王在时，天下三分已有其二**。先生说，文王在世之时，天下三分之二已经归其所有。**若到武王伐商之时，文王若在，或者不致兴兵，必然这一分亦来归了**。如果武王伐纣之时，文王还健在，或许不至于兴兵伐纣，而剩下的三分之一天下也会归顺于文王了。**文王只善处纣，使不得纵恶而已**。"文王只是善于处理与纣王的关系，使纣王不能继续做恶事而已。但是他不能消灭纣王做恶事的力量，而武王就彻底消灭了他的恶势力，所以得这么看问题。这也适合王阳明的思想，"自合如此"，武王只能如此，发展到这个时候，纣王不消灭是不可以的。

五二

问：**孟子言"执中无权犹执一"**。陆澄问，孟子说的"守持中正态度而无权衡，犹如执着于一偏之弊"如何理解？就比如处理问题，反复研究后，得出甲是最全面、最合理的解决方案，可以说这个甲就是"中"。但现在又新出现了第二个问题、第三个问题……如果不进一步研究，就用甲去处理新出现的问题，不知道权衡，那就如同执一，如同偏执一端。

先生曰："**中只有天理，只是易**。先生说，保持中正只是天理，也是始终变化的。这话说得多妙啊！"中"只是变，在变中不变的"中"、不断的"中"才叫"中"！"易"是什么？"易"就是变。只是在变中的那个"中"，不管怎么变，始终保持"中"。**随时变易，如何执得？**随时都在变化，怎么能执着于一个态度呢？**须是因时制宜，难预先定一个规矩在。**必须要因时而宜，很难预先设定一个规矩来。王阳明在平乱之前，都要讨一个皇封，叫作"便宜用事"。便宜用事就是我信任你，你根据具体情况具体办吧。如果有什么事还得现请示，再快的马跑到北京也来不及。王阳明平定叛乱，会用不同的办法。有的地方衙门在山上，送粮不容易，下去视察也不容易，那就把衙门搬到平原，坏人坏事也不好窝藏了；有个县特别能闹事，那就把这一个县分成三份，并到另外三个县里去，就闹不成了。具体问题，具体处理，是"中"的活的灵魂。你如果只用一个道理、一个办法去治理，就不行。但不管怎么变，万变不离其宗，万变不离这个最恰当的天道。**如后世儒者要将道理一一说得无罅漏，立定个格式，此正是执一。**"就像后世儒者要想将所有道理逐一地解说清楚，勿留疏漏，预先立了个规矩，不懂权衡，这就是偏执了。现实当中的问题那么多，你定一个模式照着办，那大部分就是错的。所以具体问题要具体分析，如果盲目抱住文件一字不漏地去做事，那肯定有些偏了。

五三

唐诩问："立志是常存个善念，要为善去恶否？"唐诩问，立志就是要常常存养善念，就是要为善去恶吗？唐诩是王阳明的弟子，江西人。

曰：**"善念存时，即是天理。**先生说，常存善念，就是天理。**此念即善，更思何善？**这个念头既是善良的，那还考虑别的什么善？**此念非恶，更去何恶？**这个念头不是恶的，那还要去除什么恶念呢？**此念如树之根芽，立志者长立此善念而已。**这个善念就像树的根芽，立志的人就是要长久地存此善念罢了，还要什么为善去恶？**'从心所欲不逾矩'，只是志到熟处。"**你立的志到了精熟程度，就是"从心所欲不逾矩"。"从心所欲不逾矩"是《论语》中的话，"七十而从心所欲，不逾矩"。孔子修养到了七十岁的时候，自己想做什么就做什么，不用特地考虑合不合规范，自然而然地都合乎规范，他已经到了这种修养程度。

五四

"精神、道德、言动，大率收敛为主，发散是不得已。天、地、人、物皆然。"先生又说，一个人的精神、道德、言语、动作，大概说都是以收敛为主，向外发散是不得已而为之的事。天、地、人、物都是这样的。这里的这个问题值得探讨，王阳明认为道德也以"收敛为主"。每天找好事去做，这肯定是好的吧？但从个人修养的角度来思考，例如孟子说，"必有事焉，而勿正，心勿忘，勿助长也"。不要助长，不要有意识地要达到一个什么修养目标，这在心地上就不正了。作为一个人，要按天理办事。道德修养不要勉强，不要凑数，以收敛为主，不要张扬。

五五

问:"文中子是如何人?"陆澄问,文中子这个人怎么样?

先生曰:"文中子庶几'具体而微',惜其蚤死!"先生说,文中子差不多是一位整体很全面,但稍微有点弱的人,可惜他死得太早!这就像评价孔子的学生:子贡、子张、子夏、有若,这些学生都有"圣人之一体"。他们学了很长时间,都学到了圣人的一部分、一个特点、一个侧面。而唯独颜回是"具体而微",颜回对孔子的整体思想是都掌握了的,但是还是弱了一点儿。这是"具体而微"。王阳明把评价颜回的话拿到这里评价文中子"具体而微"。这是对文中子的一个充分的肯定,他学得太好了,就要接近颜回了。

问:"如何却有'续经'之非?"陆澄又问,那为什么还会有"续经"的是非呢?他这么好个人,修养得这么全面,怎么还能够那样荒唐,要接着四书、五经、十三经续写经书呢?

曰:"'续经'亦未可尽非。"先生说,就是他想续写经书也不是全不对。可以看到王阳明比别的古代圣人还要开明一些。别人认为经书不可动,那就是天地的标准、唯一的标准,轨辙不能动。而王阳明比较灵活一点,认为续经也不全错。

请问。陆澄又继续问。

良久曰:"更觉良工心独苦。"先生沉吟半晌说,我更能体味"良工心独苦"的意思了。文中子那么年轻,把经书搞得那么透,还想发表自己的一些看法,真是苦心孤诣呀!在这里他理解文中子,对他给予充分肯定。历史上有多少人有大的贡献,而没被人理解的。王阳明和文中子这类人互相理解的是什么呢?都是内在的修养,内在的努力，别人看不到的东西。《古诗十九首》里有，"不惜歌者苦，但伤知音稀"。这和"良工心独苦"是一个意思！《古诗十九首》是汉代留下的诗歌。两汉时期的诗词最有名的是司马相如的《子虚赋》《大人赋》《上林赋》，这是写上层的、繁华的；底层老百姓就是《乐府民歌》。中间就是文人留下的作品，有十九首诗，专门是一个体系，叫《古诗十九首》。汉代写的诗都是很自由的，"青青河畔草，郁郁园中柳"，都讲个境界，都讲内在修养的问题。

五六

"许鲁斋谓儒者以治生为先之说，亦误人。" 先生说，许鲁斋讲的儒者以能自我谋生为首先要务之说，也是误人子弟的。许鲁斋名许衡，字仲平，是元代的儒学大家，也是教育家、思想家、理学家。他的理学观点偏重实务，他认为读书人得以"治生为先"，"苟生理不足，则于为学之道有所妨"。饭都吃不饱，哪有精力去研究修养。王阳明为什么认为这是"误人"呢？其实王阳明并不是认为这句话是错的，而是认为这个话引导的结果是错的。如果以这句话为由都去追求利益，那最终就没有境界可谈了。

五七

问仙家元气、元神、元精。 陆澄问，道教的元气、元神、元精是怎么回事呢？仙家就是道教。

先生曰："只是一件：流行为气，凝聚为精，妙用为神。"

先生说，这三者都是一件事：流行起来就是气，凝聚起来就是精，巧妙的作用就是神。王阳明真是非常实际，他不是唯心的，是唯物的。"流行为气"，人的身体上的一切运行，体内的血液、水分、气力呀，这都属于流行。流行为气，这都属于气。"凝聚为精"，体内的精华凝聚、集中到一起了，这叫精。道家练功，最后在丹田结丹，就是那种凝聚。王阳明把它提出来的，就摆脱道教的说法，指人的精神精力的集中，就叫精。"妙用为神"，这也没离开孟子的"大而化之之为圣，圣而不可知之之谓神"，大而化之还不可知，那就叫神。就像天对待万民、万物是无声无臭、无色无闻，没有声音，没有动静，没有气味，没有颜色，没看见怎么起作用，就叫神。所以王阳明解释的这个"流行为气，凝聚为精，妙用为神"，没离开孟子的主要思想，还是儒家的解释。

五八

"**喜怒哀乐本体自是中和的**。喜怒哀乐的本体，本然是、自然是、当然是中和的。**才自家着些意思，便过不及，便是私。**"自己刚夹杂着一些想法，稍有些过或者不及，那便是私欲了。"才"就是"刚才"。刚刚有一点自己的想法，自己加上点儿意思，一动小心眼儿，不是过就是不及，总的来说就是私，就是偏。

五九

问"**哭则不歌**"。陆澄问，孔子说他哭过之后就不再唱歌了。

"哭则不歌"是《论语》中的话,"子食于有丧者之侧,未尝饱也。子于是日哭,则不歌"。孔子在丧家吃饭,没有吃饱的时候;在一天之内哭过,那天就不唱歌了。

先生曰:"圣人心体自然如此。"先生说,圣人的心体本来自然就是这样的。修养到圣人心体,就不再需要刻意地说要怎么做。他修养到那个程度了,举手投足皆合规矩,就是"七十而从心所欲,不逾矩"。我们检查自己,大多是刻意地去这样做,学着这么样做,并不是自然就这样做,所以我们还没修养到那个份儿上。而王阳明说,孔子这样是圣人心体自然如此,这就是天性自然,或者学久了变成自然,区别就在这。

六〇

"克己须要扫除廓清、一毫不存方是。有一毫在,则众恶相引而来。"克己复礼一定要扫除廓清心灵的灰尘,一丝一毫的灰尘都不存在,这才是克己。如果有一毫灰尘存在,就会引来众多坏事、众多坏思想。

六一

问《律吕新书》,陆澄问,《律吕新书》这部书怎么样?《律吕新书》是一部音律的书,是南宋蔡元定编写的,他是理学家,也是朱熹的朋友、学生,朱熹理学创立者之一,被誉为朱门领袖。蔡元定很有影响,朱熹很推崇蔡元定。他写的《律吕新书》也很有社会影响。

先生曰:**"学者当务为急,算得此数熟,亦恐未有用,必须心中先具礼乐之本方可**。先生说,学者应该以当务为急,应当在努力务求的那个地方去努力,就算研究律吕、音律很精熟,也未必有用。必须在心中先要有礼乐的根本才可以有用。研究书本上的音乐规律,不如从根本上重视礼乐,抓这个礼乐的根本,这是基础。他首先谈了自己的观点,不主张在《律吕新书》这样的理论很强的音律上去下更多的功夫,应该从礼乐上下功夫。**且如其书说多用管以候气,然至冬至那一刻时,管灰之飞或有先后,须臾之间,焉知那管正值冬至之刻?**况且就如书上所说常用乐管来等待时令风,然而到了冬至那天,乐管的灰尘飞散四处,又有先后之差,顷刻之间,怎么能知道哪个乐管发的声是正值冬至时刻呢?过去用竹管,就是笙、管、笛、箫那样有孔窍的管子候气。在冬至的那一天,把这些笙、管、笛、箫放到风口上,冬至的风吹出这个声音,哪个管哪个笛出的那个声,就是基准的声音。**须自心中先晓得冬至之刻始得**。应该自己的内心要明白,哪个时候一定是冬至的时刻,那才能知道管灰什么时候响,那个灰怎么飞,才能得到个准音。**此便有不通处。学者须先从礼乐本原上用功。"**这就有不通的地方。学者一定要先从礼乐的根本上用功夫。只研究冬至的风吹哪个管才是一个什么正音,王阳明是否定的。他认为还是学好礼乐,还是从实际出发来研究音乐问题。所以王阳明对于古代传下来的一些音乐的说法未加肯定,当然他也没提出自己非常确切的看法,但原则上提出来要尊重礼乐的基本理论,要用礼乐的基本理论作为一个指导思想,不要苛求小技艺上的这些规矩。所以他认为学《律吕新书》

非当务之急，此属艺能。当务之急是致良知、存天理。

六二

日仁云："**心犹镜也**。徐爱说，心就像镜子一样。**圣人心如明镜，常人心如昏镜**。圣人的心如同明镜，而常人的心就如同模糊的镜子。**近世格物之说，如以镜照物，照上用功，不知镜尚昏在，何能照？** 近年来的格物之说，就如同以镜子照物，只是在照上用功，不知道镜子是模糊的，那怎么能照得明白呢？ **先生之格物，如磨镜而使之明，磨上用功，明了后亦未尝废照。**" 而先生的格物理论，就是打磨自己的镜子而使它更明亮，是在打磨上做功夫，明亮了之后自然就不会耽误照物。这是徐爱说的，也基本合乎王阳明的思想观点。近世格物之说，只在照上用功，这暗指朱熹的格物思想，只是去革别人的物，去研究别人。所以在修养问题上，一个是在照上下功夫；一个是在磨镜子、擦镜子上下功夫。王阳明的主张是擦镜子、磨镜子，使自己镜子亮；朱熹主张去看他对还是不对。

六三

问道之精粗。陆澄问老师关于道的精粗问题。

先生曰："道无精粗，人之所见有精粗。先生说，道是没有精粗之分的，人们关于道的见识有精粗之分。**如这一间房，人初进来，只见一个大规模如此**；就像这一间房子，人刚进来的时候，只看到一个大概是这样；**处久，便柱壁之类一一看得明白**；在屋子里待久了，便将房屋的柱子、墙壁等都一一看得清楚；**再久，如柱上有些文藻，细细都看出来。然只是一间房。**"再待时间长，柱子上的纹饰都能详细地看出来。然而它只是同一个房子。修养也是这样的，道本身没有精粗，但是我们修养者所看的有精粗。开始是粗的，越修养越是精的。

六四

先生曰："诸公近见时，少疑问，何也？ 先生问大家，各位近来相见的时候，很少有疑问，为什么？**人不用功，莫不自以为已知为学，只循而行之是矣。** 人要是不用功，没有不以为自己已懂得为学，只是按前人的做法做下去罢了。**殊不知私欲日生，如地上尘，一日不扫，便又有一层。** 却不知道私欲是与日俱增的，就像地上的灰尘，一天不清扫，便又加一层灰。**着实用功，便见道无终穷，愈探愈深，必使精白无一毫不彻方可。"** 而踏踏实实用功，便能明白道是无穷尽的，越探讨越精深，一定要达到精纯而毫无一丝不透彻的程度才可以。学如逆水行舟，不进则退。王阳明形容这个过程就像是不断地打扫。

六五

问："知至然后可以言诚意。 陆澄问，良知尽至，然后可以谈及诚意。**今天理人欲，知之未尽，如何用得克己工夫？"** 现在天理人欲的道理还没有完全明白，那怎么能用得克己的功夫呢？这是学生问的，那没有致良知，怎么可以有诚意呀？这话是对的，天理人欲要弄不明白，那你怎么用克己的功夫啊？

先生曰："人若真实切己用工不已，则于**此心天理之精微日见一日，私欲之细微亦日见一日**。先生说，人如果真实切己地用功不止，那么人心中对于天理的精深微妙之见也会逐日俱增认知，对于私欲的细小隐微之处，也能逐日俱增认知。**若不用克己工夫，终日只是说话而已，天理终不自见，私欲亦终不自见**。但是如果不在克己上用功，整天也只是说空话而已，天理始终不能自己表现出来，私欲也终究不能展现出来。**如人走路一般，走得一段，方认得一段**；就像人走路一般，走了一段路，才能认得一段路；**走到歧路处，有疑便问，问了又走，方渐能到得欲到之处**。走到岔路口，有了疑问便问旁人，问了又继续走，才能渐渐地走到要到的地方。**今人于已知之天理不肯存，已知之人欲不肯去，且只管愁不能尽知**。现在的人对自己已经明白的天理不肯把它收存起来；对已知的私欲却不肯把它抛去，只是在那发愁不能全知修养事。**只管闲讲，何益之有？**你就在这空谈天理人欲，那有什么用啊？**且待克得自己无私可克，方愁不能尽知，亦未迟在**。"只有等到把自己私欲克得无私可克了，然后你再愁不能尽知，也不为迟呀。

六六

问："**道一而已。古人论道往往不同，求之亦有要乎？**"陆澄问，道就是一而已。古人谈论道往往见解不同，那难道求道也有要领吗？

先生曰："**道无方体，不可执著**。先生说，道是没有具体形态的，不可以执着于具体化。"道无方体"，道不是一个方方正正的规律。**却拘滞于文义上求道，远矣**。你却很拘谨、滞碍地在文义上、在文章字里行间去求道，那就离道远了，越求越远。**如今人只说天，其实何尝见天？** 现在的人只说天，其实哪里见过天呢？**谓日、月、风、雷即天，不可；谓人、物、草、木不是天，亦不可**。认为日、月、风、雷就是天，不可以的；认为人、物、草、木就不是天，也是不可以的。**道即是天，若识得时，何莫而非道？** 人世间、万事万物间的大道就是天，真正把道了解明白了，哪个地方不是道啊？这里那里，其实都是道，你明白了就都是道，不明白了都不是道。**人但各以其一隅之见认定，以为道止如此，所以不同**。人各以自己片面的认知认定什么是道，并且只有此才是道，这就使得人与人之间产生不同而争执。自说自话，结果都是偏执一隅。**若解向里寻求，见得自己心体，即无时无处不是此道**。如果明白了向里寻求，向自己内心深处去寻求，明白自己的心体，那就无时无处不是此道。举个例子，我们遇到不喜欢的人，好像觉得他什么都不对，但当我们心里这个"理"明白之后，不断地反省自己，会渐渐发现他其实也有善心，或许也很辛苦。这就是向内求来解决问题，会让我们受益良多。**亘古亘今，无终无始，更有甚同异？** 从古到今，没有终始的，哪里有什么同异呢？**心即道，道即天，知心则知道、知天**。"心就是道，道就是天，明白了心就是明白了道，明白了天。"知心"是知道自己内心，怎么去对待别人，怎么去对待万物，自己应该怎么做人做事，做事的时候考虑到别人感受，把这些弄明白了之后，就好像知道天了，知道天理了。王阳明曾说过，学道有时候就是哑巴吃苦瓜，苦不苦我心里明白，别人想知道这个苦瓜苦不苦，他得自己吃一吃。老琢磨别人讲这个理，不把自己摆进去不行。所以学习王阳明的思想，就得把自己摆进来，自己心里想一想，这个心和理、天这个关系。"天"是什么？天是万物，天是我们周围的人、事物。心里解决了良知问题，看周围的事就会用天理去对待，那赢得来的也是天理，也是良知。这样的话就是心、理、良知、良心都是一，都是一体的，道一而已。

又曰："**诸君要实见此道，须从自己心上体认，不假外求始得。**"先生又说，诸位若要实实在在地见到此道，就必须从自己的内心里去体会认识，不能借助心外寻求，那才能见到。"不假外求"，就在自己良心上去体认，去琢磨。依王阳明之说，良心就是天理，良心就是道，良心就是天，绕来绕去，良心是人的规范、人的标准，一切道都出于良心。

六七

问："**名物度数，亦须先讲求否？**"陆澄问，名称、实物、仪则、数目等，也要事先讲求吗？"名物"是指历史的、自然的名物，就是万事万物，历史的典章等都包括在内；"度数"，数就是之前讲的数，包括数术，也包括一些艺能，"度数"的"度"也可以理解成是度量衡的度。总之，万事万物、各种章程也需要先学得这些知识吗？

先生曰："**人只要成就自家心体，则用在其中。**先生说，人最主要是把自己的良知、良心成就好，修养好，那么其应用就是在良知之中。做什么事，接触什么样的人，如何交往，都是在良知的运用之中，用良知去对待万事万物、各种关系。**如养得心体，果有未发之中，自然有发而中节之和，自然无施不可。**如果把心体修养得果真有未发之中，那自然就会有发而中节的和，自然就是怎么做都可以了。**苟无是心，虽预先讲得世上许多名物度数，与己原不相干，只是装缀，临时自行不去。**如果没有这样的良心，虽然事先已经讲求了这些名物度数，但与自己良知原本不相关，只是装点门面，临时之事自然是不行的。**亦不是将名物度数全然不理，只要'知所先后，则近道'。**"当然这也不是将全部的名物度数都不理会，只要"知道所做之事有先有后，就接近道了"。

又曰："**人要随才成就，才是其所能为。**先生又说，人要根据他的天赋才能成就自己，这才是他能做到的事情。**如夔之乐，稷之种，是他资性合下便如此。**比如说舜时候的夔，他被舜安排为乐官、文教官，他本身就乐于做音乐；舜安排稷做管农业的官，稷本身就发明了五谷，就善于种地。他们的天资性格就是如此，他们的资质、性情就该这样安排。舜就按照他们的长处、兴趣安排他们的工作。**成就之者，亦只是要他心体纯乎天理。**成就一个人，也只是要他的心体纯粹符合天理而已。在这个基础上，使得他更纯乎天理去做这个事情。**其运用处，皆从天理上发来，然后谓之才。**他运用他的才能，比如夔用他的音乐，稷运用他的种五谷技能，都是依从天理自然上运用得来，然后才可以称之为才能。**到得纯乎天理处，亦能'不器'。**等到了纯粹合乎天理的时候，就能做到"君子不器"了。妙极了！这话已经说到极致了，进一步修养天理，也使他不器，"大道不器"，成就了天理之后，就不只是会音乐、会种地了，别的也是一通百通，做什么都行啊！天理不只是成就单一的人才呀！**使夔、稷易艺而为，当亦能之。**"到了"不器"的程度，成了大道的时候，即使让夔去种地，稷去搞音乐、搞教育，也会搞得好啊。其本质核心就是由专到通，再到圆融。

又曰："如'素富贵行乎富贵，素患难行乎患难'，皆是'不器'，此惟养得心体正者能之。"先生又说，就像"素富贵行乎富贵，素患难行乎患难"，这都是"大道不器"啊，这也只有把心体修养得纯正的人才能做到。《中庸》讲，"素富贵，行乎富贵；素贫贱，行乎贫贱"。在富贵的环境下，能按照富贵人的标准去进一步修养自己，去做相应地位的事；到了贫穷境地，就正视这个身份，做针对身份的事。穷日子也能过，苦日子也能过，干什么像什么。到什么时候干什么事，到什么时候都能想得通，都能做得好，都能高标准地要求自己，皆是"不器"，皆是"大道"。"大道不器"，大道就不是只能做一件事。这样的人也都是"不器"，这都是因为他修养得心体纯正，合乎天道，合乎天理，才能够做到"不器"。

六八

"与其为数顷无源之塘水，不若为数尺有源之井水，生意不穷。"与其拥有数顷没有源头的池塘死水，不如拥有数尺面积的有源头的井水，这样才会生机无限。学习修养，重要的是不断地有新的知识营养进来，原来拥有再多，死水一潭，也没有后劲儿。**时先生在塘边坐，傍有井，故以之喻学云。**先生说这话的时候，就在池塘边上坐着，旁边有井，所以就以井水来比喻为学要有源泉。朱熹的《观书有感》，"半亩方塘一鉴开，天光云影共徘徊。问渠那得清如许？为有源头活水来"。这说的也是做学问，修养学习是个不断地流入活水的过程。感觉自己修养得可以了，就放松了，不行。

六九

问："**世道日降，太古时气象如何复见得？**"陆澄问，现在世风日下，太古时期的风气怎么才能得以恢复？在明朝中期的时候，社会普遍认为世道日降，就是世风日坏吧。"太古时气象"，就是古代理想的这个社会景象。

先生曰："**一日便是一元。**先生说，一天就是一元。也就是说，一天便是若干年。**人平旦时起坐，未与物接，此心清明景象，便如在伏羲时游一般。**"人早上起来，没有开始接触外界，这时候的心是清明景象，就像游荡在伏羲时代一样。所以追求"太古时气象"不是天天抱怨，怨天尤人，要自律、自求，不外求。

七〇

问："**心要逐物，如何则可？**"陆澄问，心要追求物质利益，怎么来解决则可呢？

先生曰："**人君端拱清穆，六卿分职，天下乃治。**先生说，人君庄严肃穆地端坐到庙堂之上，拱垂而清心寡欲，各级官员都承担自己这份名分，自己应该做什么，自己应该怎么去任职，都要按名分去完成，天下乃安定治理。心和身的关系也是这样的。**心统五官，亦要如此。**心统管口、耳、眼、鼻、身这五官，也要这样。就像一个国家的君王管理百官，管理天下一样。**今眼要视时，心便逐在色上；**就像现在眼睛要看的时候，心便去追逐色相了，什么样的色好看；**耳要听时，心便逐在声上。**耳朵要听的时候，心一下子就去追逐声音去了，什么样的声音悦耳。**如人君要选官时，便自去坐在吏部；**就像人君要选官的时候，他自己便坐在吏部亲自去选；**要调军时，便自去坐在兵部。**想要调动军队，就自己坐到了兵部。**如此，岂惟失却君体，六卿亦皆不得其职。**"这样的话，岂止是失去了人君的身份，就连六卿等诸百官都不能尽其职责。视听言动你都要过问，这就叫逐物。所以学生提出问题，心要逐物怎么解决？五官分好了工之后，眼睛负责看，耳朵负责听，鼻子负责闻，口负责吃和说，但你的心不要动。自然地去看、去听、去闻、去吃都是合理的。你的心要去逐物，那就违背了自然，打乱了秩序。

七一

"**善念发而知之，而充之；**先生说，善念萌发的时候要知道它，并且去扩充它。你发了一个善念，就积极地想办法把问题解决，这叫扩充。**恶念发而知之，而遏之。**而恶念萌发的时候，先要知道是恶念，然后去遏制它的发展。例如想到一个自己一直不喜欢的人，然后就想用什么办法去坏他一下呢。这就是恶念。恶念出现马上就要遏制住。**知与充与遏者，志也，天聪明也。**知道是不是善念，知道扩充善念、遏止恶念，这就是所谓的志，人生立志的志啊！这就是天给我们的聪明啊！人的聪明劲儿应该在这！**圣人只有此，学者当存此。**"圣人只不过就有这个智慧罢了，我们学习的人就要学这个就够了，学习存养这种智慧就够了。

<h1 style="text-align:center">七二</h1>

澄曰："好色、好利、好名等心，固是私欲。如闲思杂虑，如何亦谓之私欲？" 陆澄问，好色、好利、好名等这些心思，当然是私欲。那么除了色、名、利之外，其他的那些闲思杂虑，就是比较混杂的思虑，如何也称之为私欲呢？

先生曰："毕竟从好色、好利、好名等根上起，自寻其根便见。 先生说，毕竟这些闲思杂虑都是从好色、好利、好名等根上生发来的，把一些闲思杂虑分分、划划，都会划到色、利、名上去，自己找到根源就会发现。**如汝心中决知是无有做劫盗的思虑，何也？** 就像你心中绝对知道没有做强盗的心思，为什么？**以汝元无是心也。** 因为你原本就没有做强盗的心。所以你的思虑杂念就不可能有这个心。**汝若于货色名利等心，一切皆如不做劫盗之心一般，都消灭了，光光只是心之本体，看有甚闲思虑？** 如果你的心对于得货、得色、得名、得利，都像不要做强盗的心一样，那这类东西就都消灭干净了，彻彻底底只是心的本体，自然的心，那还有什么闲思虑啊？反过来说，凡是所谓闲思虑，那就离不开色、名、利呀。所以说色、名、利之外的这个闲思虑也是私欲。他正反来论述，闲杂的思虑也要去除，因为它也是私欲。**此便是'寂然不动'，便是'未发之中'，便是'廓然大公'。** 所以这就是"寂然不动"，就是"未发之中"，就是"廓然大公"。**自然'感而遂通'，自然'发而中节'，自然'物来顺应'。"** 也自然就会"感而遂通"，自然地"发而中节"，自然地"物来顺应"。"寂然不动"出自《易经·系辞上》。无论是风动幡动，我的心不动。也是儒家的"未发之中"。"喜怒哀乐之未发，谓之中"，就是这个"中"。

七三

问"志至气次"。 陆澄请教老师关于"志至气次"的问题。这是《孟子·公孙丑上》里的话："夫志，气之帅也；气，体之充也。夫志至焉，气次焉，故曰：'持其志，无暴其气。'"志是气的帅，身体是气的帅，志是统帅气的，这是第一重要的，是极重要的；而气是次要的。学生提出了"志至气次"怎么理解。

先生曰："'志之所至，气亦至焉'之谓，非极至次贰之谓。 先生说，这是志达到了那个极致，气也达到那个极致，不是说心志达到极致，而气是次之的意思。孟子认为，修身第一统帅是志，有了志才能养气，无志怎么养气？养气的法是集义，一天一天积累正义之事，所以不断集义才能养成浩然正气。但是先生说了，不是说"志至气次"就是指志是第一的，气是第二的。这个次也不是第二的，是同时的！志是第一的，气也跟得上，这才是"志至气次"的本意。**'持其志'则养气在其中，'无暴其气'则亦持其志矣。** 坚持心志，那么养气就在其中了，不随便暴其气用事，那么也就坚持其心志了。不要"暴其气"，说穿了就是不要漏其气。招摇、张扬自己，都叫漏其气。自己的精、自己的神逐渐扩散了、跑了。"'无暴其气'则亦持其志矣"，处处不漏气，处处不丢正义之气，这本身就在养志呢。所以志至气次是一体，丢了谁也不行。**孟子救告子之偏，故如此**

夹持说。"孟子是为了纠正告子的偏见，所以故意这样联系着说。下定一个决心，立一个志，想做一个什么人。志立了之后，自己的行动就立即跟上了。不跟上，这个志也是空的，是立不住的。孟子讲的气也得靠自己的悟，"我善养吾浩然之气……难言也"。我很难给它下个定义，但是我知道善事做多了，义举多了，气就充塞于天地之间。如果坏事做多了，气就馁了，就瘪了，就没有正气了。在他解释了之后，马上又补充说孟子为什么说这话，"志至气次"确实是孟子说的，但孟子是救告子之偏，所以夹持这种说法来讲的，他的本质还是王阳明讲的这个意思。

七四

问："先儒曰：'圣人之道，必降而自卑；贤人之言，则引而自高。'如何？"陆澄问，先儒说，圣人行道，一定是自我降低而谦卑；贤人说话则是自我拔高。这话怎么理解？这里的先儒一般指的是朱熹，朱熹在注释《论语》中引用程颐的话，"圣人之言，必降而自卑，不如此则人不亲。贤人之言，必引而自高，不如此则道不尊。观孔子、孟子则可见矣"。

先生曰："不然。如此却乃伪也。先生说，不是这样的。如果真是这么说的话，这是假的，这是诡诈。圣人如天，无往而非天，三光之上天也，九地之下亦天也，天何尝有降而自卑？圣人就如同是天，无论到哪天都在。日月星辰之上都是天，九泉之下也都是天，天何尝自我降低而谦卑了呢？三光是指日、月、星。三光之上都是天，九地之下亦天也，这个天不是天空的天，而是天道、天理的这个天。**此所谓'大而化之'也。**这里包罗万象，它就是"大而化之"。**贤人如山岳，守其高而已。**贤人就如同山岳，只是保持其高而已。**然百仞者不能引而为千仞，千仞者不能引而为万仞。**然而百仞之高的山岳不能引申为千仞之高度，千仞之高的山岳不能引申为万仞之高度。**是贤人未尝引而自高也，引而自高则伪矣。"**若是贤人就未尝自我拔高，自我拔高就是虚伪诡诈了。比如《论语》，说什么事都比较谦虚谨慎，正因为圣人那样谦虚谨慎，谁读了谁都感到亲切，谁读了都感到对自己有用，它是面对一切人，宽口径的经书。而王阳明写的东西，面对的是当时的官员。所以，这个话要看从哪个角度来理解。王阳明是怎么理解的呢？他认为圣人之道还用别人去宣传和标榜吗？自然就高啊，是天，是地呀。地和天都是天啊，是大道啊。这在本质上是不矛盾的，他认为天自有其高，贤德自有其德，不用宣传，自然就是那样的。其实也是进一步地肯定了圣人、贤人，并不是否定。

七五

问："**伊川谓'不当于喜怒哀乐未发之前求中'，延平却教学者'看未发之前气象'，何如？"**陆澄问，伊川说"不应当在喜怒哀乐没有发生之前就探求中道"，而延平却教授学生应该注意"喜怒哀乐未发之前的气象"，如何看待这两个观点？伊川是程颐，延平是南宋的李侗。李侗是杨时的学生，是朱熹的老师。杨时最有名的是"程门立雪"，他是程颐的学生。伊川说不要去探讨喜怒哀乐未发时候的中，可是延平却教学生看未发之前的气象，这不是矛盾了吗？这个问题很有深度。

先生曰："**皆是也**。先生说，都对。**伊川恐人于未发前讨个中，把中做一物看，如吾向所谓认气定时做中，故令只于涵养省察上用功**。伊川恐怕人在未发前就探讨个中，就会把"中"当作一件事物看，就像我过去讲在气定的时候做中的功夫，所以教学生只在涵养省察的时候用功，在静的时候用功来求这个中。**延平恐人未便有下手处，故令人时时刻刻求未发前气象，使人正目而视惟此，倾耳而听惟此，即是'戒慎不睹，恐惧不闻'的工夫**。延平是怕人没有下手处，因此教导学生时时刻刻地注意喜怒哀乐未发之前的气象，使得人们正眼相看、侧耳相听，这就是"戒慎不睹，恐惧不闻"的功夫。"戒慎乎其所不睹，恐惧乎其所不闻"，是《中庸》上的话，都是戒慎恐惧的功夫。**皆古人不得已诱人之言也**。"这都是古代热心的教育者教育学生不得已的时候，所用的话头。在说不清、道不明的时候，想个办法去引导学生往深里思考，启发学生的办法。伊川说不要在喜怒哀乐未发前去求中，而延平说要在喜怒哀乐未发前去研究气象，虽是相反的两个观点，但出发点都是一个，就是诱导学生去探讨"中"是怎么回事儿。角度不一样，目的是一个，探讨"喜怒哀乐之未发，谓之中"的"中"。王阳明认为是在静处去探讨"中"，喜怒哀乐未发，就是平静的，无倾向性的，这个时候无善无恶，没有利欲追求。在这里进一步思考，如果弄不清楚的时候自己不能自拔，那就陷到庄子的槁木死灰。所以周敦颐、二程，乃至朱熹，把那个儒、道、佛融到一起之后，有些东西就分得不那么清楚了。他们说不要搞佛、道，佛、道不能治国，不能安民，不能治世。但是他们已经受了佛、道的影响，所以他们追求的这个境界，一是他们高明，另一个已经不是孔孟本来的那个境界了，进一步提升了，升华了。最后他的结论是，"皆古人不得已诱人之言也"。我们跳出来看这个问题，王阳明主张实事求是，圣人不必自卑，贤人不必自高。伊川、延平皆从不同角度，重视"中"的真谛，启发学生。然后他接着讲本质的东西，普通人能节制私心杂虑在一件事、两件事上，不能全节。所以，他只能做到暂时之中，未能全集一生之中。一般人未可达到，只有圣贤才能达到，抓住大本。

七六

澄问："喜怒哀乐之中和，其全体常人固不能有。如一件小事当喜怒者，平时无有喜怒之心，至其临时亦能中节，亦可谓之中和乎？"陆澄问，喜怒哀乐的中和，就其全体而言平常人固然不能具有。就如遇到一件小事情应当喜怒时，平时并没有喜怒之心，到了事情来临的时候也能做到中和节制，这也可以称作是中和吗？

先生曰："在一时一事，固亦可谓之中和，然未可谓之'大本'、'达道'。先生说，在一时一事上，固然可以称之为中和，然而不能称之为"大本""达道"。"大本""达道"是《中庸》上的观点，"喜怒哀乐之未发，谓之中；发而皆中节，谓之和。中也者，天下之大本也；和也者，天下之达道也。致中和，天地位焉，万物育焉"。"大本"，就是万事万物都离不开"中"。世界上任何事物离开"中"就都不成立，都立不住，不能存在，所以"中"是大本，最大的根本。"和也者，天下之达道也"，"和"是解决一切问题最好的道。"和"是什么？"和"就是平衡，多方利益的平衡，多方关键点的平衡，所以是达道。就是普通人在一件事、两件事上可以做到中和，但他做不到"大本""达道"。"大本""达道"是系统修养的人才能做到的。**人性皆善，中和是人人原有的，岂可谓无？**人性生来都是善的，中和人人原本都有啊，怎么能说没有呢？**但常人之心既有所昏蔽，则其本体虽亦时时发见，终是暂明暂灭，非其全体大用矣。**但是平常人之心是有所蒙蔽昏暗的，他的本体虽然也是时时生发出现，然而终究是时有时无，并不是他的全部都能尽用发挥。这个"全体"不是全体人民的"全体"，是他整个身体大用，有时候明，有时候暗。就像鲁迅写的阿Q，有时候体现了一点小聪明，一点小伎俩，但总体上是那样的愚昧，有时候还要利用一点形势，他也要显得自己是一个好人，是一个积极分子。王阳明在这里说的愚昧的人就类似这样的人。但这样的人也能闪现出来一种人性的灵光，这个灵光也是天理，也是善良的，但是它是很短暂的。刹那间，它又有另一种顽劣、占小便宜的心理，或者怎么去看别人的笑话、拆别人的台，那么这些恶的东西又上来了。所以这些东西就是"时时发现""暂明暂灭"，"非其全体大用"，不是全体都是善良的。**无所不中，然后谓之'大本'；**只有无所不中，然后才能称之为"大本"；**无所不和，然后谓之'达道'。**能做到无所不和，然后才能称之为"达道"。**惟天下之至诚，然后能立天下之'大本'。"**只有达到天下的至诚，然后才能确立天下的"大本"。

日："**澄于'中'字之义尚未明。"**陆澄说，他关于"中"字之本义，还没有弄明白。

日："**此须自心体认出来，非言语所能喻。中只是天理。"**先生说，这必须是自己去体察认知出来。不是言语能把它说明白的。

"中"就是天理。

曰："何者为天理？"陆澄说，什么是天理啊？

曰："去得人欲，便识天理。"先生说，把非分的欲望去掉，就能识得天理。这里说的人欲都是非分的欲望，不是自然的欲望。渴了喝水，饿了吃饭，人类的正常往来，都是天理。

曰："天理何以谓之中？"陆澄说，天理怎么就叫作"中"呢？

曰："无所偏倚。"先生说，因为天理无所偏倚，无所偏它就是"中"。

曰："无所偏倚是何等气象？"陆澄问，无所偏倚是个什么样的气象呢？

曰："如明镜然，全体莹彻，略无纤尘染着。"先生说，就像明镜一样，全体莹彻透亮，一点尘埃都没有染着。

曰："偏倚是有所染着。如着在好色、好利、好名等项上，方见得偏倚；若未发时，美色名利皆未相着，何以便知其有所偏倚？"陆澄问，偏倚是染上了灰尘。如果染上了好色的、好利的、好名的灰尘，那才看得见偏倚；如果没发生时，虽然染上了，但没发生，美色、名利都未显现，怎么能知道有所偏倚呢？"相着"是佛家的语汇，未相着，就是没露相，只是在心里有这个。"何以便知其有所偏倚？"表象上没有，你怎么知道偏倚啊？

曰："虽未相着，然平日好色、好利、好名之心，原未尝无；先生说，虽然没有显露，然而平日里好色、好利、好名的心原本不是没有；既未尝无，即谓之有；既然不是没有，那就是有；即谓之有，则亦不可谓无偏倚。既然有了，就不能说无所偏倚。譬之病疟之人，虽有时不发，而病根原不曾除，则亦不得谓之无病之人矣**。就比如说有病虐之人，虽然有时没发病，然而病根并没有去除，那么也不能称之为无病之人。他并不等于没病。就像癫痫病人，平常都是好好的，病发时立即就不行了，病根儿不曾去除，所以不能说他是无病之人。**须是平日好色、好利、好名等项一应私心，扫除荡涤，无复纤毫留滞，而此心全体廓然，纯是天理，方可谓之喜怒哀乐'未发之中'，方是天下之'大本'。**"必须在平日把好色、好利、好名等这一系列的私心扫除荡涤干净，不再有一丝一毫的留滞，而这颗心全部空寂坦然，纯粹是天理，才可以称之为喜怒哀乐未发的中，才是天下最大的根本。王阳明把孔孟的思想理解到了极致，把圣人的道理提升到了一个极高的境界。看他的理解，才知道我们理解《论语》是很浅的，没有他这么深、这么厚。在这还隐隐约约地有一个问题，就是喜怒哀乐之未发，我心里有什么问题没暴露出来，没发你就不知道啊，你怎么知道我偏还是不偏呢？《大学》上讲，"见君子而后厌然"。自己有些小毛病不改，看到君子之后，感到很羞涩，很羞愧，就把它掩藏起来。王阳明讲，你的私心和一些不当的意念只要存在，就是有，有了就偏倚；偏了，你没露，你未相着，但你一着相就偏。所以你真有私心杂虑，有不符合规律的一些意念在心中，你就不是喜怒哀乐之未发的那个"中"。真正的"中"，就是内心非常清纯，"廓然大公"，寂然不动，无私无欲。王阳明虽没说，但他的意思体现出来了，无善无恶这种程度的喜怒哀乐是"中"，是"大本"。虽未发，即虽未相着，有还是有，那是掩盖不了的，这深刻极了！《大学》上讲，"人之视己，如见肺肝然"。人家看我们，把我们心肝肺都看透了，我们还以为别人不知道我们的私心呢。所以，"富润屋，德润身，心广体胖。故君子必诚其意"。

德性修养到一定程度，不用介绍，别人也能看得出来的。

七七

问："'颜子没而圣学亡'，此语不能无疑？"陆澄问，颜渊去世了，圣学就失传了，这个话不能没有怀疑吗？这句话是怎么来的呢？这是王阳明写给湛若水的《别湛甘泉序》中提到的，古时候的序不是今天给书作序的序，有的是送别词和赠言。《古文观止》中有韩愈《送李愿归盘谷序》《送孟东野序》，这个序就是赠言。王阳明写的《别湛甘泉序》，"别"是告别，湛甘泉就是湛若水。在这里面写的这句话，"颜子没而圣学亡"。这个话被陆澄看见了，陆澄就请教老师。

先生曰："见圣道之全者惟颜子。先生说，能够把孔子的道全面看到、全面学到的只有颜渊了。**观'喟然一叹'可见，其谓'夫子循循然善诱人，博我以文，约我以礼'，是见破后如此说。**从颜渊喟然叹曰"仰之弥高，钻之弥坚，瞻之在前，忽焉在后"就可见，他说"夫子循循然善诱人，博我以文，约我以礼"。这是他明白之后才如此说的。**博文约礼，如何是善诱人？学者须思之。**广博的学识、合乎礼的规范，是如何善于教导别人的呢？这是学者们必须要思考的问题。**道之全体，圣人亦难以语人，须是学者自修自悟。**圣道的全体，即使是圣人也很难用语言说明白，一定需要学者们自己修悟。王阳明说，颜渊说夫子"夫子循循然善诱人，博我以文，约我以礼"，是他把孔子的圣道看明白了，看透了，他才这样说的。颜渊没了，圣道就没了，因为只有他看透了。**颜子'虽欲**

从之，末由也已'，即文王'望道未见'意。即使颜渊想追求孔子不断学习，也不知道怎么能赶上老师的脚步。也就是文王看道还没有真正践行。"望道未见"是《孟子·离娄下》中的话，说大禹这个人厌恶好肉好酒，他喜欢善言。"汤执中，立贤无方。"立贤没框框，没有标准，我看你能治国、能干事，我就用你，这叫立贤无方。他把历史上这些贤圣的优点长处都罗列一下，当列到文王的时候，说"文王视民如伤，望道而未之见"。就是周文王总把老百姓看成是弱势群体，总是把老百姓看作受伤的鸟雀一样。"望道而未之见"，就希望天下爱民之道能够真正地践行，可是就是没践行啊，怎么就没按这个爱民的道去办呢？王阳明说颜渊的"虽欲从之，末由也已"，就是文王的"望道未见"之意。**望道未见乃是真见。颜子没，而圣学之正派遂不尽传矣。**周文王总觉得爱民之道未能真正践行，这才是真正的高明见解。颜渊没了，正派的圣学思想就不能全部传下来了。孔子的思想受到了影响，没有全面地、准确地传播。这里王阳明的弦外之音，就是圣学的真谛，那种践行的精神，历朝历代都忽略了，只是坐而论道。文王希望它要落实，孔子希望它要实践。"朝闻道，夕死可矣。"王阳明思想主要的、关键的、精髓的东西，就是要把理论化为做人的实践、化为治国的实践。

七八

问："**身之主为心，心之灵明是知，知之发动是意，意之所着为物，是如此否？**"陆澄问，身的主宰是心，心的灵明是知，知的发动是意，意之所涉及的对象就是物，是这样吗？

先生曰:"亦是。"先生说,也是这回事。

七九

"只存得此心常见在,便是学。过去未来事,思之何益?徒放心耳!"只要时时存养本心常在,就是学习。过去和未来的事情,思考它又有什么益处呢?只是舍弃了本心而已。抓住良心常在,无愧吾心,别人怎么说由他去,这就是学。学什么?就是学这个良知、良心。不管学什么,这个根应该抓住。陶行知从美国哥伦比亚大学留学回来后,南京政府安排他做官,他不做。在南京北边燕子矶那个地方,有个叫晓庄的村落,他在那领着几个学生白手建校,边劳动,边学习。他提倡学的就是要有用于国家改造的学问,做的事就是有利于国家进步的事。他怎么培养他的学生呢?他把杜威的话反过来用,杜威说学校即社会,他说社会即学校;教育即生活,他说生活即教育。我们在人民生活当中受教育,这就是教育;我们在生产劳动当中学习,这就是教育。他把自己的母亲、妻子都动员起来,左右扫盲,就是每一个人要教五个人,一个人要学会一千个字。现在咱们的小学六年级是教三千个字,他先教一千字。然后那五个人每个人再去教五个人。他用这个办法教学,强调"千教万教教人求真,千学万学学做真人"。很明显这就是建立在王阳明思想基础上。你怎么学,你不能丢掉良知、良心,你怎么教不能不教良知、良心。"过去未来事,思之何益?徒放心耳!""过去未来事"指的什么?他指的是空的、脱离现实的一些东西,有些是我们不可掌控的东西,我们也掌控不了的。就像普通百姓,讲如何治理天下,那是空话。一些假大空的事，你不要去做，做了那些，就会想入非非，无意义。所以他是指这类的事，不是我们本分的事。

八〇

"言语无序，亦足以见心之不存。" 先生又说，如果讲话交流，逻辑混乱，也足以看出本心存养得不够。就是心不在焉，再严重点说就是良知不在焉，不负责任、不尊重别人，这样的行为，是心之不存。

八一

尚谦问："孟子之'不动心'，与告子异？" 尚谦问，孟子的"不动心"与告子的有什么区别？尚谦就是薛侃，也是王阳明很重要的学生，广东揭阳人。

先生曰："告子是硬把捉着此心，要他不动；孟子却是集义到自然不动。" 先生说，告子是硬把捉着这个心，控制着这个心；而孟子的不动心是集义而自然不动。孟子讲求"我善养吾浩然之气"，就是不断地做善事，不断地集义，然后自然不动心。告子的不动心，是意识到了不动心的好处，那就死死地把捉着它，抓住不动。但是有时候，神智稍微疏忽、忘了，环境变了，就被控制了，就不是自然的了。所以只在表面上说重视传统文化不行，正根儿还是在这，这里说得很好，是应该把捉着，还是集义而成的自然不动。

又曰："心之本体原自不动。心之本体即是性，性即是理，性元不动，理元不动。集义是复其心之本体。" 先生又说，心的本体原本是不动的。心的本体就是天性，天性就是天理，天性原本不动，天理原本不动。集义就是不断地做善事，不断地恢复心之本体。这是孟子的"复性说"，复性就是恢复善性。人与生俱来的是善性，如果善性跑了，我就要做好事，一点点地把善性找回来。恢复性之本体，这是"复性"。

<h1 style="text-align:center">八二</h1>

"'万象森然'时，亦冲漠无朕； 万象万物森严林立、井然有序在心中，也就达到了寂然无我的境界。花花世界摆在面前，也能做到"冲漠无朕"。"冲漠无朕"是什么？是心内虚寂无妄。唐朝韦应物写有"归当守冲漠，迹寓心自忘"的诗句。韦应物在滁州做过官，有很好的名声，他写过一首著名的诗，《滁州西涧》。"独怜幽草涧边生，上有黄鹂深树鸣。春潮带雨晚来急，野渡无人舟自横。"关键是后边这两句，我是摆船的、渡人的，但是没人过河，渡谁呀？没人用我呀！"野渡无人舟自横"，就是有一点儿世不用我我自闲的味道，所以他归来感到一种冲漠。退隐不做了，空虚寂寞，既是真情也有自慰。这里的"冲漠"可以理解为就是虚静。虚静生明，不是虚静就糊涂。《庄子·人间世》有"虚室生白"。空屋子生白，那虚心呢？心要空也生白，心空则生明。心要满满的，那就糊涂了。**冲漠无朕，即万象森然。** 达到了寂然无我的境界时，心中自然也是万事万物森然林立，井然有序。冲漠无朕，就是万象森然；万象森然也就是冲漠无朕。那得修养到一定程度，所以虚静恬淡，则万物俱在其中。**冲漠无朕者一之父，万象森然者精之母。** 能寂然无我

的是一的父亲，能万事万物森然林立的是精的母亲。**一中有精；精中有一。**"一"中就包含了精，精中也包含了"一"。这是《尚书》中的精一之说，"人心惟危，道心惟微，惟精惟一，允执厥中"。关于精一，王阳明特别提出了良知要真纯，要做到精一的程度。

八三

"心外无物。如吾心发一念孝亲，即孝亲便是物。"心外无我良知所及之事物，都是心内的，比如我内心产生了孝敬父母的念头，那么孝亲就是事物。每人之心所及之物，均须以天理制物，凡能做到的，即心外无物，心外无我关涉之物。那我的心想到孝亲了，这就是有物了，这都在心中。没想到的，那就是没有关涉到的，没有用天理去认识它，那就是心外之物。心外无物不是认为心外不存在万物，而是心外无良知所及之物。喜马拉雅山不是物吗？但是我们现在没想它，没把我们的良心用到它上面，这就是非良知所及之物，在良知的意义上说，是心外无物。

八四

先生曰："今为吾所谓格物之学者，尚多流于口耳。先生说，现在学习我所谓格物之学的学者，还多数流行于口授耳闻之间。王阳明所说的格物之学是什么呢？就是格己心之非。他讲每个人要格己心之非，但还只是流行于口授耳闻之间，没落到实处啊。**况为口耳之学者，能反于此乎？**更何况学习口耳之学的人，对它能有深刻的认知吗？就像有些人鼓吹要大声地读，提倡书读百遍其义自见。把这个理论无限扩大化，就大声地喊着读，这是流于口耳，而不能解其意。**天理人欲，其精微必时时用力省察克治，方日渐有见。**存天理、去人欲的理论，它的精微之处在于必须时时用力"省察克治"，才能渐渐地有所体现。**如今一说话之间，虽只讲天理，不知心中倏忽之间已有多少私欲。**如今在说话的时候，虽然在讲着天理，但不知道在一闪念之间突然产生多少私欲。**盖有窃发而不知者，虽用力察之，尚不易见，况徒口讲而可得尽知乎？**大概有私下产生而不察知的私欲，虽然用力省察，尚不能容易收到实效，何况只是空口讲习，怎么能都察知到呢？**今只管讲天理来顿放着不循；**现在只管讲存天理，并把它囤放到那而不照着办；**讲人欲来顿放着不去；**只是讲人欲，并把它囤放在那而不去掉；**岂格物致知之学？**这哪里是格物致知之学啊？**后世之学，其极至，只做得个义袭而取的工夫。"**后来的学者，就算做到极致，也顶多做到义袭而取的功夫。袭是偷着突然攻击；义袭，偶然做一件好事，完了就标榜，这叫义袭的功夫，不是一贯地这么做。

八五

问"格物"。薛侃问，格物是怎么回事？

先生曰："格者，正也。正其不正，以归于正也。"先生说，格，就是正。纠正那些不正的，以使他归于正道。这就是格物。

八六

问:"知止者,知至善只在吾心,元不在外也,而后志定?"
薛侃问,知道止,就知道至善只在自己的心里,本来就不在心外,
而后志才能坚定,这个说法对吗?

曰:"然。"先生说,这个说法是对的。

八七

问:"格物于动处用功否?"薛侃问,格物是在心动处用功
吗?心受外界万物、五花八门的、物欲横流的花花世界的影响,这
叫心动,说是在这个时候用功吗?

先生曰:"格物无间动静,静亦物也。先生说,格物不分动
静,静也是物。不分动静,什么时候都得做这个功夫。动的时候有事、
有诱惑,静的时候也一样。孟子谓'必有事焉',是动静皆有事。"
孟子讲的"必有事焉",就是无论动静都是有事。不只是面临花花世
界,就是自己闲居,静的时候,也有个修养问题,也有个控制自己
私欲的问题,动静皆须格物,动静皆须控制吾心。

八八

"工夫难处,全在格物致知上,此即诚意之事。修养功夫的
难处,都在格物致知上,格物致知的本质就是诚意之事。意既诚,
大段心亦自正,身亦自修。意真做到诚,大体上心就都做到正,

身也能自我修养。**但正心修身工夫，亦各有用力处，修身是已发边，正心是未发边**。但是正心和修身的功夫，又各自有各自的用力之处，修养自身是在已发的这边，正心是在未发的那边。已发和未发是《中庸》里的话，"喜怒哀乐之未发，谓之中；发而皆中节，谓之和"。正心是喜怒哀乐之未发，所以正心属于未发；喜怒哀乐发出来之后，你的身得按规矩做，这属于已发。**心正则中，身修则和**。"心正了就是"中"，身修了就是"和"。

八九

"自'格物致知'至'平天下'，只是一个'明明德'。从"格物致知"到"平天下"，就是一个"明明德"。这其中的八个环节叫八条目：格物、致知、诚意、正心、修身、齐家、治国、平天下。这八条目的目的只是一个，就是明明德。明德就是与生俱来的善心、善念。第一个明是动词，使原来的明德更明，这个明是人为的，是修养。**虽亲民，亦明德事也**。即使是亲民，也是明德的事，也包括在明明德里。**明德是此心之德，即是仁**。明德就是此心中之德，就是仁。**'仁者以天地万物为一体'，使有一物失所，便是吾仁有未尽处**。"仁德就是以所有天地万物为一体，假使有一事一物失去其安所，那便是我的仁德有不完满的地方。"失所"就是未得其正、未得其位。扁担是挑东西的，现在硬拿去烧火，这叫失所；这种菜是这么吃的，我们把它做糟蹋了，或者烂掉了，这也是失所。而仁者不能使一物失其所，如果有一事一物失其所，我们就应该感到这是我们的仁德有缺陷。仁者应使万物各尽其用，万人各尽其责、各得其职。

九〇

"只说'明明德'而不说'亲民'，便似老、佛。" 只强调"明明德"而不强调"亲民"，便和道教、佛教一样了。王阳明一语中的，强调修养，却不给人民去办事，不对别人好，没有践行，就是空的。

九一

"至善者性也，性元无一毫之恶，故曰'至善'。 至善是人的天性，与生俱来的天性本来没有一丝一毫的恶，所以称之为至善。**止之，是复其本然而已。"** 保持这种至善，就是恢复其本来的天性而已。"止之"，就是止于至善，就是停止到至善程度，就是恢复本然的善性而已。我们要修养，要做好事，就是要恢复善性。

九二

问：**"知至善即吾性，吾性具吾心，吾心乃至善所止之地，则不为向时之纷然外求，而志定矣。** 薛侃问，知道至善就是我的天性，我的天性就在我的内心中，我的内心就是保持至善的地方，那么就不会像以前那样慌乱于向外寻求，而心志也就能够安定了。"向时"就是过去的时候，"纷然"就是纷纷然外求，这就是"知止而后有定"。**定则不扰扰而静，静而不妄动则安，安则一心一意只在此处，千思万想，务求必得此至善，是能虑而得矣。如此说是否？"** 心志安定了就不会困扰而能静，内心宁静了而不妄动就能安稳，安稳了就会一心一意在至善上用功。千思万想，务必要寻求到这种至善，这是能经过深思熟虑而达到至善的。这样说对吗？"安则一心一意只在此处"，"此处"是哪里？在致良知、致良心处。不管怎么动，没有妄动；不管怎么想，没有妄想。千思万想，务求必得此至善，这就能虑而得矣。得什么呢？得良知，得道。

先生曰："大略亦是。" 先生说，大体是这样。此为对学生的观点给予肯定。

九三

问："程子云：'仁者以天地万物为一体。'何墨氏'兼爱'反不得谓之仁？" 薛侃问，程颐说仁者是以天地万物为一体的。那为什么墨子提出的"兼爱"反而不能称之为仁呢？为什么还批判他呢？

先生曰："此亦甚难言，须是诸君自体认出来始得。 先生说，这个问题真是难以回答，还须要诸君自己体会认知出来才能明白。表面上看，"兼爱"还不对吗？儒家提出爱人亲民，仁者爱人；而墨子说兼爱，谁都爱。那仁者不应该谁都爱吗？这有什么不对的？区别就在于儒家的爱是有等级的，是有步骤的。步骤本身就是等级，先爱父母、兄弟姐妹，然后逐渐地往外延关爱。这是儒家的逻辑。而墨子提出不管是谁，都应该爱，兼爱无差等。这是需要我们自己体认出来，才能得到它的真谛。然后下文批驳得很有意思。王阳明认为墨子的兼爱站不住脚，就在于他的兼爱无根。根是什么？根是孝悌忠信。他讲君臣父子一律平等，那本身就没有根。这个话说得让人特别服气！**仁是造化生生不息之理，虽弥漫周遍，无处不**

是，然其流行发生，亦只有个渐，所以生生不息。仁德是万物造化生生不息的天理，虽然弥漫着遍布周边，无处不在，然而它的流行萌生，也只是逐渐进行的，所以才说是生生不息。造化是天地造化，就是天地化育。天地给我们的一切，这个给的过程是无形的动作，叫作造化。不是一次春风就万树花开了，得有个过程，就是强调这个"渐"，所以才生生不息。**如冬至一阳生，必自一阳生，而后渐渐至于六阳，若无一阳之生，岂有六阳？阴亦然。**就像冬至这天一阳产生，一定是从一阳先产生开始，如果没有这一阳的产生，哪来的六阳呢？阴也是这样的。这里的一阳和六阳都是《易经》的卦爻，原来假如都是六个阴爻，那么它先变了一个阳爻，然后逐渐它再变成两个阳爻、三个阳爻，等等。没有这一阳，其他五阳也不能生。他讲的是这些都是渐渐地在变，渐渐地化育万物。**惟其渐，所以便有个发端处；**因为它是渐渐地，所以万事万物便有个发端处，有根，有源头。**惟其有个发端处，所以生；**正因为有了开端的根，所以才能生发。**惟其生，所以不息。**正是由于有了生发，所以才会不止不息。**譬之木，其始抽芽，便是木之生意发端处；**比如一棵树木，它刚开始抽芽，这便是树的生命的发端处，开始处。**抽芽然后发干，发干然后生枝生叶，然后是生生不息。**抽芽然后长出树干，长出树干然后生长枝叶，然后是生生不息。**若无芽，何以有干有枝叶？**如果没有发芽，哪里会有树干枝叶？**能抽芽，必是下面有个根在。**之所以能够发芽，一定是下面有树根在。**有根方生，无根便死。无根何从抽芽？**有了根基才能存活，没有根基就会死掉。没有根基从哪抽芽呢？**父子兄弟之爱，便是人心生意发端处，如木之抽芽。**父子兄弟间的关爱，就是人心生长的开端，就如同树木的抽芽。**自此而仁民，而爱物，便是发干生枝生叶**。从这里开始爱人民，而爱万物，这便是生发了树干、生发了枝叶。**墨氏兼爱无差等，将自家父子兄弟与途人一般看，便自没了发端处**；墨子主张兼爱没有差别，就是将自己的父子兄弟与路人一样看待，这便没有了根基，没有了发端处。**不抽芽便知得他无根，便不是生生不息，安得谓之仁**？不能抽芽就知道他没有根基，便不是生生不息，哪里能称之为仁德呢？**孝弟为仁之本，却是仁理从里面发生出来**。"孝悌之心是仁德的根本，仁德的道理却是从心里向外生发的。王阳明的论述逻辑性很强。他从树讲起，万事万物如果没有发端处、如果没有根，就不能长久。就像人与人之间的关系，如果丢掉父子君臣，就没有了情感的根。如果没有人与人之间仁爱的关系，那就像七八月的水，涨了一阵子，过后就没了。所以他提出人的修养要有个"渐"，渐渐地抽芽、长出枝叶，形成大树干，然后枝繁叶茂。要是没有这个芽，没有这个根，那何从有树干的发育、枝叶的繁茂？所以他说墨子的兼爱，把自己的父母和别人都等同一样地来对待，没有任何区别，就是没有孝悌忠信的这个根，没有这个根的情感是不会持久的。所以王阳明认为墨子的"兼爱"不是仁爱，儒家的仁爱是有根的仁爱。

九四

问："延平云：'当理而无私心。''当理'与'无私心'如何分别？"薛侃问，李延平说，合理而没有私心。那么合理和没有私心是如何区别的呢？

先生曰："心即理也，'无私心'即是'当理'，未'当理'便是私心。若析心与理言之，恐亦未善。"先生说，人心就是天理。没有私心就是合乎天理，不合乎天理就是私心。如果把人心和天理分开来讲，恐怕不妥。心和理是一体，心就是理。当然这是指正心，正心就是理；邪心、偏心就不是理。

又问："释氏于世间一切情欲之私都不染着，似无私心。但外弃人伦，却似未'当理'。"薛侃又问，释迦牟尼对于人世间的一切情欲私心都不沾染，这好像没私心。但是对外抛弃人伦，似乎是不合天理。这句问得有深度！从佛教来讲，一切情欲都不沾染，这好像没有私心。但是出家了，也不照顾父母了，这好像又不合理。怎么理解呢？

曰："亦只是一统事，都只是成就他一个私己的心。"先生说，这都是一类事，都只是成就他一个自私自利的心。他在情上无私，在欲上也不欲，这些事都是一统在内，成就他一个私心。这都是他的私心，只有那样做，才能弃人伦。

九五

侃问："持志如心痛，一心在痛上，安有工夫说闲话，管闲事。"薛侃问，坚持自己的志向就如同心痛，一心想着痛苦，一心想着志向，哪有工夫说闲话啊？哪有工夫管闲事呢？

先生曰："初学工夫，如此用亦好；但要使知'出入无时，莫知其乡'。心之神明，原是如此，工夫方有着落。先生说，刚开始学做功夫，想这样做也很好；但是必须明白内心易变，无法掌控，很难把它定在某处，也不知道它去何方向。只有认识到心中的神明原本如此，所以功夫才有着落。"出入无时"，"出入"两字，"出"是放，放心、放纵；"入"是敛，收敛的敛。"无时"，是不知道什么时候。我们无论修养到什么时候，良心都不要放，要敛住。"莫知其乡"，就是莫知其驱向何方。良心往哪个方向跑了不容易知道，但是有修养的人要知道。如果内心的修养到了一定程度，知道良心跑了，也知道怎么找回来，功夫就下到这上面。**若只死死守着，恐于工夫上又发病。"** 若只是死守志向，恐怕在用功上又会犯错误。守着一个志，我一定要做个好人，我要做个圣人，我要做个一尘不染的人，心里想着这个，但心跑了都不知道。只是知道坚持志向，坚持理想，要达到什么，要做个什么人。这就叫空守，守了个空壳。

九六

　　侃问："**专涵养而不务讲求，将认欲作理，则如之何？"** 薛侃问，专一涵养，集中精力地涵养自己，而不致力于讲求，不注重辨别，可能将要把私欲看作天理，那怎么办啊？

　　先生曰："人须是知学。讲求亦只是涵养，不讲求只是涵养之志不切。" 先生说，人必须要知道怎样学。讲求辨别也只是讲求涵养的功夫。不讲求辨别也只是涵养的心志不真切。就像说"善念发而知之，而充之；恶念发而知之，而遏之"。"讲求"就是辨别，辨别之后再去落实。"不讲求只是涵养之志不切"，要不辨别就是涵养之志不真切。好的、坏的，积极的、消极的，混在一起不辨别，那在修养志向上来讲就不切实际、不落地、不真切。

曰：“何谓知学？”薛侃问，老师什么叫知学？

曰：“且道为何而学？学个甚？”先生说，那么你先说说为什么而学？学些什么？

曰：“尝闻先生教，学是学存天理。薛侃说，曾听先生的教诲，求学就是学习存养天理。心之本体即是天理，体认天理只要自心地无私意。”心的本体就是天理，自己的心要无私才能体会认知天理。

曰：“如此则只须克去私意便是，又愁甚理欲不明？”先生说，既然这样，那么只需要克制住自己的私欲就行了，又愁什么天理与私欲分不清楚呢？

曰：“正恐这些私意认不真。”薛侃说，正是怕这些私意认不真切。

曰：“总是志未切。志切，目视耳听皆在此，安有认不真的道理？先生说，那终究还是你的涵养心志不够真切。如果心志真切，目视耳听的就都在这了，哪有认不真切的道理呢？‘是非之心人皆有之’，不假外求。辨别是非的能力人人都有，不需要向外去求。讲求亦只是体当自心所见，不成去心外别有个见。”辨别探求也只是体会辨别你自己心里的见解，不是到心外再去另求个其他的见解。就是在内心里对所见所知要有个讲求，有个辨别。

九七

先生问在坐之友：“比来工夫何似？”先生问在座的学友，近日以来学习的功夫怎么样？

一友举虚明意思。一个学友举清虚明亮作比喻。虚明就是庄子的"虚室生白"的意思，这个学友讲的是道家思想，"虚空而明"。

先生曰："此是说光景。"先生说，这是说空话、玄话，走形式。

一友叙今昔异同。一个学友讲述学之前和学之后的异同。

先生曰："此是说效验。"先生说，你这是说效果。讲学习之后自己如何作为，等等。就有点像打快拳，求效果，想要立竿见影。

二友惘然，请是。这两个学友听到老师的批评之后，就很糊涂了，就迷惑了，请老师指正。

先生曰："吾辈今日用功，只是要为善之心真切。先生说，我们现在的学习用功，就是要使我们的良心更真切。**此心真切，见善即迁，有过即改，方是真切工夫。**如果为善的心真切了，见到善我就朝着善去，见着错我就改掉，这才是真正切实的功夫。**如此则人欲日消，天理日明。**如此作为，那么私欲就一天比一天削减，天理一天比一天明朗。所以我们做学问是为什么呢？都是为了良心一天比一天真，一天比一天亮。"见善即迁，有过即改"，这才是真切的功夫。**若只管求光景，说效验，却是助长外驰病痛，不是工夫。"**如果只管求空话、走形式，说效验，说自己的成就，那就是助长向外求的毛病，不是真正的功夫了。孟子说，"必有事焉，而勿正，心勿忘，勿助长也"。天天有这个志向、这个目标，学善、学好，还不要有框。不是一定要达到什么程度，这是"而勿正"；一定不要忘了它，天天得有事，有这个努力的目标，这是"心勿忘"；不要拔苗助长，没到那个程度，不要硬说到了那个程度，这是"勿助长"。王阳明反对的这些在今天仍然是要反对的。走形式，说空话，只讲求见效，只求立竿见影，这些东西都是过分的虚空，王阳明是反对的，认为这不是功夫。

九八

朋友观书，多有摘议晦庵者。有些朋友、学友们看书，有许多人指责抨击朱熹。

先生曰："是有心求异即不是。先生说，这是故意挑毛病，是不对的。**吾说与晦庵时有不同者，为入门下手处有毫厘千里之分，不得不辩。**我的学说和朱熹有时有不同之处，就是在学习理论入门的地方有着失之毫厘，谬以千里的区别，不得不分辨清楚。比如说，"大学之道，在明明德，在亲民，在止于至善"。这个入门地方有分歧。**然吾之心与晦庵之心未尝异也。**然而我的思想和朱熹的思想从未有过不同。**若其余文义解得明当处，如何动得一字？"**就像朱熹先生的其他文义解得很恰当，怎么能动得了一字啊？那是很高明的，很严谨的。别以为我和朱熹在学道的入手处有一些分歧，你们就那样讲朱熹，是不可以的。王阳明在这明确了和朱熹的区别，只是在学道的入门下手处，别的地方没有分歧，朱熹高明的地方很多。在这个问题上，王阳明体现了圣贤大家的风范。他们的不同是，比如朱熹认为格尽天下万事万物，是你要多学习、多了解，万事万物都有要学习的知识。王阳明说"格物"不是那么回事，格物主要在格自己的思想。"格己心之非"，格自己不正以归于正。心正了，看什么都正啊！你要是个有良心的人，对别人的优点、缺点，看什么都能理解别人；如果自己思想不端正，把人家对的看成非的，把人家非的看成正的，这样对万事万物都会有偏颇。再有不同就是，比如《大学》的"在亲民"，朱熹认为这个"亲民"是"新民"，他就把过去的本子改成"新民"，而王阳明论证应该是"亲民"。当然，这个"亲"和"新"字写误了的可能也是有的。真正的亲民就得化育人民，去恶从善，不要轻易杀戮，教育他的目的是为了保护他呀，这个就叫亲民。犯了错误再使他变回来，这叫新民，也是保护人的。保护人本身是最好的亲民，你亲他就得爱他，爱他就使他不犯法呀。孔子讲，"听讼，吾犹人也，必也使无讼乎"。听审理犯人的案件，评判有罪没罪的这个能力我和大家是一样，可我一生努力的是，没有狱讼案件，没有犯法的，没有告状的，要在基础上把犯罪的因素"化"了，争讼的因素也就"化"了。所以孔子的教育理念是要从根儿上解决这个问题。

九九

希渊问："圣人可学而至，然伯夷、伊尹于孔子才力终不同，其同谓之圣者安在？" 蔡希渊问，圣人的境界是可以通过学习而达到的，然而伯夷、伊尹比之于孔子，他们的才力终究是不一样的，却为什么同样称之为圣人呢？伯夷是圣人，孔子也是圣人，那他们之间差多少呢？

先生曰："圣人之所以为圣，只是其心纯乎天理，而无人欲之杂。 先生说，圣人之所以是圣人，就因为他的内心纯是天理，而没有人的私欲交杂在天理之中。**犹精金之所以为精，但以其成色足而无铜铅之杂也。** 犹如精金之所以是精金，就是因为它的成色足而没有锡、铅、铜、铁这些杂质。**人到纯乎天理方是圣，金到足色方是精。** 人到了纯粹是天理的程度才会成为圣人，金到了赤足的程度才是精金。**然圣人之才力亦有大小不同，犹金之分两**

有轻重。然而圣人的才力也有大小的不同，就像精金的分量也有轻有重。**尧、舜犹万镒，文王、孔子犹九千镒，禹、汤、武王犹七八千镒，伯夷、伊尹犹四五千镒。** 尧、舜如同是万镒的金，文王、孔子如同九千镒的金，夏禹、商汤、周武王如同七八千镒的金，伯夷、伊尹如同四五千镒的金。**才力不同而纯乎天理则同，皆可谓之圣人。** 虽然才力不同，然而纯乎天理的程度是一样的，所以都可以称之为圣人。**犹分两虽不同，而足色则同，皆可谓之精金。** 就像分量虽不同，但赤足的成色相同，都可以称之为精金。**以五千镒者而入于万镒之中，其足色同也；** 将五千镒金放入到万镒金之中，它们赤足的成色是相同的；**以夷、尹而厕之尧、孔之间，其纯乎天理同也。** 就将伯夷、伊尹放到与尧帝、孔子一起，他们纯乎天理的程度也是一样的。**盖所以为精金者，在足色而不在分两；所以为圣者，在纯乎天理而不在才力也。** 因此，之所以能成为精金，是在于赤足的成色而不在于分量上；之所以成为圣人，是在于纯乎天理的程度而不在于才力的大小上。**故虽凡人而肯为学，使此心纯乎天理，则亦可为圣人；** 所以普通人、平凡人只要努力学习，使得自己的内心纯乎天理，那也可以成为圣人。成为圣人的标准就是"此心纯乎天理"。**犹一两之金比之万镒，分两虽悬绝，而其到足色处可以无愧。** 就像一两重的金子与万镒的金子相比，虽然分量上相差悬殊，而它们赤足成色上是毫不逊色的。**故曰'人皆可以为尧、舜'者以此。** 人人都可以成为尧、舜的根据是从这来的。从这个意义上来讲，人皆可以为尧、舜。**学者学圣人，不过是去人欲而存天理耳，犹炼金而求其足色。** 所以后世的学者学习圣人，只不过就是要去掉私欲，而存养天理罢了，就像炼金只求它的赤足成色一样。**金之成色所争不多，则煅炼之工省而功易成，成色愈下则煅炼愈难**。原来这金子的成色虽然不纯，但是那些杂的东西少，锻炼它的功夫就会省，而且容易炼成精金；如果成色杂质愈多，那么锻炼成精金就愈难。**人之气质清浊粹驳，有中人以上，中人以下，其于道有生知安行，学知利行，其下者必须人一己百，人十己千，及其成功则一**。平常人的气质清澈浑浊，驳然不一，有中上等人和中下等人之分。于行道而言，有生知安行的和学知利行的。天资一般的人必须别人一分努力，自己百分努力；别人十分努力，自己千分努力，最后取得的成就是一样的，最后的成功都是一样的。这很有道理，进步不分早晚。**后世不知作圣之本是纯乎天理，却专去知识才能上求圣人**。后世的读书人不知道成为圣人的根本就在于纯乎天理，却要去专求知识才能成为圣人。**以为圣人无所不知，无所不能，我须是将圣人许多知识才能逐一理会始得**。以为圣人就是无所不知、无所不能的，我只要把圣人的许许多多本领都逐一地学会才行。**故不务去天理上着工夫，徒弊精竭力，从册子上钻研，名物上考索，形迹上比拟，知识愈广而人欲愈滋，才力愈多而天理愈蔽**。所以他不尽心竭力地在天理上下功夫，只是耗尽精力，在书本上钻研，名物上考证，行为举止上模拟，知识越多而人欲就愈滋生，而才力越高则天理就越发被蒙蔽了。这就有些知识越多越反动的味道了，所以学道是很重要的。**正如见人有万镒精金，不务煅炼成色，求无愧于彼之精纯，而乃妄希分两，务同彼之万镒，锡、铅、铜、铁杂然而投，分两愈增而成色愈下，既其梢末，无复有金矣。**"正像看人家有万镒的精金，不去努力锻炼达到精的那个成色，不去求相比之他人的精纯而无愧，而只是妄想在分量上比较，想要在分量上同别人的万镒相比较，这样就把锡、铅、铜、铁都混杂投进去冶炼了。分量上愈增加，然而成色就会愈低下，等炼到最后，就不再有金子了。炼来炼去，追求来追求去，到最后，就没有金子了，就是假的了。

时日仁在傍，日："先生此喻足以破世儒支离之惑，大有功于后学。"这时候徐爱在一旁，他说，先生您的这个比喻足以打破社会上这些普通的读书人在认识上的混乱和误解，对于后世学者功莫大焉。

先生又日："吾辈用功只求日减，不求日增。减得一分人欲，便是复得一分天理。先生又说，我们天天学习只是为了每日逐渐减少私欲，不求每日逐渐增加什么。每减少一分私欲，就能复得一分天理。这坏的思想一天少一点，一天少一点，这比什么都强，不满足的地方一天天减少，抱怨别人的地方一天天减少，最后看到的都是别人的长处和优点。就像王畿说，看街上都是圣人，王阳明说，那你就是圣人了。**何等轻快脱洒！何等简易！"**那是多么轻快洒脱之事！是何等简单便宜之事啊！

一〇〇

士德问日："格物之说，如先生所教，明白简易，人人见得。文公聪明绝世，于此反有未审，何也？"杨士德问，格物的学说，就像先生所教，简易明白，人人都能懂。朱子那么聪明绝世，他对于格物之说反而有不明确的地方，为什么呢？杨骥，字士德，广东潮州人，也是王阳明的学生。他提出的问题很尖锐，难道说朱熹糊涂吗？你这么讲我们认为是对的，但是朱熹那么明白的人怎么会不知道呢？

先生曰："文公精神气魄大，是他早年合下便要继往开来，故一向只就考索著述上用功。先生说，朱子的精神气魄非常宏大，他早年就计划要继往开来，有所担当，所以他一向只是在考索著述上下功夫。王阳明这么解释，一是要先维护朱熹的地位；二是这个问题实质上不好解释，不好回答。所以他说朱熹有大的担当，他研究著述考证，文公精神气魄很大呀。**若先切己自修，自然不暇及此。**如果他先是切合自身而修为的话，他自然就无暇顾及这些。王阳明是这么解释的，如果他也像我们这样自修，那他也考索不了那么多的古籍，那么多的著述。**到得德盛后，果忧道之不明，如孔子退修六籍，删繁就简，开示来学，亦大段不费其考索。**等到他德性盛大之后，果然开始忧虑道行的晦暗不明，就像孔子退而修订六经，删繁就简，以开导启示后来学者，也大概不再需要什么考证索隐了。如果他不去考索先自修的话，自然就没有工夫搞这些著述。王阳明把孔子删述六经，理解为开示来学，是为了未来学者更好地进学，求纯乎天理，不误庞杂，使得道的核心思想突出、鲜明。原六经有杂芜处，不合天理者则删除之，经书简而真，方易于守住天理。**文公早岁便著许多书，晚年方悔是倒做了。"**朱子早年就著述了许多书籍，晚年的时候才后悔把功夫倒做了。王阳明认为，如果朱熹先在自我修养上、在内心下功夫，修养到功夫成熟、德盛之后，再像孔子这样删述六经，开示来学，这样成就会更大。他力争不批评朱熹，肯定朱熹的能力和修养。但肯定的同时，也指出了朱熹的功课做颠倒了。古人认为对年轻人施教，首先就是学道，学做人之道，学做事之道，学人与人之间相处、相交之道。这个道学完了，你再学什么都不会走岔道，学什么东西都会给道服务，都由这个道来统摄。所以从这个意义上来讲，王阳明更强调有一个统摄人生之道，这比朱熹更鲜明。朱熹也不是没有道，他编四书本身就是为了传道。但是王阳明更鲜明地强调，有了道，然后再学艺能，再去研究艺能，再去传播艺能。

士德曰："晚年之悔，如谓：'向来定本之悟。'又谓：'虽读得书，何益于吾事？'又谓：'此与守书籍，泥言语，全无交涉。'是他到此方悔从前用功之错，方去切己自修矣。" 士德说，文公晚年确有后悔之处，就像说"向来定本之悟"，又说"虽然读了书，然而对于提升自己没有什么益处"，又说"这与死守书本，拘泥于语言文字，完全没有关系的"。这是他到了彼时才后悔之前他用错了功夫，才开始切合自己地进行修养。朱熹在编撰四书时，对《大学》一书做了一些修改。别的方面，朱熹一直是个老老实实的、忠心耿耿的人，是国家的忠臣，也是学子的好老师，是肯干而不谋利、不谋官的人。但是他研究四书，把《大学》就给改了，胆子有点儿大！平心而论，他比王阳明更实在。在用兵之道上，外人评价王阳明有诈术，这个是有的。但在军事上有诈术，也不能说他的人就狡诈。他是为了国家大局。就像诸葛亮七擒孟获的前前后后也有诈术，那也不能影响他的形象。但他和朱熹比较而言，朱熹是一个更纯粹一点的读书人和传承人。在朱熹对《大学》原本进行修改这一点上，王阳明认为他不应该把古籍给改了。朱熹调整了《大学》的一些段落位置，补了一些内容，这就有点唐突了。关于这个事，他到了老年认为有点不妥。但通过这个事大概也可以说明，自古流传的典籍是可靠的。

曰:"然。**此是文公不可及处**。先生说,是这样。这是朱文公别人所不可及之处。他错了,发现了,就悔错。**他力量大,一悔便转,可惜不久即去世,平日许多错处皆不及改正。**"他的力量大,一旦悔悟就能转变,可惜在那不久之后他就去世了,平日里的许多错处都没有来得及改正。

一〇一

侃去花间草,因曰:"天地间何善难培、恶难去?"薛侃在去除掉花间杂草,因有感而问,天地之间为什么善难以培养,恶难以除去呢?

先生曰:"未培未去耳。"先生说,你是未培养,也没有彻底清除罢了。王阳明的意思是,你真培植了就有善,真去了就无恶。你没有真培、没有真去,所以就觉得善难培,恶难去。

少间,曰:"此等看善恶,皆从躯壳起念,便会错。"过了一会儿,先生又说,这样看待善恶,都是从身体外在起念,那便是错的。

侃未达。薛侃没明白。

曰:"**天地生意,花草一般,何曾有善恶之分?**先生说,天地生万物,花草都一样,哪里有善恶之分呢?**子欲观花,则以花为善,以草为恶;如欲用草时,复以草为善矣。**如果你想要观花,就会以为花是善的,草是恶的;想要用草的时候,你就又会认为草是善的了。**此等善恶,皆由汝心好恶所生,故知是错。**"这样的善恶，都是由你内心的好恶产生的，所以知道是错的。"汝心好恶所生"，你思想里有个固定的好、恶。这就是偏，思想偏，自身就是偏的。

曰："然则无善无恶乎？"薛侃又问，那么就无善无恶了吗？

曰："**无善无恶者理之静，有善有恶者气之动。不动于气，即无善无恶，是谓至善。**"先生说，无善无恶是天理的宁静，有善有恶是气的变动。那么气不变动，就是无善无恶，这就叫作至善。这个也就是"喜怒哀乐之未发"。

曰："**佛氏亦无善无恶，何以异？**"薛侃又问，佛家也是主张无善无恶，这有什么不同呢？

曰："**佛氏着在无善无恶上，便一切都不管，不可以治天下**。先生说，佛教仅是着眼于无善无恶上，其他的一切都不管，那是不可以治理天下的。**圣人无善无恶，只是'无有作好'，'无有作恶'，不动于气**。圣人的无善无恶，只是没有刻意地为好，也没有刻意地为恶，气上不动摇。**然'遵王之道'，'会其有极'，便自'一循天理'，便有个'裁成辅相'。**"然而遵从王道而行，君王聚合诸侯臣民，有其准则，便自然就会遵循天理，便就有筹谋已成辅佐相助之意。"会其有极，归其有极"是《尚书·洪范》中的话，"无有作好，遵王之道；无有作恶，遵王之路。无偏无党，王道荡荡；无党无偏，王道平平；无反无侧，王道正直。会其有极，归其有极"。这个"极"是法则、标准。"谓君王聚合诸侯臣民，有其准则；诸侯臣民归顺君王，亦有其准则。""裁成辅相"是《易经》泰卦的象辞，"裁成"即筹谋已成，"辅相"是辅佐相助。佛说的无善无恶，那是绝对的无善无恶；儒家的无善无恶是没有偏好的，不是偏恶，也不是偏好，是中正。《论语》里讲到，对待恶人不能够以德相报，也没说以恶相报，而是以直相报。孔子说得非常好，若以德报怨，那何以报德啊？所以是"以直报怨，以德报德"。这就是儒家和佛最关键的区别。他进一步讲，"圣人无善无恶，只是'无有作好'，'无有作恶'，不动于气"。我遵王之道而行，我还按照法度、准则，这自然就一循天理了。"便有个'裁成辅相'"，那么按天理办事了，都能有个裁成辅相使之然，多方面地促成他一循天理。

日："**草既非恶，即草不宜去矣。**"薛侃说，草既然不一定是恶的，那草就不应该去除了。

日："**如此却是佛、老意见。草若有碍，何妨汝去？**"先生说，这样又是佛教、道教的意见。草如果对你有所妨碍，你为什么不去除呢？草长在这个地方，如果它影响了苗的生长，影响了菜蔬的生长，那就应该去掉。

日："**如此又是作好作恶。**"薛侃说，如此这样做，不又是刻意为善，刻意为恶了嘛。那这样做不又是偏了吗？

日："**不作好恶，非是全无好恶，却是无知觉的人。**先生说，不刻意为善或为恶，不是完全没有好和恶。如果没有好恶，那就是没有知觉的人了。**谓之不作者，只是好恶一循于理，不去又着一分意思。**称它为不刻意为之，只是好和恶都要循着天理，不必再去刻意地增一分意思。这个"不着"就是不死死记着草是坏的东西，不管它长到哪儿，遇到它就把它拔掉。这里比喻的是人。你觉得这个人是坏人他就永远是坏人，这就叫"着意"。他也可能改造好了，他也可能做了好事。**如此，即是不曾好恶一般。**"这样的话，就是不曾有过好恶一样。没有什么鲜明的好和恶，例如要养花，我就培育花，草碍事自然就把它拔掉了，也没什么好和恶的问题，就是很自然。

曰："去草如何是一循于理，不着意思？"薛侃说，把草除掉，怎么就自然地按照天理，就不着意思呢？

曰："**草有妨碍，理亦宜去，去之而已**。先生说，草如果有妨碍，从理上讲也应该去除，那就去除罢了。**偶未即去，亦不累心**。偶尔没有及时去除掉，也不用当成心中的累赘。**若着了一分意思，即心体便有贻累，便有许多动气处**。"如果在心里着意了一分意思，那么心就会被拖累，就会有许多的动用气的地方。王阳明说，草要是有妨碍，从道理上来讲，就应该把它除掉，去之而已。偶有疏漏，有的草没有除掉，也不用放到心上念念不忘，如果着了意，心体上便有了贻累，便有了许多动气处，一动气就偏了。

曰："**然则善恶全不在物？**"薛侃说，那么善恶全然不在物上了？

曰："**只在汝心。循理便是善，动气便是恶**。"先生说，只在于你的内心，循天理就是善，动摇了气就是恶。

曰："**毕竟物无善恶**。"薛侃说，毕竟物是没有善恶的。

曰："**在心如此，在物亦然**。先生说，在心里是这样的，在物上也是如此。**世儒惟不知此，舍心逐物，将格物之学错看了，终日驰求于外，只做得个义袭而取，终身行不著，习不察**。"后世的儒者不懂这个道理，舍去本心而放逐物，将格物的学问看错了，终日向外探求，只做到了偶然行义的光景，一辈子践行不落地，习以为常的事物也不省察。王阳明认为，在心如此，在物亦然。世儒们只知道研究物，不研究心，将格物之学错看了。去研究物，不研究己心之非，所以看不准，看错。总去研究外在的事物，不研究自己良心，只做得个"义袭而取"。"义袭而取"是孟子话的变换，就是心血来潮就学一阵子，过后便罢。于是，"终身行不着，习不察"。这也是《孟子》里的话，说百姓"行之而不著焉，习矣而不察焉，终身由之而不知其道者，众也"。终身都知道孝敬父母、友爱兄弟，做的时候也不太认真，也不显着，重复做的时候也不觉察，这就是普通百姓。但作为修道者，像普通百姓这样还不够。所以王阳明说，"终身行不着，习不察"，是不可以的。

曰："'**如好好色，如恶恶臭**'，则如何？"薛侃说，"如好好色，如恶恶臭"，又当如何理解？那么老师你说"行不著，习不察"，那像好好色那样，像反对恶臭那样，倒是很认真，怎么理解？

曰："**此正是一循于理。是天理合如此，本无私意作好作恶。**"先生说，这正是循天理而为。正是天理本当如此，本来就没有刻意为善为恶的私心在。这是自然的，就是他好好色，他恶恶臭，这个是自然的本性。

曰："'**如好好色，如恶恶臭**'，安得非意？"薛侃问，"如好好色，如恶恶臭"，怎么就知道没有刻意的私意在呢？

曰："**却是诚意，不是私意。诚意只是循天理。**先生说，这只有诚意，没有私意。诚意只是循着天理而为。**虽是循天理，亦着不得一分意，故有所忿懥好乐则不得其正，须是廓然大公，方是心之本体**。既然是循着天理而为，就不能刻意地加上一分私意，所以要是有所愤怒好乐等情绪，就不能得到正确的、恰如其分的处置。一定要有廓然大公的胸怀，那才是心的本体。**知此即知未发之中。**"知道这个道理，就知道了"未发之中"。这又回到《中庸》上来，"喜怒哀乐之未发，谓之中"。王阳明解释说"如好好色，如恶恶臭"，这就是诚意，诚意就是天道自然，是怎么回事就是怎么回事，不是私意。诚意只是循天理，虽然是循天理，也着不得一分意，你不能刻意加上私意，不能极端。所以你有所忿忿然，你的心有不公平，你有特殊的喜好、特殊的反对，心不得其正。怎么才得其正？必须是廓然大公，得大公，得无私。"方是心之本体"，明白这个问题，就知道"未发之中"是怎么回事了。所以这样看，这个"未发之中"不是什么事都没产生，不是喜怒哀乐都没产生，强调是未发。在未发时，有什么不中的他要调整，在内心中调整，调整这个过程以达到中。

伯生曰："先生云：'草有妨碍，理亦宜去。'缘何又是躯壳起念？"孟源问，老师说，如果草有妨碍，按理就应该去除掉。那为什么又是从身体外在起念头呢？孟源，字伯生。

曰："此须汝心自体当。先生说，这需要你自己心里去体会认识，你自己去掂量掂量。汝要去草，是甚么心？周茂叔窗前草不除，是甚么心？"你要去除草，是什么心思？周茂叔不除掉窗前草，又是什么心思？如果你很自然地把花间的草拔掉，这就是廓然大公，没有私心，就不是躯壳之念，是大公之念；如果你去除草，是因为你先有个偏，认为草就是坏的，因而有了这个私意，它不管长到了什么地方，你就是要除掉。这是你躯壳的心，就是你的私心。草自生长，不碍人事，为何先存个定念，草必除之？实际是比喻人。主导思想是立志于道，立志于诚，立志于善，不能立志于谁必须如何，谁必须怎么样。先立志于道，立志于善，立志于诚，遇到什么事应该怎么办就怎么办了，自然怎么办就怎么办了，这样都会合乎天理、天道的。

先生谓学者曰："**为学须得个头脑，工夫方有着落。**先生对学生说，做学问得有个主导思想，就是志，就是道。所下的功夫才有方向和原则。**纵未能无间，如舟之有舵，一提便醒。**纵然不能没有问题，就像船有了舵一样，关键时刻一提便能明白。为学得有一个主导思想，有个纲，或者说立个志，功夫才有个着落。纵使不能一点儿问题都没有，但就像舟有舵一样，遇到问题，舵一摆就能改变，一提便醒。**不然，虽从事于学，只做个义袭而取，只是行不著，习不察，非大本达道也。**"不然的话，虽然是在做学问，但也只是做了个"义袭而取"，只是行动而不显著，日习而不省察，并非是学习的根本和通达之道啊。做得不扎实，学得不深刻，最后也不是中和大本达道，不是中和之道。**又曰："见得时，横说竖说皆是。若于此处通，彼处不通，只是未见得。"**先生又说，懂得、明白的时候，把这事弄透了，横说竖说都对，怎么说都能说通。如果说在此处通了，在彼处不通，那还只是没有弄明白道理。

或问为学以亲故，不免业举之累。有人问，做学问、修养这个事，因为亲人，特别是父母的原因，不免就受到科举考试的拖累。父母督促，期望很大，为了考中进士，这份罪累不容易摆脱，有的考了很多年。

先生曰："**以亲之故而业举，为累于学，则治田以养其亲**

者亦有累于学乎？先生说，因父母的逼迫去读书完成举业，妨碍了做学问，那么就种地以养自己的父母，也是妨碍做学问吗？也有累于学吗？**先正云：'惟患夺志。'但恐为学之志不真切耳。"** 程颐曾说，学者、仁人、为官者最怕的是夺志。只怕自己做学问的志向不够真切罢了。这话很有道理。怕的是夺志，志向丢了，志被夺去、被影响了。怕的是为学之志、修道之志不真切，为志不坚。说业举影响你修道，那你去种地养亲。种地养亲就不累了吗？干别的就不累了吗？人要生存，要存在，就都得涉世。涉世就有繁杂的各种事件来袭扰你。所以总结起来，"惟患夺志"，如果不夺志，什么工作都拖累不了你。一边干着累的事，一边心里拨正。始终拨正自己心里的指南针，往良知上拨。越拨良知，做这个事就越轻松，越看得淡然，越不会犯错误，就不累了。王阳明的理论，都有很多具体事例做支撑。

一〇四

崇一问："**寻常意思多忙，有事固忙。无事亦忙，何也？"** 欧阳德，字崇一。崇一问，平时觉得思绪忙乱，有事的时候固然很忙，没事的时候也忙。这是为什么啊？这本身也是一个问题，总觉得自己做的事好像都重要，就怎么都觉得忙。

先生曰："**天地气机，元无一息之停。** 先生说，天地间万物生气勃勃，原本没有一刻的停息。《尚书》中有"璇玑玉衡"，有一种说法是，"璇玑"是观察日月星辰的仪器。后来有"天机不得泄露"，这个"机"事实上跟原来的这个"玑"的含义是有关系的。这里讲的"天地气机"的这个"机"就是很神秘的。**然有个主宰，故不先不后，不急不缓，虽千变万化，而主宰常定，人得此而生。**然而一定有个主宰，所以能不先不后，不急不缓，虽然有着千变万化，然而主宰是恒定的，人顺应着主宰而生活。**若主宰定时，与天运一般不息，虽酬酢万变，常是从容自在，所谓'天君泰然，百体从令'。**就像这个主宰安定之时，也同天地运行一样不会停息，虽然应对的做法千变万化，却也是从容自在，这就是所谓"天君泰然，百体从令"。"天君泰然，百体从令"是一句古谚语，指心安定了，身体的各个部位也就都协调一致了。**若无主宰，便只是这气奔放，如何不忙？"**如果没有了这个主宰，那便只是这种气息在体内四处奔流，怎么能不忙呢？说到底就是心定，心定而后神闲。不管有多少事，一天如何忙，照样能闲庭信步。

一〇五

先生曰："为学大病在好名。"先生说，做学问、修养的最大毛病在于好虚名。所有的急、躁都体现在追求自己的名声上。做学问，没到那个火候，还急于发表，是个普遍的问题。这种好名、好利的心境决定了草率的行为。所以做学问好名是很麻烦的事，很难去除。

侃曰："从前岁自谓此病已轻，比来精察，乃知全未，岂必务外为人？薛侃说，从前年以来，我自认为这个毛病已经都轻了，最近仔细省察，才知道我这个毛病还没有完全去除。哪能是一定要对外努力，叫别人肯定，叫别人表扬我呢？**只闻誉而喜，闻毁而闷，即是此病发来。"**只是听到别人赞扬我就喜欢，听到诋毁的我就郁闷，这就是好名的病又发来了。被人夸奖时就沾沾自喜，完全也不考虑对方说话的出发点。遇到别人说自己的好话，还是要冷静一些。朋友之间要责善，当真人不说假话，这才是好朋友、真朋友。除了好名，有的人还好虚名。好虚名更糟糕。

曰："**最是。名与实对，务实之心重一分，则务名之心轻一分**；先生说，是这么回事。名与实相对比，务实的心思重一分，那么务虚名的心就轻一分；**全是务实之心，即全无务名之心**；如果全是务实的心思，那么就全然没有务虚名的心思；**若务实之心如饥之求食，渴之求饮，安得更有工夫好名？**"如果这颗务实的心思就像饿了寻找食物，渴了寻找饮水一样迫切，哪还有更多的时间去好虚名呢？

又曰："'**疾没世而名不称**'，'**称**'字去声读，亦'**声闻过情，君子耻之**'之意。先生又说，孔子曰"君子疾没世而名不称焉"，这个"称"字是读四声调，也有"名声超过了实际，君子人以为是耻辱"的意思。真正的君子，到临死前还怕名不副实，但是有的人到临死前还不知道自己高低深浅，还以为自己很高呢。为什么？因为大家说他高。那大家说的是真的吗？别人批评他，他就跟人家疏远了，人家怎么跟他说真话？所以君子怕的是最后名不副实啊！所以要冷静，才能活得真实。"声闻过情，君子耻之"，这是孔子、孟子都说过的话。声闻过情非君子也。如真实的修养是三寸，声闻的夸赞是八寸、九寸，君子人会感到可耻的。所以真正把"八德"中的"耻"弄透它，每个人好好品味这个"耻"，是会有大好处的。《诗经·鄘风》中说，"相鼠有皮，人而无仪。人而无仪，不死何为？"看那老鼠还有一张皮，人怎能没有那个脸皮？人要没有那个脸皮，还活个什么劲儿？"相鼠有齿，人而无止。人而无止，不死何俟？相鼠有体，人而无礼。人而无礼，胡不遄死？"《诗经·鄘风》记录的是鄘国这个小国家的采风。孔子那个时期鄘国都没了。在那么早的时候，我们的民族、我们的文化就重视知廉耻。这也是王阳明临死说的"此心光明"。所以好虚名，作假，都是不可取的。**实不称名，生犹可补，没则无及矣**。实际与声名不相符合，活着的时候尚可弥补，死了就来不及了。评上了教授却教不好书，没给学生好影响，这就是"实不称名"；"生犹可补"，我继续活下去的话，不断努力，不断提高，还可以补上；"没则无及"，假如死了，那就补不上了。**'四十五十而无闻'，是不闻道，非无声闻也**。孔子讲的"四十五十而无闻"，是指没有闻道，不是指没有声名。这是《论语》中的话，"后生可畏，焉知来者之不如今也？四十、五十而无闻焉，斯亦不足畏也已"。后生是可畏，可是你到了四十岁、五十岁你还无闻，则不足畏也已。这个"无闻"是什么呢？不是没见闻，是没闻道。到四十岁、五十岁还不懂得做人之道，还不懂得怎么做人，这辈子就完了，就结束了。王阳明强调"非无声闻"，不是没有名声！是不闻道啊！**孔子云：'是闻也，非达也。'**学生问孔子，什么叫"达"？他说，你说的那个"达"那是"闻"，不是"达"。就是在家乡有名，在一个区域里有名，孔子说这是"闻"，不是"达"。"达"，那得是在家无怨，在邦无怨，到哪做事都受到群众的欢迎，得到肯定，这叫"达"。**安肯以此望人？"**怎么会以此来看待人呢？不能以他人的声名看待他，也不能以自己的角度去看他人，要有一个公正的角度去对待他人。

一〇六

侃多悔。薛侃经常悔悟。他觉得过去有多事做得不到位。

先生曰："悔悟是去病之药，然以改之为贵。若留滞于中，则又因药发病。" 先生说，悔悟是去病的药，然而重要的在于改正，改正是难能可贵的。如果把这个悔悟的念头留滞在内心，那就会因药而生病。你没治成病，还反倒发病了。

一〇七

德章曰："闻先生以精金喻圣，以分两喻圣人之分量，以锻炼喻学者之工夫，最为深切。惟谓尧、舜为万镒，孔子为九千镒，疑未安。" 德章说，听闻先生以精金来比喻圣人，用分量的轻重来比喻人的分量程度，用锻炼来比喻学者的功夫，这是最为深刻的。只是先生说尧、舜是万镒金，孔子是九千镒金，我还有些疑惑。德章是刘德章，也是王阳明的弟子。

先生曰："此又是躯壳上起念，故替圣人争分两。 先生说，你这又是从表面上起的念头，因此才替圣人争辩分量。**若不从躯壳上起念，即尧、舜万镒不为多，孔子九千镒不为少；** 如果不是从表面上起念头，那么尧、舜的万镒之金不算多，孔子的九千镒之金不算少；**尧、舜万镒只是孔子的，孔子九千镒只是尧、舜的，原无彼我，所以谓之圣。** 尧、舜的万镒之金也只是孔子的，孔子的九千镒之金也就是尧、舜的，原本不分彼此，所以都称作圣人。**只论精一，不论多寡。** 只是论证这个金的精一程度，不在于多少。

如果你自己没有一个私念，没有一个区分的话，不把圣人按照高低来看，你也不会提出来这个问题。千镒万镒只是一个比喻，即使只有二两纯金，也叫精一之道。天理精一，那就有了圣人的素质。所以不要从私人的角度替圣人争分量。尧、舜万镒也是孔子的精一，孔子九千镒也只是尧、舜的精一。"原无彼我"，原本没有你我分量之分，精一程度是一样的。王阳明不是刻意地把圣人分成等级，而问话的人提出这个问题，是你自心里做区别了。王阳明认为八千、一万、三钱没区别，都是圣人。当然，这都是一种体悟，王阳明也说不出更多理由来。他是用这种大而论之的比喻，阐明分量不重要，精一是重要的。老师让学生别关注这些差别，这就回到他的理论上了，只论精一，不论多寡。**只要此心纯乎天理处同，便同谓之圣。**只要是内心的纯乎天理的部分相同，就都可以称之为圣人。**若是力量气魄，如何尽同得！**如果是用力气和气魄上分辨，那怎么能相同呢？这话说得好，本质上是一致的，但是力量、气魄怎么能同得呢？**后儒只在分两上较量，所以流入功利。**后世的儒者只是在分量上做比较，所以就流行于功利之心了。我利禄多少，我立功多少，那么就流入功名利禄了。**若除去了比较分两的心，各人尽着自己力量精神，只在此心纯天理上用功，即人人自有，个个圆成，便能大以成大，小以成小，不假外慕，无不具足。**如果去除了比较分量轻重的心，每个人都尽了自己的精神力量，都只在这颗内心纯乎天理上用功，那么就会人人都自有，个个都能圆满成就，便能够大的成就大的，小的成就小的，不必对外羡慕，无不完满充足。就在成色、精一上下功夫。即使是做菜农，也可以在这个行业里做到最优秀的。只要抓这个精金，抓天理精一。不讲外求，个个圆成。**此便是实实落落明善诚身的事**。这就是实实在在的明善诚身的事情。**后儒不明圣学，不知就自己心地良知良能上体认扩充，却去求知其所不知，求能其所不能，一味只是希高慕大；**后世的儒者不明白圣人学问，不知道在自己心中的良知良能上去体会认知而后扩充，却要去追求自己不知道的，追求自己不能的，一味地贪图高大，好高骛远。**不知自己是桀、纣心地，动辄要做尧、舜事业，如何做得？**不知道自己是桀、纣一样的内心，还动不动要做尧、舜一样的事业，那怎么能做到呢？**终年碌碌，至于老死，竟不知成就了个甚么，可哀也已！"**终年忙忙碌碌，直到衰老死亡，竟然也不知道最后成就了什么，可哀之至！实事求是太重要了。

<h2 style="text-align:center">一〇八</h2>

侃问："先儒以心之静为体，心之动为用，如何？"薛侃问，先儒认为心静是心的体，心动是心的作用，这么讲怎么样？

先生曰："心不可以动静为体用。先生说，心是不可以用动、静来比喻本体和作用的。**动静，时也**。动和静，是有时间性的。动静是时，不同的时，不同的环境，使之然。所以心不可以动静作为本体和作用。**即体而言，用在体，即用而言，体在用：是谓'体用一源'**。就心体而言，作用在心体上；作为用而言，心体在作用上，所以说"体用是一源的"。"体用"是不可分的。**若说静可以见其体，动可以见其用，却不妨。"**如果说静时可以看见心的本体，动的时候可以见到心体的作用，这没问题。可以这么说。

一〇九

问："上智下愚如何不可移？"薛侃问，聪明的上等人和愚笨的下等人为什么不能改变呢？这是《论语》中的话，"唯上智与下愚不移"。

先生曰："不是不可移，只是不肯移。"先生说，不是不能改变，只是不肯改变。王阳明一针见血！不是不可移，是不肯移。君子能往愚人那里移吗？愚人能往君子那里移吗？他要移就不是小人、愚人了，他是不肯移。

一一〇

问"子夏门人问交"章。薛侃问关于"子夏的门人问交友之道"这篇。

先生曰："子夏是言小子之交，子张是言成人之交。若善用之，亦俱是。"先生说，子夏说的是小孩子之间的交往；子张讲的是成年人之间的交往。如果能妥善地运用，也都是正确的。这是《论语》中的篇章，"子夏之门人小子问交于子张"。子夏的学生向子张请教，和别人交往应该注意些什么。子张曰："子夏云何？"子夏怎么说的？学生对曰，我老师说，"可者与之，其不可者拒之"。可以交，那就和他交；不可以交，就离他远点儿。子张曰："异乎吾所闻。"我从我老师那学来的，可不是这么说的，"君子尊贤而容众"，君子尊重贤人，不只是尊重贤人，还得容众。子张从孔子那听说的是，"君子尊贤而容众，嘉善而矜不能"。奖励、鼓励那些善良的、优秀的人，还要怜悯那些无能的人、穷困的人。"我之大贤与，于人何所不容？"如果自己是大贤人，对别人有什么不包容的？"我之不贤与，人将拒我，如之何其拒人也？"如果我不是个贤人，人家就不理我了，还用我不理别人吗？是大贤，就自然包容别人；不是贤人，人家就不包容我们了。孔子对两个学生传的道是两样的，一是因材施教，另一就是他看到学生当时的学习状况。哪些是主要矛盾，要针对主要矛盾加以具体指导。而王阳明又把这个事说清楚了，王阳明回答，"子夏是言小子之交"，子夏的"可者与之，其不可者拒之"，这是小子之交，这个小子是指年轻人；子张言成人之交。如果用得好，子夏、子张说的这个话，俱是圣人之道。只不过圣人是有针对性地说这个话，他们记住之后，往下传就有区别了。

———

子仁问："'学而时习之，不亦说乎'，先儒以学为效先觉之所为，如何？"子仁问，"学而时习之，不亦说乎"，先儒认为学就是效仿先知先觉者的做法，怎么理解呢？冯恩，字子仁，号南江，是上海松江人。

先生曰："学是学去人欲，存天理；从事于去人欲，存天理，则自正诸先觉，考诸古训，自下许多问辨、思索、存省、克治工夫，然不过欲去此心之人欲，存吾心之天理耳。先生说，学是学习去除掉非分的私欲，存养天理；从事的也是去掉非分的私欲，存养天理，那自然而然就能修正。"学而时习之"，"学"原指的就是学做人之道，顶多再延伸至做事之道、为官之道。王阳明，突然就讲成"去人欲，存天理"。实事求是地讲，这是转得硬了一点，从学术上没有什么过渡。但王阳明解释这个问题，有他的时代背景，以及他学道、学佛的基础，在他的学说确定之后，他这么讲也是可以的。诸多的先觉者考证古训，自然下了许多的问辨、思索、存省、克制的功夫，然而也不过就是想要去除掉私欲之心，存养自己的天理良知罢了。王阳明到了这个阶段，讲问题更集中、更根本、更抓住要害。研究来研究去，学什么？关键就应该学存天理、去人欲。学圣人之道，不管学了多少，要抓住精髓，我的致良知，我的存天理、去人欲，就是古圣先贤代代相传的那么一点滴的骨血也。**若曰效先觉之所为，则只说得学中一件事，亦似专求诸外了。**如果说到效仿先觉者的所作所为，那只是说到了学习中的一件事，也就像是专门向外求了。求之于外，对外学了，不是内心醒悟了。**'时习'者，'坐如尸'，非专习坐也，坐时习此心也；**"时习"，就像"坐如尸"，不是专门学习坐着，而是在坐着的时候修习内心。比如一说"时习者"就说"坐如尸"，习者不是专习坐呀，所以你说"坐如尸"不妥当啊。你坐的时候学的是存天理、去人欲呀。**'立如斋'，非专习立也，立时习此心也。**"立如斋"，并不是专门学习站立，而是在站立的时候也是学存天理、去人欲。**'说'是'理义之说我心'之'说'，人心本自说理义，如目本说色，耳本说声，惟为人欲所蔽所累，始有不说。**"说"是"理义之悦我心"的"悦"，人心本来就是欢喜理义的，就像眼睛喜欢颜色，耳朵喜欢声音，只是被人的私欲蒙蔽拖累，才会有不欢喜的。这是《孟子·告子上》里的话，孟子说，"理义之悦我心，犹刍豢之悦我口"。猪肉、羊肉、牛肉，我吃了感到非常好，心里非常愉悦。那么我们对"理义之悦我心"，应该就像

"刍豢之悦我口"一样的。他用这种比喻来强调理义也应该使我们喜欢。理义本来是悦人心的，但是由于有了障蔽，他就不悦了，他就喜欢物了、喜欢利了。**今人欲日去，则理义日洽浃，安得不说？"** 现在人的私欲日渐摒弃，理义就会日益融洽润泽，怎么能不高兴呢？"人欲日去"就是一天比一天地去，去的一天比一天多，则理义就一天一天地融洽广布，怎能不悦啊？这个地方是妙解，这话既合乎逻辑，情和理也能够使我们接受。我们比较容易模糊的地方，就是情理没那么融洽的时候，就感到生硬一点、牵强一点，而他从情理上使我们接受。

一一二

国英问："曾子'三省'虽切，恐是未闻'一贯'时工夫。" 国英问，曾子的"吾日三省吾身"虽然真切，但恐怕还是没有知道"吾道一以贯之"时候的功夫。陈杰，字国英。曾子的三省功夫是："为人谋而不忠乎？与朋友交而不信乎？传不习乎？"

先生曰："'一贯'是夫子见曾子未得用功之要，故告之。 先生说，"吾道一以贯之"这个道理是夫子看到曾子没有抓住用功要领，所以才教导他的。**学者果能忠恕上用功，岂不是'一贯'？** 学者如果真能在忠恕之道上用功，那不就一贯了吗？"尽己之谓忠，推己之谓恕"，"己所不欲，勿施于人"，一贯的忠恕，这就是一贯。**一如树之根本，贯如树之枝叶，未种根，何枝叶之可得？** 一个基础思想就像树的根本，始终贯彻的就是树的枝叶，没种根，哪有枝叶可言呢？**'体用一源'，体未立，用安从生？** 所谓"体用一源"，本体没有确立，作用怎么能显现出来呢？**谓'曾子于其用处，盖已随事精察而力行之，但未知其体之一'。此恐未尽。"**所以说"曾子在作用方面，已经根据实物精细明察，并身体力行，但是还没明白这个体的一，没明白根本"。这话说的恐怕不尽然。王阳明说，恐怕不都像他说的那样。因为曾子也不是说原来不清楚，孔子进一步指点他才明白"一以贯之"。是在这个切磋过程中，使他自己也有所警觉，他讲的这个三省还是属于面上的东西，根上的东西还是应该谈忠恕，谈内心的功夫，也就是天理人心。

<h1 style="text-align:center">一一三</h1>

黄诚甫问"汝与回也孰愈"章。黄诚甫问老师关于"汝与回也孰愈"这章。黄诚甫是浙江宁波人，王阳明的老乡，他的名叫黄宗明，字诚甫。《论语》中孔子问子贡，你和颜回谁更优秀一些？子贡当时就说，"赐也何敢望回？回也闻一以知十，赐也闻一以知二"。我（子贡）怎么敢与颜回师兄相比呀？他学得太好了。这时候孔子说，"弗如也，吾与女弗如也"。你是不如啊，我和你都不如他啊。

先生曰："子贡多学而识，在闻见上用功；先生说，子贡是博学而多识，他是在见闻上下功夫。这个"识"是这个"志"，后来的"志"，就是记的意思。**颜子在心地上用功；故圣人问以启之。**颜回是在内心下功夫；所以圣人以询问的方式启发子贡。颜回努力修为"克己复礼"，"非礼勿视，非礼勿听，非礼勿言，非礼勿动"，在视听言动上都考虑是否合乎礼，这是在心智上、心地上用功。聪明好学、对孔子帮助甚大的子贡，孔子知道他在心地上欠功夫，这方面不如颜回。"故圣人问以启之"，孔子问他与颜回谁更好一点，是用这个提问来启发子贡，希望他自悟。**而子贡所对又只在知见上，故圣人叹惜之，非许之也。**"而子贡的回答又只是在知识见闻上阐述，所以圣人叹惜他，而不是赞许他。子贡的回答是"回也闻一以知十，赐也闻一以知二"，孔子认为这只是表面的问题，子贡没有从内心上、内在修养上下功夫。"弗如也，吾与汝弗如也。"不是对子贡的肯定，还是有叹息、惋惜的意思，你还没有悟，还没有真正明白我的用意。在这个问题上，王阳明是更深化了一层，在境界上又提升了。王阳明的思想在受佛、道影响之后，对儒家的精神境界提升得很高。所以，我们再去讲《论语》的"汝与回也孰愈"这章的时候，首当讲清楚的还是圣人所处的那个社会背景下，他的思想，他的认识程度，而后再提出王阳明的看法。不能以王阳明的看法代替历史两千年前的看法。任何一种学说在历史长河的运行中，都会不断地发展、提升。拿儒家思想来说，从程朱理学到王阳明的这个阶段，儒学的精神境界方面就有所提升，而王阳明进一步拔高。所以有那么多的大思想家对王阳明高度肯定。张岱讲，王阳明的思想是明朝黑暗时期的一盏明灯。曾国藩认为王阳明是解除了旧风气，开辟了一代新风。抓到了人们修养的根本，使中国人的思想境界焕然一新。

一一四

"颜子不迁怒，不贰过，亦是有未发之中始能。"先生又说，颜回不迁怒于别人，不重复犯同样错误，这也是有未发之中的中道使然。内心中要将使迁怒、使贰过的东西克制住、制止住。要充实弘扬善心、善念。在这个过程中去私为公，去欲而成就天理。虽然未发，但他确定了自己的中道，这叫"喜怒哀乐之未发，谓之中"。王阳明说颜渊的不迁怒、不贰过，也就是未发之中。经过思想的搏斗，把错误的东西打败，保持了中。这样，他才能对别人不迁怒，不犯同样的错误。

<h1 style="text-align:center">一一五</h1>

"**种树者必培其根，种德者必养其心**。先生又说，种树的人一定要注重培植树的根，养德的人一定要修养自己的内心。这还是接着"喜怒哀乐之未发，谓之中"来说，得先培养"中"，然后才能不迁怒，不贰过。**欲树之长，必于始生时删其繁枝；**要想树长得好，一定要在刚开始的时候就删其繁枝；**欲德之盛，必于始学时去夫外好**。要想德性培养得盛大，那么一定就要在开始学的时候摒弃非分的爱好。一些玩好，古代有修养的人大多是反对的，赌博狎妓自不必说，养狗斗鸡之类，甚至诗词歌赋也不要去好。从小都不要好这些东西，要好学、好德、急公好义。**如外好诗文，则精神日渐漏泄在诗文上去；**就像对外在诗文的喜好，那么精神就会日渐泄漏在诗文上了。对于修德者，王阳明强调不要外好诗文，容易使得精神泄漏在诗文之类的东西上。当然王阳明本人诗词歌赋全行，那是他在四十岁以前学的东西，以后他也写了不少，就是掌控好了也不会受影响。诗词歌赋也一样体现修德，也一样培养德行，也一样传播道德。在修德未成之时，尽量要培其根，集中精力。**凡百外好皆然。**"诸多的对外喜好都是这样的。一好上，精神就会泄漏。

又曰："**我此论学是无中生有的工夫，诸公须要信得及，只是立志。**先生又说，我在此论学的是无中生有的功夫，你们一定要信，只是立志。无志的要立志。**学者一念为善之志，如树之种，但勿助勿忘，只管培植将去，自然日夜滋长，生气日完，枝叶日茂。**学者如果有一念为善的志向，就如同树的种植，但不要助长，也不要忘记，只要你坚持地培植它，自然地发芽、生根、发展，日夜滋长，勃勃生机日渐完成，枝叶日益繁茂。**树初生时，便抽繁枝，亦须刊落，然后根干能大。**树木刚刚生长的时候，便开始抽出繁多的枝叶，也需要不断地剪枝修理，然后树根树干才能壮大。**初学时亦然，故立志贵专一。**"刚开始学的时候也是这样的，所以确立志向贵在专一。

<h1 style="text-align:center">一一六</h1>

因论先生之门，某人在涵养上用功，某人在识见上用功。有时论及先生的门生，某个人在涵养内心上用功，某个人在知识见闻上用功。**先生曰："专涵养者，日见其不足；**先生说，专门涵养自己内心的人，每天都能见到自己的不足；**专识见者，日见其有余。**专门学习知识见闻的人，每天都能看到自己的收获。**日不足者，日有余矣；日有余者，日不足矣。**"每日能见到自己不足的，才能真正做到每日有余；每日都会有余的人，就会每日都不足。识见的东西我们学得再多，如果没有好的思想做统帅，没有正确的、端正的思想去统摄，也是一盘散沙。所以王阳明强调涵养，注重涵养的人，表面虽然看不出他的丰富，但实质上他天天在增长。德性上差，

思想性也越来越差了。王阳明说的和我们今天能看到的情况是一致的。学什么一定要和为什么学、为什么用、往哪用这些方面结合起来。往哪用？作为我们成年人来讲，最好的用处，也是必须的用处，那就是用到自己心上，解决自己的问题。王阳明主张还是要在涵养上多用功，识见上自然就有体现。关于这个问题，孔子说"古之学者为己，今之学者为人"。有修养的古代圣贤们，学了圣贤的书，是为了修养自己、提高自己；今天的读书人学了是为人，是为了治人，为了管理人，为了让别人怎么听从我、拥护我。

一一七

梁日孚问："居敬穷理是两事，先生以为一事，何如？"梁日孚问，居于恭敬和穷尽道理是两件事，先生却认为是一件事，为什么呢？梁日孚是广东南海人，也是王阳明的学生。

先生曰："天地间只有此一事，安有两事？先生说，天地之间只有一件事，怎么会有两件事呢？**若论万殊，礼仪三百，威仪三千，又何止两？**如果谈论到万事万物的不同，那么礼仪有三百件，威仪有三千件，又何止两件事呢？**公且道居敬是如何？穷理是如何？"**所以且请你先讲讲居敬是如何？穷尽事理又是如何？

曰："居敬是存养工夫，穷理是穷事物之理。"梁日孚说，居敬是存养的功夫，穷理是穷尽万事万物的天理。

曰："存养个甚？"先生说，存养什么？

曰："是存养此心之天理。"梁日孚说，是存养内心的天理良知。

曰："如此亦只是穷理矣。"先生说，如此存养天理也就是穷尽天理啊。

曰："且道如何穷事物之理？"梁日孚问，请老师讲讲怎么穷尽事物的天理呢？

曰："如事亲，便要穷孝之理；事君，便要穷忠之理。"先生说，就像侍奉父亲母亲，就是要穷尽孝顺的天理；侍奉君主，就要穷尽尽忠的天理。事亲、事君，要把这个理搞透，琢磨透。

曰："忠与孝之理，在君亲身上？在自己心上？若在自己心上，亦只是穷此心之理矣。且道如何是敬？"梁日孚问，尽忠与孝顺的天理，是在君主、父母亲身上，还是在自己的心上？如果是在自己的心上，也只是穷尽内心的天理。那么且说一说怎样是恭敬呢？穷理的事搞明白了，那如何是敬呢？

曰："只是主一。"先生说，就是主一。这个主一的"一"是天理，就是抓住一个天理。

"如何是主一？"先生又问，什么是主一？

曰："如读书，便一心在读书上；接事，便一心在接事上。"梁日孚说，就像读书，便一心专注在读书上；如果接待事物，便一心专注在接待上。曰："如此则饮酒，便一心在饮酒上；好色，便一心在好色上。却是逐物，成甚居敬功夫？"如果这样，那么饮酒便一心在饮酒上；好色，便一心在好色上。这却是追逐外物啊，这能成什么居敬功夫呢？日孚请问。梁日孚又请问。

曰："一者天理，主一是一心在天理上。先生说，一就是天理，主一就是一心只专注在天理上。若只知主一，不知一即是理，有事时便是逐物，无事时便是着空。如果只知道主一，但不知道一就是天理，有事的时候便是追逐外物，无事的时候就是空荡荡的，心里没有主一。**惟其有事无事，一心皆在天理上用功，所以居敬亦即是穷理。**只有不管有事没事，都一心专注在天理上用功，所以居敬也就是穷理。**就穷理专一处说，便谓之居敬；就居敬精密处说，便谓之穷理。**就穷尽天理到专一的时候就是居敬；就居敬到了精密的地方就是穷理。二者是一回事。**却不是居敬了，别有个心穷理；穷理时，别有个心居敬：名虽不同，功夫只是一事。**而不是居敬的时候，另外有一个心思去穷理；也不是在穷理的时候，有另外一个心思去居敬：它们的名字虽不同，但是功夫都是一件事。**就如《易》言'敬以直内，义以方外'，敬即是无事时义，义即是有事时敬，两句合说一件。**就比如《易经》中说"敬以直内，义以方外"，那么敬畏就是没事时候的仁义，仁义就是有事时候的敬畏，两句话合起来说的是同一件事。"敬以直内，义以方外"这八个字很重要。敬是为了什么？敬是为了端正自己的思想，敬和慎是紧密连在一起的，敬者慎也。要"直内"，我们内心要端正，要正直。"义以方外"，义者宜也，做什么事都要适宜，用"义"来衡量我们的一切行为，使我们的行为方正，合乎规矩。"方外"就是使我们外部行为合乎规矩。**如孔子言'修己以敬'，即不须言义，孟子言'集义'即不须言敬，会得时，横说竖说工夫总是一般。**就像孔子说的"修己以敬"，就不需要再说仁义了。孟子说的"集义"，就不需要再说敬畏了，理解了这些之后，无论怎么说，做的功夫都是一样的。"修己以敬"也可以反过来说"以敬修己"。这个"敬"字的内涵太丰富了。我们要爱岗敬业，审慎地对待自己的工作，对别人谦谨恭敬，久而久之，自然就形成自己的理义约束。这个事看起来好像都是表面化的，但是如果没有内在之中、修养之中，就不能支撑，会制约人的成长。孟子讲"集义"，"我善养吾浩然之气"，"浩然之气"怎么形成的？就是集义。集义是什么？就是不断地做善事，不断地做好事，不断地关爱别人，不断地礼让别人。虽然不说敬，但也含有敬。**若泥文逐句，不识本领，即支离决裂，工夫都无下落。**"如果只是拘泥于文句，看不到本质，那就会支离破碎，所下的功夫都没有着落。只在文字上咬文嚼字，硬把它分开、合上的，这个不是真功夫。真功夫在于抓住修养的精髓，抓住天理良知的真纯而践行不已。

问："穷理何以即是尽性？"梁日孚问，穷尽天理怎么就是尽性了呢？

曰："心之体性也，性即理也。先生说，心的本体就是性，性就是天理啊。**穷仁之理，真要仁极仁，穷义之理，真要义极义；仁义只是吾性，故穷理即是尽性。**穷尽仁的天理，就要使得仁成为极致的仁；穷尽义的天理，就要使得义成为极致的义；仁义就是人们的天性，因此穷尽天理就是尽人们的天性。尽什么性？尽天给予人们的人性。何谓尽性？把天给我们的善性发挥得淋漓尽致，充分再充分，这叫尽性。**如孟子说'充其恻隐之心，至仁不可胜用'，这便是穷理工夫。"**就像孟子说的，"人如果充满了恻隐同情之心，那么极致的仁义是用之不尽的"，这就是穷尽天理的功夫。人与生俱来具有四个善端："恻隐之心，仁之端也；羞恶之心，义之端也；辞让之心，礼之端也；是非之心，智之端也。"此四心者，与生俱来。但是与生俱来的这四个善端，你要充实它，它才能成为真正的善性。要不然它只是个端，可能遇到恶劣的环境，它就熄灭了。那如何充实它呢？就是要不断地尽人的善性，按天理尽人性，做善事，关爱他人、体谅他人，这样就充实了与生俱来的仁、义、礼、智四个善端。"充其恻隐之心"，这个仁之端要充实它，那最高的人道思想情怀，就用不完啊，就不可胜用啊，这就叫穷理的功夫。什么叫居敬穷理？穷理就把人本身就有的善性不断地弘扬、光大，使得善性越来越多，这个功夫就是穷理呀！

曰孚曰："先儒谓'一草一木亦皆有理，不可不察'，如何？" 梁日孚问，先儒们所说的"一草一木也都有它们的天理，不可以不明察"，这如何理解呢？先儒就是王阳明以前的一些大儒，这里指的是二程、朱熹的观点。而王阳明是反对这样做的，他主张要把自心先研究好。

先生曰："夫我则不暇，公且先去理会自己性情，须能尽人之性，然后能尽物之性。" 先生说，我没有那闲工夫，你且先去领会自己的性情吧，一定要能穷尽了人的天性，然后才能穷尽物的本性。《论语》上讲，"子贡方人"，子贡评论别人修养得如何。"方"是方框的框，用这个框去考察别人是否合乎这个框。孔子听了之后说，"我则不暇"。我没这个工夫去琢磨别人，我要在自己修养上下功夫。王阳明把它拿过来，就直接用了。"夫我则不暇"，我可没那个工夫去评论这些事，这是持否定态度。梁日孚你要先去理会自己的性情，把人性研究好了，你就自然而然地能正确对待万事万物。"物之性"研究什么呢？比如，砍一棵树，怎么能把它用得恰到好处，用得特别充分，即使剩下一点儿小木条，也要想办法给它派上好用场。这就是尽物之性。不能横竖不管，随便浪费好的东西。出现这种情况还是自身修养没到火候，到火候了这些问题都不会出现。所以说，不要先研究物之性，要研究自己的心性，研究好了就能正确对待万事万物。朱熹主张要多学知识，考察、研究，了解万事万物。王阳明不是，他认为要解决思想问题，人的内心端正之后，就能正确对待万事万物了。那怎么正确对待呢？《中庸》中讲"栽者培之，倾者覆之"。这就是对待万事万物的态度。大树在风雨中没被刮倒，天就会刮土培养它，再下雨使它长得更好；另一棵树在大自然中倒下了，天就刮土把它埋掉。这是天正确对待事物的方式。所以我们人在修养之后正确对待事物，就是按天道来对待事物。

日孚悚然有悟。梁日孚警醒而有所感悟。"悚"就是毛骨悚然，很害怕。"哎呀，我还差很多，还有那么严重的错误认识，这回我明白了！"这是"悚然有悟"。

一一八

惟乾问："知如何是心之本体？"惟乾问，知为什么是心的本体呢？惟乾就是冀元亨。冀元亨是王阳明很重要的一个弟子。王阳明那么多的弟子，只有他附在王阳明传的后边。王阳明在去龙场驿的途中，虽是被发配，但他走到哪，只要方便的时候他都讲学，一路上宣传自己思想。他到了湘西南这个地方，接近贵州了，遇到一个好学生冀元亨。这样看来，王阳明去龙场驿确实是带了几个学生。史料记载当中，没有提他带去了学生。只是说他的从者、随从的人疾病不堪，先生做粥糜以饲之。当这些从者情绪非常低落的时候，先生唱诗以鼓舞之，给他们唱歌，给他们读诗，来鼓舞激励他们。有以上这样的记载，但是没有明确说是他的学生同行。

先生曰："知是理之灵处。先生说，知是天理的灵动之处。**就**

其主宰处说，便谓之心；就其禀赋处说，便谓之性。这个知就它的主宰处说，它叫心；就其天给的禀赋来说，就称其为性。**孩提之童，无不知爱其亲，无不知敬其兄，只是这个灵能不为私欲遮隔，充拓得尽，便完完是他本体，便与天地合德**。小孩子在很小的时候，没有不爱其亲，没有不敬其兄的，只是因为他的灵性没有被私欲遮隔，充盈拓展得彻底，完全了他的本体，就可以与天地的德行合一。可是小孩一长大了，就有了私欲，有了障蔽。**自圣人以下，不能无蔽，故须格物以致其知**。"自圣人以下的人，不能没有被障蔽的，不能没有错误，所以需要格物以达到致其良知。圣人以下的人都需要格物，都需要格心，都需要琢磨自己的心哪些地方不对。这种事就我们而言是普遍需要的。

一一九

守衡问："《大学》工夫只是诚意，诚意工夫只是格物。修、齐、治、平，只诚意尽矣。又有'正心之功，有所忿懥好乐则不得其正'，何也？"守衡问，《大学》的功夫只在于诚意，诚意的功夫只在于格物。修身、齐家、治国、平天下，只是诚意尽到了就可以。然而又有端正内心的功夫，如果有了忿懥、好乐的心态，那内心就不能得到端正。这是为什么呢？守衡是王阳明的学生，此处都是引用王阳明的话。王阳明说《大学》的功夫只是诚意，《中庸》的功夫只是诚身。《大学》的功夫只是诚意，诚意的功夫就是在格物上。他主要核心的东西是诚意，而诚意的功夫得通过格物，把一丝一毫坏的东西格出去，那才是真正的诚意。修身、齐家、治国、平天下，只是诚意尽矣。达到充分的诚意了，才能做到修身、齐家、治国、平天下。正心之功有所愤怒、有所好、有所乐，就都会有偏颇，不得其正，那处理问题就不公正，就会偏了。这是什么原因呢？

先生曰："此要自思得之，知此则知未发之中矣。" 先生说，这需要你自己反复思考才能明白，明白了这个问题就知道未发之中是怎么回事了。

守衡再三请。 守衡请教老师，您再给我讲讲吧。

曰："**为学工夫有浅深。** 先生说，做学问的功夫有浅有深。**初时若不着实用意去好善恶恶，如何能为善去恶？** 如果初学的时候不确实地下功夫喜好善的、厌恶恶的，那怎么能为善去恶呢？所以初学的时候要严一点。**这着实用意便是诚意。** 这种确实的下功夫便是诚意。**然不知心之本体原无一物，一向着意去好善恶恶，便又多了这分意思，便不是廓然大公。** 然而不知道心的本体原本是没有任何东西的，就一味地刻意去好善恶恶，那就多了个这份刻意的意思，那就不是廓然大公了。开始修养的时候，不能不着实用意，要非常有诚意地去做事。做什么事都一定认真，不这样怎么好善去恶呀？然而一味地去好善恶恶，就是比较死凿地去好善恶恶，这在你心里就多了这份刻意的意思，就有个累了。本来心里没有一物，那你把这个事装在心里，永远不改也不丢，就偏了，就不是廓然大公了。我们理解了这个问题，就会发现有的人，工作非常认真，一味地认真，一辈子都这样，可能反倒就不灵活了，就偏了。但如果是年轻人刚开始工作，不坚决地按诚意办事，不坚决地认认真真办事，怎么能培养好善去恶的思想呢？我们学习中国传统文化，就是在品这个恰到好处的味儿，恰到好处的分寸太重要了。所以我们学圣人者，就是力争多做些恰到好处的事吧。**《书》所谓'无有作好作恶'，方是本体。**《尚书》所说的"无有作好作恶"，那才是心的本体。"无有作好作恶"是说对事不要有偏好、偏恶，这是心的本体呀。**所以说'有所忿懥好乐则不得其正'。**所以说，有了忿懥，有了好乐就不能端正内心，那就是偏了。**正心只是诚意工夫里面体当自家心体，常要鉴空衡平，这便是未发之中。"**正心只是在诚意的功夫里面体会自己的心体，经常要做到清明持平，这就是未发之中。"体当"就是体谅，去体谅自家的心体。"常要鉴空衡平"，这个"鉴"就是镜子，常要照一照，不是针对人和事，是要照一照我的心。用心里这杆秤衡量衡量，用心里这面镜子照一照，这便是未发之中。他多次强调"未发之中"，在未发的时候，在心里衡量对错，对的坚持，错的排除。在这里也是把"中"的含义实践化、具体化。如一味地好善恶恶，则有失于中，成了偏、好。

一二〇

正之问："'戒惧是己所不知时工夫，慎独是己所独知时工夫'，此说如何？"正之问，戒惧是自己在不知道的情况下的功夫，慎独是自己知道别人不知道的情况下的功夫，这个说法怎么样？正之是黄弘纲，号洛村，是王阳明的学生，江西人。《中庸》讲，"戒慎乎其所不睹，恐惧乎其所不闻"，这两句话合到一起，戒惧、慎独。

先生曰："只是一个工夫，无事时固是独知，有事时亦是独知。先生说，都只是一个功夫，没事的时候固然是只有自己知道，有事的时候也是只有自己知道。**人若不知于此独知之地用力，只**

在人所共知处用功，便是作伪，便是'见君子而后厌然'。人要是不知道在只有自己知道的地方下功夫，而只是在别人都知道的地方下功夫，时间久了就是做虚伪功夫。所以"见君子而后厌然"，因为作伪了，见不得人，一见到正人君子，自己觉得不好意思了。**此独知处便是诚的萌芽，此处不论善念恶念，更无虚假，一是百是，一错百错，正是王霸、义利、诚伪、善恶界头。**这个独知的地方就是诚意萌芽的地方，这个地方不论善念恶念，更没有什么虚假，一对百对，一错百错，也正是王道霸道、仁义利益、诚实虚伪、善念恶念的分界点。"界头"是分界点，就是自己独处的时候，你怎么对待善恶。**于此一立立定，便是端本澄源，便是立诚。**在此当中一旦立定天理心志，就是端正本体，清澄本源，这就是确立诚心。**古人许多诚身的工夫，精神命脉全体只在此处。**古时候人的许多诚身的功夫，精神命脉也全部在于此。**真是莫见莫显，无时无处，无终无始，只是此个工夫。**那可真是无见无显，无时无处，无始无终，都只是这个功夫。"莫见乎隐，莫显乎微"是《中庸》里的话，就是在无人之处，也要做到诚意正心，也要有天理良知。**今若又分戒惧为己所不知，即工夫便支离，亦有间断。**现在如果又分出来戒惧是自己不知道的时候的功夫，那么修养功夫就会支离破碎，也就有了间断。**既戒惧即是知，己若不知，是谁戒惧？**既然是戒惧，那么就是已经知道，自己如果不知道，那又是谁在戒惧呢？**如此见解，便要流入断灭禅定。"**如果有这样的见解，那就进入佛教的"断灭禅定"修养境界了。

曰："**不论善念恶念，更无虚假，则独知之地更无无念时邪？"**正之说，不论善念恶念，更没有虚假，那么在只有自己知道的地方就没有无念的时候了吗？

曰：“**戒惧亦是念**。先生说，戒惧也是一种念头。**戒惧之念，无时可息**。戒惧的念头，从来就没有停息过。**若戒惧之心稍有不存，不是昏聩，便已流入恶念**。假如戒惧之心稍微有放松，那么人不是昏聩，就是已经流于恶念了。戒惧之心稍有不存，那些非良知之徒，就要趁火打劫，放松了修养的人，一放松就被别人利用了，那放松者就流入恶念，或者是昏聩。**自朝至暮，自少至老，若要无念，即是己不知，此除是昏睡，除是槁木死灰**。”从早到晚，从老到少，如果要是无念，那就是自己不明白，这除非是昏睡了，要不就是形如槁木、心如死灰。“槁木死灰”是庄子的《齐物论》中的话，讲修养的最高境界似槁木，像干巴木头一样，像死灰一样。这是道家的最高修养境界，一个是忘我；一个是身如槁木，心如死灰。王阳明反对这样，认为这样是对社会不负责任。儒家的修养是心里不能无念，只是善念恶念的问题。

一二一

志道问：“**荀子云：‘养心莫善于诚’，先儒非之，何也？**”志道问，荀子说“养心最好的办法就是诚意”，先儒二程认为这不对，为什么呢？“养心莫善于诚”这个命题在《论语》《孟子》里边没有，孟子里边是“养心莫善于寡欲”。所以志道就问了，先生讲那么多“诚”的重要性，荀子说“养心莫善于诚”，可是程朱理学那些先儒反对，为什么？

先生曰：“**此亦未可便以为非**。先生说，“养心莫善于诚”也不能就认为是不对的。**'诚'字有以工夫说者：诚是心之本体，求复其本体，便是思诚的工夫**。"诚"字有在功夫上说的：诚意是心的本体，追求恢复它的本体，那就是寻求思考诚意的功夫。这个诚有：一是用功的过程"诚"；二是修养成了，最后达到了"诚"。这里是指修养的过程要诚。诚是心之本体，就是无善无恶的。追求恢复它的本体，这就是诚的功夫，里边没有假的。**明道说'以诚敬存之'，亦是此意**。程颢说，思想里要装着"诚敬"二字，那就是"养心莫善于诚"的意思。《**大学**》**'欲正其心，先诚其意'**。《大学》中所讲"要想端正自己的心态，就要先使自己的意念真诚"。**荀子之言固多病，然不可一例吹毛求疵**。荀子说的话固然有许多的毛病，但我们也不能一味地吹毛求疵。这个"一例"就是"一味"。不能因为《荀子》这部书中有毛病，就认为这句话也有毛病。这句话是没有毛病的。**大凡看人言语，若先有个意见，便有过当处**。但凡看待他人言论，如果先就有了个成见，那就有了过当之处。"有过当处"，就是有过火的地方。**'为富不仁'之言，孟子有取于阳虎。此便见圣贤大公之心。"** "为富不仁"这个话，就是孟子引用阳虎说的话，这就能看到圣贤的大公之心。阳虎是个坏蛋，可是坏蛋说的话，也可以被圣人取过来用啊，这就是圣人的大公之心。

一二二

萧惠问："己私难克，奈何？" 萧惠问，自己的私欲很难克制，怎么办呢？萧惠这个人原来修仙、佛。

先生曰："将汝己私来，替汝克。" 先生说，拿出你的私欲来，我替你克制。

先生曰：“**人须有为己之心，方能克己**；先生又说，人需要有修为自己的心思，才能克制自己的私欲。这个“为己之心”就是“古之学者为己，今之学者为人”。“为己之心”就是为了维护自己的天理良知。**能克己，方能成己。**”这个“克”字一是指克制，一是指克除。克制自己要犯毛病的那颗心。饿了，但现在不应该吃，就不吃，这叫克制。那另外一个含义是把它克服掉。所以能克己，方能成就自己。

萧惠曰：“**惠亦颇有为己之心，不知缘何不能克己？**”萧惠说，我自己很有一些要修为自己的决心，不知什么缘故就是不能做到克制自己的私欲？

先生曰：“**且说汝有为己之心是如何？**”先生说，那你就暂且说说你要修为自己的心是怎么样的？

惠良久曰：“**惠亦一心要做好人，便自谓颇有为己之心。**萧惠想了很久之后说，我也一心想要做个好人，就认为自己很有修为自己的决心了。**今思之，看来亦只是为得个躯壳的己，不曾为个真己。**”现在想想，看来也只是为修外在的躯壳而已，并不是真正的修为。

先生曰：“**真己何曾离着躯壳？恐汝连那躯壳的己也不曾为。**先生说，真正修为自己又何曾离开躯壳呢？恐怕你连为自己外表的修为都不曾有过啊。**且道汝所谓躯壳的己，岂不是耳目口鼻四肢？**”你且说说你所谓外在躯壳的修为，难道不是指着耳目口鼻四肢吗？

惠曰：“**正是。为此，目便要色，耳便要声，口便要味，**

四肢便要逸乐，所以不能克。"萧惠说，正是。就是为了这外在的，眼睛要看好看的，耳朵要听悦耳的，嘴巴要吃美味的，四肢便要安逸享受的，所以不能克制自己。

先生曰："'**美色令人目盲，美声令人耳聋，美味令人口爽，驰骋田猎令人发狂'，这都是害汝耳目口鼻四肢的，岂得是为汝耳目口鼻四肢？**先生说，"美色令人目盲，美声令人耳聋，美味令人口爽，驰骋田猎令人发狂"，这些都是危害你的耳目口鼻四肢的，怎么能是为了修为你的耳目口鼻四肢呢？这话出自《老子》："五色令人目盲，五音令人耳聋，五味令人口爽，驰骋畋猎令人心发狂。"**若为着耳目口鼻四肢时，便须思量耳如何听，目如何视，口如何言，四肢如何动。**如果是为了修为耳目口鼻四肢，那就必须思考耳朵如何听，眼睛如何看，嘴巴如何讲，四肢如何行动。**必须非礼勿视听言动，方才成得个耳目口鼻四肢，这个才是为着耳目口鼻四肢。**必须做到不符合规矩的就不去听、不去看、不去说、不去动，这样才能成就耳目口鼻四肢，这样才能修为好你的耳目口鼻四肢。**汝今终日向外驰求，为名为利，这都是为着躯壳外面的物事。**你现在整天向外探求，就是为了名和利，这些都是为了谋取你躯体之外的事物。**汝若为着耳目口鼻四肢，要非礼勿视听言动时，岂是汝之耳目口鼻四肢自能勿视听言动？须由汝心。**如果你真要修为你的耳目口鼻四肢，就要做到不符合礼的就不视听言动，其实那不是你的耳目口鼻四肢不听、不看、不说、不动，必须是你的内心不听、不看、不说、不动！那是需要你的心指使你如何视听言动。**这视听言动皆是汝心：汝心之视，发窍于目；汝心之听，发窍于耳；汝心之言，发窍于口；汝心之动，发窍于四肢。**这些视听言动都是你的内心使然：你的心要看，是通过眼睛生发的；你的心想听，是通过耳朵生发的；你的心要说，是通过嘴巴生发的；你的心要动，是通过四肢生发的。都是心在那指使，而体现在耳目口鼻四肢上。**若无汝心，便无耳目口鼻。**如果没有你的心，那就没有了耳目口鼻。**所谓汝心，亦不专是那一团血肉。**所谓你的心，也不是专指那一团血肉。**若是那一团血肉，如今已死的人，那一团血肉还在，缘何不能视听言动？**如果只是那一团血肉，就像刚死的人，那一团血肉还在，那为什么他不能视听言动了呢？**所谓汝心，却是那能视听言动的，这个便是性，便是天理。**所谓你的心，却是那颗能够视听言动的心，这就是天性，这就是天理。王阳明的理论，刚接触会感到特别抽象。他是说，得有那个魂儿、那个神儿。死了的人没这个魂儿、没这个神儿了，他的心还能思考吗？能视听言动吗？不能。最后回到"这个便是性，便是天理"，转来转去转回来，天理就是自然的本分，自然的本分就是天理！**有这个性，才能生这性之生理，便谓之仁。**有了这个天性，才能生发出这个天性的生发之理，就称之为仁。**这性之生理，发在目便会视，发在耳便会听，发在口便会言，发在四肢便会动，都只是那天理发生，以其主宰一身，故谓之心。**这个天性的生发之理，生发在眼睛上就会看，生发在耳朵上就会听，生发在嘴巴上就会讲，生发在四肢上就会动，这都是天理的生发之功，并由它主宰人的一身，所以称之为心。**这心之本体，原只是个天理，原无非礼，这个便是汝之真己。**这个心的本体，原本就是这个天理，原本没有非礼不非礼之说，这个才是你真正的自己。**这个真己，是躯壳的主宰。**这个真正的自己，就是你身体的主宰。**若无真己，便无躯壳，真是有**

之即生，无之即死。如果没有了真正的自己，便没有了躯壳身体，那真是有它就生，没它就死。**汝若真为那个躯壳的己，必须用着这个真己，便须常常保守着这个真己的本体，戒慎不睹，恐惧不闻，惟恐亏损了他一些，才有一毫非礼萌动，便如刀割，如针刺，忍耐不过，必须去了刀，拔了针，这才是有为己之心，方能克己。**你如果真要修为那个外在躯壳的自己，就必须要用这个真正的自己，就需要常常保持着这个真正自己的本体，做到"戒慎乎其所不睹，恐惧乎其所不闻"，唯恐损伤了一丁点儿的真正自己。刚刚有一丝的不合乎礼的念头萌动，就像被刀割，被针刺，难忍不过，必须扔了刀，拔了针才舒服。这才是真正地修为自己，才能真正地克制自己。**汝今正是认贼作子，缘何却说有为己之心，不能克己？"**你现在是认贼为子，却为何说是有要修为自己的心，而不能克制自己呢？这段讲的是"为己"，要修为真己，不要探求躯壳外的"己"，要修为心里这个"己"。那心里的"己"就是天理良知。得修心，然后再修身，而修身是要靠修好的心去指使他。如果没有修好心就去修身，这是躯壳之外的事，是不受制约和控制的。

一二三

有一学者病目，戚戚甚忧。有一个学友眼睛生病了，很是担忧。

先生曰："尔乃贵目贱心。"先生说，你这是看重了眼睛而轻视了自己内心。你过分忧愁了，就忘了人生主要的事还是修心。当然了，人的身体部位有病，不能不治。王阳明是通过这个事，强调应该重视心内的修养，并不是反对治病。

一二四

萧惠好仙、释。萧惠这个人喜好道、佛的学问。

先生警之曰："吾亦自幼笃志二氏，自谓既有所得，谓儒者为不足学。先生警示他说，我也是从幼年开始就笃信，有志于去学佛、道。自己以为已经有所收获。"谓儒者为不足学"，年轻时候很狂妄，认为儒学不值得学。**其后居夷三载，见得圣人之学若是其简易广大，始自叹悔错用了三十年气力。**其后我在龙场驿居住了三年，才知道圣人的学问是那样的简易而广大，才开始慨叹后悔，自己白白浪费了三十余年的气力。王阳明是把儒家的东西都看透了，包括四书、五经，程朱理学，以及董仲舒、韩愈的一些东西。回过头来他才有资格说儒家之道是"简易广大"，简易而浩瀚无穷。他也只有完全研究透了，才能有这个概括的能力、概括的力度。王阳明曾写"四十余年睡梦中，而今醒眼始朦胧。不知日已过亭午，起向高楼撞晓钟。起向高楼撞晓钟，尚多昏睡正懵懵。纵令日暮醒犹得，不信人间耳尽聋"。四十多年来，我如做梦一样稀里糊涂地学道、学佛，现在才刚刚睁开眼睛，感觉像明白了似的，实质还是朦朦胧胧的。但是我知道一点，不管我做什么，我应该有责任，对天下人尽义务。所以，我要去高楼敲钟。为什么敲钟呢？暮鼓晨钟，敲钟为什么？醒民。叫大伙儿醒来、明白，一天开始了，该干啥干啥。还有很多人咋敲都不醒，怎么敲他照样睡觉，怎么办？放弃吗？不。我还要坚持圣人的情怀，我要继续敲，我要继续引导他明白事理。即使太阳落了西山，我能把他敲醒，也比始终不醒来强。就是这样一种高尚的情怀、一种担当的精神，这也正是我们中华民族深

厚的传统文化。**大抵二氏之学，其妙与圣人只有毫厘之间。**大
体来讲，佛、道的思想和圣人孔子的思想只差毫厘之间。好多东西
是相似的，这个是不可否认的。好人用道也一定治好国，好人用佛
也一定利于世。那相差的这个"毫厘"在哪？就在于担当与不担当，
为人民还是为个人，差别也就这么点儿，而这么点儿就是天壤之别。
汝今所学，乃其土苴，辄自信自好若此，真鸱鸮窃腐鼠耳！"
你现在所学的那些东西，那不就是土筐土篓嘛，就是佛、道的糟粕，
你还自信自好如此，自我感觉良好，就像猫头鹰得到了腐臭的老鼠
似的。"鸱鸮窃腐鼠"是《庄子》中的典故。故事大意是说，庄子去
见老朋友梁国相惠施。惠施怕庄子来取代了他的位置，于是到处抓
庄子。过了几天庄子主动找上门来，跟惠施说，你听没听说过，猫
头鹰抓到一个腐烂的死耗子，宝贝得不得了，这时见到天上有凤凰
从南往北飞，猫头鹰就怒斥凤凰，生怕凤凰夺了它的死耗子。凤凰
怎么能喜欢死耗子呢？这里借此故事说萧惠修佛、道，得到的是皮
毛的东西，太不足惜了。这就等于猫头鹰抓了个死耗子，在自我炫耀，
怕别人夺。这个批评比较狠！

惠请问二氏之妙。萧惠又请问老师能不能把这个二氏之妙讲
一讲，二氏的高妙之处是什么呢？

**先生曰："向汝说圣人之学简易广大，汝却不问我悟的，
只问我悔的！"**先生说，我向你说了圣人之学简易广大，你却不问
我明白的、感悟的，你却问我后悔的！问我三十年错用功夫的那个
地方，你说你这个人怎么这么不懂事呢？这个话回答很妙！

惠惭谢，请问圣人之学。萧惠很惭愧，不好意思，这才回过
头来问圣人之学。

先生曰:"汝今只是了人事问,待汝办个真要求为圣人的心来与汝说。" 先生说,你现在只是顺着我的话来提问题,等你思想真端正了,真正有了想做个圣人的心,那个时候我再告诉你吧。

惠再三请。 萧惠一再地请教。

先生曰:"已与汝一句道尽,汝尚自不会。" 先生说,我已经跟你用一句话都说明了,你还不理解。王阳明说的"一句道尽"是指什么呢?是指"圣人之学简易广大"。上面"待汝办个真要求为圣人的心来与汝说",萧惠未有真求做圣人之心,王阳明则未勉强教他入圣的法则,对他都是一般化的教诲。这体现了王阳明因材施教的教育理念。

一二五

刘观时问:"'未发之中'是如何?" 刘观时问老师,"未发之中"是怎么回事?刘观时字易仲,湖南人。

先生曰:"汝但戒慎不睹,恐惧不闻,养得此心纯是天理,便自然见。" 先生说,你只要做到戒慎乎其所不睹,恐惧乎其所不闻,存养内心达到纯粹天理的程度,"未发之中"自然就出现了。之前我们讲过,喜怒哀乐之未发,并不是不存在,是在发的这个过程中,遇到善的要坚持,遇到恶的要去除,遇到善的要扩充,遇到恶的要遏止。经过这个过程,达到那种平衡状态,就是"喜怒哀乐之未发,谓之中"。如果要发了,那就不是中。如果善、恶没有被弘扬和扼制,未达到一个平衡,那也不叫中。

观时请略示气象。 刘观时请求老师大略地给讲一讲具体的情况、表象。

先生曰：**"哑子吃苦瓜，与你说不得。你要知此苦，还须你自吃。"** 先生说，哑巴吃苦瓜，有苦说不得。你要想知道那种苦到什么程度，还需要你自己吃。别人说的东西如果没有自己切身的体会，那别人的东西就不能变为自己的，要有这个自悟的过程。

时曰仁在傍，曰："如此才是真知即是行矣。" 徐爱当时在旁边侍奉，他说，先生讲的才是真知，才是知行合一。这个苦瓜究竟苦到什么程度，还需我们每个人自己吃，我们自己吃就是行的过程。这个践行的过程，也是理解的过程。行而知，知而行，是一体的。

一时在座诸友皆有省。 一时间在座的诸位学友都似乎感到有所悟。戒慎不睹，恐惧不闻，每个人各有理解，各有悟道的程度，各有修养的境界，犹如哑巴吃苦瓜。

一二六

萧惠问死生之道。 萧惠问人的死生道理。

先生曰："知昼夜即知死生。" 先生说，知道白天黑夜，就知道死生了。

问昼夜之道。 萧惠问白天黑夜又是怎么回事儿。

曰："知昼则知夜。" 先生说，知道白天就知道黑夜了。

曰："昼亦有所不知乎？" 萧惠说，还有谁不知道白天是怎么回事吗？

先生曰："汝能知昼？ 先生说，你能明白白天？**懵懵而兴，蠢蠢而食，行不著，习不察，终日昏昏，只是梦昼。** 迷迷糊糊地起来，稀里糊涂地吃饭，也不在意言行，也不省察自己的习性，整天昏昏沉沉的，这只是做梦一样的白昼。**惟'息有养，瞬有存'，此心惺惺明明，天理无一息间断，才是能知昼。**只有"时时修养自己，刻刻存养天理"，这颗心清清明明，天理没有片刻的间断，那才是明白白昼啊。"息有养，瞬有存"是宋朝张载的话。张载说，"言有教，动有法；昼有为，宵有得；息有养，瞬有存"。只要一息尚存，我就要有修养；只要一睁开眼睛，我就要存养我的善性、我的德行。**这便是天德，便是通乎昼夜之道而知，更有甚么死生？"**这就是天德，就是通晓昼夜之道的智慧，哪里还有什么死生问题呢？大概意思是说，浑浑噩噩的人虽在白天，也犹在黑夜。人要是这样活着，就和死也差不多了。这段话如果从思想逻辑上来讲，有强词夺理的地方。学生问的是死生问题，王阳明是在死生的理论之上，谈更高的人活着的意义和价值。

一二七

马子莘问："**修道之教，旧说谓'圣人品节吾性之固有，以为法于天下，若礼乐刑政之属'，此意如何？"**马子莘问，关于修道之谓教的观点，朱熹认为"圣人的品质节操是我们每个人本性固有的，把它作为天下的法则，就如同礼乐刑政之类"，这个说法怎么样？

先生曰："**道即性即命，本是完完全全，增减不得，不假修饰的，何须要圣人品节？却是不完全的物件。**先生说，道就是人性，就是天命，本来是完完全全的一体，增减不得，不需用修饰，何必要用圣人的品节来衡量呢？那就成了不完整的东西了。《中庸》中讲，"天命之谓性，率性之谓道，修道之谓教"。天给我们的命就是性，天命是大自然和社会共同形成的对我们的安排，这些安排就包括了我们的自然状况，以至于社会的位置，这个合到一起就是命。"率性之谓道"，率性就是循着自然的，自然而然地按照天给我们的性去修养自己，去做事，去处理社会问题，这叫"率性"。按照王阳明的说法，道就是性，性就是命，这本来是完完全全的，增减不得、变化不得的。人与生俱来的人性、善性也是增减不得，不需要做任何修饰的。我们每个人天生具备做人的基本的性和命，如果硬把圣人的品节加到我们每个人的身上，我们才能成为人的话，那我们的命、我们的性就是不完全的。**礼乐刑政是治天下之法，固亦可谓之教，但不是子思本旨。**礼乐刑政是治理天下的规范，固然也可以称之为教，但那不是子思的本意。礼乐刑政，他把刑、政这俩字分开，刑就是指制裁、惩罚，政就是政府的行政管理手段。乐是属于教化，但乐没有礼具象，乐是一种舆论的影响，一种社会风气的形成，然后来化育，主要在影响层面。礼是更有形一些，就是规矩。礼乐刑政是治天下的大法，这当然可以称作教，但不是子思著《中庸》的本旨。**若如先儒之说，下面由教入道的，缘何舍了圣人礼乐刑政之教，别说出一段戒慎恐惧工夫？**如果像朱熹所说，后来的人受到教育而入圣道的，那为什么舍掉圣人关于礼乐刑政的教育，而另外再说出一套戒慎恐惧的功夫呢？**却是圣人之教为虚设矣。**"这样圣人之教不就成了虚设了吗？修道就是修养人性、修养天理。他讲礼乐刑政来治天下，是很必要的，但不是子思的本意，不是《中庸》所论的最核心的内容。子思著《中庸》的本意是修天理、修天道，还是要喜怒哀乐之未发式的内心修养，不是强调外在的礼乐刑政。这里讲最主要的还是内在的修养，内在的喜怒哀乐之未发。

子莘请问。马子莘又请教。

先生曰："子思性、道、教，皆从本原上说。先生说，子思的性、道、教，都是从根本上说的。**天命于人，则命便谓之性；**天赋予命于人，那么命就称作性；**率性而行，则性便谓之道；**人率性而行，那么性就称作道；**修道而学，则道便谓之教。**为了修道而学习，那么道就称作教。这里的"教"和我们今天讲的教育不完全是一回事。有教育的意义，但主要是化。修道之谓教，主要在于化。修道之后去化育，感化、影响风气，形成了一种局面，使得别人按照正派的路去做，这是化。**率性是诚者事，所谓'自诚明，谓之性'也。**率性是至诚之事，就是所谓的"由于至诚而能明白事理，这就称之为天性"。率性之谓道，就是不刻意地去按道办事，人与生俱来就具有这些善心、善念，没受外界恶劣环境影响，自然而然地举手投足不加思考就能善、就纯、就正，这个叫诚。率性就是诚。如果刻意地去做事，虽然也做好了，但那不是由诚而明，是由明而诚。我们刻意地学圣贤，最后也学好了，就是由明而诚。而这里的"率性之谓道"，是自然而然地就去修道，就合乎道，这个就是"自诚明，谓之性"。**修道是诚之者事，所谓'自明诚，谓之教'也。**修养道是追求至诚的事，就是所谓的"由于明白事理而达到至诚，这就称之为教"。诚者和诚之者不一样，率性是诚者的事，他天生就诚，就是"自诚明，谓之性"；修道是诚之者的事，修道就是有意识地、积极地、努力地去修，诚之者，就是使之诚，教育使之诚，也就是"自明诚，谓之教"。这个诚是使之诚的。教是后天的，道是先天就有的。

一个是人为的，一个是自然的。**圣人率性而行，即是道**。圣人是率性而行的，那就是道。**圣人以下，未能率性，于道未免有过不及，故须修道**。没到圣人程度的人，就是圣人以下，不能率性，不免在行道时，有时过有时不及，所以需要修道。**修道则贤知者不得而过，愚不肖者不得而不及，都要循着这个道，则道便是个教**。修道之后，聪明人、智慧人不会做事逾越中道，愚蠢的人和不肖的人就不会不及，都要遵循着这个道，按照这个道去学、去修，这个道就是教。**此'教'字与'天道至教，风雨霜露无非教也'之'教'同**。这个"教"字与"天道至教，风雨霜露无非教也"的"教"字意思相同。这个话来源于《礼记·礼器》和《礼记·孔子闲居》，都是教，是相同的。**'修道'字与'修道以仁'同**。"修道"二字和"修道以仁"相同。**人能修道，然后能不违于道，以复其性之本体，则亦是圣人率性之道矣**。人要是能修道，然后才能不违背于道，不违背于天道，不违背于与生俱来的善性，这才能恢复他人性的本体，那也是圣人率性而行的道了。所以王阳明的复性说，完全与孟子是一脉相承的。孟子提出与生俱来的仁义礼智四大善端，这就是人性善，生来就是善的，生来就有恻隐之心，就有羞恶之心，就有辞让之心，就有是非之心，这是人的善性。那么我们修道的结果是不违背这个道，又能复性之本体，复善性本身就是求放心，人的良知、良心丢了，需要经过教育把它找回来，恢复本性，自然恢复。**下面'戒慎恐惧'便是修道的工夫，'中和'便是复其性之本体，如《易》所谓'穷理尽性，以至于命'，中和位育便是尽性至命**。"后面的"戒慎恐惧"就是修道的功夫，"中和"就是恢复他人性的本体，正如《易经》所讲，"穷尽事理尽其本性，以达到天命的境界"，致中和，天地位焉、万物育焉，就是尽其天性而达到了天命的境界。"穷理尽性以至于命"是《易经》中的话。"致中和，天地位焉万物育焉"，出自《中庸》。意思是，达到中和的程度，万事万物各得其位，万事万物各尽性命。在天地万物之间，人为万物之灵，若人能够达到尽性至命的程度，那他去对待万事万物，就能使万事万物尽性至命。

<h1 style="text-align:center">一二八</h1>

黄诚甫问："先儒以孔子告颜渊为邦之问，是立万世常行之道，如何？"黄诚甫问，朱熹认为孔子回答颜回关于治国的问题，就是确立万世常规常行的道，他说得怎么样呢？在《论语·卫灵公》篇中，颜渊问怎么治理国家。孔子说："行夏之时，乘殷之辂，服周之冕，乐则韶舞。放郑声，远佞人。郑声淫，佞人殆。"用夏朝的历法（夏历对我们今天的社会生活仍然很重要）；要乘殷朝的车（殷朝的车做得好）；要戴周朝的帽子（周朝的帽子很华美）；音乐要用舜时的音乐，《韶》乐、舞蹈。然后"放郑声，远佞人"，不合适的音乐一定要避免，不合适的社会影响、不合适的社会舆论要制止，一些奸佞、邪恶之人一定要拒而远之。

先生曰："颜子具体圣人，其于为邦的大本大原都已完备。先生说，颜渊已经很接近圣人了，他对于治理国家的根本大道都已经完备。"具体圣人"是什么意思呢？孟子说，子贡、子张、曾子都具有"圣人之一体"，他们只是具有圣人的一部分。而颜渊他全体像圣人，他最接近，这是具体圣人。**夫子平日知之已深，到此都不**

必言，只就制度文为上说。孔夫子平日里对他了解很深，这些都不必多说，只是在制度、文化影响上来谈自己的看法。**此等处亦不可忽略，须要是如此方尽善。**别的都具备了，但在制度和文化上也不要忽略，必须做到这样才是极尽完善。车子什么样，黻冕什么样，音乐、社会风气什么样，这些都做得好了，才尽善尽美。**又不可因自己本领是当了，便于防范上疏阔，须是要'放郑声，远佞人'。**又不能因为自己的本领都具备了，便在防范上疏忽大意，一定要做到"放郑声，远佞人"。古人对"乐"的问题看得很重要，很像今天我们也要扫除黄赌毒，净化社会风气。**盖颜子是个克己向里德上用心的人，孔子恐其外面末节或有疏略，故就他不足处帮补说。**因为颜渊是一个自律克己、内敛崇德的人，孔子担心他在外在的细枝末节上有所疏忽，所以是就他可能不足之处予以防患教导。**若在他人，须告以'为政在人，取人以身，修身以道，修道以仁'，'达道'，'九经'及'诚身'许多工夫，方始做得。**如果是对待别的人，那么一定会教导他们"为政在人，取人以身，修身以道，修道以仁"，"达道""九经""诚身"等许多的功夫，做到了才能治理国家。可是对颜回来讲，这些东西他都做到了，所以在一些具体问题上，唯恐他有疏漏。**这个方是万世常行之道。**这才是万世常行的规则。**不然，只去行了夏时，乘了殷辂，服了周冕，作了《韶》舞，天下便治得？**如果他本人不具备大德大道，那孔子只告诉他行夏历，坐殷车，穿周的衣服，戴周的帽子，用了《韶》舞，就能治理天下吗？是不可能的。需要具有基本的大德大道之后，再注意这些方面，天下才能治理得好。**后人但见颜子是孔门第一人，又问个'为邦'，便把做天大事看了。**"后来的人只看见颜渊是孔门的第一弟子，而颜渊又问了这个"为邦"的问题，便把孔子讲给颜渊的这些事当作天大的事来看了。所以，要把这些东西搞清楚。"九经"是《中庸》中的话，"凡为天下国家有九经，曰：修身也，尊贤也，亲亲也，敬大臣也，体群臣也，子庶民也，来百工也，柔远人也，怀诸侯也"。这些都是治国之道。

一二九

蔡希渊问："文公《大学》新本，先格致而后诚意工夫，似与首章次第相合。若如先生从旧本之说，即诚意反在格致之前，于此尚未释然。"蔡希渊问，根据朱熹的《大学》新本注释，是先得格物致知而后是诚意的功夫，这好像和第一章讲的都相符合。如果像先生根据旧本之说，诚意的功夫反在格物致知之前，对这个尚未明白。

先生曰："《大学》工夫即是明明德，明明德只是个诚意，诚意的工夫只是格物致知。先生说，《大学》的功夫就是明明德，明明德只是讲的诚意，而诚意的功夫也只是在格物致知上。只有诚意才能真正明明德，你要不诚意，你明明德明不了。诚意的功夫只是在格物致知上，具体事物摆到面前，要格的不是物，格的是自己的心，格己心之非，就是怎么对待这个物。所以格物的本身必须诚才能格好物啊！当然，反过来，你格好物本身就是诚啊！不格好物，不格己心之非，不把自己的良知搞得透明透亮、一尘不染，怎么能是诚呢？不诚怎么能明明德呢？**若以诚意为主，去用格物致知的工夫，即工夫始有下落，即为善去恶无非是诚意的事。**如果以诚意为主，在格物致知上下功夫，那么这个功夫才有着落，而为善去恶无非就是诚意的事情。**如新本先去穷格事物之理，即茫茫荡荡，都无着落处，须用添个敬字方才牵扯得向身心上来**。如根据朱熹的新本子，先去穷尽格致事物之理，那就会茫茫荡荡，茫然无所措，没有着落之处。还需要添加一个"敬"字，才能牵扯回到身心上来。**然终是没根源**。始终就是没有内心的根源。**若须用添个敬字，缘何孔门倒将一个最紧要的字落了，直待千余年后要人来补出？** 如果真需要一个敬的意思，那为什么孔门师生就把这个关键字漏了，还要等到一千多年以后朱熹来补上呢？**正谓以诚意为主，即不须添敬字，所以提出个诚意来说，正是学问的大头脑处**。正所谓以诚意为主，本身就敬了，就不需要添个"敬"字了。所以先说诚意，这正是学问的关键处。**于此不察，真所谓毫厘之差，千里之谬**。对于这有所不察，那就是所谓的失之毫厘，谬以千里。就是不抓这个主要矛盾，那就差之千里了。**大抵《中庸》工夫只是诚身，诚身之极便是至诚；《大学》工夫只是诚意，诚意之极便是至善**。大体上讲，《中庸》的功夫只是诚身，诚身达到了极致就是至诚；《大学》的功夫只是诚意，诚意达到了极致就是至善。《大学》《中庸》讲的就是至善、至诚。**工夫总是一般。今说这里补个敬字，那里补个诚字，未免画蛇添足**。"功夫都是一样的。现在说在这里补上一个"敬"字，那里补上一个"诚"字，不免就是画蛇添足了。这里就能看到王阳明的主张，《大学》怎么读。《大学》的功夫主要是明明德，明明德的功夫在于诚意，诚意的功夫落在了致知格物上了。明德是与生俱来的善性，明明德是使与生俱来的善性更大、更弘扬、更拓展、更广泛。这第一个"明"是动词，我们的教育，我们培养人才就是要明明德。那怎么才能明明德？你得诚意，你不诚意，怎么能明明德？别人教得再好，你自己不诚，不提升自己的境界，不一丝不苟地格除自己的私欲、贪心，你怎么能诚呢？那不诚，怎么能明明德？而诚的具体表现就是格己心之非，格物就是格己心之非。所以《大学》的根本功夫是诚意，诚意之极那就是至善，达到至善的程度；《中庸》的功夫是诚身，所作所为的一切都要居中，都要固中，都要忠恕。诚身、诚意达到精一的程度叫至极。诚身至极就是至诚，诚意至极就是至善。

卷二　语录二

《传习录》中

德洪曰："昔南元善刻《传习录》于越，凡二册。钱德洪说，过去南元善在浙江绍兴刻印了《传习录》，一共两册。南元善是绍兴府的地方官，听王阳明讲学后拜王阳明为师。他是最早把王阳明的《传习录》刻印出来的。他后来被贬职，王阳明就鼓励他好好地做学问。南元善对王阳明思想贯彻得比较好。**下册摘录先师手书，凡八篇。**下册摘录了先生的亲笔书信，一共八篇。**其《答徐成之》二书，吾师自谓：'天下是朱非陆，论定既久，一旦反之为难。二书姑为调停两可之说，使人自思得之。'**其中有答复徐成之的两封书信，我老师自己说："天下都肯定朱熹，不肯定陆九渊，这个定论已经很久远了，一旦把它颠倒过来是很困难的。这两封书信姑且是调停这两种说法的探讨，使大家自行思考。"他给徐成之写的这两封信都是讲不应该只肯定朱熹，也应该肯定陆九渊。**故元善录为下册之首者，意亦以是欤！**所以南元善就把这两封信录为下册的首篇，其用意也是这样的。**今朱、陆之辨明于天下久矣。**可是在第二次刻印《传习录》的时候，已经隔了多少年，朱熹、陆九渊的事已经辨明于天下了，不需要再强调陆九渊有多么的正确，应该重视的，现在已经重视了，所以再选的话，就不必选这两篇了。**洪刻先师《文录》，置二书于《外集》者，示未全也，故今不复录。**我钱德洪重刻先师《文录》的时候，把这两篇放到《外集》里了，再把它录入到这里就不恰当了，所以现在不再把它录在这里了。**其余指'知行之本体'，莫详于《答人论学》与答周道通、陆清伯、欧阳崇一四书；而谓'格物为学者用力日可见之地'，莫详于《答罗整庵》一书。**就是这个《传习录》的第二部分，其余的篇章

"知行之本体"，没有比《答人论学》与答周道通、陆清伯、欧阳崇一四封书信更详尽的了。此"四书"就是四封信，这四封信讲的就是"知行之本体"。而讲"格物为学者用力日可见之地"的观点，没有比《答罗整庵》更详尽的了。**平生冒天下之非诋推陷，万死一生，遑遑然不忘讲学，惟恐吾人不闻斯道，流于功利机智，以日堕于夷狄禽兽而不觉；其一体同物之心，饶饶终身，至于毙而后已。**平生冒着被世人诋毁、推陷的风险，九死一生，再怎么慌乱也不敢忘记讲学的重要，就怕我辈人等不知道他的道，而同流于功利机智，以至于渐渐地堕落于无知、蒙昧而不省察。先生追求与天地万物一体的心，终身争辩不休，争论不已，到死了才停止。**此孔、孟以来贤圣苦心，虽门人子弟未足以慰其情也。**这种自孔、孟以来的圣贤苦心，即使是先生的门人弟子也未能劝慰他的情感。**是情也，莫详于《答聂文蔚》之第一书。**这种情怀，没有比答聂文蔚的书信更详尽了。**此皆仍元善所录之旧。**以上都是南元善刻录的旧篇。**而揭'必有事焉'即'致良知'功夫，明白简切，使人言下即得入手，此又莫详于答文蔚之第二书，故增录之。**然而揭示"必有事焉"就是"致良知"的功夫，明白简洁，让人听了就能找到下手之处，这又没有比答聂文蔚的第二书更详尽的了，所以将之增进刻录。这是比第一次刻印增加的。**元善当时汹汹，乃能以身明斯道，卒至遭奸被斥，油油然惟以此生得闻斯学为庆，而绝无有纤芥愤郁不平之气。**南元善当时处于危难之时，仍然能够身体力行传授先生之道，最后遭到奸人迫害而被排斥。但他仍然以今生能够听得先生的教诲而感到庆幸，绝没有半点愤懑不平的想法。**斯录之刻，人见其有功于同志甚大，而不知其处时之甚艰**

也。这版刻录，我们只知道刻出《文录》对同学们、同志者贡献很大，但不知他所处的那个时候是很艰难的。**今所去取，裁之时义则然，非忍有所加损于其间也。**"现在我对他的刻录内容有所取舍，是依据当下的需要而采取的措施，绝不会因此对南元善的原有刻录有所损害。

这是个小序。第一，说明南元善在薛侃原刻《传习录》基础上，又比较完善地刻了《传习录》。《年谱》载，王阳明 47 岁在赣州，"侃得徐爱所遗《传习录》一卷，序二篇，与陆澄各录一卷，刻于虔。"南元善一生对王阳明的学术贡献甚大，虽最后失去官职，也正气不泯，从不抱怨自己的艰辛苦难。第二，说明钱德洪刻印《传习录》去掉了南元善刻印时的开头两篇，是因为时代变了，要解决朱、陆的历史地位问题现在已经解决了，就不必要再选刻了。第三，说明在选录的问题上，增加了答聂文蔚的两封信，同时说明了《传习录》第二部分的主要内容。

答顾东桥书

这一篇是王阳明所有书信、文章中最长的。顾璘（1476—1545），字华玉，号东桥居士，世称"东桥先生"。顾东桥 21 岁中进士，累官至南京刑部尚书。晚年他提前退休，当时叫致仕归里。退休生活主要就是修园林亭舍，广交朋友。座上客常满，杯中酒不空，常与宾朋执酒高歌、诗文唱和，还出版了自己的诗集。顾东桥晚年颇有《三国演义》中陶谦的风范。王阳明提出"致良知"他很认同，但关于"知行合一"是一件事、两件事的问题，他有一点自己的看法。顾东桥是在很从容、大度、平和的一种心境下，给王阳明写信，探讨"知行合一""心即理"等一些问题。针对顾东桥的来信，王阳明写了回信，即《答顾东桥书》。

<h1 style="text-align:center">一三〇</h1>

来书云："近时学者务外遗内，博而寡要，故先生特倡'诚意'一义，针砭膏肓，诚大惠也。"来信说，近来的学者们只专务外物，忽视了内在，虽广博知识，但难得要领，所以先生提出了"诚意"观点，针砭那些病入膏肓的学者，这确实是有极大价值的事情。这是对王阳明的肯定。

吾子洞见时弊如此矣，亦将何以救之乎？王阳明说，你已经非常清晰地看透了时弊，那用什么办法来救时弊呢？**然则鄙人之心，吾子固已一句道尽，复何言哉！复何言哉！**我的心思你一语道尽，我还有什么说的呢！这还有什么说的呢！**若"诚意"之说，自是圣门教人用功第一义。**就像"诚意"的观点，本来就是圣学教人用功的第一要务。**但近世学者乃作第二义看，故稍与提掇紧要出来，非鄙人所能特倡也。**但是近来的学者仍然把它当作次要的事情，所以我就把紧要的东西提掇出来，这并不是我独立倡导的。"诚意"的问题，圣人早已经讲了，那不是我说的，不是我所提倡的，只不过是我把它重新提出来，叫大家更重视罢了。

<h1 style="text-align:center">一三一</h1>

来书云："但恐立说太高，用功太捷，后生师传，影响谬

误，未免坠于佛氏明心见性、定慧顿悟之机，无怪闻者见疑。" 来信说，但是恐怕您的立意观点太高，用功太快，后来的门生们再为人师，不能很好理解而产生的误解，不免就成了佛教的明心见性、定慧顿悟之类的机锋，难怪听到的人会产生疑惑。这里指出的问题很准确。就王阳明的学说可能被误解，可能有另一方面的影响，他都说出来了：先生的立说太高，天理良知之类，什么样境界的人才能搞懂啊！一味地说要保持在内心之中，那得达到什么样的境界啊！你的用功太直接，太简洁，反对朱熹用功太繁。你说自己要悟道，要在良心上下功夫。这样后生在师传的过程当中，就有可能会出现谬误。难免落到了佛教的明心见性、定慧顿悟上，无怪乎有的人听到你的学说，会感到有些疑惑、迟疑，不能立即照办。

　　区区格、致、诚、正之说，是就学者本心日用事为间，体究践履，实地用功，是多少次第、多少积累在，正与空虚顿悟之说相反。王阳明说，区区不足以道的我的格物、致知、诚意、正心的观点，是让学者的本心在日常做事之中的事上磨，要切实地践履实施，实地用功，这里有许多头绪、许多的积累在，正好与空虚顿悟的观点是相反的。"学者本心日用事为间"，是指不离事上磨，在日用的事上用格、致、诚、正的功夫。**闻者本无求为圣人之志，又未尝讲究其详，遂以见疑，亦无足怪。**听我讲而有疑惑之人，这部分人本来就没有求做圣人的志向，又没有仔细地研究过格、致、诚、正，听到我这么一说，于是就产生了疑惑，这是不足为怪的。**若吾子之高明，自当一语之下便了然矣，乃亦谓"立说太高，用功太捷"，何邪？**如果像你这样高明，自然一说就能明白，仍也要说"立说太高，用功太捷"这样的话，为什么呢？这驳得很有力量。

一来一往，一言一驳，本身就是学术讨论，本身就是互相促进，互相借鉴。这样的探讨，甚至攻击，会使王阳明的理论更加深刻，更加巩固。

一三二

来书云："所喻知行并进，不宜分别前后，即《中庸》尊德性而道问学之功交养互发、内外本末一以贯之之道。然工夫次第不能无先后之差，如知食乃食，知汤乃饮，知衣乃服，知路乃行，未有不见是物，先有是事。此亦毫厘倏忽之间，非谓截然有等，今日知之而明日乃行也。"来信说，你所说的知行并举，不应该分别前后，就是《中庸》里的"尊德性而道问学"的功夫，相互存养、共同生发，内外修为一以贯之的道理。然而功夫的顺序、次序不能没有先后之差呀。就像知道是食物就去吃，知道是汤就去喝，知道是衣服就去穿，知道是路就去走。没有不见到这个事物的时候，就先去做这个事的。这里的事也是在毫厘瞬间的微妙，不是说就截然有次序，今天知道了，明天就去实行了。顾东桥提出来，无论如何，知和行是有个次第、有个顺序、有先有后的，那这就不能算知行合一了。

既云"交养互发、内外本末一以贯之"，则知行并进之说无复可疑矣。王阳明说，既然你已经说了"交养互发、内外本末一以贯之"，那你就知道了知行并举的观点没有什么可疑的了。又云"工夫次第不能无先后之差"，无乃自相矛盾已乎？你又讲了功夫顺序不能没有先后之差，这不是前后矛盾吗？你前面讲一以贯之，后边讲要有一个前后之差，这不是自相矛盾吗？**"知食乃食"等说，此尤明白易见，但吾子为近闻障蔽，自不察耳。**"知食乃食"的观点，更加显而易见，但是你被朱子的先知后行的观点所蒙蔽，自己又不去进一步考察啊。**夫人必有欲食之心然后知食。**人一定是先有了想吃的心，然后才知道去吃食物。**欲食之心即是意，即是行之始矣。**想要吃的心就是意念，就是实行的开始。**食味之美恶必待入口而后知，岂有不待入口而已先知食味之美恶者邪？**而食物的味道是美是臭一定要等吃到口里才知道，哪有不等吃到口里就先知道食物味道的美和臭呢？**必有欲行之心，然后知路。**一定有了要走的心思，然后才知道要走的路。**欲行之心即是意，即是行之始矣。**想要走的心思就是意念，就是要走的开始。**路岐之险夷必待身亲履历而后知，岂有不待身亲履历而已先知路岐之险夷者邪？**道路有多少岔道，有多少危险，有多少屏蔽，那一定等到自己亲身履历而后才知道，哪有不等到自己亲自履历就已经先知道路的崎岖险阻的呢？**"知汤乃饮"，"知衣乃服"，以此例之，皆无可疑。**"知汤乃饮""知衣乃服"等，以此为证，都没有可以怀疑的。**若如吾子之喻，是乃所谓不见是物而先有是事者矣。**如果就像你所说的，这就是所谓的没见到这个事物就已经先有这个事物了。**吾子又谓"此亦毫厘倏忽之间，非谓截然有等，今日知之而明日乃行也"，是亦察之尚有未精。**你又讲"此亦毫厘倏忽之间，非谓截然有等，今日知之而明日乃行也"，这也是你的体察还不够精确啊。**然就如吾子之说，则知行之为合一并进，亦自断无可疑矣。**所以就如你所说，知和行合二为一是并举的，也就自然没有可怀疑的了。这段的前提是顾东桥怀疑王阳明的"知行合一"之说，认为先有知后有行，最起码知行有个顺序，不是同时的。王阳明说，你知了就是行的开始，要没有知就不能行。心里没想到要去买东西，你就不能出门坐车，你出门坐车去市场买东西，就因为你原来想了，想和去这是一个事。想这个事，知道这个事是做这个事的开头。到市场买了东西，是这个事的完成。所以他说，"知者行之始，行者知之成"。路岐之险夷你一定要自己走一遍才能知道。所以说，知道路险和走路，不是两码事。不走就不知道险不险。反过来，没有这个想法，也不会有走的行为。所以，实际走路和想走路是一件事。这个道理就是，知和行是一回事。只知道知而不去行，就不是一个完整的知。王阳明把这个道理揭示出来，对于我们民族文化的意义很重大。"知行合一"，要践行，不践行这事就不存在。顾东桥既说知和行是有顺序的，又说"此亦毫厘倏忽之间，非谓截然有等，今日知之而明日乃行也"。他这么说就被王阳明抓住，说你这是前后矛盾。于是说"是亦察之尚有未精。然就如吾子之说，则知行之为合一并进，亦自断无可疑矣"。他反过来以对方的话，回击了对方。按你的说法也是知行合一，断无可疑。

一三三

来书云："真知即所以为行，不行不足谓之知，此为学者吃紧立教，俾务躬行则可。若真谓行即是知，恐其专求本心，遂遗物理，必有暗而不达之处。抑岂圣门知行并进之成法哉？"
来信说，真知道那你就要践行，不能践行不足以称之为知道，这是为学者在关键的地方立教，一定要亲自践行才可以。如果真认为践行就是知，恐怕学者们就专门探求本心，而遗忘了事物的天理，一定有糊涂而不通达之地方。这难道真是圣门知行并举的成法吗？顾东桥是赞同知行合一的，只是他对"行就是知"有所疑惑。

知之真切笃实处，即是行；王阳明说，认知到了真切笃实的程度就是行。比如你想了解马，你肯定要看看马长什么样，马的习性是什么，马如何吃草、饮水，马车怎么套，马怎么拉车，这些东西你真了解到笃实的程度了，就是行。**行之明觉精察处，即是知：**践行到了明白精准的程度就是知。无论是赶马车还是当兽医，在接触马的过程当中研究到精察处，研究出了自己的门道来，这个就是知。在实践当中更深刻了，所以这个知行合一的功夫就是这么回事儿。如果知而不行，不是知，不可能是真知。**知行工夫本不可离。**所以这个行和知的工夫是分不开的。**只为后世学者分作两截用功，失却知行本体，故有合一并进之说。**只是因为后来的学者把它们分作两部分来用功，失去了知和行的本体意义，这才有了知和行合一并举的观点。所以才提出知行合一之说。**"真知即所以为行，不行不足谓之知"，即如来书所云"知食乃食"等说可见，前已略言之矣。**"真知即所以为行，不行不足谓之知"，就像来书所讲"知食乃食"等观点可以见证，前面已经简要说过了。**此虽吃紧救弊而发，然知行之体本来如是，非以己意抑扬其间，姑为是说以苟一时之效者也。**这虽然是为了危机之中拯救时弊而提出来的，然而知和行的本来意义就是如此的，并非是把我自己的意见强加其间，姑且为了一时效果而有如此说法。**"专求本心，遂遗物理"，此盖失其本心者也。**"专求本心，遂遗物理"是顾东桥说的，认为王阳明过于强调"知行合一"了。如果知就是行的话，那么人们不就专修本心，丢掉了研究事物天理了吗？王阳明说，你如果这么认为，那就失其本心了。**夫物理不外于吾心，外吾心而求物理，无物理矣；**事物的天理不在我心之外，离开我的心向外探求事物的天理，那就没有事物的天理了；**遗物理而求吾心，吾心又何物邪？**丢掉了事物的天理而去探求我的心，我的心又是什么物啊？这里就涉及了"心外无理"，人们大多对这个说法不是很理解。"心外无理"大致是说，心外没有我的善心所及之物，没有我的良知所及之理。我的良心所涉及的物，就要以天道对待这个物，这就是天理所及、良心所及。心外我没想到的物，我也不了解那个物，那么心外的这个物就没有我的良知所及。离开我的良知去探求事物的天理，那就没有事物的天理了。没有良心所及的事物的天理，那对待事物就可以乱来了。丢掉了事物的天理去探讨良知，那你的良知也是空的，人的本心是要依托于物的。这一点王阳明还是很高明的，他没有离开基本物质，这样就避免和佛、道的苟同。**心之体，性也，性即理也。**心之本体是人性，是天性，人性就是天理。**故有孝亲之心，即有孝之理，无孝亲之心，即无孝之理矣。**所以有了孝亲这个心，就有孝亲这个理，没有孝亲之心，就没有孝亲的理。**有忠君之心，即有忠之理，无忠君之心，即无忠之理矣。理岂外于吾心邪？**有了忠君的心，就有了忠君的理，没有忠君的心，就没有忠君的理。这个天理岂能在我的良心之外呢？那这样看来，天理怎么能离开我的心呢？离开我的心就没理了。进一步强调离开我心去求物理，无物理啊。无心则无理，心即理。**晦庵谓："人之所以为学者，心与理而已。心虽主乎一身，而实管乎天下之理，理虽散在万事，而实不外乎一人之心。"**朱熹说，人之所以去做学问、求知识、求修养，原因就在于弄明白心与理的道理罢了。心虽然主宰一身，而实际统管着天下的道理；天理虽然散存于万事万物之中，而实际上不外乎集中在一人之心。**是其一分一合之间，而未免已启学者心理为二之弊。**这是他把心和理分开了，在这一分一合之间，未免就已经启发了学者认为心与理为二的弊端啊。当人们不重视社会实践，不重视个人修养行为，只是坐而论道的时候，王阳明强调知行合一。**此后世所以有"专求本心，遂遗物理"之患，正由不知心即理耳。**自此后世就有了所谓的"专求本心，遂遗物理"的错误，正是由于不知道心就是理啊。**夫外心以求物理，是以有暗而不达之处，此告子"义外"之说，孟子所以谓之不知义也。**向心外探求事物的天理，就会有晦暗不明的地方，这就是告子的"义外"之观点，孟子因此称之为不懂得义啊。《孟子》中讲，告子说"仁内，义外"。仁的思想、恻隐之心人皆有之，这是人内在的东西；义，帮助别人做好事，这是外在东西。告子提出之后被孟子给批驳了，孟子认为义和仁都是内在的。王阳明在这里提出丢掉了本心去求事物天理，这就是告子的"义外"之说。所以孟子批判告子不强调本心，而到外边求义，是不对的。**心一而已，以其全体恻怛而言谓之仁，以其得宜而言谓之义，以其条理而言谓之理；**心是一个宗旨而已，以他全身心地恻隐、关爱别人而言，称之为仁。以他处事合乎时宜、恰到好处而称之为义。义者，宜也；宜者，义也。以他合乎条理、按照天理人心办事而称之为理。**不可外心以求仁，不可外心以求义，独可外心以求理乎？**不能够向心外去探求仁，不可以向心外去探求义，怎么能单独向心外去探求天理呢？**外心以求理，此知行之所以二也。**离开心向外去探求天理，这就是知和行之所以为二了。**求理于吾心，此圣门知行合一之教，吾子又何疑乎？** 于我心中探求天理，这是圣门知行合一的教导，你还有什么可疑的呢？修养的关键是要抓住自己的心。元代有个大思想家、大教育家，叫颜元，字习斋。颜习斋一生颠簸困苦，他和底层群众接触很多。他成名之后，建议元朝皇帝要将教育和实践结合。只是静坐不行，得行动，得劳动，得种地，得做事。朱熹的修养方法，是穷理居敬。所以王阳明在那个时候猛烈抨击朱熹的"静坐冥想""穷理居敬""循序渐进""居静持志"，等等。到了明朝，朱元璋一开始就跟刘伯温商量，不但要搞科举考试，还要规范考试卷子，进行标准化的考试，提出了八股取士。到了明宪宗的时候，王阳明参加考试之前就已经落实了八股文考试，这样就把科举制度架空起来，脱离实际了。所以王阳明一再强调"知行合一"，就是针对当时的社会风气。八股文考试导致官员大多喜欢坐而论道，不去解决人民疾苦、边疆倭寇等问题。所以王阳明强调，你们要知道我提出"知行合一"的目的是什么，就是要解决那些坐而论道、坐而不行的问题。把这个宗旨理解好了，说成合一，说成两个，那又有什么关系呢？这是王阳明的宗旨。我们理解了这个宗旨之后，对王阳明有些强词夺理的话就可以理解了。

一三四

来书云："所释《大学》古本，谓'致其本体之知'，此固孟子尽心之旨。 来信说，先生你所阐释的《大学》古本，说要"致其本体之知"，这固然是孟子提倡尽心的本质。**朱子亦以虚灵知觉**

为此心之量。朱熹也是以虚灵之心去感知天下事理，作为人心的衡量。虚灵知觉是有点受道家的影响，这就是庄子的"虚室生白"思想的借鉴，只有虚，只有空，思维才透亮。通俗来讲就是很多问题都充斥在脑袋里，你的思考就不清晰，把这些问题一件件排出去，脑袋空下来，然后才能虚灵精觉而明察。**然尽心由于知性，致知在于格物。"** 然而尽心是由于知性，致知则在于格物。先生你讲的，一下子就着手到良知上，着手到诚意上，不是把格物放在首位。可是按照古圣先贤所讲，诚意在于致知，致知在于格物。这样格物应该是第一位的，然后才能致知，致知之后才能诚意。可是按照您的解释，要致其本体之知，上来就讲良知。这当然是孟子讲过的，可以讲。但是朱子讲过虚灵知觉端正此心，尽心由于知性，致知由于格物，不能把根本丢掉，就专谈致其本体之知呀。

　　"尽心由于知性，致知在于格物"，此语然矣。王阳明说，"尽心由于知性，致知在于格物"，这话说得对。**然而推本吾子之意，则其所以为是语者，尚有未明也**。然而探讨你的本意，之所以你能说这个话，那是你还有未明的地方。**朱子以"尽心、知性、知天"为物格、知致，以"存心、养性、事天"为诚意、正心、修身，以"夭寿不贰、修身以俟"为知至仁尽、圣人之事**。朱熹把"尽心、知性、知天"认为是物格、知致，把"存心、养性、事天"作为诚意、正心、修身，把"夭寿不贰、修身以俟"作为知至仁尽、作为圣人之事。**若鄙人之见，则与朱子正相反矣**。如果以我个人的意见，那么就和朱子的观点正相反。**夫"尽心、知性、知天"者，生知安行，圣人之事也；** 尽心就是把心修养得非常完善，把与生俱来的人的善性发展得非常充分，叫尽心。知性，是知道作为人来讲，应该做个人性饱满的人。知天，就是知天命，知天给我的安排。我是什么才干，什么体质，适合干什么，不适合干什么，我能摆好我的位置，这都叫知天。"生知安行"，生而知之，安而行之。这个生而知之，是说做人的本分，君臣、父子、情义、人道等。安而行之，他很自然而然地按这个君臣父子之道去做，不是有意识逼迫自己去做。"圣人之事也"，这是圣人能做到的事啊。能做到这些就是圣人了。**"存心、养性、事天"者，学知利行，贤人之事也；**存心，要有意识地去保存自己的良知不丢。养性，就是养与生俱来的善性。仁义礼智，四大善端要养。怎么养？像每日浇花一样，多做好事，就是养善性。事天，有意识地、恭恭敬敬地对待天，对待大自然，对待老百姓，这都叫事天。古人非常自觉，把对待老百姓的问题就看作对待天的问题。"学知利行"，学而知之，利而行之。不是生而知之，是学而知之。利而行之，利用一切的机会，可做好事的机会，都要去行善事、行好事。这样的人是贤人啊。王阳明把经书讲到了极致，透到灵魂里去了！朱熹没有挖掘到这种程度，他是反过来说的，他说"尽心、知性、知天"是物格、知致的事。王阳明说不对，"夫'尽心、知性、知天'者，生知安行，圣人之事也"。存养善心，培养善性，很好地对待自然和人民，学而知之，利而行之，这是贤人的事。这是三等人罢了。**"夭寿不贰，修身以俟"者，困知勉行，学者之事也。**"夭寿不贰，修身以俟"的，是困知勉行，这是学者的事情啊。王阳明是把圣人的思想挖尽了，他的努力是在宋朝五子的基础上，把我们民族形而上的东西给补充上来。唐朝的韩愈、李翱就发现，和佛教相比，我们似乎缺了点儿什么。琢磨来去，发现我们不但不缺，还更多、更深刻呢！这些思想就在古代的典籍中。到了宋朝，更加重视《中庸》《大学》《易经》等。**岂可专以尽心、知性为知，存心、养性为行乎？**怎么能只把尽心、知性当作知，存心、养性当作行呢？**吾子骤闻此言，必又以为大骇矣。**你乍一听我的话，一定又感到惊骇，说我讲了大不韪的事。**然其间实无可疑者，一为吾子言之：**然而我讲的这三者关系实在是没有可疑的，我都给你说一说。**夫心之体，性也；性之原，天也。**心的本体是性；性的本原是天。**能尽其心，是能尽其性矣。**能够尽其心，就是能尽其人性啊。**《中庸》云："惟天下至诚为能尽其性。"**《中庸》讲，只有天下最诚的人才能够很好地发挥尽人的本来善性。**又云："知天地之化育，质诸鬼神而无疑，知天也。"**又讲，知道了天地的化育功能，用鬼神来质疑也没有疑虑，就是知道天了。这里的"鬼神"，不是迷信中所说的鬼神，是"圣而不可知之之谓神"，让别人在不知不觉当中受其惠，这本身就是神。就像我们享受着春夏秋冬四季轮回带给我们的喜悦和收获，这是天在做，但我们看不到，这都叫神。**此惟圣人而后能然，故曰"此生知安行，圣人之事也"。**这也只有成为圣人之后才能做到，所以说"这生知安行，是圣人之事"了。**存其心者，未能尽其心者也，故须加存之之功。**存养其心的，但还不能尽其心的，所以需要加上存养的功夫。没到完全尽其心的人，才能谈存其心，要保留这个善心，怕丢了。**必存之既久，不待于存而自无不存，然后可以进而言尽。**一定要存养善心很久，不用刻意去存养，自然而然就能无时无刻不在存养的时候，就存住了，然后才能进而谈到尽心。所以尽心比存心要高级。**盖"知天"之"知"，如"知州"、"知县"之"知"，知州则一州之事皆己事也，知县则一县之事皆己事也，是与天为一者也；**知天的知，就如知州、知县的知，知州，那就是一州之事都是自己的事，知县，那就是一县之事都是自己的事了，就是与天理合为一体了。**"事天"则如子之事父，臣之事君，犹与天为二也。** 如果"事天"就犹如儿子侍奉父亲，臣子侍奉君主，那就和天还是为二，不是一体。**天之所以命于我者，心也，性也，吾但存之而不敢失，养之而不敢害，如"父母全而生之，子全而归之"者也。** 天之所以赋予我的，是本心，是本性，我只有很好地存养它而不敢丢失，只有很好地修养它而不敢伤害它，就如"父母全而生之，子全而归之"一样。像曾子那样，生病之后跟弟子说，"启予手，启予足"，你们看看我有什么缺损没有。《孝经》中说："身体发肤，受之父母，不敢毁伤，孝之始也。"**故曰"此学知利行，贤人之事也"。** 所以说，这是学而知之，利而行之，是贤达人的事情。**至于"夭寿不贰"，则与存其心者又有间矣。** 至于"夭寿不贰"的人，又与存养心性的人有所区别。**存其心者虽未能尽其心，固已一心于为善，时有不存，则存之而已。** 存养自己心性的人虽然不能尽其心，然而固然已经一心为善，虽然有时没有存养，那么继续存养就是了。**今使之"夭寿不贰"，是犹以夭寿贰其心者也。** 现在提出来要他"夭寿不贰"，那就像说他原来还以夭寿为理由把其心分成两个。**犹以夭寿贰其心，是其为善之心犹未能一也，存之尚有所未可，而何尽之可云乎？** 就像他原本还以夭寿的理由把其心分成两个，这是他要为善的心还不能专一，存养善心还有所不能，怎么就能谈到尽心呢？**今且使之不以夭寿贰其为善之心，若曰死生夭寿皆有定命，吾但一心于为善，修吾之身，以俟天命而已，是其平日尚未知有天命也。** 如今先且让人不要以夭寿为理由而妨害为善之心，假使说死生夭寿都有定数，我只要一心为善，修养我自己的身心，以等待天命就可以，那就是他平日里并不知道有天命的存在。这里就多少有点强词夺理。**"事天"虽与天为二，然已真知天命之所在，但惟恭敬奉承之而已耳。**"事天"虽然是与天分而为二，然而已经真正知道是有天命存在的，只要恭敬奉承天命就可以了。**若俟之云者，则尚未能真知天命之所在，犹有所俟者也。**像等待天命安排之类的话，就是还没有真正知道有天命的存在，而仍旧等待天命出现。还有所等待，稍有点强词夺理，只是注重了逻辑，而没注重情理。**故曰"所以立命"。**所以说，"之所以有立命之说"。**"立"者，创立之立，如立德、立言、立功、立名之类。**立，就是创立的立，就像立德、立言、立功、立名之类。**凡言"立"者，皆是昔未尝有而今始建立之谓，孔子所谓"不知命，无以为君子"者也，故曰"此困知勉行，学者之事也"。**凡是说到"立"字的，都是以前不曾有过，而现在开始建立的意思，就像孔子所讲的，"不知命，无以为君子"啊。所以说这个困而知之，勉而行之，是学者的事情。**今以尽心、知性、知天为格物致知，使初学之士尚未能不贰其心者，而遽责之以圣人生知安行之事，如捕风捉影，茫然莫知所措其心，几何而不至于"率天下而路"也！**现在就把尽心、知性、知天当作格物致知，使得初学者在不能内心专一为学、为善的时候，就立即以圣人生知安行的标准要求他，那就像捕风捉影一样，使他茫茫然不知所措，怎么能不使他"率天下而路"！"率天下而路"出自《孟子》，意思是带领天下的人奔波于道路，目标不准，东西乱闯。这里是说，给学习者定的目标不准，把对圣人的要求用在普通人身上了，大家茫茫然捕风捉影，没有目标地在道路上奔波忙碌。**今世致知格物之**

弊，亦居然可见矣。 当今世上致知格物的弊端，也是显而易见了。**吾子所谓"务外遗内，博而寡要"者，无乃亦是过欤？** 你所说的"务外遗内，博而寡要"的现象，不也是一种错误吗？"务外遗内"，大意是说外在装作有文化、有教养、有礼貌，而内在的良知、良心皆无。"博而寡要"，大意是说看了很多书后就振振有词，但没有抓住知行合一，良知、良心已经丢了。现代社会也常见这类问题。**此学问最紧要处，于此而差，将无往而不差矣！** 这是学问最紧要的地方，在这个问题上如果有了差别，那就会一错百错了。良知、良心、内在修养，在这些方面不注意，就有了错误，以后所有的问题都会有错误。**此鄙人之所以冒天下之非笑，忘其身之陷于罪戮，呶呶其言，其不容已者也。** 这就是我之所以甘冒天下之大不韪，不怕别人耍笑、讥笑，不怕自己陷入罪戮，还要喋喋不休地讲这个道理，外界怎么说就随他去吧。"不容已"在这里有两个意思：一是谤言四起，不去止谤；二是谤言四起，没办法止，不由我来停止。这很有孟子"舍我其谁"的精神。虽然王阳明在语言上始终没有像孟子那么放得开，但是这个意思就暗含着自己的责任担当。

一三五

来书云："闻语学者乃谓'即物穷理'之说，亦是玩物丧志；又取其'厌繁就约'，'涵养本原'数说标示学者，指为'晚年定论'，此亦恐非。" 来信说，听说先生你告诉学生，朱子的"即物穷理"之说，就是针对这个事物去研究道理，这也是玩物丧志。又取朱子的"厌繁就约""涵养本原"等几种学说来标示给学者看，并认定这是朱子的"晚年定论"，这恐怕不是正确的。直指明心，直指致良知，别的都不要，别老读书，越读越糊涂，就抓住良心，这就叫"厌繁就约"；修养本来的天性、善性，这就叫"涵养本原"。"晚年定论"是指王阳明五十岁左右在南京为官期间，发现了朱熹晚年的一些观点。晚年的朱熹在与学生来往的信件中写到，他这一生做学问，也有许多毛病，向外下的功夫多，向内下的功夫少。这也是王阳明之前总批评朱熹的一些方面，王阳明看到这些旧本、旧信，就发现朱熹到晚年时候其实已经认识到这个问题了。王阳明的反对派，大学士桂萼，他原本跟王阳明关系挺好的，后来王阳明功劳太大，他就有点嫉妒，比较偏狭。桂萼说王阳明自己提出这个学说，本来就是很虚空的，于是就制造出一个《朱子晚年定论》，用于掩盖其说之劣。他这么说之后，时人就开始攻击王阳明。为什么呢？多年来大家平平稳稳地学朱熹，每个人都混得不错，就凭这个考试成功当了官。结果王阳明指出他们不注重"致良知"，不"知行合一"，他们能接受吗？所以他们都反对王阳明。

朱子所谓"格物"云者，在即物而穷其理也。王阳明说，朱子讲的所谓"格物"，就是在这个事物上穷究其天理。**即物穷理，是就事事物物上求其所谓定理者也，是以吾心而求理于事事物之中，析"心"与"理"而为二矣。**这个"即物穷理"，就是在事事物物上去探求它所谓的定理，是用自己的心到事事物物中去探求天理，这就把"心"与"理"分而为二了。**夫求理于事事物物者，如求孝之理于其亲之谓也。**那么在事事物物中探求天理，就如同我到我父母那里去求孝亲的道理。只是去研究对象，而没研究自己。**求孝之理于其亲，则孝之理其果在于吾之心邪？抑果在**

于亲之身邪？如果在父母身上去探求孝的理由，那么孝亲的天理是在我心里呢？还是在父母身上呢？**假而果在于亲之身，则亲没之后，吾心遂无孝之理欤？**假如真的在父母那里，在父母没了之后，那我心里就没有孝亲的天理了吗？**见孺子之入井，必有恻隐之理，是恻隐之理果在于孺子之身欤？抑在于吾心之良知欤？其或不可以从之于井欤？**见到小孩子要掉到井里，必然会有恻隐的天理，那么这个恻隐之理真的在孩子那里吗？还是在我心中的良知上呢？还是不可以跟从他跳入井中？《论语》的"井有仁焉"，有人说井里有仁德啊，你们不是要学仁德吗？井里有个人，你要跳到井里去救他呀，这才叫仁德。那么我们怎么办呢？盲目跳井去救人吗？不，"君子可逝也，不可陷也"，君子人听了之后可以跑到井边看一看，井里到底有没有人，到底有多深，怎么个救法，不能盲目跳下去。两千多年前就把这个事情说得这么清楚。**其或可以手而援之欤？**其或许可以伸出手就把他拉出来呢？这又是《孟子》中的话，"嫂溺则援之以手乎？"**是皆所谓理也，是果在于孺子之身欤？抑果出于吾心之良知欤？**这都是所谓的恻隐之理。这个恻隐之理果真在孩子身上吗？还是真在我的良心之上呢？**以是例之，万事万物之理，莫不皆然。**用这个例子来讲，万事万物的理没有不是这样的。那都在我心，不在别人身上啊。**是可以知析心与理为二之非矣。**这就可以知道将"心"与"理"分而为二是错的。这个"析"就做分开讲，一个木头砍两半为析。**夫析心与理而为二，此告子"义外"之说，孟子之所深辟也。**而把"心"与"理"分而为二，这是告子的"义外"观点，是孟子深深批评的。**"务外遗内，博而寡要"，吾子既已知之矣。是果何谓而然哉？**"务外遗内，博而寡要"这个道理，你现在既然已经明白了，为什么还这样讲话呢？**谓之玩物丧志，尚犹以为不可欤？** 说它是玩物丧志，还有什么不可以的呢？**若鄙人所谓致知格物者，致吾心之良知于事事物物也。** 就像我所说的致知格物，是将我内心中的良知在事事物物中极致地实现。**吾心之良知，即所谓天理也。** 我内心中的良知，就是所谓的天理。**致吾心良知之天理于事事物物，则事事物物皆得其理矣。** 将我内心中的良知天理在事事物物中极致地实现，那么事事物物就能得到它的天理了。这就是心即理的道理，心外无理，把我心的良知用在事事物物之上，事事物物皆得其理，皆得其待遇，皆得其安排，皆得其应用。如果是用修养不好的那个心去对待万事万物，那就不能各得其所了。**致吾心之良知者，致知也。** 将我内心中的良知得以充分实现，就是致知。**事事物物皆得其理者，格物也。** 能够使得事事物物都能得其天理，就是格物。格物，就是格己心之非，推而广之，事事物物皆得其适当安排，就叫格物。我们有条理地工作，也都是格物的结果。**是合心与理而为一者也。** 这是把"心"和"理"合而为一的结果。**合心与理而为一，则凡区区前之所云，与朱子晚年之论，皆可以不言而喻矣！** 将"心"与"理"合而为一，那么凡是我之前所讲的，和朱子晚年所论述的，都可以不言而喻了。我的主张和朱熹晚年之论是一样的，没有区别。关于格物，王阳明讲的是格己心之非，那怎么又到"致吾心之良知者，致知也。事事物物皆得其理者，格物也"呢？按王阳明说的这个道，出发点就是要解决只空论道而不行动的问题，解决不把圣人的思想落到社会实际的问题，要知行合一。一切问题的解决都源自我们内心的道理要明晰，明晰而后变为行动。心就是理，心就是理的总枢纽。心要善良、纯正，诚实专一于天理的实施、践行，把我们的良知用于万事万物，那么国家的事、天下的事自然就能合理地解决，万物也就能够和谐地共生、共存。

一三六

来书云：“人之心体本无不明，而气拘物蔽鲜有不昏，非学问思辨以明天下之理，则善恶之机，真妄之辨，不能自觉；任情恣意，其害有不可胜言者矣。”来信说，人的内心原本没有不明的，而由于气量狭隘，拘束、窒碍善性，这种种的事物掩盖了善性，使得人心的本性很少有不昏暗的。要不通过学、问、思、辨来明白天下之理，那么善恶的根源，真伪的辨别，就不能自己觉察；如果任意放纵地做事，所带来的危害也是无法用语言描述的。学、问、思、辨是《中庸》中的话，“博学之，审问之，慎思之，明辨之，笃行之”。顾东桥的意思是说，学问思辨为知，笃行为行，这不还是分两步吗？你怎么说一步呢？王阳明认为，学问思辨哪一点都没有离开行。行如果没有学问思辨就不成其为行，并不是学问思辨之后才有行，行就在学问思辨的过程中。但是作为我们大部分普通人来讲，首先需要“致良知”，需要强调“知行合一”。

此段大略似是而非，盖承沿旧说之弊，不可以不辨也。王阳明说，这段话大概说得似是而非，这是沿袭朱熹脱离实际的弊端，不可以不辨别。**夫学问思辨行皆所以为学，未有学而不行者也。**学、问、思、辨、行这五方面都是做学问不可分割的一部分，没有学了而不去践行的。**如言学孝，则必服劳奉养，躬行孝道，然**

后谓之学，岂徒悬空口耳讲说，而遂可以谓之学孝乎？比如讲学习孝道这个事，就必须服侍奉养，亲自奉行孝道，然后这才称得上学，哪里只是悬空的信口开河随便讲，而后就可以称之为学孝吗？不是的。**学射则必张弓挟矢，引满中的；**学习射箭也一样，一定要拉满弓而挟箭，射中靶子；**学书则必伸纸执笔，操觚染翰；**学习写字得把纸铺平而后执笔，拿来墨壶砚台，然后蘸笔写字；**尽天下之学无有不行而可以言学者，则学之始固已即是行矣。**天下所有的学习就没有不践行就可以说是学了的，那么学习的开始就已经开始践行了。**笃者，敦实笃厚之意，已行矣，而敦笃其行，不息其功之谓尔。**笃，就是敦实笃厚的意思，已经践行了，这就是所说的敦实笃定地践行，持之以恒地用功。**盖学之不能以无疑，则有问，问即学也，即行也；**学的过程当中不能没疑问，有了问就提出问，问就是学，学就是行。**又不能无疑，则有思，思即学也，即行也；**又不能没有疑惑，有了疑惑就有思考，思考就是学，学就是行。**又不能无疑，则有辨，辨即学也，即行也；**又不能没有疑虑，有了疑虑就有分析，分析就是学，就是践行。**辨既明矣，思既慎矣，问既审矣，学既能矣，又从而不息其功焉，斯之谓笃行，非谓学、问、思、辨之后而始措之于行也。**分析了就能明白，思考了就能谨慎，问了就能审视，就能做到学了，从而又持之以恒地用功了，这就称之为笃行，不是说在学问思辨之后，才开始用之于践行。学、问、思、辨四者与行是一体的，学行一体，问行一体，思行一体，辨行一体，非为各自割裂。**是故以求能其事而言谓之学，以求解其惑而言谓之问，以求通其说而言谓之思，以求精其察而言谓之辨，以求履其实而言谓之行。**所以以能够完成其事情而言，称之为学；以能够解答疑惑而言，称之为问；以能够说得通自己而言，称之为思；以能够精微细察而言，称之为辨；以能够踏实做事而言，称之为践行。王阳明认为，学、问、思、辨、行，五者是一体的，就是知行合一的。从一个角度看是学，从其他的角度看是问、是思、是辨、是行。**盖析其功而言则有五，合其事而言则一而已。**分开来看这些功夫，有五个方面，合起来做事而言，就只是一件事。**此区区心理合一之体，知行并进之功，所以异于后世之说者，正在于是。**这就是我所说的心与理合一的本体，知和行并举的功夫，所以与朱子的学说不同，正在于这里啊。

今吾子特举学、问、思、辨以穷天下之理，而不及笃行，是专以学、问、思、辨为知，而谓穷理为无行也已。现在你特别举了学、问、思、辨，来穷尽天下之理，而没有谈及笃行，这就是专门把学、问、思、辨当作知，也就说是穷尽天理而无须践行了。**天下岂有不行而学者邪？岂有不行而遂可谓之穷理者邪？**天下哪有不践行就可以称作学习的呢？哪有不践行就可以称作是穷尽天理的呢？**明道云："只穷理，便尽性至命。"**明道说，只要穷尽天理，便能使天性充分发挥，而达到天命。**故必仁极仁，而后谓之能穷仁之理；**所以一定要在践行中仁爱到极致，而后称之为穷尽了仁爱的天理。**义极义，而后谓之能穷义之理。**在践行中义做到极致，而后称之为穷尽了义的天理。**仁极仁则尽仁之性矣，义极义则尽义之性矣。**仁爱达到了极致，那么就极尽了仁爱的本性，义达到了极致，那么就极尽了义的本性。**学至于穷理至矣，而尚未措之于行，天下宁有是邪？**学习到了穷尽天理的程度，而尚未开始用于践行，天下哪有这样的事啊？穷理也离不了行。**是故知不行之不可**

以为学，则知不行之不可以为穷理矣；因此，知道了而不去做就不能称之为学，知道了而不去践行就不可以穷尽天理；**知不行之不可以为穷理，则知知行之合一并进而不可以分为两节事矣。**知道了而不去践行就不可以穷尽天理，那就知道知和行应该合一并举，而不能分作两件事。**夫万事万物之理不外于吾心，而必曰穷天下之理，是殆以吾心之良知为未足，而必外求于天下之广以裨补增益之，是犹析心与理而为二也。**既然万事万物的道理不在我心之外，而又一定说要穷尽天下的事理，这大概是由于我们内心的良知还不充足，还必须要向外寻求广大天地间有益的事物加以增补，这仍旧是把"心"和"理"分作为二啊。**夫学、问、思、辨、笃行之功，虽其困勉至于人一己百，而扩充之极，至于尽性知天，亦不过致吾心之良知而已。**而具有了学、问、思、辨、笃行的功夫，虽是困勉之人，以至于要付出百倍于别人的努力，然而把功夫扩充到极致，以至于充分发挥本性而达到了知天命的程度，也不过就是充分实现我们内心的良知罢了。**良知之外，岂复有加于毫末乎？**内心中除了良知以外，难道还需要从心外添加丝毫吗？**今必曰穷天下之理，而不知反求诸其心，则凡所谓善恶之机，真妄之辨者，舍吾心之良知，亦将何所致其体察乎？**现在一定要说穷尽天下之事理，而不知道反过来向内心探求，那么凡是所谓的善恶的根源、真伪的辨别，舍弃了我内心的良知，又怎么能极致地体会省察呢？无论善恶、真妄，要舍掉内心的良知，你就体察不出一个正确结果。**吾子所谓"气拘物蔽"者，拘此蔽此而已。**你所谓的"气拘物蔽"，这是被这些问题拘蔽住了。拘此良心、蔽此良心而已。**今欲去此之蔽，不知致力于此，而欲以外求，是犹目之不明者，不务服药**

调理以治其目，而徒怅怅然求明于其外，明岂可以自外而得哉？现在先要去除掉这些拘蔽，却不知道在内心用功夫，而想向外求，这就像眼睛看不清楚了，不去服用药物调理来治疗眼睛，而是徒然盲目地向外寻求光明，眼睛的明亮岂能是向外求而得的吗？**任情恣意之害，亦以不能精察天理于此心之良知而已。**任意放肆行事的危害，也是由于不能在内心以良知仔细省察天理罢了。**此诚毫厘千里之谬者，不容于不辨，吾子毋谓其论之太刻也。**这真的是失之毫厘，谬以千里，不能不加以分辨省察，你不要认为这些说法太苛刻了。

一三七

来书云："**教人以致知明德，而戒其即物穷理，诚使昏暗之士深居端坐，不闻教告，遂能至于知致而德明乎？**来信说，阳明先生你教导人要致知明德，而劝诫他们不要在事物上穷究天理，真要使得昏聩糊涂之人深居空坐，不听圣贤教导，那就能使他们良知很好地实现而德行昌明了吗？**纵令静而有觉，稍悟本性，则亦定慧无用之见，果能知古今，达事变，而致用于天下国家之实否乎？**纵然使得这些人在静中有所觉悟，稍微体悟一些本性，那也是一些禅定智能之类无用的见解，真能用到通晓古今，通达事变曲直，而能很好地用于天下国家实际管理当中吗？**其曰'知者意之体，物者意之用，格物如格君心之非'之'格'，语虽超悟独得，不蹈陈见，抑恐于道未相吻合。**"阳明先生你说过，"知是意的本体，物是意的作用，格物的格就如格君心之非的格"，这话虽有超高的悟性，独到的见解，不重复于旧见，但也恐怕于圣道不相吻合吧。顾东桥是进士出身，学得非常明晰，他对王阳明基本的思想并不否定，而是在一些细微处给他点出来。所以通过这封信的论辩，也提高了王阳明关于"知行合一""致良知"观点的明觉性、深察度。

区区论致知格物，正所以穷理，未尝戒人穷理，使之深居端坐而一无所事也。王阳明说，我所教人的致知格物，正是穷尽事物的天理，从来没有禁止别人穷尽事物天理，使得他深居端坐什么事也不做。**若谓即物穷理，如前所云"务外而遗内"者，则有所不可耳。**如果说是即物穷理，只在事物上穷理，就像此前所讲的"务外而遗内"，只注重外在的寻求而忽视内心的修养，那这是不可以的。**昏暗之士，果能随事随物精察此心之天理，以致其本然之良知，则虽愚必明，虽柔必强，大本立而达道行，九经之属可一以贯之而无遗矣。**如果糊涂的人真能做到随事随物上时刻精察自己内心的天理良知，以使得自己本来的良知得以很好地实现，那他虽然愚昧也一定能明白，虽然柔弱也一定能强大起来，就会使大本得以立，达道得以行，九经之类的治国之道就可以一以贯之地执行而没有遗漏。**尚何患其无致用之实乎？**如果这些都能做到了，还怕他没有治国的实际才能吗？**彼顽空虚静之徒，正惟不能随事随物精察此心之天理，以致其本然之良知，而遗弃伦理，寂灭虚无以为常，是以要之不可以治家国天下。**那些顽劣坚持虚灵静空之徒，正是不能在随事随物上时刻精察自己内心的天理良知，以使得自己本心的良知得以实现，才会抛弃伦常道理，以寂灭虚无为正常，这些概括起来讲是不可以治理天下国家的。**孰谓圣人穷理尽性之学而亦有是弊哉？**谁说圣人的穷尽天理极尽本性的学说也有这样的弊病呢？真正的学不都是体现在事上吗？王阳明在这已经将观点鲜明地说清楚了。要在事事物物上去体现良知、天理，而佛、道之徒，虚灭寂静之士，是空谈误事、误国。这就看到王阳明学说的坚实。**心者身之主也，而心之虚灵明觉，即所谓本然之良知也**。心是身体的主宰，而心里的虚灵明觉，正是所谓人本心所固有的良知。**其虚灵明觉之良知，应感而动者谓之意。**这个虚灵明觉的良知，感应到周围事物而有所动就是意念。**有知而后有意，无知则无意矣**。有了感知而后就有了意念，没有感知就没有意念。**知非意之体乎？**知不就是意的本体吗？**意之所用，必有其物，物即事也**。意念之所以有所用，一定要有这个物在，这个物就是事物。**如意用于事亲，即事亲为一物；意用于治民，即治民为一物；意用于读书，即读书为一物；意用于听讼，即听讼为一物：凡意之所用无有无物者，有是意即有是物，无是意即无是物矣**。如果这个意念用于侍奉父母亲上，那么侍奉父母亲就是一件事物；意念用于治民上，那么治民就是一件事物；意念用于读书上，那么读书就是一件事物；意念用于听讼上，那么听讼就是一件事物：凡是意念所作用到的没有无物的，有这个意念就有这个事物，没有这个意念就没这个事物。**物非意之用乎？**这个物不就是意念的作用吗？**"格"字之义，有以"至"字训者，如"格于文祖"、"有苗来格"，是以"至"训者也**。关于"格"的意思，有用"至"来解释的，如"格于文祖""有苗来格"，都是《尚书》中的话，是指"到了太庙""有苗人来"。这都是用"至"来解释的。**然"格于文祖"，必纯孝诚敬，幽明之间，无一不得其理，而后谓之"格"；**然而"格于文祖"，必然是至纯的孝、至诚的敬，阴阳两界之间，没有谁不明白这个道理的，然后才称之为"格"。**有苗之顽，实以文德诞敷而后格，则亦兼有"正"字之义在其间，未可专以"至"字尽之也。**苗人固有其顽劣之性，只有使用礼乐文德感化帮助他们，而后才能格，那么这个"格"也兼有"正"字的意思在里边，不是专以"至"字能完全表达清楚的。"诞敷"，有以文德化育帮助之意；"而后格"，其中也还有使之正的意思，使之格而后正。**如"格其非心"、"大臣格君心之非"之类，是则一皆"正其不正以归于正"之义，而不可以"至"字为训矣。**像"格其非心""大臣格君心之非"之类的话，这个"格"都是纠正其不正确的以使其归于正确的意思，正其不正归于正，格其不正归于正，就叫格物，这就不可以用这个"至"字来解释格物。**且《大学》"格物"之训，又安知其不以"正"字为训，而必以"至"字为义乎？**况且《大学》中对"格物"的解释，又怎么知道他不是用"正"字来解释，而必须要用"至"字来解释呢？**如以"至"字为义者，必曰"穷至事物之理"，而后其说始通。**如果用"至"字来解释，就必须说"穷至事物之理"，而后才能说得通。**是其用功之要全在一"穷"字，用力之地全在一"理"字也。**这样一来，用功的要领全部在于一个"穷"字上，用力的地方全在于一个"理"字上。**若上去一"穷"、下去一"理"字，而直曰"致知在至物"，其可通乎？**如果前面去掉一个"穷"字，后面去掉一个"理"字，而直接说成"致知在至物"，那能说得通吗？**夫"穷理尽性"，圣人之成训，见于《系辞》者也。**"穷理尽性"的观点，是圣人既定的教诲，在《易经·系辞》中就有记载啊。**苟"格物"之说而果即"穷理"之义，则圣人何不直曰"致知在穷理"，而必为此**

转折不完之语，以启后世之弊邪？假如"格物"的观点果真是"穷理"的意思，那么圣人为什么不直接说"致知在穷理"，而一定要说这个转折而又不完整的话，因而导致后世理解的弊端呢？**盖《大学》"格物"之说，自与《系辞》穷理大旨虽同，而微有分辨。**《大学》中的"格物"之说，自当与《易经·系辞》中的"穷理"大体意思虽同，但也有细微的分别。**"穷理"者，兼格、致、诚、正而为功也。**穷理兼含着格物、致知、诚意、正心的功夫。**故言"穷理"，则格、致、诚、正之功皆在其中；**所以谈"穷理"，那么格物、致知、诚意、正心等功夫都在其中了。**言"格物"，则必兼举致知、诚意、正心，而后其功始备而密。**谈"格物"，就一定兼有致知、诚意、正心等功夫，然后格物的功夫才能充分而严谨。格物、致知、诚意、正心合起来是穷理。只讲格物，不讲致知、诚意、正心，它就不完备。**今偏举格物而遂谓之穷理，此所以专以穷理属知，而谓格物未尝有行，非惟不得"格物"之旨，并"穷理"之义而失之矣。**如今你偏列举了"格物"就称之为"穷理"，这只是把"穷理"当作知，而认为"格物"不包括践行了，这不但没有抓住"格物"的要领，也同时把"穷理"的意义搞丢了。**此后世之学所以析知行为先后两截，日以支离决裂，而圣学益以残晦者，其端实始于此。**这就是后世学者之所以把知和行分为先后两截，使得学问一天天走向支离破碎，而圣学也一天天残缺晦暗，就是从这里开始的。**吾子盖亦未免承沿积习见，则以为"于道未相吻合"不为过矣。**你这未免承袭了过去的见解，所以认为"我的观点与圣道不相吻合"，就不为过了。你承袭了陈言老调，因为你没弄清楚。

一三八

来书云：“**谓致知之功，将如何为温清、如何为奉养？即是诚意，非别有所谓格物，此亦恐非。**”来信说，致知的功夫，是怎么让父母冬暖夏凉？是怎么奉养？这就是诚意，不是另有个所谓的格物，这种说法恐怕不对。

此乃吾子自以己意揣度鄙见而为是说，非鄙人之所以告吾子者矣。王阳明提出自己的观点，这是你以自己的观点看法来揣度我的看法而说出了这番话，不是我所向你讲的意思。**若果如吾子之言，宁复有可通乎？**如果真要像你说的那样，那怎么能说得通呢？**盖鄙人之见，则谓意欲温清，意欲奉养者，所谓"意"也，而未可谓之"诚意"。**依照我的陋见，想要父母享受冬暖夏凉，想要奉养父母，这个只是想，想达到什么，是所谓的"意"，还不可以称之为"诚意"。**必实行其温清奉养之意，务求自慊而无自欺，然后谓之"诚意"。**一定要切实践行你的这个温清奉养，落实到具体的行动上，一定要使自己感到愉悦，而不是违心地做，要全心全意，没有丝毫不诚，然后才能称之为"诚意"。**知如何而为温清之节，知如何而为奉养之宜者，所谓"知"也，而未可谓之"致知"。**知道怎么做到父母的温清之关键，知道怎么奉养父母最合时宜，这是所谓"知"，然而不可以称之为"致知"。**必致其知如何为温清之节者之知，而实以之温清，致其知如何为奉养之宜者之知，而实以之奉养，然后谓之"致知"。**一定使得如何让父母冬暖夏凉的这个知达到极致，并且切实地做到冬暖夏凉，使得如何侍奉父母最为适宜这个知达到极致，并切实地做到奉养之宜，然后才能称之为"致知"。就像给父母擦拭身体，毛巾的温度要自己去细致体会，不要太烫也不能太凉，这样诚心诚意去做了，这个知才叫致知。**温清之事，奉养之事，所谓"物"也，而未可谓之"格物"。**冬暖夏凉这件事，侍奉父母这件事，就是所谓的"物"，还不能称之为"格物"。**必其于温清之事也，一如其良知之所知，当如何为温清之节者而为之，无一毫之不尽；**一定要对于冬暖夏凉这个事，都按照自己良知所知的去做，应该怎么做好父母的冬暖夏凉之事就怎么做，没有一丝一毫的不真、不切、不诚、不敬。**于奉养之事也，一如其良知之所知，当如何为奉养之宜者而为之，无一毫之不尽，然后谓之"格物"。**对于奉养父母之事，都按照自己良知所知的那样去做，其良知之所知，应该如何奉养父母最为适宜就如何做，没有一丝一毫的不尽心，然后才称之为"格物"。我们会看到，王阳明的"诚意""致知""格物"三者是不可分的，但三者又有先后的不同。**温清之物格，然后知温清之良知始致；奉养之物格，然后知奉养之良知始致，故曰"物格而后知至"。**父母冬暖夏凉的事情格了，然后就知道让父母冬暖夏凉的良知才达到极致；奉养父母的这个事情格了，然后才知道奉养父母的良知才达到极致，所以说"格了物之后才能达到良知"。**致其知温清之良知，而后温清之意始诚，致其知奉养之良知，而后奉养之意始诚，故曰"知至而后意诚"。**使得让父母冬暖夏凉的良知达到极致，而后这个冬暖夏凉的意念才能诚，使得奉养父母的良知达到了极致，而后奉养父母的意念才能诚，所以说"达到了极致的良知而后意念才能诚"。**此区区诚意、致知、格物之说盖如此。**这就是我关于诚意、致知、格物的观点，大概如此。**吾子更熟思之，将亦无可疑者矣。**你再深思考虑，也就没有什么可疑惑的了。意，诚意；知，致知；物，格物。意不等于诚意，知不等于致知，物不等于格物。都得需要在事上磨，在践行上下功夫，才是诚意、致知、格物。

一三九

来书云："道之大端易于明白，所谓'良知良能，愚夫愚妇可与及者'。来信说，道的大概容易明白，所谓"良知良能，即使是普通的百姓也是能够明白的"。**至于节目时变之详，毫厘千里之谬，必待学而后知。**至于关键的点随时间变化而相应变化，真是失之毫厘，谬以千里，一定得等到学习之后才能明白。"节目"是《礼记·学记》中的话，"先其易者，后其节目，及其久也，相说以解"。说做学问，修养道德，"先其易者，后其节目"。他用砍树做比喻，说善于解决问题的人，就像木工砍硬木头，先从纹理较顺的部位着手，比较硬的例如疖疤地方留到最后去处理。这个"节目"就是关键点，先易后难。在学习这个事上，年轻人，特别是小孩子要先易后难，不要一下子就难住了。"时变"是指突发事件，失之毫厘，谬以千里，一定要学过之后才能知道。**今语孝于温清定省，孰不知之？**今天在这里谈关于孝的问题，冬暖夏凉、早晚定省之事，这谁不知道啊？这是愚夫愚妇可以及者。**至于舜之不告而娶，武之不葬而兴师，养志养口，小杖大杖，割股庐墓等事，处常处变，过与不及之间，必须讨论是非，以为制事之本，然后心体无蔽，临事无失。"**至于舜不告诉自己父母，自己在外边娶了尧的女儿，周武王不安葬文王就兴兵伐纣，曾子遵从父志赡养父亲，曾元只是为了父亲能活命而赡养父亲，父母用小杖打就要承受，用大杖打就要跑掉，不使父母陷于不慈之地，再有割股疗亲，子贡结庐守孝等这些事，在正常与非正常、过度与不足之间，一定要讨论出个是是非非，以作为处理事情的依据准则，然后才能使得人心的本体不被蒙蔽，遇到事情才会没有过失。曾子最孝，每顿饭侍奉父亲曾皙都是有酒有肉。而老人呢，不光自己要吃，他也会想着孙子孙女。他吃完了就问曾子，还有没有啊？曾子就回答，还有。这是什么意思呢？曾子每次都说"有"，他的父亲就拿过来给孩子们，老人的心情会非常愉快，这叫养志。这是考虑到了父亲的情感需要。曾子老了，他的儿子曾元照顾他的时候也是有酒有肉，但是一问还有没有，曾元就回答"没了"。真没了吗？不是，是留着下顿再给他父亲吃，也是美意，这是养口。但这就违背了老人的那种心愿，他宁可自己不吃也要留给小孩子吃。我们的文化在两千多年前就将孝道讲得这么细致。"小杖大杖"，也是讲孝道的问题。曾子的父亲对他不满意，打他巴掌，或用棍子打他，他都不躲，这样做是为了让父亲发泄一下，不那么生气。但如果父亲抓过一个大棒子，或者顺手拿了一个重物，那就要快跑。为什么呢？如果打坏了，父亲会后悔的。这也是考虑父亲情感的需要。割股是类似二十四孝的一些故事，不是太确凿，史实上不确考，另外这种故事也不为人们所颂赞。大意说是给父亲熬药，需要儿孙的肉放里边才能有药效，那么就在腿上割块肉。这都是一种谣传，在古代就不被认可。二十四孝里多是民间的一些说法，不是正统的经书所论。"庐墓"是说，孔子去世后，众弟子给孔子守墓，守了三年，子贡送走大家后，又守三年，总共守了六年。顾东桥提的这些问题很尖锐，愚夫愚妇都知道的温凊定省的事，无须再讲，你就说关键的尺度标准问题。

"道之大端易于明白"，此语诚然。王阳明说，大道的大概容易明白，因为大道就是民间的道，大道不是玄道，大道不是一个让人不解的道。这话说得对。**顾后之学者，忽其易于明白者而弗由，而求其难于明白者以为学，此其所以"道在迩而求诸远，事在易而求诸难"也。**但看后来的学者忽视了容易明白的而不去研究、不去遵循，而探求那些难以明白的以为是学问，这就是孟子所说"道理就在附近，而非要到远处探求；事情很容易做到，却要搞得很复杂"。**孟子云："夫道若大路然，岂难知哉？人病不由耳！"**孟子说，道就像大路似的，那么宽广，哪是难知的呢？人的毛病是不按照这个道啊！"不由"就是不通过、不走这条道。正道不走，却习惯走小路。**良知良能，愚夫愚妇与圣人同。**在良知良能上，普通百姓和圣人都是相同的。**但惟圣人能致其良知，而愚夫愚妇不能致，此圣愚之所由分也。**但是，只有圣人能做到使自己的良知达到极致，而普通的百姓做不到极致，这就是圣人和普通百姓的区别之处。"致其良知"，那就是说把良知要落在实处，要践行，圣人与愚者的差别就在这。**"节目时变"，圣人夫岂不知？**关键问题、突发事件，圣人哪里会不知道呢？**但不专以此为学。**但不专门以此为学问。**而其所谓学者，正惟致其良知，以精察此心之天理，而与后世之学不同耳。**而圣人所谓的学问，只是致其良知，以精确体察这心中的天理，而与后世所学的学问不同。圣人不专门研究"节目时变"，研究的都是常事，而其所谓学的正是致其良知。就像刚才说的，愚夫愚妇不能做到的，他能做到，他能持续地做。**吾子未暇良知之致，而汲汲焉顾是之忧，此正求其难于明白者以为**

学之弊也。你还没有工夫去致良知，而使得你的良知达到极致，却急急忙忙地、惶恐不宁地为这个问题感到忧虑，这正是把难于明白的当成学问的弊端啊。**夫良知之于节目时变，犹规矩尺度之于方圆长短也**。良知对于节目时变而言，良知和突发事件、关键问题、难办问题的关系，那就像规矩、尺度与方圆、长短的关系。**节目时变之不可预定，犹方圆长短之不可胜穷也**。节目时变那是不可预定的，是变化的，就像方圆、长短的弄不清楚一样。**故规矩诚立，则不可欺以方圆，而天下之方圆不可胜用矣**；所以尺度规矩真要确立了，那么方圆的标准是不可以欺瞒的，而天下的方圆就可以不断地以规矩去规范与比量了；**尺度诚陈，则不可欺以长短，而天下之长短不可胜用矣**；尺度真的确定了，那么就不可以随意改变长短，而天下的长短就可以无穷无尽地得到规量了；**良知诚致，则不可欺以节目时变，而天下之节目时变不可胜应矣**。良知真的能达到极致，那么节目时变就不可以随意欺瞒，而天下的节目时变就能更广泛地应对了。那些打破常规的事，也就能判断出是非，正确地对待。比如说，周武王抬着他父亲的灵牌去伐纣，以前有过这先例吗？没有。那靠什么衡量？靠良心。良心是什么？周武王抬着父亲灵牌去伐纣，良心就是为天下万民生存，救民于水火。良知这个标准尺定好了之后，出现什么突发事件、节目时变都能够正确对待。**毫厘千里之谬，不于吾心良知一念之微而察之，亦将何所用其学乎**？毫厘与千里之差别，相差这么远的事物，种种事不在我心中良知的细微之处体察它，那所学的东西还有什么用呢？何所用其法乎？何所用其德乎？那什么都没用了。"一念之微"，我的意念一产生，就考虑它是恶念还是善念。是善念，善念发而知之，而要扩充它；恶念发而知之，而遏之，要把它掐住，不要它再发了。"志也，天聪明也"，这就是我们做人的志向。做人志向体现在哪？不是外在，是内在，恶念发我就掐住，善念发我要弘扬，这是真正的志向，这是天给我们的聪明。**是不以规矩而欲定天下之方圆，不以尺度而欲尽天下之长短**。这是不依据规矩而要确定天下的方圆，不依据尺度而要确定天下的长短。如果不在一念一念上去解决内心的善恶问题，那就是不以规矩而定天下的方圆，就是不以尺度而欲尽天下之长短。**吾见其乖张谬戾，日劳而无成也已**。我看这样的人，是浑浑噩噩，乖张谬戾，小人得势不怕天，做一点儿小事那就趾高气扬，终日忙忙碌碌，最后也是无所成就。**吾子谓"语孝于温清定省，孰不知之"，然而能致其知者鲜矣**。你说"在冬暖夏凉、早晚定省上说孝道，这谁不知道"，但是能致其良知的人就太少了。**若谓粗知温清定省之仪节，而遂谓之能致其知，则凡知君之当仁者皆可谓之能致其仁之知，知臣之当忠者皆可谓之能致其忠之知，则天下孰非致知者邪？**如果说粗略明白一些温清定省的礼数，而后就说他能致其良知，那么凡是知道君主应当仁爱的人，都可以说他能致其仁爱的知了，凡是知道臣子应当忠诚的人，都可以说他能致其忠诚的知了，那么天下还有谁不是致知的人呢？就是当君的、当臣的都要把那种仁爱、忠诚落到实处，那才叫致知。如果天下人都这么做了，那天下人就都能致其知。**以是而言，可以知"致知"之必在于行，而不行之不可以为"致知"也明矣**。由此可知，可以称得上"致知"的一定要付出实际行动，而不付出实际行动的就不可以称之为"致知"就明确了。由此王阳明揭晓了"致知"必在于行。**知行合一之体，不益较然矣乎？**知行合一的本质，这不就更加清楚了吗？**夫舜之不告而娶，岂舜之前已有不告而娶者为之准则，故舜得以考之何典，问诸何人而为此邪？**舜不告知父母而娶亲，那是在舜之前已经就有不告而娶的规则了，所以舜可以考证什么典籍，询问什么人，才能这么做呢？**抑亦求诸其心一念之良知，权轻重之宜，不得已而为此邪？**还是他根据自己心里的良知，权衡轻重利弊，迫不得已而为之呢？没有先例，没有法则，没有人可以询问，遇到突发事件，节目时变，那么就凭我的良知来判断，就应该这么做。**武之不葬而兴师，岂武之前已有不葬而兴师者为之准则，故武得以考之何典，问诸何人而为此邪？**武王不葬其父而兴师伐纣，岂能在武王之前就已有不葬而兴师的准则，所以武王可以考证什么典籍，询问什么人，才这么做呢？**抑亦求诸其心一念之良知，权轻重之宜，不得已而为此邪？**还是他根据自己心里的良知，权衡轻重利弊，迫不得已而为之呢？**使舜之心而非诚于为无后，武之心而非诚于为救民，则其不告而娶与不葬而兴师，乃不孝不忠之大者。**假使舜的心思不是真的为了延续后代，武王的心思不是真的为了救民于水火，那么他们的不告而娶、不葬而兴师，就是最大的不孝、不忠了。**而后之人不务致其良知，以精察义理于此心感应酬酢之间，顾欲悬空讨论此等变常之事，执之以为制事之本，以求临事之无失，其亦远矣！**后来之人不努力致自己的良知，在应对酬酢之间以仁义天理精察内心的感应，却要凭空讨论这些非常之事，把它当作了待人处事的原则，以求得面对事情的时候没有过失，这也是偏离正道太远了。应考虑人家舜和武王是不是在良知内，以良知作为准则，根据时变而采取的具体措施，用今天的话说是，具体问题具体分析。只要他的基本点是良知、良心就行。**其余数端，皆可类推，则古人致知之学，从可知矣**。其余的几个例子，都可以以此类推，那么古人致良知的学问，就可以知道了。就像《大学》中的话，"未有学养子而后嫁者也"。谁家的姑娘嫁人之前先学习养孩子，然后才出嫁呢？但为什么一当了妈妈，就会了呢？这就是人的基本善性、基本良知做到的，到什么时候做什么事就都会做了。平常你修养得好，遇到突发事件，你也会处理得好。"节目时变"是顾东桥提出来的，王阳明给了一个很圆满的回答，平常要处处讲良知，平常的事也是最重要的事，把这些都做好了，突发事件也不会错。没有先例和标准，遇到突发事件我们也能处理好，靠的是什么？靠的是平常的觉悟，平常的能力，平常的修养。这些东西都是日常积累的综合能力，任何大人物的壮举，皆须合乎念念之诚，念念之正。

一四〇

来书云："谓《大学》格物之说专求本心，犹可牵合；来信说，你说《大学》中的"格物"等观点，是专门探究本心的，尚可以牵强地理解。**至于《六经》、《四书》所载'多闻多见'、'前言往行'、'好古敏求'、'博学审问'、'温故知新'、'博学详说'、'好问好察'，是皆明白求于事为之际，资于论说之间者，用功节目固不容紊矣。"**至于六经、四书里所载的"多闻多见""前言往行""好古敏求""博学审问""温故知新""博学详说""好问好察"等这些都是明明白白地讲怎么做事，在论说之间探究道理，用功的名目次序是不容紊乱的。顾东桥举的例子，"多闻多见"是《论语》中的话，"多闻阙疑""多见阙殆"。子张问孔子怎么做官，这是孔子的回答。"前言往行"是《易经·大畜·象》中的话，"君子以多识前言往行，以畜其德"。君子要多记圣贤说的话，多记圣贤怎么做事，多记楷模的言行，以蓄养储备自己的德性。"好古敏求"是《论语》中的话，"我非生而知之者，好古，敏以求之者也"。"博学审问"是《大学》中的话，"博学之，审问之，慎思之，明辨之，笃行之"。"温故知新"是《论语》中的话，"温故而知新，可以为师矣"。"博学详说"是《孟子》中的话，"博学而详说之，将以反说约也"。"好问好察"是《中庸》中的话，"舜好问而好察迩言，隐恶而扬善"。

格物之义，前已详悉；王阳明说，关于格物这个问题，前面已经讨论得比较明白了。**牵合之疑，想已不俟复解矣。**你说我专修本心，这很牵强附会，这个想来也不需要我再去解释了。**至于"多闻多见"，乃孔子因子张之务外好高，徒欲以多闻多见为学，而不能求诸其心，以阙疑殆，此其言行所以不免于尤悔，而所谓见闻者，适以资其务外好高而已。**至于说"多闻多见"，那是因为孔子看到子张好高骛远，只想以多闻多见作为学问，而不能向内求之于心存养天性，因而缺失了存疑、质疑，也因此他的言行难免会有过失和悔恨，而所谓的见闻也恰好助长了他好高骛远、向外务求的毛病。**盖所以救子张多闻多见之病，而非以是教之为学也。**这正是帮助改正子张以多闻多见为学问的毛病，而不是以此为学问教导他。要不怎么说王阳明对四书理解得很独到呢，别人没理解到这个程度。不是告诉子张要"多闻阙疑""多见阙殆"，这是提醒他要避免只求见闻，要在良心、良知上下功夫。**夫子尝曰："盖有不知而作之者，我无是也。"**孔夫子曾说，大概有不懂就去做的人，我不是这样的。**是犹孟子"是非之心，人皆有之"之义也。**就像孟子说的"是非之心，人皆有之"的意思一样。**此言正所以明德性之良知，非由于闻见耳。**这个话正是说明人的德性良知，并不是从闻和见中来的。这是教育人们主要还是在良知、良心上解决问题，不是在闻见上下功夫。闻见要学，但一定要和思想问题的解决紧密结合。**若曰"多闻择其善者而从之，多见而识之"，则是专求诸见闻之末，而已落在第二义矣，故曰"知之次也"。**如果说"多听听，然后选择他优良的方面学习，多看看，而要记住他"，那么就是专门探求见闻的细节，而就退落到第二等的学问了，所以孔子说"这是次一等的智慧"。**夫以见闻之知为次，则所谓知之上者果安所指乎？**如果以见闻的知识为次要的，那所谓的知之上者，就是生而知之者指什么呢？如果这样是第二义的话，那第一义是什么呢？**是可以窥圣门致知用力之地矣。**这就可以窥视到圣门的致知用功的地方了。接着他举一个例子，**夫子谓子贡曰："赐也，汝以予为多学而识之者欤？非也，予一以贯之。"**孔夫子对子贡说，"子贡啊，你以为我是多学而记得很多的人吧，不是的，我是用一个忠恕的指导思想贯穿始终的"。《论语》中所讲的忠恕之道，就是孔子一以贯之的。忠恕的内容是什么？"己所不欲，勿施于人。"曾子说，"夫子之道，忠恕而已矣"。朱熹注释"忠"就是尽己，把自己德性发挥充分，这叫"尽己"，这叫"忠"。这个"忠"也当由衷讲。"恕"就是及人。合到一起就是"己所不欲，勿施于人"。而王阳明的理论比这个就更提升了，他认为这就是良知、良心，就是忠恕。**使诚在于"多学而识"，则夫子胡乃谬为是说以欺子贡者邪？**如果真的在于多学多记的话，那孔夫子怎么用这个谬论来欺骗子贡呢？**"一以贯之"，非致其良知而何？**"一以贯之"不是致良知又是什么呢？类似这样比较生硬的说法，我们还是存疑好一些。这种说法多少有些王阳明为了确立自己的学说而强词夺理的味道。其实我们学习王阳明的过程自己也要多琢磨、体会、探讨，不能总是流于表面。**《易》曰："君子多识前言往行，以畜其德。"夫以畜其德为心，则凡多识前言往行者，孰非畜德之事？**《易经》中说，"君子多识前言往行，以畜其德"，如果是以蓄养他的德性为目的，那但凡能做到更多了解圣人言行的人，谁不是为了蓄养德性呢？**此正知行合一之功矣。**这正是知行合一的功夫啊。**"好古敏求"者，好古人之学而敏求此心之理耳。**所谓的"好古敏求"，就是喜好古人的学问，而积极地探求这个心中的天理啊。这回到王阳明自己的理论上，"敏求此心之理"。**心即理也。学者，学此心也；求者，求此心也。**心就是天理。所谓学，就是学习这个本心；所谓探求，就是探求这个本心。**孟子云："学问之道无他，求其放心而已矣。"**孟子说，学问之道没有别的，就是去求此心，把跑了的良心找回来。前边孟子还有话，"人有鸡犬放，则知求之；有放心，而不知求"。鸡狗跑丢了，都知道到处去找。良心跑了，还不知道找，太可悲了。这个例子很生动，丢了一点东西都那样着急，自己的良心丢了还不着急。所以"学问之道无他，求其放心而已矣"。做学问为了什么？做学问的目的，最终就是要把丢了的良心找回来。**非若后世广记博诵古人之言词以为好古，而汲汲然惟以求功名利达之具于其外者也。**不像后世学者只把广闻博记古人的诗词章句认作是好古，却只是急急忙忙地追求名利等外在的东西。**"博学审问"，前言已尽。**所谓的"博学审问"，前面已经说过了。**"温故**

知新"，朱子亦以"温故"属之"尊德性"矣。德性岂可以外
求哉？所谓的"温故知新"，朱子也认为"温故"是属于尊德性之
类的。那德性怎么可以向心外探求呢？惟夫"知新"必由于"温
故"，而"温故"乃所以"知新"，则亦可以验知行之非两节矣。
"知新"必须要通过"温故"，而"温故"才能够"知新"，这也可以
验证知和行不是两件事。有一首唐诗《次北固山下》，是唐朝的王湾
写的。"客路青山外，行舟绿水前。潮平两岸阔，风正一帆悬。海日
生残夜，江春入旧年。乡书何处达？归雁洛阳边。"这里的"海日
生残夜"，就是明天的太阳从今晚的残夜里产生，旧事物里产生新事
物，新事物从旧事物当中演化出来；"江春入旧年"，旧年产生了新春。
现在把这两句和"温故而知新"联系，"知新"是在"温故"之中产
生，完全不要旧的，完全扬弃旧的，那新从何处来呢？我们要从历
史和民族文化当中找出今天新的教训，新的经验，新的做法，这就
是温故知新。而"温故"乃所以"知新"，温故就是为了知新，从而
可以验证知行是一回事，不是两件事。"博学而详说之"者，将以
反说约也，若无"反约"之云，则"博学详说"者果何事邪？
所谓"博学而详说之"，就是为了重新返回到天理之中，如果没有"返
回天理"之说，那么"博学详说"到底是为了什么呢？孟子在《孟
子·离娄下》中提到，"博学而详说之，将以反说约也"。王阳明这
个"反说约"，这个"约"是从"博学详说"当中来的，这个"约"
就是天理，这个"约"就是人心。博学也好，是详说也好，广博读
书也好，广纳人情也好，从这里抽出来的东西就是这个"约"，这个
"约"是天理。舜之"好问好察"，惟以用中而致其精一于道心
耳。舜的"好问好察"，只是用中的做法而致其精一，使他的心更加

至纯以达到天理程度。他把"好问好察"落到去追求精一的天理上。**道心者，良知之谓也**。道心就是良知。天理、良心、道心，归根结底就是良知，说的就是良知。**君子之学，何尝离去事为而废论说**？君子的学问，何尝离开具体实践，而又抛弃辨析呢？**但其从事于事为论说者，要皆知行合一之功，正所以致其本心之良知；**但他具体做事也好，他论说也好，都要合乎知行合一的功夫，这正是为了自己内心的良知达到极致；如果论说，只是坐而论道，说空话、讲大话，讲废话、脱离实际，讲得再多也没用。如果做事，盲目行动，不加思考，那也不是知行合一。都按知行合一的功夫去努力做事，那么这就是致其本心之良知。**而非若世之徒事口耳谈说以为知者，分知行为两事，而果有节目先后之可言也**。而不是像后世的学者那样只是把夸夸其谈作为知识，把知和行分作两件事，从而就有把用功的重点分成先后之说了。

一四一

来书云："杨、墨之为仁义，乡愿之辞忠信，尧、舜、子之之禅让，汤、武、楚项之放伐，周公、莽、操之摄辅，谩无印正，又焉适从？且于古今事变，礼乐名物，未尝考识，使国家欲兴明堂，建辟雍，制历律，草封禅，又将何所致其用乎？故《论语》曰'生而知之'者，义理耳。若夫礼乐名物，古今事变，亦必待学而后有以验其行事之实。此则可谓定论矣。"来信说，杨朱、墨翟所谓的仁义，乡愿们所讲的忠信，尧、舜、子之的禅让，商汤、武王、项羽的逐鹿征伐，周公、王莽、曹操的辅佐摄政，漫无边际无从考证，又该听谁的呢？况且对于古今事件更迭、礼乐制度、名物度数都没有考察明识，假使国家要修造明堂，建立学校，制定历法乐律，行封禅大典，又怎么能极致地发挥其作用呢？所以《论语》讲"生而知之"，就是要知道这些义和理。就像礼乐制度、名物度数，古今事件更迭这些，也一定要等学习之后才能验证是否可行。这就可以称之为定论了。"杨、墨之为仁义"，杨是杨朱，墨是墨翟。《孟子》中有，杨朱"拔一毛而利天下，不为也"；墨子"摩顶放踵利天下"。说杨朱拔掉一根毫毛而有利于天下，他也不干；墨子磨秃了头，走破了鞋，露出了脚跟，这样还为了天下去努力奋斗。"乡愿之辞忠信"，孔子、孟子都反对乡愿，就是我们所说的不负责任的老好人，他们所说的"忠信"，他们所口唱的高调。"尧、舜、子之之禅让"中的子之是燕国的一个臣子。燕王哙当了大王之后不久就厌倦了，他认为子之是个贤人，居然就在闻见很短浅的情况下，效仿尧、舜禅让的美德，把王位禅让给了子之。子之这个人比较奸猾，不得人心，而燕王哙的儿子也就是后来的燕昭王，其实很有才干，很有魄力，所以这个禅让之举是不明智的，当时的情况并不具备禅让的条件和环境。顾东桥在这里是把好的、坏的都写在一起作对比。"汤、武、楚项之放伐"，商汤、周武王他们放伐是可以的。"楚项之放伐"，是指楚霸王项羽把楚怀王给杀了。"周公、莽、操之摄辅"，周公、王莽、曹操的辅佐摄政。这些人物，历史事件，对后世影响，正误好坏，漫无印证。"谩"就是"漫"。又怎么能按照他们的做法办呢？"且于古今事变，礼乐名物，未尝考识"，都没有经过考证。"使国家欲兴明堂"，"明堂"并不仅仅是学校的意思。根据《孟子》里提及的"明堂"，还是纪念、祭祀祖先的一个场所，在这个场所举行礼仪活动。祭祀也是对年轻人的一种教育，久之就成了传播教化的场所。"建辟雍"，辟者，璧也，就是圆环玉器；雍，就是雍水。在雍水旁建了一个圆环形的学校，这叫辟雍。孟子说，辟雍也好，泮宫也好，都是因地势而称。天子办的学校叫辟雍，诸侯办的学校叫泮宫。这个"泮"就是水畔的意思，就是学宫前会有个水池。例如商丘睢阳书院，前面就有个水池。辽宁的兴城文庙，始建于明宣德年间，前面也有泮池和小桥。"使国家欲兴明堂，建辟雍，制历律，草封禅，又将何所致其用乎？"草封禅就是创制祭天的活动。这些有什么用呢？"故《论语》曰'生而知之'者，义理耳。若夫礼乐名物，古今事变，亦必待学而后有以验其行事之实。此则可谓定论矣。"这都是强调需要学，不然的话，建明堂、修辟雍有什么用呢？阳明先生你讲的那些东西，就不用怎么学，也不用到学校去学，也不需要看什么书啊，就是内心起作用嘛！要去求良知，在心里去找天理嘛！顾东桥想辩论的矛盾在这。

所喻杨、墨、乡愿、尧、舜、子之、汤、武、楚项、周公、莽、操之辨，与前舜、武之论，大略可以类推。王阳明说，你所说的杨、墨、乡愿、尧、舜、子之、汤、武、楚项、周公、莽、操等人的区别，和之前对舜、武王的论断，大体上可以类推。意思是，不讲良知，那什么也不好使。**古今事变之疑，前于良知之说，已有规矩尺度之喻，当亦无俟多赘矣**。古今事件更迭的疑惑，早在谈论良知之时，已经用规矩尺度的比喻讲明白了，也当无须赘述。**至于明堂、辟雍诸事，似尚未容于无言者**。至于建造明堂，建设学校这些事情，似乎尚有不能不讲之处。**然其说甚长，姑就吾子之言而取正焉，则吾子之惑将亦可以少释矣**。要谈起这些问题说起来话长，姑且就你提出的问题纠正一些，讲完之后对你的疑惑可以减少一些。**夫明堂、辟雍之制，始见于吕氏之《月令》，汉儒之训疏，《六经》、《四书》之中未尝详及也。**关于明堂、辟雍的规制建设，最早见于《吕氏春秋》的《月令》这一篇，还有汉代儒家学者的注释之中。在汉朝注释经书的时候，训和疏都是注释经书的说法。然而六经、四书当中没有详说明堂、辟雍这个事。**岂吕氏、汉儒之知，乃贤于三代之贤圣乎？**难道著《吕氏春秋》的吕不韦、汉代众儒生比夏、商、周三代圣贤还贤明吗？**齐宣之时，明堂尚有未毁，则幽、厉之世，周之明堂皆无恙也。**齐宣王的时候，明堂还尚有没被毁坏的，即使是周幽王、周厉王的时代，明堂也都安然无恙。王阳明把这个逻辑说明白之后，真正的论辩就来了。**尧、舜茅茨土阶，明堂之制未必备，而不害其为治；**尧、舜时期住在茅草屋、土台阶，明堂的制度还不一定完备，但不影响他的圣人之治。**幽、厉之明堂，固犹文、武、成、康之旧，而无救于其乱。**而周幽王、周厉王时期的明堂，固然和周文王、周武王、周成王、周康王时候的明堂、辟雍都是一致的，但并不能帮助他挽救天下之乱。他有明堂，但照样乱，而尧、舜没有像样的明堂，照样治理得好啊。**何邪？**什么原因？**岂能以不忍人之心而行不忍人之政，则虽茅茨土阶，固亦明堂也，以幽、厉之心而行幽、厉之政，则虽明堂，亦暴政所自出之地邪？**只要能以不害人之心，行不害人之政，即使是茅草屋、土台阶，固然那也是明堂。如果以周幽王、周厉王狠毒之心，而行狠毒之暴政，那么虽有明堂，那不也是暴政所出之地吗？前面的"忍"字的本义还是作"狠"字讲。**武帝肇讲于汉，而武后盛作于唐，其治乱何如邪？**汉武帝开始独尊儒术，罢黜百家，兴太学，而天下治理；可是到了唐代，武则天更重视科举，更重视文化教育，其治乱何如邪？汉武帝是治，武则天是乱。**天子之学曰辟雍，诸侯之学曰泮宫，皆象地形而为之名耳。**天子修建的学堂叫作辟雍，诸侯修建的学堂叫作泮宫，都是根据当时所处的地形而命名的。**然三代之学，其要皆所以明人伦，非以辟不辟、泮不泮为重轻也。**然而夏、商、周三代的圣人之学，其要旨都是以昌明人伦为目的，并不是以它像不像璧环、有没有水畔为权衡轻重的。**孔子云："人而不仁，如礼何？人而不仁，如乐何？"**孔子讲，人如果没有仁爱之心，有礼教又能怎样？人如果没有仁爱之心，有乐又能怎样呢？人要是不讲仁德，滔滔不绝地讲理论、讲礼貌、讲规矩、讲制度，那又能怎么样呢？今天也是如此，人如果不讲良知，什么道理能解决问题呀？不把心管住，什么问题也解决不了。**制礼作乐，必具中和之德，声为律而身为度者，然后可以语此。**定制理教、乐教，一定要具备中和的品德，只有把自己的声音作为音律、自己的身体力行作为尺度衡量，然后才可以讲这样的话。自己的讲话就是律例，自己的身体行为、动作就是尺度，然后可以讲礼乐治国，制度治国。**若夫器数之末，乐工之事，祝史之守，故曾子曰"君子所贵乎道者三，笾豆之事，则有司存也"。**至于礼乐器具、数术等细节与技巧，那就是乐工们的事，祝史们的职责所在了。所以曾子说，"君子人所重视的道有三方面，至于祭礼过程中的具体事项，就是有关部门的人员负责了"。器是器物，数是数术。曾子说，君子人重视道的地方有三个方面，"动容貌，斯远暴慢矣"，重视容貌，容貌是表情；"正颜色，斯近信矣"，颜色是态度；"出辞气，斯远鄙倍矣"，辞气是语气。态度、形象、面容、语气是由思想支配的，君子要注重这些。一个君子，三方面表现要抓住，要控制住。至于笾豆之事，祭品、祭器，给祖宗上供的蜡台、香炉、贡品等，那是有关的人去管，不是君子管的事。君子要在内心抓自己的根本修养。**尧命羲、和，"钦若昊天，历象日月星辰"，其重在于"敬授人时"也**。尧安排羲、和去管理天时、历象，就是遵从天道，观测日月星辰的运行，其中关键在于要诚敬地教授百姓按时令生产、生活。**舜"在璿玑玉衡"，其重在于"以齐七政"也**。舜观测北斗七星的运行，其关键在于根据天象安排政令。"璿"和"璇"通假。这个"玑"是不太圆的玉，在这里作"圆玉"讲。"璇玑玉衡"就是最早的浑天仪，用来测试春夏秋冬的。那么舜测试天体运行情况具体落在哪呢？其重在于"以齐七政"。通过研究天体的运行，更好地研究管理机构的设置，从自然规律中借鉴，像星体运行规律一样，使它更有序。这是《尚书·舜典》里面的话。**是皆汲汲然以仁民之心，而行其养民之政，治历明时之本，固在于此也**。这都是念念不忘以仁爱百姓之心，推行他仁爱百姓的仁爱政治，制定历法、明细时令的根本，固然就在于此。王阳明的话题不离开政治，最后都落在利国治民上。**羲、和历数之学，皋、契未必能之也，禹、稷未必能之也；**羲、和在历法和数术方面的学问，皋陶、契未必能会，大禹、后稷也未必能会；**"尧、舜之知而不遍物"，虽尧、舜亦未必能之也**。尧、舜的智慧也不能通晓万事万物啊，即便是尧、舜也不具有这样的才能。这就是各有其长，各有其职。**然至于今，循羲、和之法而世修之，虽曲知小慧之人、星术浅陋之士，亦能推步占候而无所忒，则是后世曲知小慧之人，反贤于禹、稷、尧、舜者邪？**然而到了现在，按照羲、和的方法，而长期修养，一辈辈地这么传下来，那么一些一知半解而小有聪明的人，那些略通星术的浅薄之人，也能够推算历法、占卜天象，并且没有什么区别。难道后代的这些一知半解、有小聪明的人，反而比禹、稷、尧、舜更贤明吗？不是。这是各有其长，各有技能，各司其职，各负其责。**"封禅"之说，尤为不经，是乃后世佞人谀士，所以求媚于其上，倡为夸侈，以荡君心，而靡国费。**对于"封禅"的说法，尤为荒诞不经，这就是后代的阿谀奉承之人，为了对于君上讨好献媚，怂恿鼓吹以迷惑君心，而浪费了国家的财力。王阳明否定封禅，他反对登到泰山顶上去祭天。"尤为不经"，用今天的话就是尤其不正经，胡扯。都是这些谄媚之徒，奸佞之人，他们所以对其上谄媚，提倡夸大奢侈，把国君正派的心给搅游荡了，而浪费国库里的资金。**盖欺天罔人，无耻之大者，君子之所不道，司马相如之所以见讥于天下后世也。**这样欺天惑民、无耻靡费的行径，是君子所不道的，这大概也是司马相如之所以为后世所不齿的原因吧。这个"罔"和"惘"通用。孔子的"学而不思则罔，思而不学则殆"，用的就是这个字，是迷惘之意，使民糊涂，欺骗这些糊涂人。"无耻之大者，君子所不道"，把司马相如也批评了。之所以后世对司马相如有所讥讽，就是由于他写了《上林赋》《大人赋》，给汉武帝歌功颂德。**吾子乃以是为儒者所宜学，殆亦未之思邪？**这些事，你还把它当作儒者应该学的东西，难道你没加思考就说了这些话吗？**夫圣人之所以为圣者，以其生而知之也。**圣人之所以为圣人，就是由于他们是生而知之。**而释《论语》者曰："生而知之者，义理耳。若夫礼乐名物，古今事变，亦必待学而后有以验其行事之实。"**然而朱子解释《论语》的时候说，生而知之的，就是义和理。就像那些礼乐名物，古今事件更迭，也一定要等到学过之后，才能验证其行事的实际情况。**夫礼乐名物之类，果有关于作圣之功也，而圣人亦必待学而后能知焉，则是圣人亦不可以谓之生知矣！** 而礼乐名物之类的事物，果真和圣人成圣的功夫有关，而圣人也要等到学过之后才能知晓，那这个圣人也就不能称之为生而知之了！前边顾东桥说，礼乐名物这些东西也应该需要学而后知，而这里王阳明说，如果像你说的那样，什么都学而后知，那就没有生而知之者了。这里王阳明有点强辩，顾东桥说的也不是一点道理没有。但是大部分都是一般可这样、可那样的，少部分的被王阳明抓住了理，就对这些核心东西进行批评，这就站住了理。**谓圣人为生知者，专指义理而言，而不以礼乐名物之类，则是礼乐名物之类无关于作圣之功矣。** 说圣人是生而知之者，是专指义和理而言，而不是以礼乐名物之类而言的，因而礼乐名物之类就和成圣的功夫无关了。你认为圣人生而知之，就是生而知道义和理，礼乐名物也得后学。王阳明说，那样的话就是不对的。**圣人之所以谓之生知者，专指义理而不以礼乐名物之类，则是学而知之者，亦惟当学知此义理而已，困而知之者亦惟当困知此义理而已。** 圣人之所以成为生而知之者，是专指义和理而言的，而不以礼乐名物之类而言，那么就是学而知之的人，也只是学习而知晓这个义和理而已，困而知之的人，也只应当是因困而知晓这个义和理而已。**今学者之学圣人，于圣人之所能知者，未能学而知之，而顾汲汲焉求知圣人之所不能知者以为学，无乃失其所以希圣之方欤？** 今天的学者学习圣人，对于圣人知晓的义和理，不能学习知之，而只是念念不忘地探求圣人之所不能知晓的以为是学问，这不就是失去了成圣的方向了吗？这句话很关键。只是去学那些圣人都不能知道的，去作为自己学习的方向、努力的目标，这难道不是丢掉了真正学习圣人的途径吗？**凡此皆就吾子之所惑者，而稍为之分释，未及乎"拔本塞源"之论也。**大概这些都是你所迷惑的，我只是稍微做了一些解释，还没从"拔本塞源"上来谈论问题。没有从本源上探讨问题。

一四二

　　夫**"拔本塞源"之论不明于天下，则天下之学圣人者将日繁日难，斯人沦于禽兽夷狄，而犹自以为圣人之学；**关于"拔本塞源"的学说一天不明于天下，那么天下学习圣人之道的学者们就会一天比一天繁难，甚至沦落到夷狄、禽兽的地步，还犹自以为所学的东西是圣人之学。**吾之说虽或暂明于一时，终将冻解于西而冰坚于东，雾释于前而云瀹于后，呶呶焉危困以死，而卒无救于天下之分毫也已！**我的学说虽然暂时昌明于一时，但终将是在西边把那个冰冻化解了，而东边又冻成了冰，前边雾消了，后边又凝聚成云。吵吵闹闹地争名夺利，以至于社会处于危险困顿之中，那最后对于天下问题的解决没有分毫的帮助。**夫圣人之心，以天地万物为一体，其视天下之人，无外内远近，凡有血气，皆其昆弟赤子之亲，莫不欲安全而教养之，以遂其万物一体之念。**圣人之心，是与天地万物为一体的，他看待天下之人，没有内外远近之别，凡是具有血气生命的，都是自己的兄弟姐妹之亲，没有不想保其安全而教养他们的，以实现他的万物一体的信念。**天下之人**

心，其始亦非有异于圣人也，特其间于有我之私，隔于物欲之蔽，大者以小，通者以塞，人各有心，至有视其父子兄弟如仇雠者。天下人的心，在开始的时候也不是和圣人不一样，只是其间夹杂了有我的私心，就被物欲所遮蔽了，天下为公的大德变成了自私自利的小德，通达的变成了堵塞的，人人都有私心，甚至把自己的父子兄弟都看成了敌人。**圣人有忧之，是以推其天地万物一体之仁以教天下，使之皆有以克其私，去其蔽，以复其心体之同然。**圣人对这个问题开始有了担忧，所以推行天地万物为一体的仁爱情怀，把这个道德情操推而广之教化天下，使得天下人都能够克服自己私心，把蒙蔽他善心、良心的那个私欲去掉，以恢复他与生俱来的善良本性，达到与圣人相同的状态。那种善良的本性，是天下人本来一体的根本。**其教之大端，则尧、舜、禹之相授受，所谓"道心惟微，惟精惟一，允执厥中"。**那么圣人教化的根本，就是尧、舜、禹相授受的，一脉相承的所谓"道心惟微，惟精惟一，允执厥中"。其实前边还有一句"人心惟危"，这个"人心惟危"王阳明大概不是落下了，他是有意没引用这句。"人心惟危"的意思和后来孟子的人性善，这两个观点不太好结合到一起。但是硬讲的话也能讲得通，就是民心开始是善的，后来变坏。"道心惟微"，道的核心是隐微，是那个"几"，就是有些妙处。隐微，很妙，看不到，抓不着，但不知道哪里就起了神力了，就有那么大的影响，这叫"微"。"人心惟危"的"危"也不是险恶的意思。这个"危"就是人心善恶最难测，有这个意思。"惟精惟一"，王阳明说惟精是惟一的功夫，惟精干什么？惟精的目的是惟一。为了"一"，为了这个"一"的最高标准。"一"就是至善、至诚。"允执厥中"，"允"有公允的意思，更主要是允当之意。张伯苓提出的南开大学的校训，"允公允能，日新月异"。这个"允"肯定不是公允之意，和这里的允当之意也不完全一样。这个"允"有能公能能，达到公，达到能之意。这个"能"，就今天来讲，是学生德智体美的智、公心、能力强的意思，有爱国的心，也要有爱国的能力。有些字这么讲也行，那么讲也对，就是由于当时的字很少。东汉许慎的《说文解字》才九千多个字。在西汉的时候，大概七千都没有。所以早期时候字少，但含义广，中华民族文化内涵又深，没有那么多的字，还要把这么厚重的内涵往这里寄寓，不同的思想有时用的是一个字来寄寓，所以它就丰富了。"厥"就是"其"，允执其中。**而其节目则舜之命契，所谓"父子有亲，君臣有义，夫妇有别，长幼有序，朋友有信"五者而已。**而这里的关键内容，就是舜让契所执行的，所谓的"父子有亲，君臣有义，夫妇有别，长幼有序，朋友有信"，这五者就是五伦。**唐、虞、三代之世，教者惟以此为教，而学者惟以此为学。**唐尧、虞舜、夏商周三代，教育者就以这五伦为教，而学者也只以此为学。**当是之时，人无异见，家无异习，安此者谓之圣，勉此者谓之贤，而背此者虽其启明如朱，亦谓之不肖。**那个时候，人人没有不同的见解，家家没有不同的习俗，能够自然秉承这样做法的就叫作圣人，通过努力能够做到的就叫作贤人，而违背此道，即使像丹朱一样聪明的人，也是不肖之徒。"安此者谓之圣"，安于自然，自自然然就这么做，自自然然对别人就这样，自自然然就按五伦这么做，没有谁告诉谁，没有谁逼迫谁，这就叫圣人时代。"勉此者谓之贤"，努力这么做，有意识地要做这样的人，这就叫贤人。而违背这五者"虽其启明如朱"，关于这个"朱"，有一些不同的讲法。其实"朱"就是"丹朱"，是尧的儿子。尧没有把王位给他儿子，而是给了舜，舜接到这个位置并没有在此居住，搬到了南阳之地，把王位留给了丹朱。但是老百姓打官司告状或者有什么事情，都跑到南阳去找舜。按照孟子的逻辑，舜的位置不是尧给的，而是天给的。天给的，就是民给的，天通过民来拥戴舜。所以任何一个国君的位置，都是天给的，也就是民给的。《孟子》中有"得天下有道，得其民，斯得天下矣；得其民有道，得其心，斯得民矣；得其心有道，所欲与之聚之，所恶勿施，尔也"。上文讲的是尧、舜让位的事，根据这个上下文意，讲成聪明如丹朱，但他违背了五伦，违背了人民的意志，这也叫不肖。还有另一种讲法，就是宝珠，你虽然是宝珠那么明，但是违背了五伦，那也是不肖。还有一种错误的讲法，把"朱"讲成是朱熹，启明如朱熹，认为这里是王阳明在批判朱熹。这里的是非善恶，可用不可用，标准就是能不能按这个五伦办事。"父子有亲，君臣有义，夫妇有别，长幼有序，朋友有信。"无论在家里还是在工作单位，社会的各种关系都包括在内了，就用这个来判断。**下至闾井、田野，农、工、商、贾之贱，莫不皆有是学，而惟以成其德行为务。**往下至于市井、田野，农、工、商、贾等普通人，没有不学此学问的，而以此学问成就其德行被视为最要紧之事。"闾"是门窗。有个词"闾阎扑地"，就是房屋众多，里巷遍地，市集繁华的意思。房屋是一片一片的，就是扑地。"井"，是市井。所以"闾井"是指城里的集中居住地的意思，田野就是乡村。就是下至城市乡村，农民、工人、商人，行商坐贾，没有不学这个的，都以这五伦来成其德行为最高的追求。**何者？**什么原因？**无有闻见之杂，记诵之烦，辞章之靡滥，功利之驰逐，而但**

使之孝其亲，弟其长，信其朋友，以复其心体之同然。没其他见闻的那些邪说、歪理，也没有记诵的繁难；没有学习八股词章的糜烂、泛滥，也没有功利的追求。而只是使人们要孝敬其亲，尊敬长者，信其朋友，以恢复人心本来共有的善性罢了。就是他认为大家都是这样，都是学这个五伦，那么大家学得都这么好，都愿意去追求。那为什么能做到这样呢？**是盖性分之所固有，而非有假于外者，则人亦孰不能之乎？**这是人本性所固有的，"性分"就是他的本性、本分，自然就有的这个品格，而不是向外面求来的，那普通人又有谁做不到呢？只要没人干扰，没人去牵扯他的精力，他自然地就应该能够学会五伦之教。**学校之中，惟以成德为事，而才能之异或有长于礼乐，长于政教，长于水土播植者，则就其成德，而因使益精其能于学校之中。**学校是干什么的？学校是以成德为主要的大事，学校是教人学做人、学做事的地方。做人、做事得合乎人道，合乎天道，这是主要的。才能有所不同，有的人在礼乐方面很有特长，愿意学；还有的人长于管理，长于教化；有的长于治水、耕种。而就其秉性资质，因材施教，使他的才干在学校中得到更进一步的提升。孔子的教法是"因材施教"，王阳明的教法是"随才成就"，这段话中就体现出来了。就其长处而成就他的能力，凭着学校的教育，使学生"益精其能"。**迨夫举德而任，则使之终身居其职而不易。**那以至于学成之后，"举德而任"，根据他的德行、才能来安排他去做自己喜好的工作，使他终身居其职而不换位置了。由于他喜欢，在学校又发展了他喜欢的那个能力、那个才能，然后安排工作，一辈子就干这个。**用之者惟知同心一德，以共安天下之民，视才之称否，而不以崇卑为轻重，劳逸为美恶；用**

人的人只有抱定同心同德、共同奋斗、以使天下百姓安居乐业的目的，观察这个人才是否称职，而不以身份的高低贵贱分出轻重，也不以他的劳苦或安逸分出是好是坏，就考虑适合不适合。**效用者亦惟知同心一德，以共安天下之民，苟当其能，则终身处于烦剧而不以为劳，安于卑琐而不以为贱。**被任用的人也只知道同心同德，共同奋斗，以使天下百姓安居乐业为目的。如果能胜其任，那么一生都从事繁难琐碎之事也不以为辛苦，终生从事卑微之事也不以为卑贱。上文的"用之者"是指用人的人，是官，管官的人；"效用者"是被用的人。"用之者"和"效用者"都"同心一德，以共安天下之民"。**当是之时，天下之人熙熙皞皞，皆相视如一家之亲。**那个时候，天下所有的人都高高兴兴、乐乐呵呵的，相互来往都如一家人般亲近。这个"皞"通假于"皓"，也和"浩"通假，就是形容天下之人都乐乐呵呵的，虽不张狂，心里头非常愉悦；虽不放肆，那种不受压抑的心境都溢于言表了，这叫王者之民。《孟子》有"王者之民皞皞如也"。讲到这里，就联想到孔子提出的大同社会的思想，我们自古就在本质上反对社会极端分化、贫富悬殊，主张大同社会、小康社会。王阳明讲的这些东西，就是"大道之行也，天下为公"的思想基础上的理想社会。**其才质之下者，则安其农、工、商、贾之分，各勤其业以相生相养，而无有乎希高慕外之心。**才能一般的人，安心于农、工、商、贾的职业本分，各自勤勉于自己的本职工作，相互生养，而没有攀比、好高骛远的心态。**其才能之异若皋、夔、稷、契者，则出而各效其能，若一家之务，或营其衣食，或通其有无，或备其器用，集谋并力，以求遂其仰事俯育之愿，惟恐当其事者之或怠而重己之累也。**才能像皋、夔、稷、契一样优秀的人，把他们都选出来做官，发挥他们的才干，天下的事情就像一家的事情一样，有的去管穿衣吃饭的工作，有的去搞经商通货的工作，有的去搞器物，能被大家所用，从不同角度为群体出谋效力，以求达成他们追求的仰事俯育之愿望。"仰"是足以事父母，"俯"是足以畜妻子，就是上对父母，下对妻子，把这些事都能够完成。只是怕自己做不好，因而要尽心竭力去做。**故稷勤其稼，而不耻其不知教，视契之善教，即己之善教也**；稷就是周朝的老祖宗，他勤恳地抓农业生产，而不以自己不懂文化为耻，我要把地种好，把大家吃饭问题解决好。我不知教育，看到契善于施教，那就当作我也善教；**夔司其乐，而不耻于不明礼，视夷之通礼，即己之通礼也**。夔善于音乐、乐教，他不以自己不通礼仪为耻，他就有这个长处，他就发挥这个长处，为社会尽力负责。**盖其心学纯明，而有以全其万物一体之仁，故其精神流贯，志气通达，而无有乎人己之分，物我之间**。这是因为他的心地纯明，而能够做到"全其万物一体之仁"，把万物看成一体，把百官看作一体，我做的事也是他做的事，他做的事也是我做的事，我们共同做的事，共同的光荣，共同的义务。所以他们的精神畅快、贯通，志气通达，而没有别人与自己之分，也没有外在和内在之别。**譬之一人之身，目视、耳听、手持、足行，以济一身之用**。就像一个人的全身一样，眼睛看，耳朵听，双手拿，双脚行，都是为了整体一身之用。**目不耻其无聪，而耳之所涉，目必营焉**；眼睛不耻于自己听不明白，而耳朵听到了，那眼睛马上跟上去看；**足不耻其无执，而手之所探，足必前焉**；脚不因为自己不能拿东西感到羞耻，而手伸出来拿东西，脚就一定向前跟进；**盖其元气充周，血脉条畅，是**

以痒疴呼吸，感触神应，有不言而喻之妙。 人的元气充盈周身，血脉通畅，这样痛痒呼吸都能感触得到，自然反应，自有它不言而喻的妙处。他把社会比喻成一个整体，把人类比喻成一个整体，乃至一人。当然，谁都给谁服务，谁都离不开谁。**此圣人之学所以至易至简，易知易从，学易能而才易成者，正以大端惟在复心体之同然，而知识技能非所与论也。** 这就看到圣人的学问学说是很容易掌握的，是很简洁的，容易领会、容易践行。学习容易掌握而才能容易发挥，正是因为其根本就在恢复人的心体所共同的天理，而对于具体的知识技能就不是我所要论述的了。所以说如果把这个道搞成多数人不明白，它就不是真道了。真道是使大家都明白，普通老百姓说不出道理来，他自己也在做着的，这叫道。老百姓从来不做，根本不能做，多数人不明白，讲得再天花乱坠，那也不是道。也就是《中庸》开篇定义的那三句话之后，"道也者，不可须臾离也，可离非道也"。为什么说他"易能易成"呢？就因为大端都是我们生来就有的，我们作为一个人，基本的人性本来就有的，我们现在要把我们失去的人性恢复了，就又具有了。我们的文化注重共同的东西、群体的东西，想着群体的利益，关心人民大众，这个文化是根深蒂固的。

一四三

三代之衰，王道熄而霸术焻； 夏、商、周三代衰落之后，王道渐熄而霸道猖獗；**孔、孟既没，圣学晦而邪说横。** 孔子、孟子去世之后，圣道之学晦暗不明，而各种歪理邪说横行于世。**教者不复以此为教，而学者不复以此为学。** 后世搞教育的人不再教此圣学，而学者也不再学习此圣学。"不复以此"是什么？是不再以圣学、圣道为学。圣道是什么？在三代的时候是五伦，五伦最为基础。**霸者之徒，窃取先王之近似者，假之于外，以内济其私己之欲，天下靡然而宗之，圣人之道遂以芜塞，相仿相效，日求所以富强之说，倾诈之谋，攻伐之计，一切欺天罔人，苟一时之得，以猎取声利之术，若管、商、苏、张之属者，至不可名数**。谋求霸道之人，打着与三代贤王相近似的仁术，对外假仁假义，以满足自己内在的私欲，天下之人纷纷奉为榜样而追随，圣人之道也就荒芜堵塞了，世间人相互效仿，天天探索所谓的富强道路，倾诈欺骗的谋略，穷兵黩武的计谋，以及一切欺天罔民的治国之策，苟以一时之得，而获得声名利禄的手段，就像管仲、商鞅、苏秦、张仪那样的人，多到不可胜数的程度。"霸者之徒"就像齐桓公，他也讲仁义啊。《论语》中讲，"晋文公谲而不正，齐桓公正而不谲"。《论语》评价齐桓公是正派的，但也认为他不灵活，没有能力驾驭竖刁、易牙之流，所以"身死不葬，虫流出户"。就是霸道者也口称仁义，所以这里才说，"窃取先王之近似者"，窃取其名号，窃取的是表面的仁术、仁号，他不是窃取内在的。外表借着先王的外衣，而为满足自己的私欲所求。"天下靡然而宗之"，"靡然"是指风一吹过，草就一片地倒下，是说天下都按照霸主的方式办，都听他的。圣人之道都荒芜了，长满了荒草，堵塞了道路。孟子说，"山径之蹊间，介然用之而成路。为间不用，则茅塞之矣。今茅塞子之心矣"。山里边的小径，如果继续走下去，就成了路。长期不走，茅草就堵住了路，久之就没有路了。茅塞就是荒芜了道路，堵塞了学圣人的道路。长期不学、不用，圣人的道路荒芜堵塞。互相学习，互相效仿，天天讨论怎么能富强，急于求成地富强，倾诈之谋，攻伐之计，一切欺天迷惑人的策略，偶然得到一点胜利，就以此猎取声名、利益之术，如同管仲、商鞅、苏秦、张仪之流，数不胜数。**既其久也，斗争劫夺，不胜其祸，斯人沦于禽兽夷狄，而霸术亦有所不能行矣。**这样做已经很久了，人们相互斗争劫夺，祸乱无穷啊！人这样争下去，就会沦于禽兽、夷狄一般，而霸道也行不通了。搞霸术的人都为了争利，也不会团结，霸术也不能继续搞下去了。**世之儒者，慨然悲伤，搜猎先圣王之典章法制，而掇拾修补于煨烬之余；盖其为心，良亦欲以挽回先王之道。**世上的儒者慨叹悲伤，努力探求过去先圣王的典章制度，而重新收拾修补从秦王焚书火堆中遗留下的经典；其目的，就是诚心要恢复先王之圣道。**圣学既远，霸术之传积渍已深，虽在贤知，皆不免于习染，其所以讲明修饰，以求宣畅光复于世者，仅足以增霸者之藩篱，而圣学之门墙遂不复可睹。**圣学已经晦暗很久远了，霸术流传积累的污渍已经很深了，即使有些贤人志士，也是在霸术环境当中长大的，他也免不了受霸术的习染，他们之所以对圣学宣讲展示、修补粉饰，以求得圣学重新发扬光大，实质是增加霸术的影响力，而原本圣学的门墙仍不能重新得见了。**于是乎有训诂之学，而传之以为名；**于是在这种情况下，就产生了训诂之学，并且传授此学问以图其名。**有记诵之学，而言之以为博；**产生了记诵圣言的学问，而以能言圣人之言为博学。**有词章之学，而侈之以为丽。**产生了词章的学问，以铺张夸张来追求绚丽文采。**若是者纷纷籍籍，群起角立于天下，又不知其几家，万径千蹊，莫知所适。**像这样的人吵吵嚷嚷，群起于世争奇斗艳，不知道有多少家，众多流派、门别，使人们无所适从。**世之学者，如入百戏之场，欢谑跳踉，骋奇斗巧，献笑争妍者，四面而竞出，前瞻后盼，应接不遑，而耳目眩瞀，精神恍惑，日夜遨游淹息其间，如病狂丧心之人，莫自知其家业之所归。** 世间的学者们，就像进入了百戏的表演场，但见欢呼雀跃，争奇斗巧，献媚争宠的戏子们，从四面八方竞相涌动，瞻前顾后，应接不暇，以至于令人眼花缭乱，精神恍惚。在这样的环境中，学者们日夜游荡醉生梦死，如同丧心病狂之人，不知道自己的家业在哪里。"欢谑跳踉"，就是一个人遇到一点事，闹不清楚，自以为得计，自以为明白了，无根据地、不正经地欢喜，蹦蹦哒哒地跳踉，就美起来了。"骋奇斗巧"，比如说我会占卜，我会爻卦，治理国家，治理社会，我有奇招，就是这些叫"骋奇斗巧"。眼花缭乱，精神恍惑，日夜遨游淹息其间，不知道将来的归宿是什么。**时君世主亦皆昏迷颠倒于其说，而终身从事于无用之虚文，莫自知其所谓。** 当时的国君们也都沉迷于这类学说之中，而终身从事这些无用的虚文之间，都不知道在讲些什么。他说这么治国，你说那么治国，都从自己的私心、私利角度，给皇上出主意，侍奉君主，当时的皇帝也都昏迷颠倒于其说，而他们终身做些空文章，不知道自己讲的这些话有什么用，是为了什么，最终能怎么样。**间有觉其空疏谬妄，支离牵滞，而卓然自奋，欲以见诸行事之实者，极其所抵，亦不过为富强功利五霸之事业而止。** 其间偶然有人觉得这些学问空洞乏味、荒诞不经，支离破碎不成体系，于是发愤图强，想以实际行动干点实事，他们所能做到的极致，也不过就是像过去春秋五霸那样富国强兵、建功立业、追名逐利的霸业罢了。王阳明在这里讲，光抓霸业、抓兵强马壮，不抓民心，不抓民德，不抓官德，是不会持久的。**圣人之学日远日晦，而功利之习愈趋愈下**。圣人的学问一天比一天远，一天比一天暗淡，而功利的积习愈来愈趋于昌盛。**其间虽尝瞀惑于佛、老，而佛、老之说卒亦未能有以胜其功利之心；**他们中间也有被佛、老学说所蛊惑的人，然而佛、老学说也不能解决他们追逐名利之心。认为佛、老能解决明朝的问题，可是佛家思想、道家思想第一就是节制欲望，他们想在不节制欲望的情况下，用佛、老去治理国家，那怎能治理得了呢？他们自己的功利之心都没节制住，而想去节制别人，怎么能行呢？王阳明说得太透了，你信佛、老，佛、老也并没把你的心治住。**虽又尝折衷于群儒，而群儒之论终亦未能有以破其功利之见**。虽有人又想着从群儒的学说来调节、折中，然而群儒的论述也没能打破自己的功利之见。**盖至于今，功利之毒沦浃于人之心髓而习以成性也几千年矣，相矜以知，相轧以势，相争以利，相高以技能，相取以声誉**。到了今天，功利的流毒已经侵蚀人的心髓，而且积习成性也有数千年了，人们在学识上互相夸耀，在权势上互相倾轧，在利益上互相争斗，在技能上互相较劲，在声名上互相攀比。这些事要解决了，社会就会好多了。**其出而仕也，理钱谷者则欲兼夫兵刑，典礼乐者又欲与于铨轴，处郡县则思藩臬之高，居台谏则望宰执之要**。出仕做官的人，管理钱粮的还想要管理军事和司法；掌管礼乐的还想要管吏部的事；当了县长还想到省里当主管人事、财政和司法的大官；已经当了一个谏官了，还想着当宰相，当皇帝身边的主宰、执政者。**故不能其事，则不得以兼其官；**所以不能干这个事的人，就不能让他做这个方面的官。**不通其说，则不可以要其誉；**不能通晓这个方面学问的人，就不能让他有相应的荣誉；**记**

诵之广，适以长其敖也；他有了记诵广博之能，也正助长了他的傲气。**知识之多，适以行其恶也；**有了更多的知识，也正助长了他作恶的本事。**闻见之博，适以肆其辨也；**有了更广博的见闻，也正助长了他的诡辩。**辞章之富，适以饰其伪也。**有了丰富的文采，也正助长了他的虚伪。有了优点、长处不用在正地方上，容易恃才傲物，所以优点就变成缺点了。**是以皋、夔、稷、契所不能兼之事，而今之初学小生皆欲通其说，究其术。**所以皋陶、夔、后稷、契都不能兼做的事情，而现在的初学孩童都想通晓这些学说，探究这些方法。**其称名借号，未尝不曰"吾欲以共成天下之务"，而其诚心实意之所在，以为不如是则无以济其私而满其欲也。**他们打出的名号，没有不说"我要完成天下之人共同的事业"，而他们的真实想法所在，认为不采取如此手段，就不能满足他们的私欲。王阳明揭示出这类人的真实想法，就是不这样争、不这样斗，就不能满足他的私欲。**呜呼！以若是之积染，以若是之心志，而又讲之以若是之学术，宜其闻吾圣人之教，而视之以为赘疣枘凿，则其以良知为未足，而谓圣人之学为无所用，亦其势有所必至矣！**唉！以如此这样积习的影响，以如此的心志，而又讲如此这般的学术，当他们听说我说的圣人教诲的时候，就会视之为累赘和迂腐的东西，那么他们把良知当作短处，把圣人的学说当作无用之学，那是必然的！"赘疣"就是人身上长的小瘤子；"枘凿"，斧子把叫"枘"，安装斧子把的孔叫"凿"。"赘疣枘凿"就是指恶劣的、罪恶的思想和圣人之学对不上，就是这个"孔"和这个"把"对不上号。对这样满腹私欲的人，圣人之学就是这个赘疣，就是一个无用的赘物。说良知无用，圣学无用，这是必然的呀。你有沽名钓誉的习惯，那你这么认识也就是必然的。**呜呼！士生斯世，而尚何以求圣人之学乎！尚何以论圣人之学乎！**唉！读书人生到这样的社会，要怎么去求圣人之学呢？又怎么谈论圣人之学呢？**士生斯世而欲以为学者，不亦劳苦而繁难乎？不亦拘滞而险艰乎？**生活在这样世道的人想成为圣学之人，岂不是太劳苦繁难了吗？不也是太困难险峻了吗？真正想学圣人之学，那是劳苦而繁难的。**呜呼，可悲也已！**唉！太可悲了！**所幸天理之在人心，终有所不可泯，而良知之明，万古一日，则其闻吾"拔本塞源"之论，必有恻然而悲，戚然而痛，愤然而起，沛然若决江河而有所不可御者矣！非夫豪杰之士，无所待而兴起者，吾谁与望乎？**所幸的是天理自在人心，终究是不可泯灭的，而良知的光明，即使历经万古也不会改变，所以有人但能听闻我的"拔本塞源"之论，有识之士必然能恻隐而悲怆，戚戚然而痛心，愤然而起，就如江河之洪水决堤而不能阻挡！若不是豪杰之士，没有所期待而振兴的人，我还能寄希望于谁呢？王阳明的世界观、他的思想是积极的。这就像范仲淹写的《岳阳楼记》，"微斯人，吾谁与归？"就是相信这个社会会好。

答周道通书

王阳明给周道通的这封信写在 1524 年，王阳明 53 岁。

一四四

吴、曾两生至，备道道通恳切为道之意，殊慰相念！吴、曾两位后生带了周道通的信见王阳明。周道通在信中一是表达对先生的问候，并探讨一些问题；二是想让这两位后生听一听阳明先生的课。"备道"，有加倍的意思。两位后生讲了许多周道通执着的学道情形，王阳明听了之后深感欣慰和思念！**若道通，真可谓笃信好学者矣**。像道通你这样的人，真可以说是笃信好学之士了。**忧病中会，不能与两生细论，然两生亦自有志向肯用功者，每见辄觉有进，在区区诚不能无负于两生之远来，在两生则亦庶几无负其远来之意矣**。我正在忧病之中，不能与两位后生详谈，然而他们两个也是有志向肯用功的人，每次见面都觉得很有进步，我真不能辜负了两位远道而来，于他们而言，也不会辜负了远来此行之意。"忧"是丁忧之意，当时王阳明父亲刚去世，他在守孝期内。丁忧并且身体欠佳，这个时候会见了两个学生。**临别以此册致道通意，请书数语，荒愦无可言者，辄以道通来书中所问数节，略下转语奉酬**。两位后生要走了，我写这封信来表达对道通的思念之意，我要写几句话，但我此时昏聩忙乱，不知该说些什么，就只能将道通来信中问及的几个问题，略微解释以奉上。**草草殊不详细，两生当亦自能口悉也**。我草草地写这么几句话，不能详细道来，但两位后生应该也能口述转达。

来书云："日用工夫只是立志。近来于先生诲言时时体验，愈益明白。然于朋友不能一时相离。来信说，日常的功夫就只是立志。最近对于先生的教诲时时加以体验，也就愈加明白了。然而我不能离开朋友一时片刻。我自己体验是有些明白了，但是我感觉朋友之间互相切磋很重要，不能一时离开，离开朋友，我学习就差了。**若得朋友讲习，则此志才精健阔大，才有生意**。如果有朋友相互讲习切磋，那么这个志向才能广阔坚实，才能生机勃勃。**若**

三五日不得朋友相讲，便觉微弱，遇事便会困，亦时会忘。 如果三五日不与朋友相互讲习切磋，志向就会变得很微弱，遇到事情就会产生困惑，也有的时候就忘了。这个"困"不是说遇到事我就要睡觉了，是遇事就感到困难的意思。**乃今无朋友相讲之日，还只静坐，或看书，或游衍经行，凡寓目措身，悉取以培养此志，颇觉意思和适。** 现在没有朋友相互讲习之时，我还能静坐沉思，有时看看书，有时信步走走，但凡在举手投足之间，都不忘记培养这个心志，很是觉得内心平和舒适。**然终不如朋友讲聚，精神流动，生意更多也。离群索居之人，当更有何法以处之？** "然而始终不如与朋友讲习聚会时那样精神振奋，生机勃勃。那么离开人群独自居住的人，有什么更好的方法保持心志呢？

　　此段足验道通日用工夫所得，工夫大略亦只是如此用，只要无间断，到得纯熟后，意思又自不同矣。 这段话足以验证道通平日里用功夫的收获，修养的功夫大略也就是如此，只要不间断，每日坚持，等到功夫纯熟后，感觉自然就又有不同了。在这个问题上王阳明和朱熹没分歧。朱熹说，学习是循序渐进，循序渐进具体到什么程度呢？如鸡抱卵。母鸡抱鸡崽需要 21 天，母鸡用身体的温度，不凉不热，且不能一时离开，不断地孵，到了 21 天就出来小鸡崽了。如果在这期间母鸡有一天没孵，最后就出不了鸡崽。如果母鸡生病了体温高，小鸡崽也孵不活。所以朱熹讲，做学问，修德尽性，就是不温不火地，平平静静地，持续地、不断地修养。**大抵吾人为学紧要大头脑，只是立志，所谓困忘之病，亦只是志欠真切。** 一般来说我们这些学人做学问的关键处，就是立志。之所以有困惑健忘之病，那也只是立志还不够真切笃实。**今好色之人未尝**

病于困忘，只是一真切耳。就像好色的人不会有困忘之病，就只是他的欲望真切罢了。《论语》中讲，"吾未见好德如好色者也"。孔子说的这个，并不是气馁，而是认识到我们如果好德像好色那样真切、那样自然的话，那还能有困忘吗？"只是一真切耳"，所差的只不过就是一个真切罢了。这一节里，最主要的也是这两个字——真切。修养要真切，要不真切，什么法都不好使。**自家痛痒，自家须会知得，自家须会搔摩得，既自知得痛痒，自家须不能不搔摩得**。自家的毛病、自家的问题自己会知道，自己就会去抓挠摩挲，既然知道痛痒，就不得不抓挠摩挲。**佛家谓之"方便法门"，须是自家调停斟酌，他人总难与力，亦更无别法可设也**。佛家讲的"方便法门"，也是自己调停琢磨，他人终是无能为力，也没有其他更好的方法可设了，没有其他门道了。佛家的"方便法门"和王阳明的"在事上磨"是相似的。遇到的所有事，都可以用来体验天理良知。"方便法门"，遇到什么事都可以修佛，不能因为环境问题就不修佛了。哪都方便，随处方便。修养的问题和处理家事很相似。家庭中的一些问题，例如和睦不和睦之类的问题，亲戚朋友也是帮不上忙的。只能靠自己来解决，谁也代替不了。结合自己的实际，悟到什么程度，就解决到什么程度。

一四五

来书云："上蔡尝问：'天下何思何虑？'"来信说，上蔡曾问，天下之事有什么需要思考的？这里的上蔡原本是个地名，上蔡人谢良佐，人称上蔡先生，河南人，也是二程的学生。过去有个传统，就是对一些贤达一般不直呼其名，有时候会用他的地名称呼。"何思何虑"是《易经·系辞》中的话，从字面上来讲，为什么思，为什么虑？有什么思的，有什么虑的？它的本质是什么呢？良知、天理而已。"何思何虑"就是人只是一个天理人心而已，还想什么呢？还虑什么呢？我能做到天理、良心，我就什么也不考虑，没必要考虑。怎么做人，怎么做官，没必要考虑那么多。**伊川云：'有此理，只是发得太早。'** 程伊川说，有这些道理，只是你想得太早。伊川就是程颐。现在洛阳龙门石窟下边那个河流叫伊河，山口叫伊阙，二程的家就在旁边，所以他的号叫伊川。程伊川说，有"何思何虑"这个理，只是你内心萌发这个思想太早。因为什么呢？因为你还没修到天理良知的那个程度。这个时候提出这个问题，是你发得太早，你的步子太快，还是先修己、修心。**在学者工夫，固是'必有事焉而勿忘'，然亦须识得'何思何虑'底气象，一并看为是。** 那在学者的功夫来讲，本来就应该是"必有事焉而勿忘"。"必有事焉，而勿正，心勿忘，勿助长也"是孟子的话。学者应该经常有"必有事焉"的思想。"必有事焉"，就是不断地、永远地修德尽性。"勿正"就是没有预判，没有预期，不能有框框，不规定要达到一个什么程度。还要"勿忘"，永远不忘，要修。然后，还不拔苗助长，勿助长也。勿正、勿忘、勿助，这样不断地修养自己。也就是说，第一步不是解决"何思何虑"的问题，第一步是要解决"必有事焉，而勿正，心勿忘，勿助长也"。然而也需要识得"何思何虑"的气象。这个"底"字就是"的"字，到鲁迅先生的时候，"的"字还是用这个"底"字。"一并看为是"，不要只看"何思何虑"，要"必有事焉而勿忘"一起看。先学，学好了而后"何思何虑"。**若不识得这气象，**

便有正与助长之病。如果不明白这种气象，就会有设框框、要助长的毛病。**若认得'何思何虑'而忘'必有事焉'工夫，恐又堕于无也。**如果明白了"何思何虑"，却又忘了"必有事焉"的功夫，恐怕又要陷落于虚无之中。只是知道天理良心，但是没有学习实践过程的努力，恐怕又要堕落于虚无啊。**须是不滞于有，不堕于无。然乎否也？"**作为学者应该是不滞碍于"有"，不堕落于"无"，是不是这样呢？

　　所论亦相去不远矣，只是契悟未尽。王阳明说，你所说的与我提出的观点相差不太远，只是领悟得没有那么透彻。**上蔡之问与伊川之答，亦只是上蔡、伊川之意，与孔子《系辞》原旨稍有不同。**谢良佐的问与程伊川的答也只是谢良佐和程伊川自己的意思，这与孔子《系辞》中的原意稍有不同。"何思何虑"是孔子《十翼·系辞》中的话，他们提出的和原来旨意不一样。**《系》言"何思何虑"，是言所思所虑只是一个天理，更无别思别虑耳，非谓无思无虑也。**《系辞》说的"何思何虑"，是讲所思所虑的只是一个天理而已，没有别的思虑，并不是说没有思虑。王阳明以前的注释家，没有把"何思何虑"注释成"只是一个天理"，这是王阳明将其提高到了这个层次。"何思何虑"在王阳明之前是什么意思呢？它就是修养道德身心，只要你努力奋斗就可以了，不要去考虑别的。王阳明说，你修养内容是什么？是天理人心，是良知。**故曰"同归而殊途，一致而百虑，天下何思何虑"。**所以说，不同的道最后都是同归大道，百虑之思最后都归于一，归于正道、善心，就是天理良知，天下就不用考虑别的。这三句话"同归而殊途，一致而百虑，天下何思何虑"，都是《系辞》中的话。**云"殊途"，云"百虑"，则岂谓无**

思无虑邪？说"殊途"，说"百虑"，那怎么能说没有思虑了呢？**心之本体即是天理，天理只是一个，更有何可思虑得？**心的本体就是天理，天理只有一个，哪还有什么别的思虑呢？**天理原自寂然不动，原自感而遂通，学者用功虽千思万虑，只是要复他本来体用而已，不是以私意去安排思索出来；**天理原本是宁静不动的，感应之后而能贯通，学者下功夫即使是千思万虑，其目的也只是要恢复天理原本的本体和功用，不是以自己的私心去安排思索出来。千学万学就是要恢复人本来的天性，本来天性里的善，本来天性里的天理。**故明道云："君子之学莫若廓然而大公，物来而顺应。"**所以程颢说，君子做学问不如心胸宽阔无私，事物发生而顺其自然。"物来顺应"也是《易经》中的话。**若以私意去安排思索，便是用智自私矣。**如果以私心去安排思索，就是把智慧用在私欲上了。**"何思何虑"正是工夫，在圣人分上便是自然的，在学者分上便是勉然的。**"何思何虑"正是为学的功夫，在圣人分上是自然这么做的，在学者分上就是努力下功夫能做到的。**伊川却是把作效验看了，所以有"发得太早"之说。**程伊川把这"何思何虑"当作效验结果看了，所以他说谢良佐发得太早。**既而云"却好用功"，则已自觉其前言之有未尽矣。**接着他说"正是应该用的功夫"，就是他已经感觉到他之前说的还不全面。**濂溪"主静"之论，亦是此意。**周敦颐"主静"的观点，也是这个意思。濂溪是周敦颐的字，二程是周敦颐的学生。**今道通之言虽已不为无见，然亦未免尚有两事也。**道通啊，你很有见解，然而你这个见解，未免把道德修养和道德实践又搞成两件事了。"何思何虑"和"必有事焉"，王阳明认为这也是一体。就你能做到"必有事焉"，勿忘、勿助，这样做下去本身就是天理良知，就是"何思何虑"，没必要想别的，这是一件事。坚持了"必有事焉"，不断地修养，自然就"何思何虑"；"何思何虑"要做到，自然得有这个过程，没有这个过程，也做不到天理良知存于心中，也做不到别无他思，别无他虑。

<h2 style="text-align:center">一四六</h2>

来书云："**凡学者才晓得做工夫，便要识认得圣人气象。盖认得圣人气象，把做准的，乃就实地做工夫去，才不会差，才是作圣工夫。未知是否？**"周道通说，凡是学者才懂得在修养上做功夫，那便要认识圣人的气象，认得了圣人气象，就作为自己的目标，然后就实地去做功夫，才不会差，才是学做圣人的功夫。这是不是正确的？

"**先认圣人气象**"，**昔人尝有是言矣，然亦欠有头脑。**王阳明说，"先认圣人气象"，过去人有这么说的，然而也是欠根本、欠头脑。**圣人气象自是圣人的，我从何处识认？**圣人的气象自然是圣人的，我从什么地方去识认圣人气象呢？**若不就自己良知上真切体认，如以无星之称而权轻重，未开之镜而照妍媸，真所谓以小人之腹而度君子之心矣。圣人气象何由认得？**如果不在自己的良知上真切体认，就像用没有准星的秤来衡量轻重，用没有擦亮的镜子去照美丑。"妍"是美，"媸"是丑。那真是所谓的以小人之腹而度君子之心了。那圣人的气象如何体认呢？不在良知、良心上下功夫，能看得准吗？自己没有修养好，就去评判这个人是好的，那个人是坏的，评得准吗？**自己良知原与圣人一般，若体认得自**

己良知明白，即圣人气象不在圣人而在我矣。我们自己的良知原本和圣人是一样的，如果我体认良知体认得非常好，非常明白，那圣人的气象就不在圣人而在我这里了。程子尝云："觑著尧学他行事，无他许多聪明睿智，安能如彼之动容周旋中礼？"程子曾经说，看着尧学他行事，没有他那么多的聪明睿智，怎么能像他那样举手投足都符合礼呢？又云："心通于道，然后能辨是非。"他又说，心与天道相通，然后就能辨别是非了。主要在道上，不在一般的、表面的事上。今且说通于道在何处？聪明睿智从何处出来？现在且说你的道在哪里？你的聪明睿智从哪里来呢？王阳明的这个问句，是让我们想什么呢？就是让我们要自己体认天理啊！体认纯正、精一天理于自我心中啊！

一四七

来书云："事上磨炼，一日之内不管有事无事，只一意培养本原。若遇事来感，或自己有感，心上既有觉，安可谓无事？但因事凝心一会，大段觉得事理当如此，只如无事处之，尽吾心而已。来信说，存养要在事上磨，一天之内不管有事没事，只是一心培养本体。如果遇到事情有了感触，或者自己有了感觉，心上就有了感觉，怎么能说无事呢？但是宁心静气想一会儿，大体觉得事情理当是如此的，只是当作无事一样处理，尽我的本心罢了。然乃有处得善与未善，何也？但是仍然有处理得当与不得当的情况，也有处理得对和不对的地方，这是什么原因呢？又或事来得多，须要次第与处，每因才力不足，辄为所困，虽极力扶起，而精神已觉衰弱。又或者一时事情来得多，按照次序一样一样地处理，每每因为才力不足，就会被事情所困扰，虽然极力坚持，然而精神已觉得疲惫衰弱。**遇此未免要十分退省，宁不了事，不可不加培养。如何？**"遇到这种情况，未免就要退下来反省自己，宁可事情做不下去，也不能不加以存养。这样如何？周道通在这里请教的问题并没像顾东桥那样尖锐。王阳明的学说他都认同，但明白是明白，但是一做，就显得才力不足，常常觉得遇到困难。宁可有些事不做，也不可不加培养，老师怎么看这个问题？

所说工夫，就道通分上也只是如此用，然未免有出入在。王阳明说，所说的功夫，就道通你的水平、能力、条件而言，也就是这样了，然而未免还是有些出入，有一些值得商榷的地方。**凡人为学，终身只为这一事，自少至老，自 朝至暮，不论有事无事，只是做得这一件，所谓"必有事焉"者也。**凡是求学的人，终身就只做一件事，从小到老，从早到晚，不论有事没事，只做一件事，就是所谓的"必有事焉"。用陶行知的话来说，人生下来就是教育的开始，学习的开始，人只有进了棺材，学习才算结束。人的一生就是一个不间断地学习的过程。**若说"宁不了事，不可不加培养"，却是尚为两事也。**如果说"宁肯事情做不完，也不能不存养本心"，这就把它当成两件事了。**"必有事焉而勿忘勿助"，事物之来，但尽吾心之良知以应之，所谓"忠恕违道不远"矣。**"必有事焉而勿忘勿助"，事情来临，只要尽我的本心良知去应对，就是所谓的"忠恕违道不远"啊。这句话就是我们每个人都能落实的一句话，事情来了，我们搞不清楚，不知道应该采取什么办法的时候，"但尽吾心之良知以应之"，就用我们的良心。就是《大学》中的那句话，"心诚求之，虽不中，不远矣"。真心去对待这个问题，用好心去对待这个事，即使办法不当，那也离正确不远了。**凡处得有善有未善，及有困顿失次之患者，皆是牵于毁誉得丧，不能实致其良知耳。**凡事处理得有好有不好的，以及有困顿、失序的，都是因为太在意毁誉得失了，不能真正地、切实地落实良知啊。**若能实致其良知，然后见得平日所谓善者未必是善，所谓未善者却恐正是牵于毁誉得丧，自贼其良知者也。**如果能切实地致良知，自然就会发现平日里所谓处理得好的未必是好的，所谓处理得不好的却正是在意毁誉得失，而自己破坏了自己的良知了。

一四八

来书云："致知之说，春间再承诲益，已颇知用力，觉得比旧尤为简易。来信说，老师你的"致知"理论，春天时候再次承蒙你对我的教诲，我已经很知道怎样用功了，觉得比旧说更为简易。**但鄙心则谓与初学言之，还须带格物意思，使之知下手处。**但是我的心里觉得在与初学者讲的时候，还需要和格物结合在一起，使得初学者知道下手的地方。**本来致知格物一并下，但在初学，未知下手用功，还说与格物，方晓得致知。"云云。**本来"格物"和"致知"应该是一同用功的，但对于初学者而言，并不一定知道如何下手，所以还是先说"格物"，才能知晓"致知"，等等。

格物是致知工夫，知得致知，便已知得格物。王阳明说，格物是致知的功夫，要想致良知，必须很好地格物。真正懂得了致知，那就一定懂得格物了。**若是未知格物，则是致知工夫亦未尝知也。**

如果不懂得格物，那就是致知的功夫你也未曾知道过。不懂得格物，不懂得从心里一件一件事来格，哪些有问题，哪些没问题，有问题的怎么把它除掉，不懂得这个，那怎么能致知呢？**近有一书与友人论此颇悉，今往一通，细观之当自见矣。**最近我给朋友写了一封信，就论这个致知和格物的问题，颇为详细，颇为透彻，现在我把给学友写的这个信抄一份带给你，你仔细看了之后，关于致知和格物的问题就清楚了。

一四九

来书云："今之为朱、陆之辨者尚未已，每对朋友言正学不明已久，且不须枉费心力为朱、陆争是非；来信说，现在为朱熹、陆九渊辨别谁是谁非还未停止，每每对朋友谈及圣学不昌明已经很久了，就不需要枉费心机对朱、陆理论学说的是非争论不休了。**只依先生'立志'二字点化人，若其人果能辨得此志来，决意要知此学，已是大段明白了。**不要为朱、陆争是非，只要依照先生的"立志"二字来点化人，如果这个人果真能辨别了这个志向，决意要学习圣学，那他已经大体明白了。**朱、陆虽不辨，彼自能觉得。**不用再分辨朱、陆的是非曲直，他自己也能觉察出来了。**又尝见朋友中见有人议先生之言者，辄为动气。**又曾经在朋友当中遇见有人非议先生的观点和思想，就非常生气。**昔在朱、陆二先生所以遗后世纷纷之议者，亦见二先生工夫有未纯熟，分明亦有动气之病，若明道则无此矣。**过去朱、陆二先生之所以留给后世纷纷议论谁同谁不同，谁正谁非，留下这么多是非议论不清，也可见朱、陆二先生在道的修养方面有未纯熟的地方，分明就有意气用事的毛病。程明道就没有这类问题。**观其与吴涉礼论介甫之学，云：'为我尽达诸介甫，不有益于他，必有益于我也。'气象何等从容！**"涉"是个误字，应该是吴师礼。介甫是王安石的字。看程颢与吴师礼谈论王安石的学问的时候，他说，请把我的观点全部转达给王安石，即使对他没有益处，也一定有益于我。也就是说，我与王安石思想融通，互相通达，这种交流不有益于他，也必有益于我也。这种气象是何等从容啊！《宋史》把王安石的改革手段评价得很极端，他为了改革整治别人也是很不留情面的。但就像反对派苏轼，他对王安石，仍然都从长处论。苏东坡被贬海南，后给予赦免，回到南京，那时，王安石也已经被贬，他从扬州到镇江过江，见到苏东坡，两个人仍然是谈笑风生。如果我们今天也都有这样的胸怀，那很多问题就会通融、宽和、包容了。"气象何等从容"，就是不为一己之利而私啊。**尝见先生与人书中亦引此言，愿朋友皆如此。如何？**"我曾经见过阳明先生给人写信的时候，引用过这段论说，我希望朋友之间，学友之间都如此。怎么样？

此节议论得极是极是，愿道通遍以告于同志，各自且论自己是非，莫论朱、陆是非也。王阳明说，这段你所论述得非常对，希望道通你把这个观点告诉给各个学友，要多论自己哪对哪错，不要脱离开自己的对错，总是以言语谤人，去评论别人，不要总是讨论朱、陆的是是非非。**以言语谤人，其谤浅，若自己不能身体实践，而徒入耳出口，呶呶度日，是以身谤也，其谤深矣。**以语言诽谤别人，这个还算肤浅的；如果自己不能亲身实践，而只是议论别人，随便说说听听，唠唠叨叨地度日，这是以行动在诽谤啊，这种诽谤就深重了。自己整个身心都毁了，自己不去践行良知良能，总是看别人的毛病。**凡今天下之论议我者，苟能取以为善，皆是砥砺切磋我也，则在我无非警惕修省进德之地矣。**凡是当今天下议论我的人，如果通过议论我，能自己取得为善的结果，这都是对我的砥砺切磋呀，而对于我无非就是警惕反省，增进品德修为之处。**昔人谓："攻吾之短者是吾师。"师又可恶乎？**过去一些贤达人曾说，"攻吾之短者是吾师"啊，攻吾之短、治吾之短，及吾之短，都是一个意思，这是我的老师。老师又有哪里可恶的啊？所以他议论我，说我哪里不对、哪里不足，没关系，这是督促我、勉励我，使我更加严格要求自己。

一五〇

来书云："有引程子'人生而静以上不容说，才说性，便已不是性'，何故不容说？何故不是性？来信说，有人引用程子的话，"人生而静以上不容说"。"人生而静以上"是指没降生。"不容说"，就是不用说，不用说他是什么性。而降生的瞬间，就有了人的初性，即原本的性。"才说性，便已不是性"，人一降生后，才说这个人有了人性，但这个时候人的性就不是原性了，就变了。就是很短暂，没有遭受社会的污染，没遭受社会诸方事物的干扰。所以孟子说，人与生俱来具有四大善端，仁义礼智，这个仁义礼智，也就是人的原性，没受社会任何沾染的时候，它具有未发之善，未发之中。那怎么就不容说呢？那怎么就不是性呢？**晦庵答云：'不容说者，未有性之可言；不是性者，已不能无气质之杂矣。'**朱熹回答说，不用说，就是他还没有性可言；才说性，便不是性，为啥说他不是性？因为他有了性之后"不能无气质之杂"，就是不能没有社会的污染，有了这个就不是人的原性了。**二先生之言皆未能晓，每看书至此，辄为一惑，请问。**"周道通说两位先生说的他不能都明白，每每看书到这地方，就会产生一个迷惑，所以借机向先生请教。

"生之谓性"，"生"字即是"气"字，犹言"气即是性"也。王阳明说，"生之谓性"，这是告子最早提出的，"生"这个字就是"气"这个字，也就是说"气即是性"。其实在这里这个生也可以理解成有了生命，有了生命就有气，这个和哲学上讲的"理气""理气之分"的气是一个意思，也包含着我们今天最简单的说法，就是得有这口气。**气即是性，"人生而静以上不容说"，才说"气即是性"，即已落在一边，不是性之本原矣。**气就是性，人们有了生命，就有了人性。生下来有了性，马上就不是原性了，就被污染了，被影响了，被干扰了，不同的思想就杂在一起了，所以一旦说了气就是性，这个性就偏到一旁了，就不是性之本原了。**孟子"性善"，是从本原上说。**孟子性善论是从本原上说的。刚生下来，一刹那就社会化了；没有这一刹那，刚生下来，这是人的本原性，本原性是善的。不读懂四书，学王阳明就比较难；把王阳明学明白了，回过头来再看四书，那就更深刻、更透亮。例如，孟子讲的四大善端，就是讲人与生俱来具有善性，当然是在他幼小的时候。王阳明这样提炼后，就使我们认识到人性的本原，是真正的未发之中。"喜怒哀乐之未发"，你说他未产生也好，还是产生了没表现出来也好，反正善恶都没有体现。那就又归到那四句上，"无善无恶心之体，有善有

恶意之动，知善知恶是良知，为善去恶是格物"。所以心之本体、心之本原就是无善无恶。孔子讲，"性相近，习相远"，他没说人与生俱来就是善是恶。墨子就明确，善恶"染于苍则苍，染于黄则黄"。染什么颜色就是什么颜色，染善就是善，染恶就是恶，人性是由环境决定的。孟子认为不对，人与生俱来是善的，有四个善端，是后来被污染了就变坏了，教育就是要把丢掉的善找回来，把受到污染的东西排除掉。而荀子认为，人与生俱来是恶的，教育的作用是"化性起伪"，把原来的恶性给他化了，加上人为的这种教化，使他变善。后来从董仲舒、王充一直到韩愈之后，多数的人把这几点结合在一起，既承认性善，又承认后天教育的作用。王阳明在这里把这个问题进一步哲学化。**然性善之端须在气上始见得，若无气亦无可见矣**。然而这个本原上的性善得通过气息才能看得到，气上看得到就是"生之谓气"，有了生命才能看到他的性善。若无气息，也就看不到他性善性恶了。**恻隐、羞恶、辞让、是非即是气，程子谓："论性不论气，不备；论气不论性，不明。"**恻隐、羞恶、辞让、是非都是气息。程子说，讨论性不论气息，不完备；讨论气息不讨论性，不鲜明。所以气和性是一体的。**亦是为学者各认一边，只得如此说**。也是因为做学问的人往往只看到一个方面，所以只能这样强调。**若见得自性明白时，气即是性，性即是气，原无性气之可分也**。如果能明白自己天性的话，气息就是人性，人性就是气息，原本就没有气和性之分。也就是说研究透了，气性是一体的，是不可分的。这里的结尾是讲原性的问题，就是最早的初性。"人之初，性本善。""初"就是初性，生下来没有被污染的时候，人性是善的。王阳明进一步地界定，就使得好多问题更加严密了。

答陆原静书

陆原静名叫陆澄，有的史书上写成陆元静，和这个"原"字通用。这个人对王阳明来说很重要，阳明曾说，"曰仁殁，吾道益孤，至望原静者不浅"。"曰仁"就是徐爱，徐爱很年轻就去世了，"吾道益孤"啊，希望陆原静起更大的带头作用。这是王阳明说过的话。陆澄是比较聪明的人，浙江归安人，离王阳明的家也比较近。正德九年（1514），他拜王阳明为师。王阳明对他也比较看重。

一五一

来书云："下手工夫，觉此心无时宁静。来信说，着手做功夫的时候，觉得此心"无时宁静"，没有宁静的时候。**妄心固动也，照心亦动也；心既恒动，则无刻暂停也。"**这些痴心妄想的念头涌动，那照心也动。"照心"就是良心、善心、标准心。有了标准心才能去衡量别人，去照别人。心既然无时不动，也就没有片刻的停留了。

是有意于求宁静，是以愈不宁静耳。王阳明说，这是刻意地去求宁静，所以就越没有宁静。你的意愿是要宁静，但做了不宁静的事，有意求宁静，就愈加不能宁静了。例如做了坏事，想要宁静也宁静不了。**夫妄心则动也，照心非动也；**痴心妄想的私欲在涌动，真正的善心、明心像镜子一样不动。**恒照则恒动恒静，天地之所以恒久而不已也。**只要内心永远明澈，那么就会永远活动，也永远宁静，天地万物也因此永恒而不停息。要时常在照，正因为有照才能有所调理，有所规范。有照私心也仍然在，只不过被调理、制约、控制了。制住了旧的，新的还会产生，所以要不断地制，不断地照。没有一个办法，把一种错事、一种错误永远消灭了。就是要在一定的范围内制约、控制，不使这个恶性、坏作用起得那么大而已。**照心固照也，妄心亦照也；**善良的心固然一直照着，而妄念的心也是一直照着。**其为物不贰，则其生物不息，有刻暂停则息矣，非至诚无息之学矣。**由于良知良心对待万事万物不二心啊，都是用天理啊，那么万事万物才能生生不息，如果有片刻的暂停，那么生生不息的万物就要停息了，这就不是至诚无息的学问了。照是恒在的，如果只求静才能学，在动中、乱中就不能学，那就不是至诚无息之学。陶渊明的《饮酒》，"结庐在人境，而无车马喧。问君何能尔？心远地自偏"。不是去深山里修养，是在闹市当中修。怎么能做到呢？"心远地自偏"，心离世俗远了，就好像由闹市搬到静地。所以这里说的这个静和动，就是这样的关系。外界动，我的内心也能静下来。

一五二

来书云，"良知亦有起处"云云。来信说，良知也要有发端之处。

此或听之未审。王阳明说，这里有你没听明白的地方。**良知者，心之本体，即前所谓恒照者也。**良知，是心的本体，就是前面所论述的恒常的照心。**心之本体，无起无不起，虽妄念之发，而良知未尝不在，但人不知存，则有时而或放耳。**心的本体，无所谓发与不发，虽然有时妄念生发了，然而良知也并非不存在，只是人们不知道存养，那么有时就会放失掉本心了。例如我一动念，想到有个人对我不好，产生了报复心理。这不是说我的良知就没了。这时候如果良知盛，恶念一起，马上就纠正了。这就是良知和私欲较量的问题，良知和私欲是同时存在于心里的。但如果我们不知道存养良知，保护良知，维护良知，那就会让良知跑掉了。**虽昏塞之极，而良知未尝不明，但人不知察，则有时而或蔽耳。**虽然昏庸不明达到了极点，但他的良知也并非不清明，只是人们不知道省察，那么有时就会被蒙蔽了。就像卫灵公对待孔子的问题，他有昏蔽之处，但他良知也在。他始终认为孔子是个大才，用孔子对国家会好，但重用孔子又被那么多人反对，阻力很大，自己也老了，就稳当几年得了。就是说他是明白的，但是也有昏聩的地方。如果把"明"坚持下去，那他的良知就不跑；他的"明"不坚持，昏聩的地方逐渐滋长，那有时良知就会被障蔽。**虽有时而或放，其体实未尝不在也，存之而已耳；**虽然有时良心被放失了，但他的本体实际上并非不在，只要存养它就可以了；如果能把良知保存起来，跑掉了找回来，这就很好了。**虽有时而或蔽，其体实未尝不明也，察之而已耳。**虽然有时候良知被障蔽了，处理问题昏聩，但是他内心的良知未尝不清明，只是明察它就可以了，明察而去掉障蔽。**若谓良知亦有起处，则是有时而不在也，非其本体之谓矣。**如果说良知也有发端之处，是指良知也有不在之时，那就不是良知本体的说法了。

一五三

来书云："前日精一之论，即作圣之功否？"来信说，前些日子先生说讲"精一"的观点，那就是修养圣人的功夫吗？

"精一"之"精"以理言，"精神"之"精"以气言。王阳明说，"精一"的"精"是从理上而言的，"精神"之"精"是从气上而言。那"精一"这个功夫是从理的角度谈精、纯；"精神"的精是以气而论，精气神嘛。理者气之条理，气者理之运用；理是气的条理；气是理的运用。无条理则不能运用，无运用则亦无以见其所谓条理者矣。没有条理就不能运用，没有运用就不能以此见到所谓的条理了。精则精，精则明，精则一，精则神，精则诚；有了精就能精细，就能清明，就能专一，就能神圣，就能诚心；一则精，一则明，一则神，一则诚：原非有二事也。有了专一就能精细，就能清明，就能神圣，就能诚心：精和一原本就不是两件事啊。后世儒者之说与养生之说各滞于一偏，是以不相为用。后世儒者的学说与道家养生的学说却各执一偏，因此不能互相为用了。前日"精一"之论，虽为原静爱养精神而发，然而作圣之功实亦不外是矣。前些天我讲了"精一"之论，虽然是为了原静你喜欢静养精神所讲，然而修养圣人的功夫也不过如此罢了。从理上来讲，也无外如此，界限不是那么太清楚。这里谈了道的问题，其实王阳明受道家思想的影响也是有的。

一五四

　　来书云："元神、元气、元精，必各有寄藏发生之处，又有真阴之精、真阳之气。"云云。来信说，元神、元气、元精，一定要有寄托藏身的生发之处，又有真阴之精、真阳之气，等等。

　　夫良知，一也。王阳明说，修养良知，只是精一啊。**以其妙用而言谓之神，以其流行而言谓之气，以其凝聚而言谓之精，安可以形象方所求哉？**因良知的妙用而言称之为神，因良知的流行而言称之为气，因良知的凝聚而言称之为精，怎么可以从它的外形、方位上探求呢？"以其妙用而言谓之神"，主要是修养良心的纯正、精一，妙用良知就是神。孟子说，"圣而不可知之之谓神"，就是化育万民、化育万物而不知，这叫神。"以其流行而言谓之气"，良知的流行，良知的影响就是气。孟子给予了最早的关于气的解释。有人问孟子有什么长处，他说有两点，一个是知言，一个是善于养气。第一，"知言"的意思是邪辟之说、诌媚之说，他能察觉、辨别；第二，他说"我善养吾浩然之气"。"是为气也，至大至刚。"可一做坏事，就开始馁，就瘪气。坏事做多了，这个浩然正气就没了。浩然正气要保持，要永远有浩然正气，就要不断地做善事、做好事，良知良心不断地践行，浩然正气就永远不馁，就是集义。所以他说这个气的流行，就是良知的流行。良知影响化育作用就是正气的作用，在这个意义上讲，良知的流行就是气。良知所以流行，就因为有正气的流行，正气就是正风正气，正风正气流行就是良知，良知就是正风正气的流行。"以其凝聚而言谓之精"，这个凝聚就是不动如山岳，我的良知良心不管风吹雨打就是不动摇，凝聚固化，专一不苟，不散掉。凝聚而不散掉就叫作精。"安可以形象方所求哉？"怎么可以用形象、用标准来求良知是啥样呢？这么用是气，这么用是神，哪里可以用一定的形象、框框来衡量它呢？是要看它发气流行没有，影响别人没有，做好事没有。**真阴之精，即真阳之气之母；真阳之气，即真阴之精之父；阴根阳，阳根阴，亦非有二也**。真阴之中的精，就是真阳之气的母体；真阳之中的气，就是真阴之精的父体；阴生阳，阳生阴，也不是两件事情。这话就是受道家的影响，真阴真阳，就是一体的事，就是这么简单的事。从《易经》开始讲，阴阳就是一体，我们始终没能把它应用到实践上。这个观念真要把它落实了，那处理问题就会全面得多、和谐得多。《易经》上讲，要先从身边人开始处好关系，身边人的关系都处不好，那是最糟糕的了。要不为什么说夫妇的事是最基本的事呢？天下之大道发端于夫妇。《中庸》上讲，"君子之道，造端乎夫妇，及其至也，察乎天地"。一切一切的根都在这，有了这个根之后，才是父子君臣啊。这样就衍生出来，一个人到哪里，都能跟身边人平衡好关系。不只是男女之间有阴阳的问题，同性之间也有阴阳问题，所以就是要不断地调，调至和谐。甘肃的天水城里边有个八卦城。八卦城就在渭水河中，像个小岛似的，渭水河到那里分了叉，一边像阴，一边像阳，来回这么滚动，一会儿这边宽点，一会儿那边宽点，就像模仿阴阳之气。实质阴阳不像我们画的八卦图那么标准，两边都那么均衡。庄子讲，就是这一团气里头有阴阳，没说还有个界限。总之阴阳是一体的。所以很多事情，在管理上，人与人之间相处上，有些东西是要模糊的，处处较真儿，效果是不好的。这里讲的真阴也好，真阳也好，都离不开对方，没有对方不但办不成事，而且自己也不存在了。**苟吾良知之说明，即凡若此类皆可以不言而喻。**假如我的良知之说能够昌明于天下，那么类似的问题都可以以此而解。**不然，则如来书所云"三关、七返、九还"之属，尚有无穷可疑者也。**不然的话，就像你来信所说的，"三关""七返""九还"之类道家东西，仍还有许多可疑之处。

<h1 style="text-align:center">又</h1>

<h2 style="text-align:center">一五五</h2>

来书云："**良知，心之本体，即所谓性善也，未发之中也，寂然不动之体也，廓然大公也。何常人皆不能而必待于学邪？中也，寂也，公也，既以属心之体，则良知是矣。今验之于心，知无不良，而中、寂、大公实未有也。岂良知复超然于体用之外乎？**"来信说，良知，是心的本体，就是所谓的性善，就是未发之中，就是寂然不动的本体，就是廓然大公。那为什么常人一般都做不到，而一定要等到学习了才能做到呢？中和、寂静、大公无私，这些品质既然属于心的本体，那就是良知了。如今在心里验证，知没有不良的，然而中和、寂静、大公无私却没有实际存在。难道良知又能超然于体用之外吗？陆澄研究得比较深，他考证自己，知无不良，可是要达到中，达到静下心来，达到廓然大公，实在是没达到。难道是良知它能超然于体用之外吗？它能脱离开人的心体吗？

性无不善，故知无不良，良知即是未发之中，即是廓然大公，寂然不动之本体，人人之所同具者也。王阳明说，性没有不善的，所以知没有不良的，良知就是未发之中，就是廓然大公、寂然不动的本体，人人都具有的。**但不能不昏蔽于物欲，故须学以去其昏蔽，然于良知之本体，初不能有加损于毫末也。**但是多数人不能不为物欲、人欲所障蔽，所以需要学和教育，去掉良知上的昏蔽，良知上的昏蔽就像明镜上边的灰尘，要把它除掉。然而对于良知的本体，不能有丝毫的损伤。**知无不良，而中、寂、大公未能全者，是昏蔽之未尽去，而存之未纯耳。**每个人的知没有不良的，然而中和、寂静、大公无私的品德不能完备的，是由于良知的昏蔽没有完全去掉，存养的良知未纯、未精、未一。**体即良知之体，用即良知之用，宁复有超然于体用之外者乎？**体就是良知的本体，用就是良知的作用，哪里有超然于体用之外的良知呢？没有超然体用之外的良知，良知不要怀疑，人生下来都有，只不过是有昏蔽，有昏蔽就需要教育，需要学习把它去掉。可是你尚感到自己做不到中和、做不到寂静、做不到大公无私，那就是你去昏蔽不精一，未达到完全去掉的程度，你的良知就不纯，所以你就做不到中和、寂静、大公无私。

一五六

来书云："**周子曰'主静'，程子曰'动亦定，静亦定'，先生曰'定者，心之本体'，是静定也，决非不睹不闻、无思无为之谓，必常知、常存、常主于理之谓也。**"来信说，周敦颐说要"主静"，程颐说"动亦定，静亦定"，而老师说"定者，心之本体"。这个静和定，决不是不看不听、不想不做的说法，一定得要常知、常存、常主于天理的说法。**夫常知、常存、常主于理，明是动也，已发也，何以谓之静？何以谓之本体？岂是静定也，又有以贯乎心之动静者邪？**"常知、常存、常主于天理，明明白白是动的，是已发于中的，怎么就说是静了呢？怎么能说是本体呢？难道这个静和定，又贯穿于心中的动静吗？周敦颐认为必须"主静"才能很好修养，不接触闹市，回避一些社会复杂事。他的学生程子进一步说了，你就是动也好，静也好，都能够远离世俗，用高标准来修养自己。而王阳明说，定是心之本体，心之本体就是善，就是天理，就是致良知。那致良知就不管你是动还是静，反正定的就是良知。这事实上和程子说的"动亦定，静亦定"是一脉相承的，在静中能修养，在动中亦能修养。所以才提出在事上磨，在打仗上磨。动不动，一样是修养，关键是良知。

理无动者也。王阳明说，天理本身没有动的问题。**"常知、常存、常主于理"，即"不睹不闻、无思无为"之谓也**。"常知、常存、常主于理"，那就是"不睹不闻、无思无为"的意思。**"不睹不闻、无思无为"，非槁木死灰之谓也**。而"不睹不闻、无思无为"，并不是身如槁木、心如死灰的意思。这段话很妙，"不睹不闻、无思无为"，可是还不是槁木死灰之谓，这不是庄子的思想。《庄子·齐物论》有"南郭子綦隐机而坐，仰天而嘘，荅焉似丧其耦。颜成子游立侍乎前，曰：'何居乎？形固可使如槁木，而心固可使如死灰乎？今之隐机者，非昔之隐机者也。'子綦曰：'偃，不亦善乎而问之也！今者吾丧我，汝知之乎？'。"颜成子说，老师你今天与往常不一样。老师说，"今者吾丧我"。今天我把我丢了。这是庄子提倡的道家修养最高境界，后来人讲的"无我""忘我"，都源于此。

忘了我、丢掉我，老子也有这观点，"吾所以有大患者，为吾有身，及吾无身，吾有何患？"就因为有我，才有患畏，如果无我了，还有什么可怕的？而儒家不管怎么修，怎么不睹不闻，怎么无思无为，但内心是坚强的，形体不是枯干的木头，心里总有星星之火，与佛、道就是不一样。**睹、闻、思、为一于理，而未尝有所睹、闻、思、为，即是动而未尝动也。**睹、闻、思、为都被天理主一统摄着，而未曾有其他的睹、闻、思、为，这就是动而未曾动的意思。就是睹、闻、思、为都在动，但良知未动，良知被天理统摄着不动。儒家文化非常妙，它都在是不是中、可不可中、行不行中、前后之中、左右之中这里面，始终由良知调整我们的内心，使之保持中，保持诚。**所谓"动亦定，静亦定"、"体用一原"者也。**正所谓"动亦定，静亦定"，"本体和作用是一致的"。概括起来就是，在动中未动邪心，在不动中保持善心。

一五七

　　来书云："此心未发之体，其在已发之前乎？来信说，内心未发之本体，是在已发之前吗？**其在已发之中而为之主乎？**还是在已发之中而主导其中吗？**其无前后内外而浑然之体者乎？**还是未发、已发不分前后内外，而浑然一体呢？**今谓心之动静者，其主有事无事而言乎？**现在说的内心的动和静，是以有事无事来说的吗？**其主寂然感通而言乎？**还是以寂然不动和交感互通来说的呢？**其主循理从欲而言乎？**还是以循天理和顺从欲望而言的呢？"循理从欲"，古人就有这个观念，按照理我的欲望恰到好处，合乎这个理可不可以？**若以循理为静，从欲为动，则于所谓'动中有静，静中有动，动极而静，静极而动'者，不可通矣。**如果按照天理办事为静，顺从欲望为动的话，那么所谓的"动中有静，静中有动，动极而静，静极而动"的理论就说不通了。动静四句的语义出自周敦颐《太极图说》。**若以有事而感通为动，无事而寂然为静，则于所谓'动而无动，静而无静'者，不可通矣。**如果按照"有事而感通为动，无事而寂然为静"的话，那么就与"动而无动，静而无静"说不通了。**若谓未发在已发之先，静而生动，是至诚有息也，圣人有复也，又不可矣。**如果说"未发"在"已发"之前，静极了而产生动，那么至诚就有了生息，圣人德性就会恢复，这又是不可以的。**若谓未发在已发之中，则不知未发已发俱当主静乎？**如果说未发在已发之中，那么就不知道未发、已发都主宰静吗？**抑未发为静而已发为动乎？**还是未发主宰静，已发主宰动呢？**抑未发已发俱无动无静乎？俱有动有静乎？幸教。"**还是未发、已发都是无动无静，还是有动有静呢？请先生指教。

"未发之中"即良知也，无前后内外而浑然一体者也。王阳明说，"未发之中"就是良知，没有前后内外之分而是浑然一体，就是一回事，就是良知。**有事无事，可以言动静，而良知无分于有事无事也。**不管有事没事，都可以说动和静，然而良知是不分有事无事的。**寂然感通，可以言动静，而良知无分于寂然感通也。**寂然不动、交感互通可以说动和静，但良知不能分寂静、感通。**动静者，所遇之时，心之本体固无分于动静也。**所谓的动和静，是根据所遇具体情况而变化的，而心的本体原本就是不分动和静的。**理无动者也，动即为欲，循理则虽酬酢万变而未尝动**

也；天理是固定不动的，动的就是私欲，循着天理而为，虽然周边百变也不曾动过邪心恶念；只要循天理，做什么事，办得怎么复杂，这都是心未动，邪心未动，欲望未动。**从欲则虽槁心一念而未尝静也。**如果是从欲，按照自己私欲来，虽然只有槁心一念，那么也不是静。这就看思考问题是循天理思考，还是循欲望思考。循天理思考，怎么办也不会产生邪念；循欲望，怎么制约你也是私心。就看为己还是为公，为私欲还是为公利。只要为公，一心只想把这事干好，那么即使方法差一点，那离道也不远了。"虽不中，不远矣。"如果起始就为了私利，再讲究方法，也会败露。**"动中有静，静中有动"，又何疑乎？**"动中有静，静中有动"，这又有什么可疑的呢？这很自然的，关键就是你的指导思想，你是循理还是从欲。**有事而感通，固可以言动，然而寂然者未尝有增也。**有事而交感互通，固然可以说是动，然而寂然不动的良知也未曾有什么增加的。**无事而寂然，固可以言静，然而感通者未尝有减也。**无事而寂然不动，固然可以说是静，然而交感互通的良知也未曾有所减少。**"动而无动，静而无静"，又何疑乎？**"动而无动，静而无静"，这又有什么可疑的呢？这是必然的。**无前后内外而浑然一体，则至诚有息之疑，不待解矣。**良知没有内外前后之分而浑然一体，那么对于至诚有息的疑虑就不用解释了。《古诗十九首》中有，"不惜歌者苦，但恨知音稀"。即使不图名利，但是可能还是有人不理解，有这个情绪在。至诚、至真、至纯的人，他有时候也有一点"息"，也会有放松的时候，也会有有情绪的时候，但也就一闪念。**未发在已发之中，而已发之中未尝别有未发者在；已发在未发之中，而未发之中未尝别有已发者存；是未尝无动静，而不可以动静分者也。**未发在已发之中，而已发之中不曾有别的未发者在；已发在未发之中，而未发之中也不曾有别的已发者在；这里不是没有动和静，只是不可以用动和静来做区分。

凡观古人言语，在以意逆志而得其大旨，若必拘滞于文义，则"靡有孑遗"者，是周果无遗民也。但凡观察古人的言论，在于用心体察古人想法，而得到其中的要旨，如果一定要拘泥于文字意义，那么就会出现"周没有遗留在世的人"的错解。"以意逆志"，"逆"就是迎着，以意迎志，迎着他的想法，琢磨古人的想法，得其大意，揣摩他的思想宗旨。"靡有孑遗"是孟子引用《诗经》上的话，说如果要学习《诗经》不全面看的话，就是望文生义。看到这个字怎么写的，你就就字而论，那"靡有孑遗"，就是后代都消亡了。其实不是的。所以读史、读诗都要了解作者身份、背景、社会环境，等等。**周子"静极而动"之说，苟不善观，亦未免有病。**周敦颐"静极而动"的说法，如果不善于去观察、去理解，也就难免有问题。**盖其意从"太极动而生阳，静而生阴"说来。**这是因为他的意思是从"太极动而生阳，静而生阴"上来说的。**太极生生之理，妙用无息，而常体不易。**太极的生生之理，就是阴阳生生之理，妙用无穷，但是它的本体永恒不改变。**太极之生生，即阴阳之生生。**太极的运动变化就是阴阳的运动变化。**就其生生之中，指其妙用无息者而谓之动，谓之阳之生，非谓动而后生阳也。**就在其运动变化之中，就其妙用无穷来说就是动，就是阳的产生，不是动之后才产生阳。**就其生生之中，指其常体不易者而谓之静，谓之阴之生，非谓静而后生阴也。**就在其运动变化之中，就其本体永恒不变而言就是静，就是阴的产生，不是静了之后才产生阴。

若果静而后生阴，动而后生阳，则是阴阳动静截然各自为一物矣。如果果真是静了之后才产生阴，动了之后才产生阳，那么阴阳、动静就是截然不同的各自为一事物了。**阴阳一气也，一气屈伸而为阴阳**；阴阳是同一气的，同一气的伸缩产生了阴阳。**动静一理也，一理隐显而为动静**。动和静是一个理，这一个理的隐藏与显现就是动静。**春夏可以为阳为动，而未尝无阴与静也；秋冬可以为阴为静，而未尝无阳与动也**。春夏可以说是阳和动，但不是没有阴和静；秋冬可以说是阴和静，但不是没有阳和动。**春夏此不息，秋冬此不息，皆可谓之阳、谓之动也**；春夏、秋冬变化不止，都可以称之为阳和动。**春夏此常体，秋冬此常体，皆可谓之阴、谓之静也**。春夏和秋冬的本体永恒不变，都可以称之为阴和静。**自元、会、运、世、岁、月、日、时，以至刻、杪、忽、微，莫不皆然，所谓动静无端，阴阳无始，在知道者默而识之，非可以言语穷也**。从元、会、运、世、岁、月、日、时，一直到刻、杪、忽、微，都是这样的，所谓"动静没有开端，阴阳没有起始"，对于明白天道的人可以默默体会记住它，却不能完全用语言表达。**若只牵文泥句，比拟仿像，则所谓心从《法华》转，非是转《法华》矣**。如果只是拘泥于文字意义，比拟模仿，那就是所谓的"心跟从《法华》转动，而不是心转动《法华》"了。佛家的语汇又来了，"心从《法华》转，非是转《法华》"。于此，王阳明强调良知不动摇，是万事万物的尺子。良知不能随事物转，而要以良知去衡量诸事物是否正确。

一五八

来书云："尝试于心，喜、怒、忧、惧之感发也，虽动气之极，而吾心良知一觉，即罔然消阻，或遏于初，或制于中，或悔于后。来信说，曾经在自己的心里尝试过，喜、怒、忧、惧的感情产生时，虽然极度生气，然而只要我内心良知一旦发觉，觉得这样做不对，就会慢慢消除，有时在事发之初消除，有时在生气的途中消除，有时却在事后后悔。然则良知常若居优闲无事之地而为之主，于喜、怒、忧、惧若不与焉者，何欤？"然而良知常常就像在悠闲无事的地方主宰着，对于喜、怒、忧、惧好像没什么关系似的，这是为什么呢？

知此则知"未发之中"，"寂然不动"之体，而有"发而中节"之和，"感而遂通"之妙矣。王阳明说，你能够知道这个程度，你就应该知道"未发之中"，知道"寂然不动"的本体，就会有"发而中节"的平和与"感而遂通"的妙用了。然谓"良知常若居于优闲无事之地"，语尚有病。然而你说的"良知常若居于优闲无事之地"，这话有毛病。盖良知虽不滞于喜、怒、忧、惧，而喜、怒、忧、惧亦不外于良知也。它良知虽然不在喜、怒、忧、惧中滞留，然而喜、怒、忧、惧也没超脱于良知之外啊。

一五九

来书云："夫子昨以良知为照心。窃谓：良知，心之本体也；照心，人所用功，乃戒慎恐惧之心也，犹思也。而遂以戒慎恐惧为良知，何欤？"来信说，老师昨天把良知讲成是照心。我私下以为：良知，是心之本体；照心，是人所用的功夫，是戒慎恐惧的心，就像思考。那么就以为戒慎恐惧就是良知，为什么呢？用照心，就是警惕我们的思想不要沾染灰尘，怕我们的良知失去，谨慎从事，害怕我们的心灵遭到污染，犹如审慎的思索，恐惧的恪守。

能戒慎恐惧者，是良知也。王阳明说，能做到戒慎恐惧的人，这就是有良知的人。

一六〇

来书云："先生又曰'照心非动也'，岂以其循理而谓之静欤？来信说，先生又说"照心非动也"，难道是因为照心是循理，而说它是静吗？**'妄心亦照也'，岂以其良知未尝不在于其中，未尝不明于其中，而视听言动之不过则者皆天理欤？**"妄心亦照也"，难道是因为良知未曾不在妄心之中，未曾不清明于妄心之中，而能做到视听言动都不逾越准则的，都是遵循天理所致？**且既曰妄心，则在妄心可谓之照，而在照心则谓之妄矣。妄与息何异？**况且说是妄心，那么对于妄心而言可以称之为照，而对于照心而言可以称之为妄。那么妄和息有什么不同呢？**今假妄之照以续至诚之无息，窃所未明，幸再启蒙。"**现在假如把妄心之中的照与至诚无息相联系，我就不明白了，请老师再讲讲。

"照心非动"者，以其发于本体明觉之自然，而未尝有所动也。王阳明说，所说的照心不是动的，是因为它生发在本体明觉的自然之中，而不曾有所动。**有所动即妄矣。**一旦有所动就是妄心了。为什么动心就是妄呢？我看到保险柜的钱，动了念头、贼心，第二天把钱偷了。同样这么多的钱，你看了，心也不动，根本没有那种念头。就是佛家讲的起心动念。王阳明说佛、仙不能治国，一定要避开它、远离它，但他自己事实上是受佛、道思想影响的。**"妄心亦照"者，以其本体明觉之自然者，未尝不在于其中，但有所动耳**。这个妄心它也照，是因为它本体自然的明觉未尝不在心之中，只是有所活动罢了。本来静心、善心、良知是照心，这个明觉自然之心和这个妄心都在人的心里。明觉的未尝不在其中，只是明觉之心有所动念耳，有动念就是妄。就是这个人有点不端的想法，但是他的自然明觉之心常在其中，只是有一时，有一处，有一点的动念耳。这样讲，就比较宽和了，大多数人就能团结了，不绝对化了。**无所动即照矣**。如果无所活动，就是照心。无所动就是无邪心动，无偏心，无贪心。**无妄无照，非以妄为照，以照为妄也**。没有妄心也没有照心，并不是由于有妄心而有照心，也不是由于有照心而有妄心。**照心为照，妄心为妄，是犹有妄有照也**。照心就是照心，妄心就是妄心，这就像是有妄心也有照心。**有妄有照则犹贰也，贰则息矣**。有了妄心也有照心，那么这还是视为两个心啊，二心就是息了。那么善心、善念停息了。**无妄无照则不贰，不贰则不息矣**。没有妄心也没有照心，其实就不是两个心，是一个心的两面，不是两个就不会停息。不二则善念不息，善念犹存。"无妄无照则不贰"，就不是二心，即无善无恶心之体，就是未发之中。当然"不贰"就是不息，不贰就是一，一就是中，中就是天理。这是圣明之师、睿智之徒，愈辩境界愈高。善美诚正之心境、气氛俨然，再欲辩则亦妄言。再继续辩下去，已经不知道说什么了。我们在这里要反复去体悟那种无妄无照、有妄有照。这就回到"无善无恶心之体","喜怒哀乐之未发,谓之中",还是归到这里的。人的妄心里之所以也有照,就因为人的善性本真自然流淌出来的东西是不止息的。有了一点妄心,动了一点邪念,那是局部的。在这个意义上说,存有妄心者他也能照,但不能说妄心就是照心,不能因为这个就说照心也是妄心,这俩心肯定是不一样的。但如果有了动念,犯了一点错误,我们说他也能够有良知,就因为他的主流思想是进步的,是正向的。在这个意义上说,那么妄心也照,但不能说妄心就是照心,说照心就是妄心。这里最主要的还是强调要"一"的问题,不能够因为具有妄心者也能照,就误以为照心和妄心没区别,不是一回事。持照心者固然能照,有妄心者他也能照。但有些妄心重的人他就不能照,对有些妄心小的人不要彻底否定,他也能照。这里说来说去就是讨论这个事,至于照心是好心、妄心是恶心这个事不用论,他就这么定义的。王阳明非常注重"精一",人的修养要"精一"。但是他也怕不严密,在现实当中要求绝对"精一"不行,所以他提出来"妄心亦照"这个命题。当然,这个命题也是很大胆的,他一直批评妄心,结果又提出了"妄心亦照"。亦照的原因,就是一个人要从整体看。这样就避免了宗教化,不像宗教那样绝对。从这里,可以感受到我们文化的特色,就是不绝对化,这是和西方文化有区别的。

一六一

来书云:"养生以清心寡欲为要。夫清心寡欲,作圣之功毕矣。 来信说,养生最关键的是以清心寡欲为要旨。做到了清心寡欲，那么成圣的功夫就完成了。"养心寡欲"这个命题是孟子提出来的，也是《孟子》这部书当中最主要的内容之一！这四个字概括得很全，内涵很丰厚。佛教的明心见性，就从这里开始和儒家相结合的。只是佛教主张绝对化，灭欲；儒家主张寡欲，适当的欲望。少一点享受，适可而止，但不能无。我们的文化是合乎自然的，所以它才耐久。清心寡欲，这是作圣之功，修养圣人的功法都包括在这四个字之中，"毕矣"，全包括了。**然欲寡则心自清，清心非舍弃人事而独居求静之谓也。**然而欲望寡了心就清明了，清心不是要舍弃人事活动，以隐居独处来追求宁静。**盖欲使此心纯乎天理，而无一毫人欲之私耳。**这大概就是想叫这颗心纯而又纯是天理，而没有一丝一毫的私欲罢了。**今欲为此之功，而随人欲生而克之，则病根常在，未免灭于东而生于西。**现在想要修养这个功夫，修养清心寡欲的功夫，随着人的私欲产生而克服之，但病根还常在，未免东边的克除了而西边又生发出来。**若欲刊剥洗荡于众欲未萌之先，则又无所用其力，徒使此心之不清。**如果想在各种欲望生发之前就清除干净，又不知道在哪里用力，反而使得自己的心不清明了。这个"刊"就是刀刻，"剥"是剥落，一层层削掉。**且欲未萌而搜剔以求去之，是犹引犬上堂而逐之也，愈不可矣。"**我想在它未萌之时而搜寻并把它去掉，这就像牵着狗上堂，然后赶跑它，那是更加不行的。

必欲此心纯乎天理，而无一毫人欲之私，此作圣之功也。王阳明说，一定要使得此心纯乎天理，而没有一丝一毫的私欲，这才是成圣的功夫。**必欲此心纯乎天理，而无一毫人欲之私，非防于未萌之先，而克于方萌之际不能也。**一定要使得此心纯乎天理，而没有一丝一毫的私欲，不在萌发之前就防范，而在萌发之际就克制除掉是不能的。就这两方面，第一是未萌之先你就有预案，要防止这种私欲的萌生；第二是方萌之际，就是现在就产生了，这个错误的思想现在就有了。事实证明，人一定得这样。人得有觉悟，恶念一产生，立即就能觉醒，就要防范、就要克制它。但也有人把不正当的想法、做法，很理直气壮地公然讲出来，那他还能认为这是错误吗？他不认为是错误。所以他会一直那么做，就不好制止了。**防于未萌之先，而克于方萌之际，此正《中庸》"戒慎恐惧"、《大学》"致知格物"之功，舍此之外，无别功矣。**在萌发之前就防范，而在萌发之际就克除掉，这正是《中庸》"戒慎恐惧"、《大学》"致知格物"的功夫，除此之外，没有别的什么功夫了。"戒慎恐惧"是指什么呀？就是非常怕出现错误，做事一贯小心谨慎。"如临深渊，如履薄冰。"这也是《大学》的"致知格物"，在事上磨，在事上格，出了这个事，你就格一格，你这么做是善良的吗？是正派的吗？只有这样做才能致良知。**夫谓"灭于东而生于西"，"引犬上堂而逐之"者，是自私自利，将迎意必之为累，而非克治洗荡之为患也。**你所谓的"灭于东而生于西""引犬上堂而逐之"，这是自私自利，主观刻意追求的结果，而不是克除荡涤本身的问题。"动亦定，静亦定，无将迎，无内外。"这个句子出自程颢给张载的信中，这类话在孔孟思想里都有。"将迎"这个词的含义是送事之往，迎事之来。"送往迎来"的原意不是指送客人，是指过去的事怎么对待，未来的事怎么迎接。引申的含义是说，我们一个人的能力，反映在招待客人，送往迎来上。在这里是指送事之往，迎事之来，怎么对待过去，怎么对待未来。说这是自私自利，是送往迎来，意必之为累。《论语》中有，"毋意，毋必，毋固，毋我"。毋意就是不要主观臆断，别人一定是好是坏，别人做的事的目的，等等，这样做不是君子；毋必是不要想当然，一定是怎么回事；毋固是不要固执己见；毋我是不要以自我为核心去考虑问题，要从客观大局的角度考虑问题；"意必"就是主观想当然地考虑问题。这些问题对你的影响很深，为此所累，而不是以不能克制洗荡私心杂念而难过。**今日"养生以清心寡欲为要"，只"养生"二字，便是自私自利，将迎意必之根。**现在说"养生以清心寡欲为要"，只是这"养生"两个字，就是自私自利，主观刻意追求的根源。**有此病根潜伏于中，宜其有"灭于东而生于西"，"引犬上堂而逐之"之患也。**有这个病根潜伏在心中，就会有"灭于东而生于西""引犬上堂而逐之"的问题。整天就想这些事，脑子里能没有吗？刚一放下别的，私心就上来，就因为你有这个"将迎意必"的病根。王阳明是最讲养生的，但是陆澄在这里讲的养生，是为养生而养生。《年谱》记载说，有个禅僧不吃不喝面壁三年，王阳明大声问他："你在说什么？看什么？"然后问起他的家人，僧人说"母亲还在"。王阳明说："起念了吗？"僧人说"不能无念"。"先生即指爱亲本性谕之，僧涕泣谢。"想念父母就是你的本性啊，这不是错，僧人就回家了。王阳明是以求实的态度面对世事，他把宗教看得很明白。离开家，只顾自己，不顾父母，王阳明是反对的。他反对纯养生，认为纯养生只顾自己就是私利。

一六二

来书云："佛氏'于不思善不思恶时认本来面目'，与吾儒

'**随物而格**'之功不同。来信说，佛教在不思善、不思恶中认识本来面目，这与我们儒家的"随物而格"之功不同。**吾若于不思善不思恶时用致知之功，则已涉于思善矣。**我们如果在不思善、不思恶的时候用致知之功，那就涉及到思善了。**欲善恶不思，而心之良知清静自在，惟有寐而方醒之时耳。**想要做到不思善恶，还让心中的良知清静自在，那只有在睡觉刚醒时的刹那间罢了。**斯正孟子'夜气'之说。**这正是孟子的"夜气"的观点。**但于斯光景不能久，倏忽之际，思虑已生。**但这个光景不能长久，瞬息之间，思虑就又产生了。**不知用功久者，其常寐初醒而思未起之时否乎？**不知道用功久的人，他能不能经常像刚睡醒思虑未生时那样？**今澄欲求宁静，愈不宁静，欲念无生，则念愈生，如之何而能使此心前念易灭，后念不生，良知独显，而与造物者游乎？"**现在我陆澄想要求得宁静，却越不能宁静，想要杂念不生，杂念却越多，怎样才能使得我的心前念易灭，而后念不生，良知独自显现，而与大道相合呢？陆澄这个问题很深刻。最终还要落到心上，怎么能使欲念不生，生了之后怎么克服。

"不思善不思恶时认本来面目"，此佛氏为未识本来面目者设此方便。王阳明说，"不思善不思恶时认本来面目"，这是佛家对那些不识本来面目的人而设的方便途径。**"本来面目"即吾圣门所谓"良知"。**本来面目是什么？本来面目就是圣门所谓的良知。佛教的本来面目也是良知。**今既认得良知明白，即已不消如此说矣。**现在既然能够明白良知，就不需要这么说了。**"随物而格"是"致知"之功，即佛氏之"常惺惺"，亦是常存他本来面目耳。**"随物而格"是"致知"的功夫，就是佛家的"常惺惺"，也是常存他的本来面目。"常惺惺"就是常觉悟、常明白，也就是常明白良知、良心。王阳明把佛教的本真也给揭示了，它的本质东西也是良知。佛教的真正面目是良知，跟我们儒门的本质是一样的。**体段工夫，大略相似。**两家的形式和功夫大体相似。**但佛氏有个自私自利之心，所以便有不同耳。**但是佛家有个自私自利的心，所以就有了不同。这是王阳明的高见，有人认为佛是普度众生的，是最不自私自利的，反而认为儒家思想是自私自利的。王阳明认为真正的圣人之心是无自私自利的，是为天下的；而佛是有自私自利的地方，所以便有不同之处。**今欲"善恶不思，而心之良知清静自在"，此便有自私自利，将迎意必之心，所以有"不思善不思恶时用致知之功，则已涉于思善"之患。**现在想要"善恶不思，而心之良知清静自在"，这就是自私自利，刻意迎求之心，所以就有了"不思善不思恶时用致知之功，则已涉于思善"的问题。**孟子说"夜气"，亦只是为失其良心之人指出个良心萌动处，使他从此培养将去。**孟子说的"夜气"，也只是为那些失去良心的人指明了良心萌动的地方，使他从此处去培养良知。**今已知得良知明白，常用致知之功，即已不消说"夜气"；却是得兔后不知守兔，而仍去守株，兔将复失之矣。**现在已经明白了良知，常用致知的功夫，也就不需要再说"夜气"了；不然就是得到兔子后，不知看住兔子，却还要守着树，那兔子又将跑掉了。**欲求宁静，欲念无生，此正是自私自利、将迎意必之病，是以念愈生而愈不宁静。**想要宁静，想要不生念头，这正是自私自利、刻意迎求的毛病，所以欲念越生就越不能宁静。**良知只是一个良知，而善恶自辨，更有何善何恶可思？**良知只是一个良知，自然就能分辨善恶，哪里有什么善恶可思考的呢？

良知之体本自宁静，今却又添一个求宁静；本自生生，今却又添一个欲无生；非独圣门致知之功不如此，虽佛氏之学亦未如此将迎意必也。良知本体是宁静的，现在却又添了一个求宁静；本来是生机勃勃的，现在却又添一个欲不生；不但圣学的致知功夫不是这样，就是佛家也不是如此刻意迎求的。**只是一念良知，彻头彻尾，无始无终，即是前念不灭，后念不生。**只要是抓住良知，从头到尾，无始无终，恒定永恒，这就会使得前边的善念良知不会灭失，后边的邪念也不会生。**今却欲前念易灭，而后念不生，是佛氏所谓断灭种性，入于槁木死灰之谓矣。**现在却是要前面的思念易灭，而后面的思念不生，这就是所谓的佛家断灭种性，坠入到槁木死灰的状态中了。六祖《坛经》中有"前念不生即心，后念不灭即佛"。王阳明用良知否定了佛家的这个断灭心性之意。"前念易灭，而后念不生"，陆澄问的就是修佛。王阳明就从佛家角度进行了批评，这是自私自利的。儒家怎么修，只要讲良知。恒定地讲良知，前念不灭，后念不生，善的不灭，坏的不生。

一六三

来书云："佛氏又有'常提念头'之说，其犹孟子所谓'必有事'，夫子所谓'致良知'之说乎？来信说，佛家又有"常提念头"之说，就像孟子所讲的"必有事"，和先生讲的"致良知"之说是一样的？**其即'常惺惺，常记得，常知得，常存得'者乎？**也就是"常惺惺，常记得，常知得，常存得"吗？**于此念头提在之时，而事至物来，应之必有其道。**在提起这个念头的时候，面对各种事物，一定都有恰当的办法去应对。**但恐此念头提起时少，放下时多，则工夫间断耳。**但是恐怕这种念头提起的时候少，放下的时候多，那样功夫就中断了。**且念头放失，多因私欲客气之动而始，忽然惊醒而后提。**并且念头的丧失，多是因为私欲以及客气的冲动所造成的，忽然惊醒之后才又提起来。**其放而未提之间，心之昏杂多不自觉。**在这个念头放失之后没有提起之前，心里多是昏暗杂乱而自己又不能察觉。就是在不提念头和良知放任的时候，心之昏杂多不自觉呀。**今欲日精日明，常提不放，以何道乎？**现在想要念头日益精明，常提着不放，用什么办法呢？**只此常提不放，即全功乎？**如果只是常提不放，常惺惺，这就是全部功夫吗？**抑于常提不放之中，更宜加省克之功乎？**还是在常提不放之中，更应加一些反省克制的功夫吗？**虽曰常提不放，而不加戒惧克治之功，恐私欲不去；**虽说有常提不放，但不加上"戒惧克治"的功夫，恐怕私欲不能去掉。**若加戒惧克治之功焉，又为'思善'之事，而于'本来面目'又未达一间也。如之何则可？**"如果加上"戒惧克治"的功夫，又有了"思善"的事，这和"本来面目"又不一致了。这该怎么办呢？

"戒惧克治"，即是"常提不放"之功，即是"必有事焉"，岂有两事邪？王阳明说，"戒惧克治"就是"常提不放"的功夫，也就是"必有事焉"，这哪里是两件事呢？佛教的常提不放，常念叨，不丢掉，就是"戒慎乎其所不闻，恐惧乎其所不睹"。不闻不睹之地也不能忘掉了自己的良知，罪恶的思想不能有，"戒慎克治"就是常提不放，也就是必有事焉，经常修养，这是一件事。**此节所问，前一段已自说得分晓；**这一节你所提出问题，前一段自然已经说得分明了。**末后却是自生迷惑，说得支离，及有"本来面目，未达一间"之疑，都是自私自利将迎意必之为病。去此病，自无此疑矣。**最后却是你自己迷惑了，说得支离破碎，才有了"本来面目，未达一间"的疑惑，这都是自私自利、刻意迎求的弊病。克除了这个病，自然就没有这个疑惑了。这几个问题合到一起，还是致良知，抓住了良知，也就是佛教常提念头，也就是常惺惺、常记得、常知得、常存得，也是孟子的必有事焉，这都是一致的，最根本的。王阳明的观点就是用良知来解决人们一切问题，不管是佛的、道的最美好东西都和良知差不多。影响良知的东西都是非道。反复比较，反复论述，也使得我们更清醒，更坚固，我们的信念就是要讲良心，讲良知。

一六四

来书云："质美者明得尽，渣滓便浑化。如何谓'明得尽'？如何而能'便浑化'？"来信说，素质好的人，修养好的人，他就德性明透，内在的缺点毛病也容易融化消除。怎么才算是"明得尽"呢？怎么样才能把缺点融化消除呢？

良知本来自明。王阳明说，良知本就是光明美好的。**气质不美者，渣滓多，障蔽厚，不易开明。**本质不美的人，身上的缺点多，良知被障蔽得厚，不容易显现光明。**质美者渣滓原少，无多障蔽，略加致知之功，此良知便自莹彻，些少渣滓如汤中浮雪，如何能作障蔽？**本质美好的人缺点原本就少，没有太多的障蔽，稍微加些致知的功夫，良知就会莹彻澄明，那稍许的缺点就像热水上漂浮的雪花，怎么能遮蔽得住呢？**此本不甚难晓，原静所以致疑于此，想是因一"明"字不明白，亦是稍有欲速之心。**这本来不是很难理解的，原静你之所以对此有疑虑，是因为你对一个"明"字还不完全明白，也是因为你心急。**向曾面论"明善"之义，明则诚矣，非若后儒所谓明善之浅也。**过去你曾经和我当面论过"明善"之意，明就能诚，不是像后来的儒者那样浅薄地理解明善。明就是诚，诚就是明。天生明，明则能诚，明而后诚，明在修养中不断精纯，而后诚；天生诚，自然而然他就明。这是在《中庸》里面论述清楚了的。

一六五

　　来书云："聪明睿知果质乎？来信说，聪明睿智，果真是人的本质吗？**仁义礼智果性乎？**仁义礼智真的是人的天性吗？**喜怒哀乐果情乎？**喜怒哀乐真的是人的情感吗？**私欲客气果一物乎？二物乎？**私欲与客气是一件事吗？还是两件事呢？**古之英才若子房、仲舒、叔度、孔明、文仲、韩、范诸公，德业表著，皆良知中所发也，而不得谓之闻道者，果何在乎？**古代的英杰，像张良张子房，董仲舒，叔度是东汉的黄宪，孔明即诸葛亮，文仲是隋朝的王通，韩是宋朝的名相韩琦，范是范仲淹。他们的功业很显著，都是从他们的良知中生发出来的，但还不能称他们是闻道者、闻圣道者，那是什么原因呢？**苟曰此特生质之美耳，则生知安行者，不愈于学知困勉者乎？**如果说这些人是天生素质卓异，就是生而知之，安而行之的人，那难道他们还不如那些困而学之，勉而行之的人吗？**愚意窃云，谓诸公见道偏则可，谓全无闻，则恐后儒崇尚记诵训诂之过也。然乎？否乎？**"我私下里认为，说诸公对于道的认知偏一点，不全面，这个还可以，如果说他们全都没闻道，那就怕后世儒者们犯崇尚记诵训诂的毛病了。这个看法对还是不对呢？

性一而已，仁、义、礼、智，性之性也；王阳明说，人的天性就是一呀，一是什么？一就是良知、良心。仁、义、礼、智，就是人性的本质。**聪、明、睿、知，性之质也；**聪、明、睿、知，是人性的禀赋。**喜、怒、哀、乐，性之情也；**性之感发谓之情，喜、怒、哀、乐，是人性的情感。**私欲、客气，性之蔽也。**私欲、客气，非主流之气，是意气，是血性之气，是愤怒之气，这些都叫客气，这是人性的障蔽。**质有清浊，故情有过不及，而蔽有浅深也。**人性本质的东西有清、有浊，所以情感有过，也有不及，而障蔽就有浅、有深。**私欲、客气，一病两痛，非二物也。**私欲和客气是一个病引起的两种病痛，而不是两种事物。**张、黄、诸葛及韩、范诸公，皆天质之美，自多暗合道妙，虽未可尽谓之知学，尽谓之闻道，然亦自其有学，违道不远者也。**张良、黄宪、诸葛亮、韩琦、范仲淹等人，都是天生资质卓越，自己本身就多有与道妙合之处，虽然不能尽说他们完全明白学问，也不说他们完全通晓圣道，然而他们自有其学问体系，都通晓治国能力，离圣道也不远了。**使其闻学知道，即伊、傅、周、召矣。**如果他们要闻学知道，通晓圣学，得闻大道，那他们就会成为伊尹、傅说、周公、召公了。傅说是殷朝高宗武丁时期的名臣，在《孟子》里有"傅说举于版筑之间"的典故。他是贤良之士，帮助武丁完成了殷朝的中兴，很有名。周公和召公都是周朝圣贤之臣，都能够尽人臣之道，为几千年来的古代社会树立了典范。王阳明认为，张良、诸葛亮这些人，再有能耐，可离道还有一段距离，真正好好修养了，才能达到这四个人的程度。**若文中子则又不可谓之不知学者，其书虽多出于其徒，亦多有未是处，然其大略则亦居然可见，但今相去辽远，无有的然凭证，不可悬断其所至矣。**至于文中子比他们这些人还高明一些，不可以说他不知学，他的著作虽然多出自于他的弟子，还多有不正确的地方，但大概意思还能体现文中子的思想，然而由于年代的久远，又没有确切的凭证，不可以凭空想象下结论啊。不可凭空断定他的学问离圣道的远近。**夫良知即是道，良知之在人心，不但圣贤，虽常人亦无不如此。**良知就是道，良知自在人心，不但是圣贤，就是普通的百姓也都无不如此。**若无有物欲牵蔽，但循著良知发用流行将去，即无不是道。**如果没有物欲的牵累障蔽，只是循着良知自然地发用流行，发挥运作，就都是道。**但在常人多为物欲牵蔽，不能循得良知。**但是普通人大多被物欲蒙蔽，不能遵循良知。**如数公者，天质既自清明，自少物欲为之牵蔽，则其良知之发用流行处，自然是多，自然违道不远。**如前边讲的张良等数公者，因为他们天生资质清明，牵蔽的物欲就少，所以良知发用流行的地方自然就多，自然就离道不远。**学者学循此良知而已，谓之知学，只是知得专在学循良知。**学者所谓学，就是学循着良知做事，所谓知学，就是明白专心学习遵循良知。**数公虽未知专在良知上用功，而或泛滥于多岐，疑迷于影响，是以或离或合而未纯。**他们几位虽不知道在良知上一心用功，而有的人兴趣广泛，受到别的方面影响迷惑，所以他们时而偏离道，时而符合道，没达到精纯的程度。**若知得时，便是圣人矣。**就是这些大明白人、大能人，他们由于所处的时代环境，事情多，有的还战乱，所以他们对良知或离或合，不是那么纯。他们要真正知得良知时，便是圣人了。这是对这些人的天资给予充分肯定，又指明后天学道有些不足。**后儒尝以数子者尚皆是气质用事，未免于行不著，习不察，此亦未为过论。**后来一些儒者，认为张良、黄宪、诸葛亮、韩琦、范仲淹等是凭借天资成就功业，未免他们也像普通老百姓似的，"行不著，习不察"，这也不是说过头啊。就是他们行事也不注意是不是道，但是行的是道；他们讲的话也没琢磨要修养良知，但是多数是良知。老百姓就是日用之事都这么做，都是道，但是自己不察。所以他讲这些儒者未学道，也和老百姓有相似处，有些东西不知不觉是不是道，是不是理。**但后儒之所谓著、察者，亦是狃于闻见之狭，蔽于沿习之非，而依拟仿象于影响形迹之间，尚非圣门之所谓著、察者也，则亦安得以己之昏昏，而求人之昭昭也乎？**但是后世儒者的所谓"著"和"察"，也是拘泥于闻见之狭，被旧时之非所障蔽，沿袭过去以讹传讹这些事，而模仿圣人的影响和事迹，并不是圣门之所谓的"著"和"察"了，那怎么能以自己的不太明白而使得别人明白呢？**所谓"生知安行"，"知行"二字亦是就用功上说；**所谓的"生知安行"，"知行"两个字是从用功上说的；**若是知行本体，即是良知良能，虽在困勉之人，亦皆可谓之"生知安行"矣。"知行"二字更宜精察。**至于说"知行"的本体，就是良知良能，从这个角度来说，即便是困知勉行的人，也都可以说成是生知安行。所以，对"知行"两个字更要仔细体察。王阳明把学道、懂道、悟道的这个面讲得越来越宽了。他要把这个道讲得那么绝对精，绝对纯，那它的价值就狭隘了。他也是以此来引导大家相信他、学道有信心，尔后逐渐再提纯。

<h1 style="text-align:center">一六六</h1>

来书云："昔周茂叔每令伯淳寻仲尼、颜子乐处。来信说，过去周茂叔常常让伯淳寻找孔子与颜回的快乐之处。周茂叔即周敦颐。周敦颐和程珦是好朋友，程珦请托周敦颐帮助教育两个儿子，也就是程颢、程颐。过去讲课，不像现在这样有规律地按时开课。老师看书，孩子就跟着看书；老师出去办事，孩子也跟着去；老师喝酒、喝茶，他俩在旁边站着听。老师跟人家聊天，用了一个什么典，听不明白，回来路上就问老师。老师回来也会问，今天出去学到什么啊？老师们聊天的时候引用了哪本书？讲了什么问题？答不上的，周敦颐就告诉孩子，回去要看什么书。过两天，看完书了，再来跟老师唠唠。二程就是这样被周敦颐带出来的。《论语》中有几处"乐"。程颢是老大。周敦颐让他们哥儿俩琢磨孔子和颜渊的乐处在哪。"在陋巷，人不堪其忧，回也不改其乐"，"饭疏食饮水，曲肱而枕之，乐亦在其中矣。不义而富且贵，于我如浮云"。"叶公问孔子于子路，子路不对。子曰：'女奚不曰，"其为人也，发愤忘食，乐以忘忧，不知老之将至云尔"。'"你们来悟一悟他们乐什么。研究孔颜乐处，这是有名的一个命题。周敦颐就是这样培养学生的。**敢问是乐也，与七情之乐同乎？否乎？**请问这种乐与七情六欲的快乐相同吗？不同吗？**若同，则常人之一遂所欲，皆能乐矣，何必圣贤？**如果相同，那么普通人一旦满足了自己的欲望，就都能快乐，那何必去做什么圣贤呢？如果跟七情六欲的乐相同，那老百姓不也能乐吗？

那不就是一遂所欲嘛，皆能乐，何必圣贤呢？**若别有真乐，则圣贤之遇大忧、大怒、大惊、大惧之事，此乐亦在否乎？**如果另有真正的快乐，那圣贤遇到大忧、大怒、大惊、大惧这类事，这种快乐还存在吗？像这个乐都是七情六欲里面的，那此乐不也得否了吗？**且君子之心常存戒惧，是盖终身之忧也，恶得乐？**况且君子心中常有戒惧之心，这是终身的忧患，怎么能快乐呢？**澄平生多闷，未尝见真乐之趣，今切愿寻之。**"我平生多烦闷，还未曾见过真正的快乐，现在很迫切地想寻求到它。陆澄问得极好！这是修养者共有之问题。

乐是心之本体，虽不同于七情之乐，而亦不外于七情之乐。王阳明说，圣人之乐是发自心的本体，虽然不同于普通的七情之乐，但也不在七情之乐之外。**虽则圣贤别有真乐，而亦常人之所同有。**虽然圣贤另有真正的乐，然而也是与常人所共有。圣人跟常人是一样的，都有乐，但是不同的。讲来讲去的真谛是，圣人跟常人是不一样的，是有区别的，但常人不是绝对没有善性，不是绝对没有优点的。**但常人有之而不自知，反自求许多忧苦，自加迷弃。**只是常人有而自己不知道，反而去寻求许多的忧愁苦闷，因迷茫而把乐给丢弃了。我们常人有这个乐，但不自知，反而没事找事。例如给孩子报各种高价的学习班，贷款买特别贵的房子，搞得自己和家人身心俱疲。这就是自己把这个"乐"给丢掉了。**虽在忧苦迷弃之中，而此乐又未尝不存。**虽然就在忧苦迷弃之中，这种快乐也未尝不存在。**但一念开明，反身而诚，则即此而在矣。**只要一念开明，反过头来寻求至诚，则快乐就常在于心了，这个乐就来了。认识清楚了自己的处境、情况，随之处理问题，就会豁然开朗，就乐了。

每与原静论，无非此意。每每与你讨论问题，都是这个意思。**而原静尚有"何道可得"之问，是犹未免于"骑驴觅驴"之蔽也。**而你仍然有"怎样才能快乐"之疑问，你这就是"骑驴找驴"的弊病。

<h1 style="text-align:center">一六七</h1>

来书云："《大学》以'心有好乐、忿懥、忧患、恐惧'为'不得其正'，而程子亦谓'圣人情顺万事而无情'。来信说，《大学》中以"心有好乐、忿懥、忧患、恐惧"等就是心"不得其正"，而程子也说"圣人对万事万物有情有义，却又表现为无所谓私情"。这是《大学》中的话，"身有所忿懥，则不得其正；有所恐惧，则不得其正；有所好乐，则不得其正；有所忧患，则不得其正"。什么不得其正？其心不得其正。例如对有些人不满意，很愤怒，这时候就不能心平气和，就不得其正。恐惧心等也一样。而程颐也说，"圣人情顺万事而无情"，圣人情感顺应万事万物，可是圣人没有私情。这就是《孟子》里边讲的"大舜有大焉：善与人同，舍己从人"。中国化的佛教经典《坛经》里讲，六祖惠能在逃跑的时候，被土匪抓住，他就跟着土匪在一起生活。土匪用坛子煮肉，他弄点菜叶扔里，人家吃肉他吃菜。吃"肉边菜"就是这样来的。"舍己从人"，不是原则性的问题，和别人能凑合就凑合了。**所谓有者，《传习录》中以病痎譬之，极精切矣。**所谓有情，在《传习录》中，有用病痎来做比喻，极精切恰当。**若程子之言，则是圣人之情不生于心而生于物也，何谓耶？**如果像程子所说的，那就是圣人的情感不是生于心中，而是生于外物，为什么这么说呢？这是陆澄的识见还不够精到啊！跟

老师探讨的时候，他说出了一个错误的命题。他说程子说"圣人情顺万事而无情"，那就是"圣人之情不生于心而生于物也"，他是这么理解的。这是什么原因？**且事感而情应，则是是非非可以就格。**并且对事情有了感，而产生了相应的情，那么其中的是是非非就可以格了。**事或未感时，谓之有则未形也，**如果事情没感动我，就是有感，就是有情，也未成形。**谓之无则病根在，有无之间，何以致吾知乎？**说它无，但是病根还在，在有无之间，就是有形无形，有情无情，感而有情，没感无情，就在这之间，怎么能致我的良知呢？**学务无情，累虽轻，而出儒入佛矣，可乎？**"如果我们真正做学问，致良知，达到不被万物所感的程度，学务无情，学到追求无情，没有感，我们内心不动，只是追求这个境界的话，虽然牵累较轻，但这是离开儒而进入佛家境界了，这样可以吗？

　　圣人致知之功至诚无息，其良知之体皦如明镜，略无纤翳。王阳明说，圣人致良知之功夫，是最真诚永不止息的，圣人良知的本体，皎皎如明镜，没有丝毫的污点。纤翳皆无，一点灰尘都没有。**妍媸之来，随物见形，而明镜曾无留染，所谓"情顺万事而无情"也。**妍是美的，媸是丑的。美丑之来，随物见形，我的心好比一个明镜，万事万物的美丑善恶，我都把它照得清清楚楚。镜子照了万物美丑分明，但它并没有痕迹，这就是所谓的"情顺万事而无情"。修养良知良心也是，万事万物到我这辨别清明，但是照过就照过了，不会抓着不放、追究原始本末。王阳明用镜子比喻，是受佛教的影响。"无情"，就是无私情。**"无所住而生其心"，佛氏曾有是言，未为非也。**"无所住而生其心"，佛家是曾有这样的话，并没有错。他引用了《金刚经》上的一句话，"应无所住，而生其心"。

"生其心"是指生什么心？是指生清净之心。不应该停留在某个事物上而执着。**明镜之应物，妍者妍，媸者媸，一照而皆真，即是生其心处**。明镜照看万物，美的就是美，丑的就是丑，一照都是真实的，这就是生其心的地方。**妍者妍，媸者媸，一过而不留，即是无所住处**。美的就是美，丑的就是丑，一照而过，什么都不留下，这就是无所住处。**病疟之喻，既已见其精切，则此节所问可以释然**。关于病疟的比喻，既然已经很精切恰当，那么这个问题就可以解释得通了。**病疟之人，疟虽未发，而病根自在，则亦安可以其疟之未发而遂忘其服药调理之功乎？** 有病疟的人，病虽未发，但他的病根还在，那怎么可以因为他病没发就忘了吃药调理的功夫呢？他的病根还在啊。一个人犯过错，虽然现在没发，但作为关心他的朋友也应该提醒他、开导他。**若必待疟发而后服药调理，则既晚矣**。如果一定要等到病疟发作了，而后再去服药调理，那不就晚了嘛。**致知之功无间于有事无事，而岂论于病之已发、未发邪？** 致良知的功夫，不能在有事无事那个空间，就把它忽略了，不管有事没事，都要做的功夫，哪管它发病和未发呀，就是要不断地做致良知的功夫。**大抵原静所疑，前后虽若不一，然皆起于自私自利，将迎意必之为祟**。大抵原静你的疑虑，好像前后不一样，但都是根源于你自私自利、刻意迎求的心作祟。苛求修养一定要达到什么程度，都是自私自利之心来作怪，所以才有这个疑问。**此根一去，则前后所疑自将冰消雾释，有不待于问辨者矣**。此病根一旦去除，那么你的前后疑惑都将冰消雾释，用不着再去问别人了。那怎么"去呀"？还是要致良知，抓住这个根本，不管周围出现什么诱惑，都不会影响你的修养大局。总盘算不能产生私念，反而越产生私念，就忽略了良知的主导地位。你想叫前念灭，也灭不了；你想叫后念不生，它也不生不了。抓住根本的良知、讲良心，把这点事做好了，有了念也不是邪念，有了邪念也会自己消除。这是王阳明的主要意思。

[钱德洪跋]

《答原静书》出，读者皆喜。先生给原静的这封信公开后，大家都很受益，都很高兴。**澄善问，师善答，皆得闻所未闻。**陆澄善于提问，先生更善于回答，都是闻所未闻的。**师曰："原静所问，只是知解上转，不得已与之逐节分疏。**老师说，原静所提出的问题，还都是在知识层面上打转转，不得已才与他逐章逐段讲解。**若信得良知，只在良知上用功，虽千经万典，无不吻合，异端曲学，一勘尽破矣，何必如此节节分解？**如果真信得良知，只是在良知上用功夫，即使是千经万典，也没有不吻合的，那些异端邪说，都可以一看就看破，又何必要如此地枝枝节节地讲解呢？**佛家有'扑人逐块'之喻，见块扑人则得人矣，见块逐块，于块奚得哉？"**佛家有"扑人逐块"的比喻，看见金块而去扑倒人，那就能抓到人，如果看见金块就去扑这个金块，能抓到吗？抓问题要抓根本。**在座诸友闻之，惕然皆有惺悟。**在座的诸位学友听到后，都悚然而有所省悟。**此学贵反求，非知解可入也。**老师的学问贵在反省自悟，不是仅仅在知识解答上入手的。"反求"就是悟。要提高自身的修养，别直奔着提高去，成天愁怎么没有提高。你要抓良知，抓良心，良知、良心就是这个人。根本在这，要想修养道德，你就把良知、良心抓住，那个修养的道德就自然来了。"扑人逐块"出自

《大般若经》，通过扑人而得物，人物自然得到，扑物则人跑，物随人跑。

答欧阳崇一

这篇写于1526年，是王阳明偏晚年的一个作品。欧阳德，字崇一，江西省泰和县人，即现在的吉安地区。欧阳崇一文笔很好，很小的时候就考上了秀才，所以他到王阳明门下的时候，王阳明称他小秀才。后来，他官至礼部尚书，兼翰林院的学士，59岁死在官职上。王阳明办学，时时和做官结合在一起，不像其他学者，培养学生要清高，清高到弟子们要远离社会。王阳明的弟子都不离仕途。

一六八

崇一来书云："师云：'德性之良知，非由于闻见，若曰多闻择其善者而从之，多见而识之，则是专求之见闻之末，而已落在第二义。'崇一来信说，先生说，德性的良知，并非由见闻产生，如果说多听然后选择善的来遵从，多见识然后从中加以辨识，那就是专门寻求见闻的细节末梢，这就落到了低一等的层次了。**窃意良知虽不由见闻而有，然学者之知未尝不由见闻而发；滞于见闻固非，而见闻亦良知之用也。**我私下里认为良知虽不是从见闻中得来，然而学者的知识未尝不是由见闻中生发出来的；滞碍于、执着于见闻固然不对，可是见闻也是良知的应用啊。**今曰'落在第二义'，恐为专以见闻为学者而言。**现在所说的"落在第二义"，恐怕是针对专门以见闻当作学问的人来说的。**若致其良知而求之见**

闻，似亦知行合一之功矣。如何？"如果是为了致其良知而向见闻求索，似乎也是知行合一的功夫，这样理解对吗？这是《论语》中的话，"盖有不知而作之者，我无是也。多闻，择其善者而从之；多见而识之；知之次也"。这话本身不错。但是王阳明说，如果你强调多闻多识，忽略了良知，那这个是第二义，这不是主要的。而欧阳崇一说，我私下以为良知虽不由见闻而有，然而学者他的知见未尝不由见闻而发呀，那没有见闻，他怎么能发良知啊？滞碍于见闻固然不对，但见闻也可以为良知所用啊。老师把它说成是第二义，恐怕老师以为这是专门研究见闻，不研究致良知的那些人，是针对这些人说的。如果是致其良知而求之见闻，那不就是知行合一之功嘛。这话是对的。

良知不由见闻而有，而见闻莫非良知之用，故良知不滞于见闻，而亦不离于见闻。王阳明说，良知并非由见闻而来，然而见闻没有不是良知的应用，所以良知不拘泥于见闻，当然也不离开见闻。不是听到的知识越多，良心就越好。读懂了《二十四史》以及十三经，我再有这个良心，那这些东西不就为我很好地用了嘛！如果没有良心，会的这些东西，那就可能变成花招来骗别人了。如果只是良心好，可什么事也不会做，那也不行。所以良知离不开见闻，离不开能力，离不开智慧。**孔子云："吾有知乎哉？无知也。"**孔子说，我有知识吗？我没那么多知识啊。王阳明拿来了孔子的话。**良知之外，别无知矣。**良心之外没有什么知识。真正的知识就是讲良心，这么说不也是很武断吗？但是，为了宣传思想，就是在这强拧一下。**故"致良知"是学问大头脑，是圣人教人第一义。**所以"致良知"是做学问的关键之处，是圣人教人的第一要义。**今**

云专求之见闻之末，则是失却头脑，而已落在第二义矣。现在讲专注于探求见闻的细枝末节，就是失去了关键点，已经落到了低一等的层次了。你光讲究学习，忽略了主导思想，而已落在第二义了。

近时同志中盖已莫不知有致良知之说，然其功夫尚多鹘突者，正是欠此一问。现在我们这些学友、志同道合者，都没有不知道致良知观点的了。然而他们功夫多有模糊不清的地方，正是欠缺你这一问。王阳明真正提出"致良知"的命题，并且思考成熟拿出来，是在50岁。他曾在43岁的时候，提出了"存天理，去人欲"，这是在程朱理学的基础上提出的。周敦颐、二程，包括朱熹都说"存天理，灭人欲"，有时也说"去人欲"。这是王阳明理论发展的过程，他提出"致良知"，先在学生当中反反复复地讲，社会上有反对的声音，他也坚持这样讲。就在这个时候他说了，近年来我的学友没有不知道的了，都知道"致良知"之说了。但是还多有糊涂者，正是欠此一问。就是欧阳崇一你提出这个问题，使得我再次申明，这是很必要的。**大抵学问功夫只要主意头脑是当，若主意头脑专以致良知为事，则凡多闻多见，莫非致良知之功**。就大体而言，做学问的功夫一定要把握住关键之处，如果以致良知为关键之处，那么凡是多闻多见，就都是致良知的功夫了。**盖日用之间，见闻酬酢，虽千头万续，莫非良知之发用流行，除却见闻酬酢，亦无良知可致矣**。我们在平常的日用之间，洒扫庭除，见闻酬酢，迎来送往，虽然千头万绪，都是良知的发用流行，这里每一件小事都体现了你是不是良知，是否在流行着良知，就没有不是良知在起作用的。"除却见闻酬酢，亦无良知可致矣。"如果丢掉了这些生活琐事，人与人之间的往来酬酢，那良知往哪去用呢？也就没有良知可致了。

你说你致良知，可怎么表现呢？所以得有个载体，打柴、烧饭、担水、洗衣之间，都寄寓着良知。如果这些事都没有，那良知往哪去用呢？**故只是一事**。所以见闻、良知是一回事。**若曰致其良知而求之见闻，则语意之间未免为二，此与专求之见闻之末者虽稍不同，其为未得精一之旨，则一而已。**如果说为了致其良知而向见闻求索，那么言语之间就把致良知和见闻当作两回事了。这虽然和专门在见闻上探求细枝末节的做法稍有不同，但都是不懂"精一"的要旨，这一点上是相同的。专求见闻，不注意良知不行。你注意了良知之后，说有了良知了，再去做事的时候怎么注意，把它又分作两节了。应该是你有良知的同时，你在行事之间就体现出来了。没有这个事也体现不了你的心。所以良知和具体事是一体的，离开具体事，无从谈良心。所以它不是"二"。**"多闻，择其善者而从之，多见而识之"，既云"择"，又云"识"，其良知亦未尝不行于其间，但其用意乃专在多闻多见上去择识，则已失却头脑矣。**"多闻，择其善者而从之，多见而识之"，既然说了"择"，又说了"识"，他的良知已经在其中发挥作用了，但是他的用意还是在多见多闻上去选择、认识，那就已经失去了关键点了。就已失掉了这个纲领，失掉良知的统领性。所以王阳明一再强调，你要落实的就是致良知，就是讲良心，就是在心上下功夫。在心上下功夫的同时，你所做的一切事，你想的一切事，都贯穿了你的良心良知。你的良心良知就寄寓在你想的事、你做的事之中了，它是你做的事的统摄、头脑。不能把这个事和你想的良知良心分开，分开就是二，就是两个意思了，就是脱离了，知行不合一了。**崇一于此等处见得当已分晓，今日之问，正为发明此学，于同志中极有益。**崇一你在这个问题上已经很清楚了，今天的问题，正是有利于我的观点的阐述，对于志同道合的学友们是极有益的。**但语意未莹，则毫厘千里，亦不容不精察之也**。但是语意表达未能透彻，怕失之毫厘，谬以千里，所以不能不审慎体察。王阳明肯定了欧阳崇一的论题，但说他"语意未莹"，没有透彻。所以王阳明认为欧阳崇一谈的基本是正确的，只不过就是语意上还不是那么透亮而已，需要进一步精察罢了。

一六九

来书云："师云：'《系》言何思何虑，是言所思所虑只是天理，更无别思别虑耳，非谓无思无虑也。来信说，老师讲的《易经·系辞》说"何思何虑"，有什么思的，有什么虑的，这是说所要思虑的只是天理，没有别的思虑，但也不是无思无虑。《易经》的《系辞》，在王阳明以前的注释大家，都没有认识到这个程度。"何思何虑"，以前的注释就是有什么思，有什么虑，这个真理是很清楚的事情，就是要为善去恶嘛，就是要端正去邪嘛，清清楚楚地摆在那里，只不过就这么个意思。可是王阳明把它拿来，上升到天理的高度，考虑一个天理就够了，别的你不用想。**心之本体即是天理，有何可思虑得？** 心之本体就是天理，有何可思虑的？去考虑什么呀？**学者用功，虽千思万虑，只是要复他本体，不是以私意去安排思索出来**。学者用功，虽然是千思万虑的，都只是恢复心的本体良知，不是以自己的私意去安排思索出来的。要复人心本体就是天理，这又回到《孟子》的"人与生俱来具有四大善端"上了，人具有善性，我们千学万学，只不过就是复一个善性而已，把我们在世间沾染的这些杂念，佛家的"贪、嗔、痴"，儒家的"色、名、利"，把这些东西去掉，那就恢复了善性。**若安排思索，便是自私用智矣。**如果是安排思索，我要怎么想，我必须这么想，这个是自己私意需要，这是自私用智了。**学者之蔽，大率非沉空守寂，则安排思索。'**学者的弊病，读书人修养的毛病大概是这么两点，不是空守寂寞，就是刻意地思索。前是佛道，后是意必。安排思索，不是自然地思索。所以理论和实际有距离，理论弄清楚之后，得研究和实际怎么结合。从我们个人来讲，就是有精纯的思想，在复杂的社会，尽力而为之，这就是好人。如果不允许社会杂尘存在，那谁都无法生存。就像六祖慧能的肉边菜。**德辛壬之岁著前一病，近又著后一病。**我欧阳德在辛壬之年，得的是前一种病，枯空守寂；近来又得后一种病，安排思索。**但思索亦是良知发用，其与私意安排者何所取别？**但是安排思索，那也是良知的发用，它与刻意安排的又有什么区别呢？**恐认贼作子，惑而不知也。"**我害怕自己认贼作子，迷惑而不能明白啊。所以才请教老师。

"**思曰睿，睿作圣。**"王阳明说，思考一定要深刻通达，有了深刻而通达的思想才能成为圣人。王阳明引用了《尚书·洪范》的话回复。王阳明是把四书、五经读得精，把佛经读得透，老庄也读得熟，《易经》还弄得明白，一股脑儿地都融合在《传习录》中了。"思曰睿，睿作圣"，以《尚书》讲，必要的思考是倡导的。"**心之官则思，思则得之。**"心的功能是思考，思考了就能有所得。这是《孟子·告子上》中的话，心的官能、心的作用在于思考，只要思考就能得到益处。**思其可少乎？**思考怎么能缺少呢？还能够不思考吗？不可能，得思考。**沉空守寂与安排思索，正是自私用智，其为丧失良知，**

一也。枯空守寂和安排思索，正是自私用智，而丧失了良知，这是一样的。所以不同意你沉空守寂的思考，在那端坐着，不吃不喝，甚至把道家修养的东西都搬进来，形如槁木，心如死灰。这个不讲良知，是一样的，我反对的是这个，不反对有意义的思考。**良知是天理之昭明灵觉处，故良知即是天理。**良知是天理当中最闪亮的、最有灵感的部分，因此良知就是天理。**思是良知之发用。**思考是良知的发用，不思考怎么能够启发良知呢？怎么能体现良知呢？**若是良知发用之思，则所思莫非天理矣。**如果是良知启发的思考，那么所考虑的没有不是天理。**良知发用之思，自然明白简易，良知亦自能知得。**良知所启发的思考，自然是明白简易的，良知也自然能分辨得清。**若是私意安排之思，自是纷纭劳扰，良知亦自会分别得。**如果是私意安排的思考，那自然是纷纷扰扰，良知也自然分辨得清。**盖思之是非邪正，良知无有不自知者。**所有思考的是非、正邪，良知没有不能分辨的。自己会知道自己的思考是非、邪正。**所以认贼作子，正为致知之学不明，不知在良知上体认之耳。**所以认贼作子这事，正是致良知的学问还不明白，不知道在良知上体察认识。王阳明还是强调，抓住了良知，怎么思考，怎么办事，怎么学习，都不会失却其正，不会失却其良。

一七〇

来书又云：“师云：‘为学终身只是一事，不论有事无事，只是这一件。来信又说，先生说，为学终身只是一件事，不论有事没事，只是这一件。**若说宁不了事，不可不加培养，却是分为**

两事也。'如果说宁肯做不完事，也不能不加存养的功夫，这就是将为学和存养功夫分成两件事了。**窃意觉精力衰弱，不足以终事者，良知也。**我私下以为感觉到精力衰竭，不足以完成事，也是良知啊。**宁不了事，且加休养，致知也。如何却为两事？**宁肯不做完事，也要加以存养本心，也是致知啊。这怎么变成两件事了呢？

若事变之来，有事势不容不了，而精力虽衰，稍鼓舞亦能支持，则持志以帅气可矣。如果有事情发生，产生变化不能不处理，虽然精力衰弱，稍加振作也还能坚持下来，只要保持意志统帅气力就可以了。**然言动终无气力，毕事则困惫已甚，不几于暴其气已乎？**然而言语行动终究是有气无力，做完了事情就会疲惫不堪，这几乎就是滥用气力吧？**此其轻重缓急，良知固未尝不知，然或迫于事势，安能顾精力？**这其中的轻重缓急，良知固然是明白的，然而有时迫于形势，又怎能顾及到精力呢？**或因于精力，安能顾事势？如之何则可？**"有时因为精力的问题，又怎能顾及到形势呢？那到底该怎么做呢？

"宁不了事，不可不加培养"之意，且与初学如此说，亦不为无益。王阳明说，宁肯不把事情做完，也不可以不加强培养内心的修养的意思，对于刚入学的人告诉他这个是可以的，也不能说没有益处。**但作两事看了，便有病痛。**但已经当作两件事看了，便有了弊端。关于"宁不了事"，你不要在这个事上去考虑，还是要在心上去考虑，内心只要抓住良知，良知纯正到一定程度的时候，事情自然就好做多了，你的那些烦恼就化了，不要就这个事去解决，要从根上解决。如果看作两件事，便会有弊端了。**在孟子言"必有事焉"，则君子之学终身只是"集义"一事。**在《孟子》一书中说，"必有事焉"，那么君子所做的学问终身只是"集义"这一件事。人一生时时要警惕自己，时时不丢掉修养自己，要养心，要寡欲。孟子说，"我善养吾浩然之气"，怎么养啊？"其为气也，至大至刚，以直养而无害，则塞于天地之间。其为气也，配义与道；无是，馁也。是集义所生者，非义袭而取之也。"但是要做坏事，他就瘪了，气就馁了。我不断地做好事，我集义，我必有事焉，天天修，这个气就至大至刚。**义者宜也**。什么叫义？最适宜的事，最合适的事。"义者宜也"，得适宜广大群众的具体需要，因人而宜。**心得其宜之谓义**。这么做心能适宜就是义。**能致良知，则心得其宜矣，故"集义"亦只是致良知**。能够做到致良知，那么心才能得其适宜啊，所以"集义"也只是致良知。**君子之酬酢万变，当行则行，当止则止，当生则生，当死则死，斟酌调停，无非是致其良知，以求自慊而已**。君子的待人接物，因对种种事变，该做就做，该停就停，该生就生，该死就死，斟酌考虑、调整梳理，无非就是致其良知，以求自己不愧于心而已，自己满足而已。这个地方说得非常有气势，有骨气，有豪迈，有担当。**故"君子素其位而行"，"思不出其位"，凡谋其力之所不及而强其知之所不能者，皆不得为致良知**；所以"君子素其位而行""思不出其位"，凡是谋求自己的力量所不及的事情，勉强做自己的才智所不能胜任的事情，那都不是致其良知。"素其位而行"，是指居其位而行，在什么位就干什么事，担什么责。"思不出其位"，还不能把别人的事都自己干了，这个事也是官德之一呀。"凡谋其力之所不及而强其知之所不能者，皆不得为致良知"。"强其所为"，小马要拉大车，德不配位，勉为其难，勉为其强，这些东西都不能致良知。**而凡"劳其筋骨，饿其体肤，空乏其身，**

行拂乱其所为，动心忍性以增益其所不能"者，皆所以致其良知也。而凡是"劳其筋骨，饿其体肤，空乏其身，行拂乱其所为，动心忍性以增益其所不能"的人，都是为了致自己的良知。**若云"宁不了事，不可不加培养"者，亦是先有功利之心，较计成败利钝而爱憎取舍于其间，是以将了事自作一事，而培养又别作一事，此便有是内非外之意，便是自私用智，便是"义外"，便有"不得于心，勿求于气"之病，便不是致良知以求自慊之功矣。**如果说"宁不了事，不可不加培养"，这也就是先有了功利之心，计较其间的成败利弊，而后做出了爱憎取舍，这就是把"了事"当作一事，而把存养心性又当作另一事了，这就有了重视内在心性而忽视具体实践的意思在了，这便是自私而用小智，便是"义外"之意，便有了"不得于心，勿求于气"的弊病，就不是致自己的良知，以求自己心安的功夫了。他首先引用了孟子"劳其筋骨，饿其体肤"这样的修养，这都是致良知。如果说"'宁不了事，不可不加培养'者"，这样的人就有功利之心了，他考虑是不是有利，是不是有害。这里就存在为什么修养的问题，是为了利益而修养，还是为了德而修养。就把内心修养和外在行为看作是两件事了，就违背了王阳明的知行合一之论。**所云"鼓舞支持，毕事则困惫已甚"，又云"迫于事势，困于精力"，皆是把作两事做了，所以有此。**欧阳德你说鼓舞支持，办事的时候强作精神抖擞，可把事办完了疲惫不堪。你又说，迫于事情的形势，困于精力疲惫，这都是把存养本心和做事当作两事，所以才会有这样的问题。**凡学问之功，一则诚，二则伪，凡此皆是致良知之意欠诚一真切之故。**凡是做学问的功夫，精一就是诚，三心二意就是伪，凡是有这样问题的，都是其致良知的心还欠一份真诚确切。君子之学终身只是一事，那就是致良知；如果你把它分成二，这就是伪。《**大学**》言："**诚其意者，如恶恶臭，如好好色，此之谓自慊。**"《大学》中讲，真正诚意的人，就像厌恶臭、喜欢香，是非常分明的，感受到臭就是臭，感受到香就是香，看见好色就是好色，看见坏色就是坏色，这是本真的心安理得。**曾见有恶恶臭、好好色而须鼓舞支持者乎？**还曾见到过反对恶臭，喜欢好色，还需要鼓舞支持的吗？这是很自然的呀。**曾见毕事则困惫已甚者乎？曾有迫于事势、困于精力者乎？此可以知其受病之所从来矣。**哪里有做事之后而疲惫不堪的呢？哪里有迫于形势、精疲力尽做事的呢？从这就可以知道他的病根所在了。你如果热爱工作，真诚地去处理这个问题，你哪能办完事而感到苦恼呢？王阳明强调真心致良知的话，你疲惫什么呢？

一七一

来书又有云："人情机诈百出，御之以不疑，往往为所欺；觉则自入于逆亿。来信又说，人世间机诈多变，对待他不加怀疑，往往被他所欺；可我要去觉察，防卫他，就陷入逆诈和臆断之中了。**夫逆诈即诈也，亿不信即非信也，为人欺又非觉也。**逆诈就是欺诈，主观臆断就是不诚信，而被人欺骗又不是明觉。**不逆不亿而常先觉，其惟良知莹彻乎？**不逆诈、不臆断，又能常常有觉察，那只有良知莹彻的人能做到吧？**然而出入毫忽之间，背觉合诈者多矣。**"然而欺诈和诚信之间区别微妙，所以不自觉和欺诈不实的人就会很多。"不逆不诈"，是《论语》中的话，子曰："不逆诈，不亿不信，抑亦先觉者，是贤乎！"逆者，迎也。你从那边来，我眼睛望着你过来，迎着看你，这个叫"逆"。这个境界内涵的含量太大了。"不逆诈"，就是不主动地考虑别人是否欺诈，不主动地琢磨。"不亿不信"，"亿"在这里是"臆"，就是不主观臆断地不信他。"抑亦先觉者"，但是他一旦想干坏事，我就先觉了，这才叫君子。君子不是蠢物，君子不是厚道到任人宰割。君子是既厚道，又机灵，又聪明。所以这里有个度，这个度就是谁先有坏主意。君子人不能先有坏主意。欧阳德把这个话引用到这里来论述，"不逆不亿而常先觉，其惟良知莹彻乎？"不逆不臆又常先觉了，这不是良知最莹彻、最透明、最透亮吗？然而欺诈和诚信之间看起来区别微妙，不易分辨，所以不自觉的和欺诈不实的人就会很多的。这当中的尺度很难掌握，还要明觉，还要不逆诈、不臆断，这就需要我们慢慢体会，能体会到一定程度，就是我们学习的收获。

"不逆不亿而先觉"，此孔子因当时人专以逆诈亿不信为心，而自陷于诈与不信，又有不逆不亿者，然不知致良知之功，而往往又为人所欺诈，故有是言。 王阳明说，"不逆不亿而先觉"，这是孔子针对当时的人专门以逆诈亿不信为心思，就是当时的一般人都是这么做的，他们的思想都是这样的，当时的人都考虑别人不信，都考虑别人欺诈，而自己都陷于欺诈与不信之中。但也有一些"不逆不亿"的人，只是还不知道致良知的功夫，而往往又被别人所欺诈，所以孔子才有这个话。**非教人以是存心而专欲先觉人之诈与不信也。** 孔子不是教人以这个存心专要觉察别人的欺诈与不诚信。**以是存心，即是后世猜忌险薄者之事，而只此一念，已不可与入尧、舜之道矣。** 以揣度别人是否欺诈存养心性，这就是后世的猜忌、阴险、狡诈、刻薄之人所做的事情，只要有这种念头，就已经远离了尧、舜的圣人之道了。**不逆不亿而为人所欺者，尚亦不失为善，但不如能致其良知而自然先觉者之尤为贤耳。**不逆不诈而又被别人所欺骗的人，他尚且不失为善良，但是他不如能致其良知而自然就能先察觉欺诈之事的人更为贤良。他一心把别人想得很好，虽然被欺骗了，还不失为他是一个善人。那么另一类人，他就把别人猜测得很坏，由于把别人猜测得很坏而犯了错误的人，这样的人就显得心地不那么善良。孔子曾说过，看人犯哪类错误，就知道他是哪类人。孔子以此来区分人的道德情操，是哪个类型的。这里王阳明讲的也是这个意思。**崇一谓其惟良知莹彻者，盖已得其旨矣。**崇一你讲的，只有良知莹彻的人才能如此，基本上你已经抓住孔子的宗旨了。**然亦颖悟所及，恐未实际也。**然而这也是你聪明所致，恐怕在实际中不好实践吧。**盖良知之在人心，亘万古，塞宇宙，而无不同。**良知只在人的心中，亘古不变，充满宇宙之间，而没有不同的。**"不虑而知"，"恒易以知险"，"不学而能"，"恒简以知阻"，"先天而天不违"，"天且不违，而况于人乎？况于鬼神乎？"**所不虑而知者，不虑而能者，良知良能也；不学而能，良知；恒简以知、先天而天不违，都是指良知，都不违背良知。天尚且不违背，而何况于人呢？何况于鬼神呢？都得承认这个良知。**夫谓"背觉合诈"者，是虽不逆人，而或未能无自欺也；**不能觉察而被欺诈的人，虽然不主动去考虑别人的坏，而有时不能不自欺欺人；你放松对坏人的思考，放松对坏人坏事的防备，实质你也是合诈、自欺。**虽不亿人，而或未能果自信也。**虽不主动去猜测一个人，而有的人还不能果敢自信。这也是你的自信能力所欠缺的原因。**是或常有求先觉之心，而未能常自觉也**。有的人或许常有寻求常知常觉的心，然而还不能做到常有觉悟啊。**常有求先觉之心，即已流于逆、亿，而足以自蔽其良知矣**。如果常有寻求先觉的心思，那么就沦落于逆诈、臆断之中，这就足以遮蔽自己的良知了。王阳明说很透了，常琢磨，要有先觉，这就有逆、亿了，就把别人考虑成欺诈了，把别人考虑成坏了，这就足以使得你自己障蔽了你的良知，这就是失败的前奏了。**此"背觉合诈"之所以未免也**。这就是人的不自觉和被欺诈不能避免的原因。董仲舒曾说，"大富则骄，大贫则忧。忧则为盗，骄则为暴。此众人之情也。圣者……使富者足以示贵而不至于骄，贫者足以养生而不至于忧。以此为度而调均之，是以财不匮而上下相安，故易治也"。这是他的三大贤良对策中的观点。这是从孔子到王阳明，圣人所追求的目标。就王阳明做的这些工作，这些思想，最终是要解决这个问题的。**君子学以为己，未尝虞人之欺己也，恒不自欺其良知而已**；君子学习是为了自己德性的提高，学了是为了自己的善性加强，不是学习为了防止别人欺骗自己，只是永远地不欺骗自己的良知罢了。做学问为了什么？是为了不欺骗自己的良知。在别人不知道的情况下做损人利己的事，能做吗？不能做，不能欺骗我的良知。**未尝虞人之不信己也，恒自信其良知而已**；从来不防范别人对自己不信任，永远自信自己的良知罢了。**未尝求先觉人之诈与不信也，恒务自觉其良知而已**。不去探讨明觉别人对我欺诈和不诚信，只是永远地自觉存养自己的良知而已。**是故不欺则良知无所伪而诚，诚则明矣；自信则良知无所惑而明，明则诚矣**。因此，不自欺那么良知就没有虚伪，而能真诚，真诚而能使良知澄明；自信，良知就没有迷惑，而能澄明，澄明而能使人真诚。**明诚相生，是故良知常觉常照。**澄明和真诚互相伴生，所以良知才能常觉常照。**常觉常照，则如明镜之悬，而物之来者自不能遁其妍媸矣。何者？**常觉常照了，良知就像高悬的明镜一般，万事万物来到我的面前，自然就躲不掉他的本来面目了，他是美就是美，是丑就是丑了。这是为什么呢？我良知清明，我还研究防备别人什么呀？**不欺而诚则无所容其欺，苟有欺焉，而觉矣；自信而明则无所容其不信，苟不信焉，而觉矣。**不欺骗而能真诚，就不能容忍他人的欺骗，真要有了欺骗，马上就能觉察；自信而能澄明，就不能容忍他的不诚信，真要有了不诚信，马上就能觉察了。**是谓易以知险，简以知阻，子思所谓"至诚如神，可以前知"者也。**"易"和"简"是《易经》上的话，易、简即是朴真，朴真者知何为险，何为阻，何事做得，何事做不得。也就是子思所讲的善与不善都是"必先知之"，"故至诚如神"。这是《中庸》上的话，真正到了至诚的程度，就是如神了，就可以先知先觉了。**然子思谓"如神"，谓"可以前知"，犹二而言之。**然而子思讲的"如神"和"可以前知"，还是分作两件事而说的。**是盖推言思诚者之功效，是犹为不能先觉者说也。**这是他从思诚的功效上，给那些不能自觉的人说的。**若就至诚而言，则至诚之妙用即谓之"神"，不必言"如神"，至诚则"无知而无不知"，不必言"可以前知"矣。**如果就"至诚"而言，那么"至诚"的妙用就可以称作"神"，而不必说"如神"；如果做到了"至诚"，那么就会"无知而无不知"，就不必再说"可以前知"了。王阳明在这里又进一步强调，至诚就是良知，至诚自然明，明如明镜，如日月。美的就是美的，丑的就是丑的，不用事先防备，修养到这个份儿上，自然就知人、察人如神。但是子思强调"至诚如神，可以前知"，那么"如神""可以前知"，就犹如把它看作两件事了，就不是强调只有一个良知了。良知得体现在具体事上，落到具体事上体现是良知，这是一件事。至诚之妙用，就是良知与用是一体，这就是神，不必言如神。王阳明在这里提了一下子思的观点是二的问题，不是诚是诚，用是用。如果诚是诚，用是用，这就是二，就是把一件事分成两个部分，不应该这样，应该只强调一个良知，就包括了用，就包括了实践，就可以了。

答罗整庵少宰书

罗整庵名叫罗钦顺，字允升，号整庵，江西泰和人。弘治六年进士，少宰是他的官名，曾任南京太常少卿，故称少宰，也是明代中期的大儒。他是可以和王阳明分庭抗礼的大学者，年龄比王阳明大七岁，1465 年生人，1547 年去世，享年 83 岁。王阳明给罗整庵写这封信是在 1520 年，当时王阳明 49 岁，罗整庵是 56 岁。从资历来讲，罗整庵还是要高一些。罗整庵专攻程朱理学，著有《困知记》《整庵存稿》《整庵续稿》，影响很大，在《明儒学案》里很有地位。在《明史》中，也被列在《儒林传》中，其中记载了他和王阳明来往的观点和交流的情况。此篇是罗整庵对王阳明的一些观点提出了自己的看法，并且是比较真诚地提出了一些不同意见，在这种情况下，王阳明写了这封信。

一七二

某顿首启：昨承教及《大学》，发舟匆匆，未能奉答。我
王阳明顿首谨启来书：昨天拜读，承蒙您和我谈及《大学》，我很受
教育，但是发舟匆匆，当时没来得及回答。**晓来江行稍暇，复取
手教而读之。**今晨趁着在江上行船稍有闲暇，再取出您的书信，仔
细拜读。**恐至赣后人事复纷沓，先具其略以请。**恐怕我到了江西
后，人事很繁忙，纷至沓来，没工夫回信，我就先写个大概，请先
生指教。

来教云："见道固难，而体道尤难。来信教导说，见得道、
认识道固然很难，但体会道更难。**道诚未易明，而学诚不可不讲。**
道诚然不易明白，而治学实在不可不讲。**恐未可安于所见而遂以
为极则也。"**恐怕不可以把所见到的很短浅的一些看法，拿过来就
把它看作最高的标准。怕的就是见到一点，学到一点，拿过来就觉
得是最高的标准了，就来傲视别人。这个"极"本身就是标准，"极则"
就是最高的标准。这句话很重要，这是对王阳明提出来的质疑，就
是对王阳明提出的"致良知""知行合一"，恐怕也不能安于所见，"遂
以为极则"呀。**幸甚幸甚！**王阳明说，很幸运，你能给我指出来！
何以得闻斯言乎？其敢自以为极则而安之乎？我凭什么能得到
这么好的教诲呢？我岂敢把我讲的东西作为一个最高的标准，而安
于在这里自守呢？**正思就天下之有道以讲明之耳。**我正想到那些
有道者面前求教，请其讲明白啊。**而数年以来，闻其说而非笑之
者有矣，诟訾之者有矣，置之不足较量辨议之者有矣，其肯遂
以教我乎？**数年以来，听到我的学说，讽刺、挖苦的人有之，诟病、

谩骂的人有之，认为不值一辩的人、不加理睬的人有之，哪里有肯于教诲我的呀？**其肯遂以教我，而反覆晓谕，恻然惟恐不及救正之乎？**哪里有肯教育我，而反复地要使我明白，由衷地、悲天悯人般唯恐不能救正我的呀？**然则天下之爱我者，固莫有如执事之心深且至矣！感激当何如哉！**然而天下关心爱护我的人，没有谁像先生你对我的关心深切备至啊！我该如何感激你啊！

夫"德之不修，学之不讲"，孔子以为忧。这是孔子的话，孔子说，"德之不修，学之不讲，闻义不能徙，不善不能改，是吾忧也"。这里有个讲学概念的问题，讲学不一定是我站在这里给大家讲课叫讲学。讲学就是论学，就是在学术上、道理上论辩，要争论，要互相研究讨论。王阳明告诉学生要经常讲学，就是要讨论学习，讨论学业。**而世之学者稍能传习训诂，即皆自以为知学，不复有所谓讲学之求，可悲矣！**而后世的学者知道点训诂，知道这点文字学，知道这句话怎么讲，就自认为掌握了学问，不再去探讨、追求讲学的真谛，真是可悲啊！**夫道必体而后见，非已见道而后加体道之功也；**道一定要体察、体味斟酌后才能见道，不是我们学者明白道而后去加体察道之功夫。道的得来就是靠体味，就是靠体察，就是靠和道融为一体地去悟道，之后才能去体道，怎么把道用在现实生活当中。如果没体没悟，你说明白了道，而后才悟道，这就搞反了。**道必学而后明，非外讲学而复有所谓明道之事也。**道必须自身学，自身体悟，自身悟道而后明，不是外在讲学而后有所谓明道的事。光是一般讲，一般的辩论，是不能够解决悟道问题的，用我们今天的话来讲，得有独立思考的意识在其中，独立地玩味。**然世之讲学者有二：有讲之以身心者；有讲之以口**

耳者。然而世间讲学的人有两种：有以身心讲学的；有以口耳讲学的。**讲之以口耳，揣摸测度，求之影响者也；**以口耳讲学的，揣摩猜测，求的是外在的影响。**讲之以身心，行著习察，实有诸己者也，知此则知孔门之学矣。**以身心讲学的，行为显著，明察习惯，确实都是来自自己的良知，明白了这个，就知晓孔门的学问了。"行不著，习不察"，是孟子的话，真正的道是老百姓平常就在那里行，老百姓自己做的、习的都是道。他不显著，他也不明察。"讲之以身心，行著习察"，以身心讲学的，自己就知道怎么做对，怎么做不对，怎么做合乎道，怎么做不合乎道。自己的内心真有道，而后才能行，明白了，就能通晓圣人之学了。

一七三

来教谓某"《大学》古本之复，以人之为学但当求之于内，而程、朱格物之说不免求之于外，遂去朱子之分章而削其所补之传"。非敢然也。来信教导说，我要恢复《大学》古本，古本认为做学问应当内求于心，而程、朱的格物学说不免要在心外探求，于是删去了朱熹后补的章节，改回了原来的文式。王阳明说，我并不敢这样贪功。朱熹厘定四书，他不仅把《大学》分章，还将后边的章句往前移了，前面章句往后挪了。另外他认为哪个地方有遗漏就给补充了，这个是王阳明坚决反对的，才把它扭过来。罗钦顺认为王阳明的主张对，对他有所表扬。王阳明说你表扬我，我还真不敢贪功，我只不过就按古代传下来的东西讲学，尊重古本，并没什么发明创造。这一段说的是这个事。所以他说，"非敢然也"。**学岂**

有内外乎？学问怎么能有内外之分呢？**《大学》古本乃孔门相传旧本耳。**《大学》的旧本是孔门传承下来的原本，这不是我的功劳。**朱子疑其有所脱误，而改正补缉之。**朱熹怀疑它有所脱简，排列顺序有误，因而改正，重新做了编辑。**在某则谓其本无脱误，悉从其旧而已矣。**在我看来，旧本没有脱简之误，应完全遵从旧本而已。**失在于过信孔子则有之，非故去朱子之分章而削其传也。**如果我有错的话，我是过于相信孔子，而有这个问题，我不是故意地要把朱子的分章给改了，还把他写的传给去掉了。**夫学贵得之心，求之于心而非也，虽其言之出于孔子，不敢以为是也，而况其未及孔子者乎？**做学问最可贵的事在于用心，如果用心而后认为不对的话，即使是出自孔子之口，也不敢以为是对的呀，更何况那些不及孔子的人呢？**求之于心而是也，虽其言之出于庸常，不敢以为非也，而况其出于孔子者乎？**我从良知良心来考虑这个事是对的，即使这话出于普通的老百姓，也不敢把它看成是不对的，何况这些话又是孔子说过的呢？**且旧本之传数千载矣，今读其文词，既明白而可通；**况且《大学》旧本已经流传数千年了，现在读那些文章依然明白通顺。**论其工夫，又易简而可入。**谈论其中的功夫，简易方便入手。**亦何所按据而断其此段之必在于彼，彼段之必在于此，与此之如何而缺，彼之如何而补？**又有什么依据断定这段一定在这里，那段一定在那里，以及怎么这里就缺了什么东西，那里就应该增补什么呢？**而遂改正补缉之，无乃重于背朱而轻于叛孔已乎？**这样又改正又增补的，那不就是把背叛朱子看得重，而把背叛孔子看得很轻吗？如果我们按照朱熹改的，那不就是说怕背叛朱熹，难道我们就不怕背叛孔子吗？背朱不对，背孔就对吗？他这样阐述，力度相当大，别人就不好驳了。

一七四

来教谓："如必以学不资于外求，但当反观内省以为务，则'正心诚意'四字亦何不尽之有？何必于入门之际，便困以格物一段工夫也？" 来信教导我说，如果一定要做学问，而不用外来的帮助，只要专于反观内省就行了，那么"正心诚意"四个字还有什么没说尽的呢？那又何必在入门初学之时，就大谈格物的功夫，便用格物的功夫困惑于人呢？

诚然诚然。 王阳明说，确是这样啊！**若语其要，则"修身"二字亦足矣，何必又言"正心"？"正心"二字亦足矣，何必又言"诚意"？"诚意"二字亦足矣，何必又言"致知"，又言"格物"？** 如果说它的要旨根本的话，那么"修身"二字就足够了，何必再说"正心"呢？"正心"二字就足够了，何必再说"诚意"呢？"诚意"二字就足够了，何必再说"致知"，何必再说"格物"呢？就是如果那么说的话，那"正心、诚意、格物、致知"都不需要谈了，只"修身"二字就可以了。**惟其工夫之详密，而要之只是一事，此所以为精一之学，此正不可不思者也。** 只是其做学问的功夫详细周密，而概括起来只是一件事啊，就是所谓的"精一"的学问，也正是不可以不思考的地方啊！**夫理无内外，性无内外，故学无内外；** 天理没有内外分别，人性没有内外分别，所以学问也没有内外分别。**讲习讨论，未尝非内也；反观内省，未尝遗外也。** 讲习讨论未尝不是内在的；反省内求未尝就是遗弃了外在的，也没有丢了外在。**夫谓学必资于外求，是以己性为有外也，是义外也，用智者也；**如果说学问一定需要外求，那就是认为人性中有外在的部分，这就是孟子所说的"义外"了，就是"用智"了。**谓反观内省为求之于内，是以己性为有内也，是有我也，自私者也：**如果认为反观内省只是在内心探求，那就是认为人性中有内在的部分，那就是"有我""自私"。**是皆不知性之无内外也。**这两者都不懂得人性是没有内外之分的。仁义均产于内，酿于内，用于内，而显于外。如果一定强调学必得到外在的帮助，那就会认为人性有外，是义外，是用智。像这样的地方，当我们没有完全悟通、悟透的时候，常觉得王阳明有强词夺理之处，但当我们进一步悟通一些之后，就意识到王阳明的学说很圆融，就意识到他不是强辩了。性内说，人性天理我自心就有，我做学问，我自性自发，自性展现于具体的事上，不是具体的事影响了自性。所以，他强调性无内外，理无内外，那么做学问也是学无内外。**故曰："精义入神，以致用也；利用安身，以崇德也。"**这是《易经·系辞下》中讲的，"尺蠖之屈，以求信也；龙蛇之蛰，以存身也；精义入神，以致用也；利用安身，以崇德也"。尺蠖往前爬，它先固定头，后边身子往前一拱，然后头再往前移动，再固定，后边再一拱，这叫屈。"尺蠖之屈"为了什么？是为了信，也就是伸。退为了什么？是为了进。缓和是为了什么？为了更好地前进。龙蛇之蛰，冬天龙蛇在土洞里冬眠，"以存身也"，保证自己活下去，来年好展示精神。接着这两个例子之后说，"精义入神，以致用也"，精义就是处心积虑，想办法，努力琢磨办法，达到神的境界，以致其用也，得用。《易经》这部经典，好就好在不管说得怎么玄，最后都落在用上，都研究怎么样避祸、避灾，怎么样顺利取胜，怎么脱离危险。"利用安身，以崇德也"，在用的过程中，不能只考虑为我所用，把别人都害了只有我所用，这个不行，这样就用不成了。而是不管怎么乱，都考虑到利他，只有利他才能利我。所以，在"利用安身"的时候，也要考虑到利他、利群，"以崇德也"。**性之德也，合内外之道也。**这是《中庸》上的话，性之德要落到合内外之道上。"合内外之道"，谁的内外之道？是每个人的内在修养与外在行为要统一，不是别人的外部。**此可以知格物之学矣。**你如果知道了精义入神以致用，利用安身也不忘德，性之德也要合内外之道，这样你就知道格物的学问了。格物，说的是物，其实多半是事，格的是事。遇到什么事，考虑考虑合适不，合道不，合良知不，合良心不，格的是这类事。这个事应该怎么办，那个事应该怎么办，所以能做到"精义入神"，"合内外之道"，格物的问题就很好地得到解决了。**格物者，《大学》之实下手处，彻首彻尾，自始学至圣人，只此工夫而已。非但入门之际有此一段也。**格物，是《大学》确实的入门之处，从头到尾，从开始学习到成为圣人，都只是这个功夫而已。而不仅仅是在入门时候初学的功夫。这话说得太正确了！比如说，应该诚到什么程度是诚意啊？致到什么程度是致良知呢？格物，就格这个事，自己的心对这个事正确不？如果就对这个事来衡量自己的心，达到了最高境界，那你就是诚意。你的心特别正，你就是正心。你一贯这么做，凡事你都这么做，总讲良心，你就是致良知。这个实下手处用我们今天话说，就是有抓头，说的话不是空对空。所以王阳明说，格物就是修己的实下手处。我们学习《大学》要真正把这个问题解决了，就永远地必有事焉，总提醒着自己，遇到任何问题判断是非，马上就想到格物，真能这样，肯定就会形成自我约束的。其实圣人和普通人就差那么一点点，好人和坏人就差那么一点点，就是经常的自我约束。**夫正心、诚意、致知、格物，皆所以修身，而格物者，其所用力日可见之地。**那么正心、诚意、致知、格物，都是为了修身，而格物也只是人们日常所做的功夫中可以看得到的地方。**故格物者，格其心之物也，格其意之物也，格其知之物也；正心者，正其物之心也；诚意者，诚其物之意也；致知者，致其物之知也：此岂有内外彼此之分哉？理一而已。**所以，格物就是格除心中的非分物欲，格除意念中的非分物欲，格除其认知中的非分物欲。正心就是纠正物欲之心，诚意就是使得物欲之心归于精诚，致知就是去除非分的物欲，恢复其良知：这难道有内外和彼此的分别吗？天理只有一个。**以其理之凝聚而言，则谓之性；**以他的天理在心中的凝聚而言，则称之为性。**以其凝聚之主宰而言，则谓之心；**以天理凝聚的主宰来说，则称其为心。**以其主宰之发动而言，则谓之意；**从天理主宰的发动来说，则称之为意。**以其发动之明觉而言，则谓之知；**从天理的发挥光明觉悟来说，则称之为知。**以其明觉之感应而言，则谓之物。**从对天理光明觉悟的感应来说，则称之为物。**故就物而言谓之格，就知而言谓之致，就意而言谓之诚，就心而言谓之正。**所以天理从物上来说就是格，从知上来说就是致，从意上来说就是诚，从心上来说就是正。**正者，正此也；诚者，诚此也；致者，致此也；格者，格此也。**正就是正心；诚就是诚意；致就是致知；格就是格物。**皆所谓穷理以尽性也。**都是为了穷尽天理而充分发挥本性。**天下无性外之理，无性外之物。**天下没有人性之外的天理，没有人性之外的事物。**学之**

不明，皆由世之儒者认理为外，认物为外，而不知义外之说，圣学不昌明，这都是由于世上的儒者认为天理存在于本心之外，认为事物存在于本心之外，却不知道孟子曾讲过的义外之说。**孟子盖尝辟之，乃至袭陷其内而不觉，岂非亦有似是而难明者欤？不可以不察也。**孟子曾经批评此种义外之说，以至于这些儒者沿袭了错误而不知道，这难道不是也有似是而非难以明白之处吗？所以不能不加以体察。就是正心、诚意、致知、格物都是一体的，都要落到格物上，都要落到怎么对事、怎么对物上。怎么对事，怎么对物，通过格，通过辨别，通过思想斗争，得出正确的、真正善诚的结论，而后既是诚意，又是正心，更是致良知了。

一七五

　　凡执事所以致疑于格物之说者，必谓其是内而非外也；凡是执事您之所以疑惑我的"格物"之说，一定认为我是肯定内求而否定外求。**必谓其专事于反观内省之为，而遗弃其讲习讨论之功也；**一定认为我专门致力于反观内省的做法，而遗弃了外在讲习讨论的功夫。**必谓其一意于纲领本原之约，而脱略于支条节目之详也；**一定会认为我一心只专注在纲领本原上的简洁，而忽略详细的支条节目。**必谓其沉溺于枯槁虚寂之偏，而不尽于物理人事之变也。**一定认为我沉溺在枯槁虚寂的偏执中，而不能穷尽人情事理的变化。**审如是，岂但获罪于圣门，获罪于朱子，是邪说诬民，叛道乱正，人得而诛之也，而况于执事之正直哉？**如果真是这样，我岂止是获罪于圣门，获罪于朱子，那更是用歪理邪说

欺骗百姓，离经叛道而扰乱正道，人人得而诛之，更何况像执事您这样的正人君子呢？**审如是，世之稍明训诂，闻先哲之绪论者，皆知其非也，而况执事之高明哉？**如果真是这样，世上稍微懂得一点训诂的人，知道一些圣贤言论的人，都会知道我是错误的，更何况像执事您这么高明的人呢？**凡某之所谓格物，其于朱子"九条"之说，皆包罗统括于其中；**凡我所说的格物，涵盖了朱子的"九条"观点。朱子的"九条"有，第一，或读书讲道义，或论古今人物而别其是非，或应接事物而处其当。今日格一物，明日又格一物；第二，自一身之中，以至万物之理，多多理会；第三，非穷尽天下之理，亦非止穷得一理，但须多积累；第四，于一事上穷尽，可以类推。一事上穷不得，且别穷一事，或先其易，或先其难，各随人深浅；第五，物必有理，皆所当穷；第六，如欲为孝，当知所以为孝之道；第七，物我以理，才明彼，即晓此。一草一木皆有理，不可不察；第八，知至善之所在；第九，察之于身。**但为之有要，作用不同，正所谓毫厘之差耳。**但做好格物是有关键点的，其作用和朱子的九条有所不同，正所谓毫厘之差啊。**然毫厘之差而千里之谬实起于此，不可不辨。**然而毫厘之差，则是谬以千里，实在是始于此啊，所以我不能不辨明。这里王阳明对罗整庵就格物之说进行了批驳，再次肯定格物之说的正确，天下无性外之理，无性外之物。

一七六

孟子辟杨、墨，至于"无父，无君"。孟子批判杨朱、墨翟，乃至于说他们是"无父，无君"。《孟子》一书当中讲，"杨子取为我，拔一毛而利天下，不为也。墨子兼爱，摩顶放踵利天下，为之"。就是杨朱这个思想家提出来"为我"之说，"拔一毛而利天下，不为也"。杨朱的著作历史上没有存下来。杨朱"为我"的观点以道家来讲，《老子》《庄子》的思想中"为我"不但不是错的，而且是一种高尚的道德。要把自己搞成自然的我，我有这个权力，我这样做也是正义的。要是按照儒家思想来讲，你在一定范围内，管理好自己、照顾好自己这也是应该的，但是大局不能丢。道家不关心大局。而杨朱在道家思想基础上，虽然他也没明确自己就是道家，只是在道家思想基础上他更极端，"拔一毛而利天下，不为也"。杨朱这样"为我"过分了，就是"无君"，他没有国家观念；墨子兼爱天下，他认为天下人都要平等地爱，这叫"无父"，就没有父子的这种区别了。所以说杨朱的"为我"，墨翟的"兼爱"，这两个思想家各是一个极端，合到一起叫"无父，无君"。**二子亦当时之贤者，使与孟子并世而生，未必不以之为贤。**这两个人也是当时的贤人，假使与孟子处于同一个时代，那么孟子也未必不认为他们是贤人。**墨子"兼爱"，行仁而过耳；杨子"为我"，行义而过耳。**墨子提倡"兼爱"，是施行仁德过了头；杨朱主张"为我"，是行义过分了。**此其为说，亦岂灭理乱常之甚而足以眩天下哉？**那他们的学说，难道能泯灭天理扰乱纲常而足以迷惑天下所有人吗？**而其流之弊，孟子至比于禽兽夷狄，所谓"以学术杀天下后世"也。**但是他们的学说产生的流弊，被孟子比作禽兽夷狄，是所谓"以学术杀天下后世"的人。**今世学术之弊，其谓之学仁而过者乎？**当今学术的弊端，是说学仁爱过分了吗？**谓之学义而过者乎？**抑谓之学不仁不义而过者乎？是说学义过分了吗？还是说学不仁不义过分了呢？**吾不知其于洪水猛兽何如也！** 我不知道他们与洪水猛兽有什么不同啊！他的意思是说，明朝问题的根本就不是学仁过、学义过的问题，而是学不仁不义太过分了。这就等同于洪水猛兽的社会局面啊？**孟子云："予岂好辩哉？予不得已也！"** 孟子说，我难道喜欢辩论吗？我哪里是好辩论，哪里是争强好胜啊，只不过社会存在这些问题，我不得不这样去反对啊。**杨、墨之道塞天下，孟子之时，天下之尊信杨、墨，当不下于今日之崇尚朱说，而孟子独以一人呶呶于其间，噫，可哀矣！** 杨朱、墨子的学说流行于天下，在孟子时代，天下之人尊崇杨朱、墨子的学说，并不亚于现在人们推崇朱子的学说，而孟子独自一人与众家辩论。太可悲了！**韩氏云："佛、老之害甚于杨、墨。** 韩愈说，佛家、道家学说的危害比杨、墨更严重。**韩愈之贤不及孟子，孟子不能救之于未坏之先，而韩愈乃欲全之于已坏之后，其亦不量其力，且见其身之危，莫之救以死也矣！"** 韩愈的贤明远不及孟子，孟子不能在世道人心败坏之前就拯救它，而韩愈却想在败坏之后恢复世道人心，他这是自不量力。看到社会问题的严重性，可是没人能把它从死地救出。**呜呼！若某者其尤不量其力，果见其身之危，莫之救以死也！** 唉！至于我自己，更是不自量力，发现社会已处险地，却没有人能救它于死地！我王阳明对当前社会提出了"致良知""知行合一"，这是更不量力，看到了国家已处危难，没有办法救它于死地呀！**夫众方嘻嘻之中，而独出涕嗟若，** 大众都在嘻嘻笑闹之中，而我独自感想，感到他们很危亡，鼻涕一把眼泪一把在那叹息。**举世恬然以趋，而独疾首蹙额以为忧，** 整个社会都自然地趋炎附势，而我却独自忧心忡忡，痛心疾首。大家都那么乐乐呵呵地，错上加错地，稀里糊涂地往前混，而我独自发愁。**此其非病狂丧心，殆必诚有大苦者隐于其中，而非天下之至仁，其孰能察之？** 这要不是我丧心病狂，就一定是心中有极大的痛苦隐藏于其中，如果不是世间最仁爱的人，谁能体察我的内心呢？谁能知道我的忧心忡忡是为了挽救天下呢？**其为《朱子晚年定论》，盖亦不得已而然。** 我整理《朱子晚年定论》，也是迫不得已啊。**中间年岁早晚，诚有所未考，虽不必尽出于晚年，固多出于晚年者矣。** 其中年代的先后，确实有一些未加考证，虽然不全是出自于朱子晚年，但大部分是他晚年的著述。**然大意在委曲调停以明此学为重，平生于朱子之说如神明蓍龟，一旦与之背驰，心诚有所未忍，故不得已而为此。** 我的本意是调解朱、陆的争辩，以昌明圣学之重，我平生将朱子的学说奉若神明蓍龟，一旦要和它相背离，心中确实有些不忍，所以说是不得已而为之。**"知我者，谓我心忧；不知我者，谓我何求"，盖不忍牴牾朱子者，其本心也；** "理解我的人，知道我的忧愁；不理解我的人，问我为了什么"，我的本心并不愿意与朱子学说相抵触。**不得已而与之牴牾者，道固如是，不直则道不见也。** 我是不得已才这样做的，而圣道本来就是这样的，不说直话圣道就不显现啊。这段话有个背景，当时的朝廷重臣桂萼认为王阳明自创伪说，提出的东西没人理睬，就创立出了一个《朱子晚年定论》。虽然很多人不认为桂萼的说法是正确的，但也没人肯定王阳明发现的这个材料很及时、很准确。所以王阳明在这里来辩驳。王阳明表示他本不愿意背朱，是不得已而违背，所以感慨"知我者，谓我心忧；不知我者，谓我何求"。这是《诗经》上的话，王阳明借此表达，我是为了天下不得已而为之。他和罗整庵是比较友好的，在这里一是解释学术上的不同；一是说明，社会不了解我，有这样的舆论，传到你耳中，你对我的看法就会有所影响。我不忍和朱子发生矛盾，这是我的本心。不得已而与之发生矛盾，这是为了捍道、卫道，就得如此了，不直说、不直论，"则道无见也"。**执事所谓决与朱子异者，仆敢自欺其心哉？**您却说我一定要与朱子的学说相抵触，我怎么敢自己欺骗自己呢？**夫道，天下之公道也；学，天下之公学也。**道是天下大家的道，学是天下大家的学啊。**非朱子可得而私也，非孔子可得而私也。**不是朱子自己私有的，也不是孔子自己所私有的。**天下之公也，公言之而已矣。**天下所共有的东西，大家秉公而论罢了。**故言之而是，虽异于己，乃益于己也；言之而非，虽同于己，适损于己也。**所以，只要说得对，即使与自己的意见不同，也是对自己有利的；话说得不对，即使和自己的意见一致，也是会损害自己的。**益于己者，己必喜之；损于己者，己必恶之。**对自己有益的，自己一定喜欢；对自己有害的，自己一定厌恶。**然则某今日之论，虽或于朱子异，未必非其所喜也。**我今天的观点和朱熹的观点不同，也不一定不是他所高兴的。**君子之过，如日月之食，其更也，人皆仰之，而小人之过也必文。**君子的错误，就像太阳、月亮的日食、月食一样，如果运行过去了，它又亮了，人人都会敬仰他。而小人犯了错一定要文饰，一定要辩解，想办法力图证明自己没错。**某虽不肖，固不敢以小人之心事朱子也。**我虽然不够贤明，但也不敢用小人之心来对待朱子啊。

执事所以教，反覆数百言，皆以未悉鄙人格物之说。您之所以教导我，反反复复有数百之言，都是因为没有明白我的"格物"之说。**若鄙说一明，则此数百言皆可以不待辨说而释然无滞。**如果明白了我的学说，那么这数百言都可以不必辩论而释然无疑问了。**故今不敢缕缕以滋琐屑之渎。**因此我现在不敢反反复复地解释，以避免琐碎麻烦。**然鄙说非面陈口析，断亦未能了了于纸笔间也。**然而我的学说不当面和您亲口讲一讲，理一理，分析分析，就靠我给你写几封信是不能说清楚的。**嗟乎！执事所以开导启迪于我者，可谓恳到详切矣！**唉！您这样真诚地开导启迪我，恳切之至，非常仔细啊！**人之爱我，宁有如执事者乎？**别人爱我帮助我，哪有像您这样的呢？**仆虽甚愚下，宁不知所感刻佩服？**我再愚笨，哪能不懂得感激佩服呢？**然而不敢遽舍其中心之诚然而姑以听受云者，正不敢有负于深爱，亦思有以报之耳。**然而我不敢舍弃心中的真诚，而勉强接受您的观点，正是因为我不敢辜负您的厚望，也是想对您有所回报啊。**秋尽东还，必求一面，以卒所请，千万终教！**到了秋尽冬初的时候，我要回去探亲，一定和您见一面，当面请教，还望您千万不吝赐教！罗钦顺收到信后，又写了一封复信，但王阳明没收到就死了。那封信在《明史》中有记载，大学者之间的来往，可见一斑。

答聂文蔚

聂文蔚名叫聂豹，是江西吉安永丰人，明代著名的廉吏，官至兵部尚书。这封信写于 1526 年。王阳明总共给聂豹写了两封信，最后那封信是 1526 年 10 月写的。他给聂豹写完信之后，又给一个叫邹守益的学生写了一封信，这是他最后的两封信。他写这个信的时候，已经从广西往回走了。他在途中很用心地给聂豹写信，所以这封信很重要，很有一些诸葛亮对姜维的情感。聂豹既不是部下，也不是学生，是比他年轻一点的同道中人，曾经拜访过他，也称学生向他学习过，有过来往书信，但没有正式拜师。王阳明死后两年，聂豹到苏州做官，特地去见了王阳明的两个弟子钱德洪和王畿，然后请他们为证，说明他的道是源于阳明先生。

一七八

春间远劳迂途枉顾问证，惓惓此情，何可当也！这个"春间"应该是夏季。在《年谱》中记载，聂豹是在夏天去访问的王阳明。这封信是写在农历的八月。夏天的时候，有劳您绕道枉顾来看我，反复询问论证，这种情义我怎么能当得起啊！**已期二三同志，更处静地，扳留旬日，少效其鄙见，以求切劘之益；**我已经约好了二三个志同道合的人，找一安静之地，留上十几天，我稍稍介绍我的观点，一起讨论，以求得切磋受益。**而公期俗绊，势有不能，别去极怏怏，如有所失。**你事务繁忙，大势也不允许多挽留，所以心中极为惆怅，若有所失。**忽承笺惠，反覆千余言，读之无甚浣慰。**忽然得到你的宝贵来信，反复数千言，读了之后，无限宽慰！**中间推许太过，盖亦奖掖之盛心，而规砺真切，思欲纳之于贤圣之域；**信中多有对我的赞许，也是对我的一片提携盛意，而其中真切的规劝，是希望我能跨入圣人之领域。**又托诸崇一以致其勤勤恳恳之怀，此非深交笃爱，何以及是！**又嘱托欧阳崇一转达深切的关怀，如果不是交往深厚的朋友，怎么能做到这样呢！**知感知愧，且惧其无以堪之也。**我对于你对我的厚爱很感动，很惭愧，而且怕辜负了你的厚爱。**虽然，仆亦何敢不自鞭勉，而徒以感愧辞让为乎哉？**即使这样，我哪敢不鞭策自己，勉励自己，而不仅仅是停留在感激、惭愧、辞让上啊？**其谓"思、孟、周、程无意相遭于千载之下，与其尽信于天下，不若真信于一人。道固自在，学亦自在，天下信之不为多，一人信之不为少"者**，聂豹说："子思、孟子、周敦颐、程子无意间千年之后能相聚一起，与其让天下人都相信，还不如天下就信一个人。圣道自然就在，圣学也自然就在，天下人都相信不为多，只有一个人相信也不为少。"意思是子思、孟子、周敦颐、程子假如都生活在今天，这么多思想家生活在一起，那么如果都信，莫不如就信一个人。这一个人是谁？隐含的意思是就信王阳明。**斯固君子"不见是而无闷"之心，岂世之谆谆屑屑者知足以及之乎？**这是《易经·乾卦》文言里面的话，"不见是"就是不被肯定，"而无闷"，不被肯定仍不违道。这固然是君子"不见是而无闷"的心态，岂能是世上浅薄琐碎的人能够理解的呢？这哪里是修养单薄、知识单薄的一些人的智能能够达到的呢？**乃仆之情则有大不得已者存乎其间，而非以计人之信与不信也。**对于我来说，在这其中有很多不得已的苦衷，所以并不计较别人的信与不信了。聂豹这个人一生中正不苟，临暴不惊。《明儒学案》中记载，聂豹被诬陷，当时他正在给学生讲课，官差进屋就拿着绳索套在他脖子上，他说且慢，我把《中庸》讲完，就跟你走。他就戴着枷锁，把《中庸》讲完，确有"临暴不惊"的修养。

一七九

　　夫人者，天地之心，天地万物，本吾一体者也。人，就是天地之心，天地万物与我本来就是一体的。**生民之困苦荼毒，孰非疾痛之切于吾身者乎？** 老百姓所遭受的困苦磨难，难道不也是我自己的切肤之痛吗？**不知吾身之疾痛，无是非之心者也**。不知道自己痛苦的人，就是没有是非之心的人。**是非之心，不虑而知，不学而能，所谓良知也**。是非之心是不需要思考就能够明白，不需要学习就能够拥有的，这就是所谓的良知。**良知之在人心，无间于圣愚，天下古今之所同也**。良知自在人心，不论圣贤与愚昧，从古到今都是相同的。**世之君子惟务致其良知，则自能公是非，同好恶，视人犹己，视国犹家，而以天地万物为一体，求天下无治，不可得矣**。世上君子，只要专心在致自己的良知上，就能具有共同的是非，共同的好恶，待人如待己，爱国如爱家，把天地万物看作一个整体，天下得治是自然而然的。**古之人所以能见善不啻若己出，见恶不啻若己入，视民之饥溺犹己之饥溺，而一夫不获，若己推而纳诸沟中者，非故为是而以蕲天下之信己也，务致其良知，求自慊而已矣**。古代的人之所以能看见别人行善，就像自己行善一般，看见别人作恶，就好像自己做了恶事一般，看见老百姓饥饿痛苦，就像自己饥饿痛苦一般，有一个人生活得不好，就像自己把他推到沟中似的。"蕲"，同祈，祈求。并不是故意这样做来求信于天下，而是专注于致自己的良知，以求得自我良知满足罢了。**尧、舜、三王之圣，言而民莫不信者，致其良知而言之也；行而民莫不说者，致其良知而行之也。**尧、舜、夏商周三代贤王，他们说的话天下人没有不信的，这是他们致了自己的良知后才说的；对他们的行为百姓没有不喜悦的，这是他们致了自己的良知而后做出的行为。**是以其民熙熙皞皞，杀之不怨，利之不庸，施及蛮貊，而凡有血气者莫不尊亲，为其良知之同也。**所以他们的百姓和和美美，心情愉悦，即便是被处死也不怨恨，得到好处也不认为是应该酬谢的。把这些好思想推行到南蛮北漠之地，凡是有血气的人没有不孝敬父母的，因为大家的良知是相同的。**呜呼！圣人之治天下，何其简且易哉！**唉！圣人治理天下是多么简单容易啊！但是，话说回来，社会向前发展了，世易时移呀！应对这个社会的办法也随之改变。那个时候王阳明倡导良知良心，无疑是对当时社会的一剂良药，但也只是缓解矛盾。随着历史的发展，还会出现新的问题，具体问题要具体办法再解决。

一八〇

后世良知之学不明，天下之人用其私智以相比轧，是以人各有心，而偏琐僻陋之见，狡伪阴邪之术，至于不可胜说；后世良知的学说不再昌明，天下的人各用自己的私欲才智互相倾轧，因此人人各有其私心，而这些偏激浅陋、琐碎繁杂的见解，狡诈阴险的心术，更是达到了不可胜说的地步。**外假仁义之名，而内以行其自私自利之实，诡辞以阿俗，矫行以干誉，掩人之善而袭以为己长，讦人之私而窃以为己直，忿以相胜而犹谓之徇义，**

险以相倾而犹谓之疾恶，妒贤忌能而犹自以为公是非，恣情纵欲而犹自以为同好恶，相陵相贼，自其一家骨肉之亲，已不能无尔我胜负之意，彼此藩篱之形，而况于天下之大，民物之众，又何能一体而视之？对外假借仁义的旗号，对内则做着自私自利的事情，用诡辩的言辞来奉迎世俗，用虚伪的行为来博取名声，掩盖别人的善良而袭取为自己的长处，攻击人家的隐私而自以为正直，因私愤相斗而自以为殉道正义，阴险地互相倾轧还称之为疾恶如仇，嫉贤妒能还自以为公正是非，恣意放纵而自以为好恶分明，互相欺凌侵害，即使是骨肉一家之亲，也不能摒弃你我的长短、胜负的争执、彼此的成见，更何况天下之大，百姓之众，事物之多，又怎么能一视同仁呢？**则无怪于纷纷籍籍，而祸乱相寻于无穷矣！**这就难怪天下动荡不安，祸乱无穷啊！此皆因良知之学不明啊！唯人有良知，方能东西南北，万古文明，伦常不变。

一八一

仆诚赖天之灵，偶有见于良知之学，以为必由此而后天下可得而治。我真的是仰赖上天的眷顾，偶然发现了良知之学，以为一定要致其良知才能治理天下。**是以每念斯民之陷溺，则为之戚然痛心，忘其身之不肖，而思以此救之，亦不自知其量者。**所以每每想到老百姓的疾苦，就感到戚然痛心，忘记了自己才疏学浅，就想用此办法拯救天下的老百姓，也真是自不量力啊。**天下之人见其若是，遂相与非笑而诋斥之，以为是病狂丧心之人耳。**世上的人看见我这样做，纷纷对我嘲笑诋毁，以为我是丧心病狂之徒。

呜呼！是奚足恤哉？唉！这没有什么值得忧愁的。**吾方疾痛之切体，而暇计人之非笑乎！**我正处在切肤之痛中，哪有工夫去计较别人的非议与嘲笑呢！**人固有见其父子兄弟之坠溺于深渊者，呼号匍匐，裸跣颠顿，扳悬崖壁而下拯之。**人固有看见其父子兄弟掉进深渊，而呼喊着匍匐爬过去，跌落鞋帽全然不顾，攀着悬崖峭壁下去救人的情景。**士之见者方相与揖让谈笑于其傍，以为是弃其礼貌衣冠而呼号颠顿若此，是病狂丧心者也。**而有些读书人看到这个场景，却在一旁作揖见礼，谈笑风生，以为这个人毫无礼节，衣冠不整，呼号大喊，是一个丧心病狂之人。**故夫揖让谈笑于溺人之傍而不知救，此惟行路之人，无亲戚骨肉之情者能之，然已谓之无恻隐之心，非人矣。**那些作揖打躬、谈笑风生的人，对于落水之人不知救助，这只有路人能做到这样啊，没有任何亲情的陌生人才这样做啊，然而孟子说过，没有恻隐之心的人就不是人了。**若夫在父子兄弟之爱者，则固未有不痛心疾首，狂奔尽气，匍匐而拯之。**如果是有父子兄弟亲情的，就一定没有不痛心疾首，奋力狂奔，攀爬着也要救人的。**彼将陷溺之祸有不顾，而况于病狂丧心之讥乎？而又况于蕲人之信与不信乎？**他不顾陷于溺水的危险，难道还怕被人讥笑讽刺为丧心病狂吗？还会在意别人对于他的信与不信吗？天下有责任心的人，为了拯救天下，坠崖摔死都不怕，被人害死都不怕，还怕被人笑话吗？

呜呼！今之人虽谓仆为病狂丧心之人，亦无不可矣。唉！现在的人虽然认为我是丧心病狂之人，我也不在乎了。所以我的致良知之说别人怎么嬉笑怒骂，我仍然要坚持。**天下之人心皆吾之心也，天下之人犹有病狂者矣，吾安得而非病狂乎？犹有丧心**

者矣，吾安得而非丧心乎？天下人的心都是我的心，天下的人还有病狂的，我又怎能不病狂呢？天下的人还有丧心的，我又怎能不丧心呢？

一八二

昔者孔子之在当时，有议其为谄者，有讥其为佞者，有毁其未贤，诋其为不知礼，而侮之以为东家丘者，有嫉而沮之者，有恶而欲杀之者；从前孔子在世之时，有人说他谄媚，有人讽刺他花言巧语，有人诋毁他的贤能，有人诽谤他不明白礼仪，有人侮辱称他是东家丘，有人嫉妒他阻止他，有人恨怨他而要杀他；晨门、荷蒉之徒，皆当时之贤士，且曰："是知其不可而为之者欤？""鄙哉！硁硁乎！莫己知也，斯已而已矣。"晨门、荷蒉等人，都是当时的贤达之士，还说他"是知其不可而为之者欤""鄙哉！硁硁乎！莫己知也，斯已而已矣"这样的话。虽子路在升堂之列，尚不能无疑于其所见，不悦于其所欲往，而且以之为迂，则当时之不信夫子者，岂特十之二三而已乎？虽然子路已是升堂的弟子了，尚且对于孔子的学问不能做到无疑，对于孔子的想法有过不愉快，并且认为夫子过于迂腐，所以当时不信任孔子的人，岂止是十之二三啊？然而夫子汲汲遑遑，若求亡子于道路，而不暇于暖席者，宁以蕲人之知我信我而已哉？然而孔子忙忙碌碌，就像是在路上寻找失去的孩子，没有时间休息，他难道是为了让别人知道他、信任他吗？盖其天地万物一体之仁，疾痛迫切，虽欲已之而自有所不容已。就是因为他有一颗以天地万物为一体的仁爱之心，迫切感到心痛不安，即使想停止也身不由己啊。**故其言曰："吾非斯人之徒与而谁与！""欲洁其身而乱大伦。""果哉，末之难矣！"**所以他说，我不和这样的人在一起相处，那还能和谁在一起呢？想要洁身自好，却又扰乱了道德伦常，结果最终是很难的啊！**呜呼！此非诚以天地万物为一体者，孰能以知夫子之心乎？**唉！除了真正能把天下万物当作一体的人，谁能理解夫子的一番苦心呢？**若其"遁世无闷"，"乐天知命"者，则固"无入而不自得"，"道并行而不相悖"也。**就像那离开世事无所烦忧，而有乐天知命心态的人，当然能做到"无入而不自得""道并行而不相悖"了。怎么样他都能了解万物，都能以万物为一体。而当没有谁了解他，他也不违背世道天理，他也能乐天知命。他到哪里，不管什么环境，都能够自我行道，与道并行而不违背。这只有大修养者能做到，大修养者就是王阳明这样的人。

一八三

仆之不肖，何敢以夫子之道为己任？我的水平不行，修养不够，哪敢以孔子之道为己任啊？**顾其心亦已稍知疾痛之在身，是以彷徨四顾，将求其有助于我者，相与讲去其病耳。**但我内心已经知道这种忧国忧民之疾痛就在自己的身上了，所以心中彷徨，四处寻找支持我的人，互相学习讲求以除去我的病痛。我这么艰难，我不敢比孔子，但是孔子精神我不能丢。**今诚得豪杰同志之士扶持匡翼，共明良知之学于天下，使天下之人皆知自致其良知，以相安相养，去其自私自利之蔽，一洗谗妒胜忿之习，以济于**

大同，则仆之狂病，固将脱然以愈，而终免于丧心之患矣，岂不快哉！现在果真有豪杰同志之士支持帮助我，共同使良知之学昌明于天下，让天下的人都知道致自己的良知，来互相帮助相互存养，去除掉自私自利的陋习，一洗诋毁、谄媚、妒忌、好胜和易怒的恶习，以实现大同社会，那么我的狂病马上就能痊愈，而且最终免于丧心的疾痛，那是怎样的痛快啊！

嗟乎！今诚欲求豪杰同志之士于天下，非如吾文蔚者而谁望之乎？唉！我现在真想寻求天下豪杰同志之士，除了文蔚，我还能指望谁呢？**如吾文蔚之才与志，诚足以援天下之溺者。**像文蔚你这样的才志，确实足以拯救天下受苦受难的人。这是《孟子》里的话，淳于髡问，"今天下溺矣，夫子之不援，何也？"而孟子说，"天下溺，援之以道……子欲手援天下乎？"天下溺要用"道"去救援，能用手拉吗？**今又既知其具之在我而无假于外求矣，循是而充，若决河注海，孰得而御哉？**现在我们又知道良知都在自己心中，而不用去外求，遵循这个原则加以扩充，就会像江河决口汇入大海，谁能抵御得了呢？如果这样考虑自己的责任，自己的修养，不断地补充自己的正气，谁能抵御得了呢？**文蔚所谓"一人信之不为少"，其又能逊以委之何人乎？**文蔚你所说的"一人信之不为少"，那你还能谦逊地推让给谁呢？

一八四

会稽素号山水之区，深林长谷，信步皆是，寒暑晦明，无时不宜，安居饱食，尘嚣无扰，良朋四集，道义日新，优哉游哉，天地之间宁复有乐于是者！绍兴这个地方，素来有山水之区之名，森林长谷，到处都是，寒暑阴晴，一向宜人，安居满足，尘嚣不扰，好友聚集，道义日精。如此优哉游哉，天地之间还有像这样闲适快乐之地吗？**孔子云："不怨天，不尤人，下学而上达。" 仆与二三同志，方将请事斯语，奚暇外慕？** 孔子说，"不怨天，不尤人，下学而上达"。我与两三位志同道合的学友，要尊崇孔子这样的教导，哪有闲暇向外慕求啊？**独其切肤之痛，乃有未能恝然者，辄复云云尔。** 只是有切肤之痛，还不能漠然对待，就又写了这封信。

　　咳疾暑毒，书札绝懒。 我的咳嗽病又犯了，天气又炎热，懒于书信。**盛使远来，迟留经月，临歧执笔，又不觉累纸。** 您派人盛情远来，停留了近一个月，临行提笔，不觉间又写了这么多。**盖于相知之深，虽已缕缕至此，殊觉有所未能尽也。** 我们相知如此深厚，虽然信已经详尽啰嗦，但仍觉还有很多话没说完。此信先讲良知之自然，倡导之自然；次讲世人多有不理解，抵制致良知，孔子当年传道亦如此，况我等乎；只有道同志同之士，多了逐渐成势，良知之说方可流传于世。

二

　　这是王阳明写给聂豹的第二封信，写于1528年10月，他去世之前。王阳明写这封信的时候，身体已经很虚弱，但他认为这个事情很重要，从信的气势上看，没有软弱、衰败的气象。

　　得书见近来所学之骤进，喜慰不可言。收到你的来信，看到你近来学问进步巨大，喜悦欣慰之情无以言表。**谛视数过，其间虽亦有一二未莹彻处，却是致良知之功尚未纯熟。**仔细看过数遍，虽然其间有那么一二个没有完全理解透彻之处，却是因为致良知的功夫尚未纯熟。**到纯熟时，自无此矣。**到了纯熟的时候，这些不莹彻的地方就没了。**譬之驱车，既已由于康庄大道之中，或时横斜迂曲者，乃马性未调，衔勒不齐之故，**就好像赶车，既然已经在康庄大道当中，可有的时候这车还会迂回曲折地走，那是马性没有调理好，马的缰绳嚼口不整齐的缘故。**然已只在康庄大道中，决不赚入傍蹊曲径矣。**不管这个车在道上怎么斜，怎么歪，但是已经在康庄大道上了，这车出了点问题，马出点问题，但怎么也不会跑到旁岔弯道上去的。**近时海内同志，到此地位者曾未多见，喜慰不可言，斯道之幸也！**近一段时间海内同好的同志，能达到你这个认识阶段的不曾多见，欣慰不可言表，这是大道的幸运啊！信的开头就对聂豹进一步肯定。

　　贱躯旧有咳嗽畏热之病，近入炎方，辄复大作。我的身体原本就有咳嗽怕热的毛病，最近又进入到炎热的地区，就反复发作很严重。**主上圣明洞察，责付甚重，不敢遽辞。**皇上圣明洞察，托付给我的责任很重，不敢马上推辞。**地方军务冗沓，皆舆疾从事。**地方上军务繁杂，都是用车拉着我这个病体来办公。**今却幸已平定，已具本乞回养病。**现在幸好已经平定，我已经奏请皇上回家养病。**得在林下稍就清凉，或可瘳耳。**能在家乡稍微得些清凉，或许可以痊愈。**人还，伏枕草草，不尽倾企。外惟濬一简，幸达致之！**送信的人要回去了，我伏枕草草写了这些话，不能表达尽我的倾慕企盼。另外，我给陈九川写了一封信，请代为转达。

一八六

来书所询，草草奉复一二：你来信所问的问题，我草草地回答一二个。

近岁来山中讲学者往往多说"勿忘勿助"工夫甚难，问之则云："才著意便是助，才不著意便是忘，所以甚难。"近年来从中原地区来到广西讲学的人，他们都这么讲，说"勿忘勿助"的功夫很难。这是《孟子》中的话，"必有事焉，而勿正，心勿忘，勿助长也"。问他们，他们回答，"才著意便是助"，想着致良知决不能丢，不能忘，一定要努力做到，这样一着意，就不是自然的致良知，那这不就是助了吗？"才不著意便是忘"，把这个事刚放下，便是忘了。所以恰到好处甚难。**区区因问之云："忘是忘个甚么？助是助个甚么？"**我因此就问他，忘是忘的什么？助是助的什么？**其人默然无对。始请问。**他们默然不回答。才请教于我。**区区因与说我此间讲学，却只说个"必有事焉"，不说"勿忘勿助"。**我因此与他们说，我在这讲学就讲"必有事焉"，不讲"勿忘勿助"。**"必有事焉"者，只是时时去"集义"。**"必有事焉"只是时时去"集义"，时时做好事，时时去坚持正义。**若时时去用"必有事"的工夫，而或有时间断，此便是忘了，即须"勿忘"。**如果时时去用"必有事"的功夫，而偶尔有所中断，这就是忘了，就需要做到"勿忘"。**时时去用"必有事"的工夫，而或有时欲速求效，此便是助了，即须"勿助"**。时时去做"必有事"的功夫，而偶尔想要快速见效，这就是助了，就需要做到"勿助"。**其工夫全在"必有事焉"上用，"勿忘勿助"只就其间提撕警觉而已**。这里的功夫全在"必有事焉"上用，"勿忘勿助"只是在其中起到提醒警示的作用罢了。**若是工夫原不间断，即不须更说"勿忘"；原不欲速求效，即不须更说"勿助"**。如果这个功夫原本就没有间断，就不需要再说"勿忘"；如果这个功夫原本没有想快速见效，就不需要再说"勿助"了。**此其工夫何等明白简易！何等洒脱自在！**这样的功夫多么明白简易！多么潇洒自在！**今却不去"必有事"上用工，而乃悬空守著一个"勿忘勿助"，此正如烧锅煮饭，锅内不曾渍水下米，而乃专去添柴放火，不知毕竟煮出个甚么物来**。现在他们不在"必有事"上下功夫，却凭空守着一个"勿忘勿助"，就像是烧锅煮饭，锅里没有添水下米，却去添柴烧火，那不知道最后能烧出个什么东西来。**吾恐火候未及调停，而锅已先破裂矣**。我担心火候还没有来得及调好，锅就已经先烧破裂了。**近日一种专在"勿忘勿助"上用工者，其病正是如此**。近来一些专门在"勿忘勿助"上用功夫的人，他们的毛病正是如此啊。**终日悬空去做个"勿忘"，又悬空去做个"勿助"，济济荡荡，全无实落下手处**；终日凭空去做"勿忘"的功夫，又凭空做"勿助"的功夫，奔腾滚滚，浩浩汤汤，完全没有一个落实下手的地方。还没开始修养呢，首先就要"勿忘"，这不可笑吗？你还没有呢，你忘什么啊？水还没下锅呢，你就烧上锅了，你就考虑能不能烧熟，那怎么可能呢？这就是悬空思虑，而没有可以落实的点。**究竟工夫只做得个沉空**

守寂，学成一个痴呆汉，才遇些子事来，即便牵滞纷扰，不复能经纶宰制。功夫做到最后，只落得个陷入空寂、死守寂静的地步，变成了一个痴呆汉，一遇到事情，就会牵滞纷扰，不能妥善应对了。这样的人遇到一点事，就心烦意乱，不能有序地控制局面啊。**此皆有志之士，而乃使之劳苦缠缚，担阁一生，皆由学术误人之故，甚可悯矣！** 这些人还都算是有志之士，却因此劳苦困扰，耽误一生，都是错误的学说误导了他们，实在令人惋惜！所以，如"必有事焉"，不欲速求进，就不必强调"勿助"。因为你的"必有事焉"坚持得好，那你的"勿忘勿助"就都孕育其中了。怕忽略了真正修养的次序性，这是王阳明所强调的。

一八七

夫**"必有事焉"，只是"集义"。"集义"只是"致良知"。**"必有事焉"就是"集义"，"集义"就是"致良知"。"必有事焉"就是不断地做适宜的事，做正义的事。不断地集聚、不断增加做正义之事，就是不断地"致良知"。**说"集义"则一时未见头脑，说"致良知"即当下便有实地步可用功。**说"集义"一时间还抓不到重点的话，说"致良知"当下就可以实际用功。其实在《孟子》中有"我善养吾浩然之气"，此气"难言也"。这个气也难说，但它要是养得好，那就"至大至刚"，充塞于天地之间；如果养得不好，那就气馁了。那怎么叫养得好呢？想养得好就得集义，"是集义所生者"，就是正义之事不断做，坚持一生去做。我就始终有浩然正气。如果我不做正义之事，反而做坏事，那我的正气就削弱了，逐渐就消散了。

在这里，王阳明只不过是把"浩然之气"变成了"致良知"，你不断地修养自己，不断地做好事，不断地做合乎道义的事，那么你的气就至大至正，至强至刚，谁也战胜不了。如果我的"集义"做好了、做多了，我的良知就会晶莹剔透，就像没有纤尘的镜子。所以"致良知"就是可以实际着手可用的功夫，"集义"就是"致良知"，就是不断做善事，不断做有益于群体的事。**故区区专说致良知，随时就事上致其良知，便是"格物"；**所以我专门讲致良知，随时在事情上致其良知，这就是"格物"。**著实去致良知，便是"诚意"；著实致其良知而无一毫意必固我，便是"正心"。**实实在在地去致良知，就是"诚意"；实实在在地去致其良知，而没有一丝一毫的意、必、固、我，这就是"正心"。所以在随时遇到的事上致良知，大人物有大的良知，小人物有小的良知，各色人等的良知内涵范围是不一样的。王阳明明确，这就叫格物。就在这个事上，应该怎么致良知，就是应该排除这些恶念、邪念，不善良的一些意念。**著实致良知，则自无忘之病；无一毫意必固我，则自无助之病：**着实地致其良知，就没有"忘"的毛病；没有一丝一毫的意、必、固、我，就自然没有"助"的毛病。**故说格、致、诚、正则不必更说个忘助。**所以说真要做到格物、致知、诚意、正心了，就不必再说"勿忘勿助"了。**孟子说忘助，亦就告子得病处立方。**孟子说"勿忘勿助"，就因为他是针对告子得了"忘"和"助"的病，提出了这个方法。**告子强制其心，是助的病痛，故孟子专说助长之害。**告子强制内心，就是他逼迫他的心，要这么去修养，这是"助"的病痛，因此孟子专讲助长之害。**告子助长，亦是他以义为外，不知就自心上"集义"，在"必有事焉"上用功，是以如此。**告子之所以犯"助"的毛病，也是因为他认为义在心外，不知道在自己的内心"集义"，不知道在"必有事焉"上用功，所以才是这样。**若时时刻刻就自心上"集义"，则良知之体洞然明白，自然是是非非纤毫莫遁，又焉有"不得于言，勿求于心，不得于心，勿求于气"之弊乎？**如果时时刻刻在自己的内心集义，那么良知的本体自然能够洞彻明白，是是非非就自然纤毫无处可遁，又怎么会有"不得于言，勿求于心，不得于心，勿求于气"的毛病呢？**孟子"集义"、"养气"之说，固大有功于后学，然亦是因病立方，说得大段，不若《大学》格、致、诚、正之功，尤极精一简易，为彻上彻下，万世无弊者也。**孟子的"集义""养气"之说，固然对后世学者大有功劳，但那也是因病立方，对症下药，不是放之四海而皆准的道理，从大体上来说，就不如《大学》中的"格物、致知、诚意、正心"的功夫，尤其极为精一简易，自上而下贯通始末，千秋万代都没有弊病的。这话也只有王阳明敢这么说，之前提到过朱熹敢于改《大学》里一些章句，王阳明认为这是胆子太大了。然而王阳明在这里说，孟子的"集义"和"养气"不如《大学》讲的"格物、致知、诚意、正心"的功夫精一简易，也是胆子很大。孟子也是圣人，他的"集义""养气"之说，尽管是因病立方，但也具有普遍意义，圣人说过的话是经过几千年历史的检验，用之不爽的。

一八八

圣贤论学，多是随时就事，虽言若人殊，而要其工夫头脑若合符节。圣贤讲学，多是因时因事而宜，虽然他们说的好像各不相同，但他们处理问题的主导思想、要旨都是一致的。我们古老的思想体系，无论是孔子、孟子的主导思想，还是《中庸》的主导思想，都是要具体问题具体分析。"若合符节"这个词出自《孟子·离娄下》，"舜生于诸冯，迁于负夏，卒于鸣条，东夷之人也。文王生于岐周，卒于毕郢，西夷之人也。地之相去也，千有余里；世之相后也，千有余岁。得志行乎中国，若合符节，先圣后圣，其揆一也"。两位先圣的思想观点，若合符节，高度的一致。这个"节"就是一个标志，有的是用一个玉佩来标志，像苏武牧羊就用一个竹竿子，上面挂着编织的一些缨穗，就代表汉朝的使臣，这个就是汉节。所以这个节有多种多样，不都是一样的。多数是代表国家的象征，民族的象征。符就和今天的印章一样，比如一个老虎模型做的符，一分两半，合在一起就可以调兵，这叫虎符。在这里，若合符节的意思就是古人也好，现代人也好，南边也好，北边也好，只要是高尚修养的人，做的事情都是一致的，都是讲求"孝悌忠信，礼义廉耻"的，这就是"若合符节"。**缘天地之间，原只有此性，只有此理，只有此良知，只有此一件事耳**。循着天地之间，原本只有这个人性，只有这个天理，只有这个良知，只有这一件事而已。**故凡就古人论学处说工夫，更不必挢和兼搭而说，自然无不吻合贯通者**。所以，凡是在古人论学之处说功夫，就不必掺杂搭配着别的学问而说，自然都会融合贯通。**才须挢和兼搭而说，即是自己工夫未明彻也**。如果需要掺杂搭配，那就是自己做学问的功夫还没有明白透彻。你谈"致良知"，谈着谈着又谈到"孝悌忠信，礼义廉耻"上去了，你谈着谈着又谈到做点好事、善事上去了，对不对呢？也都没跑出大格。但是不要忘了谈的主要头脑关键所在是致良知，别跑了主题。

近时有谓"集义"之功，必须兼搭个致良知而后备者，则是"集义"之功尚未了彻也。近来有人讲"集义"的功夫，必须要搭配上"致良知"然后才算完备，这其实是对"集义"的功夫还不明白透彻啊。**"集义"之功尚未了彻，适足以为致良知之累而已矣。**"集义"的功夫未能透彻，也恰恰就是"致良知"的阻碍。**谓致良知之功必须兼搭一个"勿忘勿助"而后明者，则是致良知之功尚未了彻也。**认为"致良知"之功必须搭配"勿忘勿助"而后才能明白的，就是"致良知"之功不明白透彻。**致良知之功尚未了彻，适足以为"勿忘勿助"之累而已矣。**"致良知"之功还没有明白透彻，也恰恰成了"勿忘勿助"的负担。就是哪一环没做到，都会影响根本的致良知，只要抓住致良知，其他一切方面的问题都能迎刃而解。**若此者，皆是就文义上解释牵附，以求混融凑泊，而不曾就自己实工夫上体验，是以论之愈精，而去之愈远。**类似这些，都是从字义上牵强附会地解释，以求得凑合圆融，而没有从自己实际功夫上体验，因此辩论得越精细，偏离圣道就越远。**文蔚之论，其于大本达道既已沛然无疑，至于"致知"、"穷理"及"忘助"等说，时亦有揉和兼搭处，却是区区所谓康庄大道之中，或时横斜迂曲者。**文蔚你的观点在大本达道上已经没有疑问，至于"致知""穷理"，以及"勿忘勿助"等学说，还不时地有掺杂搭配的地方，考虑一个主要问题的时候，总考虑别的枝节问题，兼搭在一起去考虑，这就是我说的走在康庄大道上，有时还会出现东拐西歪的情况。**到得工夫熟后，自将释然矣。**等到功夫纯熟之后，这种情况就会好了。王阳明对聂豹的肯定比较全面，对他存在的一些问题，认为再进一步修养，自然就释然了，就会把它消化了。这里讲的意思就是，时代不同，社会不同，人群不同，但功夫只有一个，就是"致良知"。论得愈周详，"致良知"功夫愈不精一。精一则不须掺和"集义""勿忘勿助"之类。精一就不须掺和其他方面，掺和其他方面是因为你没做到致良知的程度，就是在那个方面出了问题。他有针对性地提出，你不要拔苗助长，不要急于求成。作为修养者，开始不是要论这个问题，开始就是抓住致良知。

一八九

文蔚谓"致知之说，求之事亲从兄之间，便觉有所持循"者，此段最见近来真切笃实之功。文蔚你来信说，"致知"的观点在如何孝敬父母、尊敬兄长这个问题之间，已觉得有所遵循，就是有抓头，有修养的次序了。从你说这个话看出来，你最近修养下的功夫真切笃实，你抓到根上了。王阳明认为人修养最大的德行，最高、最集中、最基础的表现，就是把对父母兄弟这个事真正能解决好了，其他的事都好办。王阳明也好，朱熹也好，孔孟也好，他们论的根本问题，就是重视孝悌。特别是孟子说，尧舜之所以为尧舜，孝悌而已。尧舜是那么伟大的人物，把国家治理得那么好，关键就是他们重视孝悌嘛！反复论述孝悌的问题，我们有时候觉得是老生常谈，但是到一定年龄后再去仔细考虑，就会有更深的体悟。"孝悌"不仅仅是为了家庭，也是为了孕育对外的忠诚信爱呀。所以当聂豹说"致知之说，求之事亲从兄之间，便觉有所持循"的时候，王阳明马上说，这是你近来下的功夫真切笃实。**但以此自为不妨，自有得力处；**你以此下功夫倒也无妨，自然有得力的地方。只要抓住这个问题，把它坚持做下去，你的修养就抓到了根本，抓到了要害。**以此遂为定说教人，却未免又有因药发病之患，亦不可不一讲也**。但是你把这个当作定论去教育别人，那就难免有用药不当而致病的后患，这也不能不讲啊。**盖良知只是一个天理自然明觉发见处，只是一个真诚恻怛，便是他本体**。这个恻怛就是特别真诚地同情、忧伤的意思。良知只是一个天理，自然明白显现的地方就是真诚恻怛，这是他的本体。**故致此良知之真诚恻怛以事亲便是孝，致此良知之真诚恻怛以从兄便是弟，致此良知之真诚恻怛以事君便是忠**。所以用致良知的真诚恻怛去侍奉父母就是孝，用致良知的真诚恻怛去尊敬兄长就是悌，用致良知的真诚恻怛去辅佐君主就是忠。**只是一个良知，一个真诚恻怛**。这只是一个良知，一个真诚恻怛之心。**若是从兄的良知不能致其真诚恻怛，即是事亲的良知不能致其真诚恻怛矣，事君的良知不能致其真诚恻怛，即是从兄的良知不能致其真诚恻怛矣**。如果尊重兄长的良知不能真诚恻怛，也就是侍奉父母的良知不能真诚恻怛，如果辅佐君主的良知不能真诚恻怛，也就是敬重兄长的良知不能真诚恻怛。**故致得事君的良知，便是致却从兄的良知；致得从兄的良知，便是致却事亲的良知**。所以，能实现辅佐君主的良知，就能实现尊敬兄长的良知；能实现尊敬兄长的良知，就能实现侍奉父母的良知。**不是事君的良知不能致，却须又从事亲的良知上去扩充将来，如此又是脱却本原，著在支节上求了**。不是说辅佐君主的良知不能实现，而是必须从侍奉父母的良知上去扩充，如果是这样，就又脱离了本原，刻意在细枝末节上探求了。**良知只是一个，随他发见流行处，当下具足，更无去求，不须假借**。良知只是一个，随着它的发挥流行，自然就完备充足，更不用去探求，不需要向外假借。**然其发见流行处，却自有轻重厚薄，毫发不容增减者，所谓"天然自有之中"也**。然而在它发挥和显现的地方，却有轻重厚薄的区别，丝毫不能增加减少，这就是所谓的"天然自有之中"吧。这个发见流行处就是良知，用在国君那，就是忠诚。而这个发见流行处，有轻重厚薄之分，就是什么关系，什么人，什么对象，自己修养到什么程度，那你尽心竭力做出流行的样子，你的良知流行的程度，这是天然之中。**虽则轻重厚薄毫发不容增减，而原又只是一个；**虽然轻重厚薄丝毫不能增减，但良知原本只是一个。**虽则只是一个，而其间轻重厚薄又毫发不容增减，若可得增减，若须假借，即已非其真诚恻怛之本体矣**。虽然良知只是一个，但其中的轻重厚薄又丝毫不容增加减少，如果能够增减，如果需要向外探求，就已经不是真诚恻怛的本体了。**此良知之妙用，所以无方体，无穷尽，"语大天下莫能载，语小天下莫能破"者也**。这是《中庸》里的话。这就是良知的妙用，无方体，没有一个实体，没有一个框框必须如何。要针对具体情况，具体人，具体事，具体处理方法，这是良知无方体。比如说，我们怀着一颗良心去对待周围的贫困者，那么这个老人，我用良知去对待他，我的良知流行处可能就是帮他解决吃饭的问题。良知无方体呀，它不是固定的。这个大道要真正有方、有圆、有体了，它就不是大道理了。所以这个道理是很妙的，说不清楚，越学越说不清楚，到了一定程度的时候，又觉得越来越明白了。这就是良知的妙用啊，之所以无形无体，无穷无尽。说它大，天下不能载；说它小，天下不能破。此处之"载"作识知讲；"破"作尽、遍讲。即君子讲大道理，天下人有许多不明白的，讲小道理，天下人又不能普受其惠。故须因人而宜为之。

一九〇

孟氏"尧、舜之道，孝弟而已"者，孟子论尧、舜之道，孝悌而已。说得确实很简单。**是就人之良知发见得最真切笃厚、不容蔽昧处提省人，使人于事君处友仁民爱物，与凡动静语默间，皆只是致他那一念事亲从兄真诚恻怛的良知，即自然无不是道。**是在人的良知最真切醇厚、不容蒙蔽的地方提醒人，使得人在忠君、交友、爱民、爱物，和所有的动与静、说与不说之间，都只是实现他那种一心侍奉父母、尊重兄长的真诚恻怛的良知，也就自然无处不是道了。就是在孝悌之处，良知发现得最真切笃厚。那为什么提倡孝悌就容易使人相信呢？就因为父子之间、母子之间，天然就具备这种情感。那一旦倡导，有内在的情义在，就容易落实。所以就在这不容易被遮挡的地方提醒人。最根本就是孝悌，而处处体现这个最基础的孝悌的良知，那自然无不是道。它扩而大之，展开来看，无不是道。**盖天下之事虽千变万化，至于不可穷诘，而但惟致此事亲从兄、一念真诚恻怛之良知以应之，则更无有遗缺渗漏者，正谓其只有此一个良知故也。**天下的事虽然千变万化，大到不可穷尽的程度，但只要极尽侍奉父母、敬重兄长的真诚恻怛的良知去应对，就更不会有什么遗落缺失的了，这正是只有一个良知的缘故。就是不管万事万物，千变万化，就用孝悌，用事亲从兄的这种真诚恻怛去应对，没有哪个能遗缺渗漏的，因为这个是最体现良知的。**事亲从兄一念良知之外更无有良知可致得者，**

故曰："尧、舜之道，孝弟而已矣。"侍奉父母、敬重兄长的良知以外，没有别的良知可以极尽实现的了，因此说，"尧、舜之道，孝弟而已矣"。**此所以为"惟精惟一"之学，放之四海而皆准、施诸后世而无朝夕者也。**这所以是"惟精惟一"的学问，是因为放之四海而皆准，在后世推行也不会落后的。怎么叫"惟精惟一"？"精"是什么？"一"是什么？尧、舜之道的根是孝悌，那尧、舜之道的精也在孝悌上，尧、舜之道的一在孝悌上。千变万化，所有美德的根本皆是一个良知，"惟精惟一"的根本就是一个孝悌，是一个良知。在这里有一个比较新的提法，就是孝悌是良知当中最精纯的东西，最体现良知的东西，不在孝悌上体现良知，到别的地方去体现良知，那不是真良知。所以必须得做到孝悌的基础上，再到别的地方去发挥良知。

文蔚云："欲于事亲从兄之间，而求所谓良知之学。"文蔚又说，想在侍奉父母、敬重兄长之中，探求所谓良知的学问。**就自己用工得力处如此说，亦无不可；若曰致其良知之真诚恻怛，以求尽夫事亲从兄之道焉，亦无不可也。**就自己用功得力的方面如此说，是可行的；如果说用以极尽其真诚恻怛的良知，来探求做好侍奉父母、敬重兄长的道理，也没什么不行的。**明道云："行仁自孝弟始，孝弟是仁之一事，谓之行仁之本则可，谓是仁之本则不可。"**程颢说，行仁德是从孝悌开始的，孝悌是仁德的一件事，说它是行仁德的根本是可以的，但说它是仁德的根本就不可以了。**其说是矣。**王阳明认为程颢说得对。在《论语》中有"其为人也孝弟，而好犯上者，鲜矣；不好犯上，而好作乱者，未之有也。君子务本，本立而道生。孝弟也者，其为仁之本与！"儒家根本思想认为孝悌就是仁义道德的根本，要想修养仁义道德，那必须从孝悌开始。而程颢在这里揭示了一个独特的视角，他认为孝悌是修养仁德的第一步的根本是可以的，但如果说孝悌就是仁德的内涵根本，这是不可以的。这有一定道理，比如说仁的内涵，孔子说，"仁者爱人"。而仁义道德最基础的东西是什么呢？应该是孟子说的，人与生俱来，具有四大善端，仁义礼智，"恻隐之心，仁之端也"。凡是正常的人都应该具有同情心，别人轧了手，碰了头，立即就很自然地帮忙，这就是恻隐之心、同情之心，感同身受，这个是仁义道德的根本基础。这样理解会更全面一些。当然《论语》中的有子所论都代表儒家思想，都是一体的。只是这里没有明确，孝悌是仁的含义的根本，还是修养的根本呢？应该是两个都有。圣人言简意赅，是《易经》的继续，道理讲得简单，内涵丰富，无论什么人从这里都能获取有意义的道理，什么人都能找到合适自己的指导思想，这就是大道。所以，解释圣人思想的时候多半不能绝对，多半不能只有一种解释。但一个原则，就是要适合我们民族的伟大文化，有利于我们民族进步。

一九一

"亿"、"逆"、"先觉"之说，文蔚谓"诚则旁行曲防，皆良知之用"，甚善甚善！"亿""逆""先觉"之说，在《论语》中有"不逆诈，不亿不信，抑亦先觉者，是贤乎"。文蔚你说，真正做到诚心诚意，即便是旁门左道，曲意提防，也都是良知在起作用。这里说的"旁行曲防"，要真正诚心诚意对人们好，对人们负责，爱人亲民的人，就算说话方法差点，草率一点，大家也都拥护他。真正解决了良知问题，即使有时做法不太妥当，也不会差到哪去。聂豹说到这，王阳明说，甚善，甚善！你说得太对了！把良心端正，什么都好办！**间有搀搭处，则前已言之矣**。即使你践行良知过程当中有些掺杂，那掺杂就是在修养过程中，有时候间断，有时候急躁，或有时考虑名利问题，但是基本还是良知，这样也不会出大问题。**惟濬之言亦未为不是，在文蔚须有取于惟濬之言而后尽，在惟濬又须有取于文蔚之言而后明；不然，则亦未免各有倚著之病也**。陈九川的话也并不是全错，就文蔚你而言，应该吸取陈九川的观点才能说透；而就陈九川而言，也要吸收文蔚的观点才更明白。要不然，你们难免就各自都有偏颇的毛病了。你俩可以互相补充。孔孟的学生，一直到王阳明这个时候，都有共同的优点，就是公开透明。老师和同学之间学到什么程度，理解到什么程度，存在什么问题，都敢于表达。这是师生的友谊、情谊已经到了一定的真诚的程度。只有这样，教学的效果才好。**"舜察迩言而询刍荛"，非是以迩言当察、刍荛当询而后如此**。这个刍荛就是指打草的人，樵夫。舜好察迩言，他对远方的群众特别关爱，对旁边的人要多调查研究，对自己亲信的话要多加考虑是否真实，而向打草的、放牛的人请教天下的问题。不是旁边的人应该考察而去考察，不是打草的人应当询问而去询问。这个问题反映的就是思想境界的高度。我们从字面理解，他这样调查研究已经很好了。但是孟子和王阳明认为，这是一般境界。一般认为当官的应该问问老百姓，这事做得好不好啊？你们有什么建议呀？有些官员是远离群众，看见群众绕着走。为什么绕着走啊？怕麻烦，怕遇到有点见解的人总提意见。而尧、舜这样的人是自然地就走到百姓中间去了。**乃良知之发见流行，**

光明圆莹，更无挂碍遮隔处，此所以谓之大知；才有执著意必，其知便小矣。而是良知的流行发现，光明圆莹，没有障碍遮蔽的地方，这就是所谓的大智慧；一有执着意必，认知就变狭隘了。**讲学中自有去取分辨，然就心地上著实用工夫，却须如此方是**。在讲学中可以自然地分辨和取舍，你肯定什么，否定什么，根据具体情况而定。但是要在心地上踏踏实实用功夫，应该这样做才对。

一九二

"尽心"三节，区区曾有生知、学知、困知之说，颇已明白，无可疑者。关于"尽心"的三段话，我曾经有生而知之、学而知之、困而知之的解说，已经很清楚，没有什么可疑惑的了。《孟子·尽心上》第一章，"孟子曰：尽其心者，知其性也"。"'尽心'三节"指"知其性，则知天矣。存其心，养其性，所以事天也。夭寿不贰，修身以俟之，所以立命也"。这一章三层意思，一个是尽心知性；一个是存心养性；一个是夭寿不贰，修身以俟。尽心知性，第一是生而知之，知其性，则知天；第二是存其心，养其性，与生俱来的四大善端要存养好，别丢了，要养好自己的心性，善良的本性别丢了，所以事天，就是用这个善性去对待天，这个属于学而知之；三是夭寿不贰，活的岁数小也好，活的岁数大也好，我都没二心地来修养天道人心，不管天怎么对待我，我要按天的高标准去修养，我等待天给我的安排，这个王阳明认为是困而学之。这样，第一个是生而知之，第二个是学而知之，第三个是困而学之。**盖尽心、知性、知天者，不必说存心、养性、事天，不必说"夭寿不贰，修身以俟"，而"存**

心养性"与"修身以俟"之功已在其中矣。所以，尽心、知性、知天的人，不必再说存心、养性、事天，也不必再说夭寿不贰，修身以俟了，而"存心养性"和"修身以俟"的功夫已经包括在其中了。**"存心、养性、事天"者，虽未到得尽心知天的地位，然已是在那里做个求到尽心知天的工夫，更不必说"夭寿不贰，修身以俟"，而"夭寿不贰，修身以俟"之功已在其中矣。**存心、养性、事天的人，虽然没有达到尽心知天的境界，但是已经在那里做探求尽心、知天的功夫了，更不用说"夭寿不贰，修身以俟"了，而"夭寿不贰，修身以俟"的功夫也已经包含在其中了。**譬之行路，尽心知天者，如年力壮健之人，既能奔走往来于数千百里之间者也；**以走路打比方，尽心知天的人，就好比是年轻力壮的人，能够在几千里的路上往来奔走；**存心事天者，如童稚之年，使之学习步趋于庭除之间者也；**存心事天的人，就好比是儿童，要使他在院子里学习走步。**"夭寿不贰，修身以俟"者，如襁褓之孩，方使之扶墙傍壁而渐学起立移步者也。**"夭寿不贰，修身以俟"的人，就像襁褓里的婴儿，只能使他扶着墙壁慢慢学习站立走路。**既已能奔走往来于数千里之间者，则不必更使之于庭除之间而学步趋，而步趋于庭除之间自无弗能矣；**既然已经能来回奔走几千里的人，就没必要再让他在庭院里学习走路，因为在庭院里走路自然不存在问题。**既已能步趋于庭除之间，则不必更使之扶墙傍壁而学起立移步，而起立移步自无弗能矣。**已经能在庭院里站立移动，就不必再让他扶着墙学习站立移动了，因为他站立移动自然不存在问题。**然学起立移步，便是学步趋庭除之始；学步趋庭除，便是学奔走往来于数千里之基，固非有二事。**然而学习站立移步，是在庭院里学习走路的开始；在庭院里学习走路，是学习奔走于往来千里之间的基础。本来这不是两件事，这都是一个事。**但其工夫之难易，则相去悬绝矣**。但是它的功夫难易，就相差悬殊了。**心也，性也，天也，一也**。心，性，天，三者的本质是一样的，这都是一件事。**故及其知之成功则一；然而三者人品力量自有阶级，不可躐等而能也**。所以等到这三类人能够知晓天理，成功行道，效果都是一样的；但是，他们的力量、人品存在高下差别，不可能超越各自的等级而做成啊。**细观文蔚之论，其意以恐尽心知天者废却存心修身之功，而反为尽心知天之病**。我认真思考你的观点，你的意思是害怕尽心知天的人废弃存心修身的功夫，反而成了尽心知天的弊端。你怕这个干什么呀？没有这个，你根本就不能够尽心知天。既然已经尽心知天了，那你就不要考虑再修身养性了，你早就做到修身养性了。**是盖为圣人忧工夫之或间断，而不知为自己忧工夫之未真切也**。你这是担心圣人的功夫会有中断，却不知道担心自己的功夫尚不真切。**吾侪用工，却须专心致志在"夭寿不贰，修身以俟"上做，只此便是做尽心知天功夫之始**。这个"侪"字是"辈""流"的意思，我辈之流，我辈之徒。我辈用功，必须专心致志地在"夭寿不贰，修身以俟"上下功夫，这样才是尽心知天的开始。**正如学起立移步，便是学奔走千里之始**。就像学习起立、移步，这便是学习奔走千里的开始一样。**吾方自虑其不能起立移步，而岂遽虑其不能奔走千里，又况为奔走千里者而虑其或遗忘于起立移步之习哉**？我才担心不能站立行走，又怎么能马上忧虑不能奔走千里呢？更何况为奔走千里的人去担心他遗忘了站立行走的本领呢？你都能奔走千里了，还怕丢了扶墙走的本事？王阳明认为你已经修养到高层了，不必要再考虑基础的东西缠绕自己，结果影响自己最高境界的致良知。

文蔚识见，本自超绝迈往，而所论云然者，亦是未能脱去旧时解说文义之习。文蔚你的见识，原本超凡脱俗，而从你所论述的话头来看，也还是没有摆脱过去解读文义的习惯。就是你讲的一些问题，还没有完全摆脱过去咬文嚼字的习气，你忽略了总体修养的根本。**是为此三段书分疏比合，以求融会贯通，而自添许多意见缠绕，反使用工不专一也。**所以你才把知天、事天、夭寿不贰当作三件事，进行分析、综合、比较，以求融会贯通，结果自己平添了许多的缠绕麻烦，反而使自己不能专一用功。**近时悬空去做"勿忘勿助"者，其意见正有此病，最能担误人，不可不涤除耳。**最近凭空去做"勿忘勿助"的人，他们的观点正有此毛病，最能耽误人，所以不可不彻底铲除。

一九三

所谓"尊德性而道问学"一节，至当归一，更无可疑。所谓的"尊德性而道问学"这一节，应该是一致的，不必怀疑。**此便是文蔚曾著实用工，然后能为此言。**这是你文蔚着实用功，然后才能说出这个话来。**此本不是险僻难见的道理，人或意见不同者，还是良知尚有纤翳潜伏。**这本不是什么生僻难解的道理，人们或有意见不同的，还是良知中潜伏着纤细的灰尘。**若除去此纤翳，即自无不洞然矣。**如果除去这些灰尘，就自然明白无误了。你提出这些问题，有你受旧学咬文嚼字的影响，但也有你良知未尽莹彻，还存在纤翳的原因，把这些纤翳都修养掉了之后，你自然就洞然明晓了。

一九四

已作书后，移卧檐间，偶遇无事，遂复答此。我把这个信写完后，从屋里把这个卧榻移到房檐底下，正好没事，就又写了几句。**文蔚之学既已得其大者，此等处久当释然自解，本不必屑屑如此分疏。**文蔚你的学问已经得到其主旨，这些问题时间长了自然就能释然明白，本不需要我这样唠叨讲解。**但承相爱之厚，千里差人远及，谆谆下问，而竟虚来意，又自不能已于言也。**但承蒙你的厚爱，不远千里派人来，谆谆请教，我不能辜负你的一片心意，就又不能不多说几句。**然直戆烦缕已甚，恃在信爱，当不为罪。**然而我过于坦率啰唆，凭着你对我的厚爱，应该不会怪罪我吧。**惟濬处及谦之、崇一处，各得转录一通，寄视之，尤承一体之好也。**还请你给惟濬、谦之、崇一他们各抄写一份，寄给他们看看，让他们体会感受与你相同的好意。阳明先生觉得这封信有点分量，想要大家都看看。

右南大吉录

训蒙大意示教读刘伯颂等

　　王阳明在赣南平息匪患之后，在那办学校。刘伯颂是王阳明聘请的教师。王阳明怕刘伯颂是一个纯粹读书人，教不好书，就一再嘱咐他怎么教书。他要回南昌了，临走前给刘伯颂写了这封信。王阳明的治理原则是把这个地区平定了之后，要使当土匪的人回到村里生活，每个村都要容纳这些人。这些人当了土匪之后，土地可能就被分了，村民要还回来，要协助他们回归正常的生活。然后，要办学校，大人孩子都来读书，讲四书，讲怎么做人。还要专门给小孩办学，防患未然，从根本上解决道义问题。他充分地认识到百姓的疾苦。税负极重，交不了税，官府就逼迫他，抓他他就得跑，慢慢就成了土匪。所以王阳明给皇帝写奏折，反映这些问题，要减免赋税，让百姓喘息，这样才能安定。王阳明是全面地在治理地方。

一九五

古之教者，教以人伦。古代的教育是干什么呀，就是以人伦进行教育。**后世记诵词章之习起，而先王之教亡。**后世背诵词章的风气兴起了，先圣先王的教化作用就消失了。**今教童子，惟当以孝、弟、忠、信、礼、义、廉、耻为专务。**现在教育小孩子，就应当把孝悌忠信、礼义廉耻作为最主要的内容。**其栽培涵养之方，则宜诱之歌诗以发其志意，导之习礼以肃其威仪，讽之读书以开其知觉。**至于他的培养涵养的方法，则适宜用吟诵诗歌来激发他们的志趣；教导他们学习礼仪，以使他们注重威仪；激励他们读书，以开发他们的智慧。用读书来激发他的知觉，提高看问题、认识问题的能力。**今人往往以歌诗习礼为不切时务，此皆末俗庸鄙之见，乌足以知古人立教之意哉！**现在的人往往把吟唱诗歌、学习礼仪看作非时事所需，这都是庸俗鄙陋的见识，怎么足以理解古人创办教育的意义所在呢！**大抵童子之情，乐嬉游而惮拘检，如草**

木之始萌芽，舒畅之则条达，摧挠之则衰痿。大概一般的孩子之情，都是喜欢嬉戏游乐，而害怕拘束，就像草木刚开始发芽，让它舒展畅快地生长，那就能枝条繁茂；如果是摧残压制，那就会枯萎衰落。**今教童子，必使其趋向鼓舞，中心喜悦，则其进自不能已**。现在咱们办这个学校，一定要使得孩子趋向鼓舞，心情和乐，使得他们生活在快乐的氛围里，这样使他自然进步而停止不下来。**譬之时雨春风，沾被卉木，莫不萌动发越，自然日长月化；**就好比时雨春风滋养花木，没有不萌芽发育的，自然就会日新月异。**若冰霜剥落，则生意萧索，日就枯槁矣**。如果是冰霜侵袭，使之剥落凋零，那么生物气息萧条破败，就日见枯萎了。**故凡诱之歌诗者，非但发其志意而已，亦以泄其跳号呼啸于咏歌，宣其幽抑结滞于音节也；**所以凡是用诗歌去诱导的，不仅能开发他们的志向和兴趣，而且还可以在吟唱诗歌中消耗他们的上蹿下跳的精力，在音节中宣泄抒发他们心中的郁结和压抑的不快。**导之习礼者，非但肃其威仪而已，亦所以周旋揖让而动荡其血脉，拜起屈伸而固束其筋骸也；**教导学生习礼，什么场合，什么礼仪，怎么说话，怎么行礼，这不仅能使他们重视仪表威严，而且还可以在打躬作揖中活动其血脉，在叩拜屈伸中活动其筋骨。**讽之读书者，非但开其知觉而已，亦所以沉潜反复而存其心，抑扬讽诵以宣其志也。**激励他们读书，不仅是开启他们的智慧，而且也要使得他们在反复思索中存养他们的本性，在抑扬顿挫的朗诵中宣扬他们的志向。在这个潜移默化的过程中，他自己就能形成学习古圣先贤的这种志向，他逐渐就受其风化，受其陶冶。**凡此皆所以顺导其志意，调理其性情，潜消其鄙吝，默化其粗顽，日使之渐于礼义而不苦其难，**

入于中和而不知其故。是盖先王立教之微意也。所有的这些都
是为了顺应他们的天性，引导他们的志向，调理他们的性情，潜移
默化地消除他们的鄙陋吝啬和粗糙顽劣的秉性，这样使得他们渐渐
地符合礼义而不感到困难，为人处世渐渐达到中和而不知其故。这
才是先王设立教育的本意啊。这个"微意"是隐微之意，是潜在的
意思，先王之教有其深沉的意思啊。

若近世之训蒙稚者，日惟督以句读课仿，责其检束，而不
知导之以礼；就像现在训导启蒙小孩子的人，每天只是督促他读书
断句，仿照古人的字帖写字，严格地约束他们，却不知道用礼义来
引导他们。求其聪明，而不知养之以善；只知道要求他们聪明，
而不知道用善良来培养他们。就像现在我们只要求孩子的分数，忽
视了善良的培养。鞭挞绳缚，若待拘囚。鞭打绳捆，就像对待犯
人一样。彼视学舍如囹狱而不肯入，视师长如寇雠而不欲见，
窥避掩覆以遂其嬉游，设诈饰诡以肆其顽鄙，偷薄庸劣，日趋
下流。这些学生把学校看作是监狱而不愿意进，把老师看作强盗和
仇人而不愿意见，想尽办法偷偷躲避老师的监督，弄虚作假，逃学
嬉戏玩耍，肆意顽劣，变得庸俗鄙陋，日益堕落。是盖驱之于恶而
求其为善也，何可得乎？老师的作为是驱使学生作恶，还要他们
向善，这怎么能做到呢？

凡吾所以教，其意实在于此。我所以办教育，我的意愿就在
于解决这些问题。恐时俗不察，视以为迂，且吾亦将去，故特
叮咛以告。恐怕现在江西这个世俗，不觉察我的真意，把我看得很
迂腐，况且我就要离开了，所以特别加以叮嘱。尔诸教读，其务
体吾意，永以为训；毋辄因时俗之言，改废其绳墨，庶成"蒙

以养正"之功矣。念之念之！而各位教师，一定要体会我的用意，永远以我的教育思想为原则；不要因为世俗反对的言论而更改废弃我的规矩，这也许就可以成就"蒙以养正"的功效。切记切记！这里最关键的就是，王阳明提出要了解孩童的特点，要适应儿童的习性施教，在愉快的环境中，使他们潜滋暗长，趋于成善、成德。不要逼迫，不要强烈约束，不要明为求善实为驱恶。

教　约

这是王阳明在江西制定的学校教育章程。

一九六

每日清晨，诸生参揖毕，教读以次。 每天早晨，各个学生互相参拜礼毕，教师应当依次训问学生。**遍询诸生：在家所以爱亲敬长之心，得无懈忽，未能真切否？** 在家里热爱父母、尊敬兄长，是不是有所懈怠，有失真切？**温清定省之仪，得无亏缺，未能实践否？** 在温清定省的礼节上，是否身体力行，有无欠缺？**往来街衢，步趋礼节，得无放荡，未能谨饰否？** 在街上行走时，是否步履谨慎，有没有放荡不羁？**一应言行心术，得无欺妄非僻，未能忠信笃敬否？** 一切的言行心思，是否忠实守信，有没有荒诞欺诈？**诸童子务要各以实对，有则改之，无则加勉。** 每位同学一定要如实回答，有则改之，无则加勉。**教读复随时就事，曲加诲谕开发。然后各退就席肄业。** 教师再针对具体情况，就事论事，委婉地加以教诲，然后让他们各自回席开始学习。所以古时候的教育就是，先解决对待父母的问题，解决人性的问题。如果把人心、人性的问题紧紧抓住，差也差不到哪去。这个问题不但小孩需要解决，成人也需要解决这个问题。不要一说从娃娃抓起，就只抓到小孩那去了。

一九七

凡歌诗，须要整容定气，清朗其声音，均审其节调；毋躁而急，毋荡而嚣，毋馁而慑。吟唱诗歌的时候，必须仪容整洁，气定神闲，声音清朗，音调节奏均衡；不急不躁，不狂不闹，不气馁，不畏难。**久则精神宣畅，心气和平矣。**久而久之就会精神宣畅，心平气和。**每学量童生多寡，分为四班。**每个学校根据学生的多少，分为四个班。**每日轮一班歌诗；其余皆就席，敛容肃听。**每天轮流一个班唱诗歌，其余的学生都坐着，严肃认真聆听。**每五日则总四班递歌于本学。每朔望，集各学会歌于书院。**每五天让四个班汇总依次吟唱诗歌。每月的初一、十五，集合各学校到书院来比赛吟唱诗歌。

一九八

凡习礼，须要澄心肃虑，审其仪节，度其容止；毋忽而惰，毋沮而怍，毋径而野；从容而不失之迁缓，修谨而不失之拘局。凡是练习仪礼，必须要澄清心思，消除杂念，平心静气，严肃认真地对待行礼的细节，审察容貌举止；不疏忽怠慢，不沮丧害羞，不随便粗野；从容自如而不迂腐懈慢，言行谨慎而不拘束紧张。**久则体貌习熟，德性坚定矣。**久而久之，对于行礼就熟练了，德性也就坚定了。久了，自己的体貌就会坦然，自然。**童生班次，皆如歌诗。每间一日，则轮一班习礼。其余皆就席，敛容肃观。**学生的班次，就像唱诗歌时一样。每间隔一天，轮到一个班练习礼。其余的班级都坐着，严肃认真地观摩。**习礼之日，免其课仿。每十日则总四班递习于本学。每朔望，则集各学会习于书院。**习礼这天，不检查仿字帖写字情况。每隔十天集合四个班级，在学校依次练习礼。每月的初一、十五，集合各学校到书院进行行礼比赛。

一九九

凡授书不在徒多，但贵精熟。老师授课不在于数量的多少，而在于对学问的精熟程度。王阳明在这一点上跟朱熹是一样的，学贵乎精。**量其资禀，能二百字者，止可授以一百字。**根据学生的资质，能认识二百个字的，只应该教他一百个字。为什么呢？**常使精神力量有余，则无厌苦之患，而有自得之美。**这样就会让学生精神力气有富余，那么他们就不会因为学习辛苦而厌倦学习，反而会有收获的愉悦。**讽诵之际，务令专心一志，口诵心惟，字字句句，绅绎反覆，抑扬其音节，宽虚其心意。**在诵读的时候，务必让他们专心致志，口读心念，一字一句，反复体会，使他们朗诵的音调抑扬顿挫，心胸开阔虚静。绅绎，本义为抽丝，此为反复抽出头绪，以引起学生的注意。**久则义礼浃洽，聪明日开矣。**久而久之就能使学生举止自然有礼，谈吐得当，日益聪明了。

二〇〇

每日工夫，先考德，次背书诵书，次习礼，或作课仿，次复诵书讲书，次歌诗。 每天的功课，先是考查德性，其次背书、朗诵，再次是练习礼，或者临摹写字，最后再读书、讲书，吟唱诗歌。**凡习礼歌诗之类，皆所以常存童子之心，使其乐习不倦，而无暇及于邪僻。** 所有的习礼，吟唱诗歌，都是为了存养孩童的天性，使他们乐于学习而不会产生厌倦，从而没有闲暇去做邪僻之事。古人强调要给小孩安排有意义的活动，不要闲下来做些淘气的事。**教者知此，则知所施矣。虽然，此其大略也；神而明之，则存乎其人。** 老师们懂得了这些，就会知道如何施教了。虽然如此，这里也只说了个大概，至于大而化之，神而明之，领略其中的奥妙，就在于各位用功了。这是我们传统的教育思想。

卷三　语录三

《传习录》下

附《朱子晚年定论》

《传习录》的这一段，是在王阳明去世后，他的学生整理的。整理后，大家怕不够稳准，又让钱德洪从头至尾审核了一遍。这是经过钱德洪的整理、删除、补充，最后厘定的样子。就是《传习录》的第三部分，与第一部分、第二部分在逻辑上和思想体系上都是一致的，一脉相承的。附录《朱子晚年定论》，是由王阳明发现并整理的。朱子在晚年的时候，对自己的学术学说有了新的看法，王阳明说这是朱子的晚年定论。不是别人给朱熹下的定论，是王阳明发现并整理的朱熹晚年对自己的学术学说的一个总的认识。而当时的朝廷重臣桂萼和张聪等人否定这个晚年定论，认为王阳明利用这个晚年定论维护自己的说法，历史上有这样一说。但这一说是很局限的，大家一般还认定王阳明整理的晚年定论实有其事，实有其真。

二〇一

正德乙亥，九川初见先生于龙江，先生与甘泉先生论格物之说，甘泉持旧说。 正德十年，就是明武宗的时代，1515 年，九川（陈九川自称）在南京初见先生，当时先生正在和湛若水先生讨论格物的学说，甘泉先生坚持朱熹的观点。《年谱》中有记载，湛若水扶柩南还增城，至南京，阳明逆吊于龙江关。王阳明当时在南京做鸿胪寺卿。龙江在南京的清凉山下，秦淮河入长江口的地方，郑和曾在此地的龙江关打造大船。王阳明就在这个地方和湛甘泉见面，又谈到了《大学》格物的问题，在这个时候陈九川来求教。这篇就是陈九川整理的，他把王阳明和他交流的观点记录并整理下来。"甘泉持旧说"，就是湛若水坚持朱熹的观点。**先生曰："是求之于外**

了。"先生说，你要坚持朱熹的说法，这是求之于外了。朱熹认为"格物"是去研究身外、心外之万事万物，这是外在，不是内在的。我们研究的"格物"是格内在的己心之非。**甘泉曰："若以格物理为外，是自小其心也。"**湛若水说，你如果把探求事物的理认为是外求，那是你把心看小了。他认为这也是在心内求。**九川甚喜旧说之是。**九川当时很是赞同这种说法。**先生又论《尽心》一章，九川一闻，却遂无疑。**王阳明先生又论《尽心》一章的时候，九川听后，认为先生说得对，对先生的"格物"之说不再疑惑了。**后家居，复以格物遗质。**后来，我（陈九川）在家的时候，有点想法，送给老师去请教。这个"遗"字是赠与、送给的意思。"遗质"就是我写出来我的观点送给老师去请教，虽有质问之意，但不能向老师质问，是请教之意。**先生答云："但能实地用功，久当自释。"**先生答复说，只要能脚踏实地地用功，那书读百遍，其义自见，一琢磨就明白了。**山间乃自录《大学》旧本读之，觉朱子格物之说非是；然亦疑先生以意之所在为物，物字未明。**我在山间静养期间，自己抄录《大学》旧本加以阅读，觉得朱子的"格物"之说并不正确，但也对先生的"以意之所在为物"有所疑虑，对"物"这个字还有些不明白。**己卯归自京师，再见先生于洪都。**洪都是南昌，这是引用《滕王阁序》的称谓，"豫章故郡，洪都新府"。己卯是1519年，过去了四年，我从京师回来，在南昌第二次见先生。**先生兵务倥偬，乘隙讲授，**当时先生军务繁忙，只能抽时间给我们讲学。**首问："近年用功何如？"**先生首先问我，近年来用功如何？**九川曰："近年体验得'明明德'功夫只是'诚意'。**九川说，近年来的体验，"明明德"功夫就是"诚意"。意要是不诚，那怎么也修养不到"明明德"。自'明明德于天下'，步步推入根源，到'诚意'上再去不得，如何以前又有格致工夫？从"明明德于天下"一步步追根溯源，到了"诚意"上就再也推导不下去了，到头了，那为什么在"诚意"的前边还有"格物"和"致知"的功夫呢？后又体验，觉得意之诚伪，必先知觉乃可，以颜子有'不善未尝不知，知之未尝复行'为证，豁然若无疑；后来自己又体验，觉得这个意是真的还是假的，必须先有知觉才行，所以需要有致知啊。就像说颜子，有做得不好的地方未尝不知道；但是，知道了就没有再犯第二次的。这就是说颜子的君子不贰过。"有不善未尝不知，知之未尝复行"，这是《易经·系辞下》里的话。因为君子"不远复"，办错了事，走错了路，走不远立即发现，马上改回去。所以引出了"有不善未尝不知，知之未尝复行"。有了这个为证，我就豁然开朗，确定无疑了。却又多了格物功夫。但又多了一个"格物"的功夫。又思来，吾心之灵，何有不知意之善恶？又进一步思考，我自己这颗心的明灵，怎么会不知道意的善恶呢？只是物欲蔽了，须格去物欲，始能如颜子未尝不知耳。就是因为被物欲给障蔽了，必须格去物欲的障蔽，才能做到像颜子那样没有不知道善不善的。又自疑功夫颠倒，与'诚意'不成片段。我又怀疑自己的功夫是否用颠倒了，导致"格物"与"诚意"联系不上。后问希颜。后来又问蔡希颜，也叫蔡希渊，是王阳明众多弟子当中成就比较大的一个人。希颜曰：'先生谓格物致知是诚意功夫，极好。'蔡希颜说，先生说"格物致知"是"诚意"的功夫，说得好极了。九川曰：'如何是诚意功夫？'九川就问，"格物致知"怎么就是"诚意"的功夫呢？希颜令再思体看，九川终不悟，请问。"希颜让我再仔细思考，但我始终没有体会明白，特向老师请教。**先生曰："惜哉！此可一言而悟！惟濬所举颜子事便是了，只要知身、心、意、知、物是一件。"**先生说，可惜啊！这本来是一句话就可以说清楚的！惟濬所举的颜子的例子就是啊，只要知道身、心、意、知、物都是一件事就行了。**九川疑曰："物在外，如何与身、心、意、知是一件？"**九川就疑惑地问了，物本来在外，怎么就和身、心、意、知是一件事了？如果说自己的身、心、意、知是一件事的话，还可以理解，那么物怎么和自身的四个方面是一件事呢？**先生曰："耳、目、口、鼻、四肢，身也，非心安能视、听、言、动？**先生说，耳、目、口、鼻、四肢都是身体的一部分，可是没有心怎么能视、听、言、动呢？**心欲视、听、言、动，无耳、目、口、鼻、四肢亦不能，故无心则无身，无身则无心**。心要视、听、言、动，可没有耳、目、口、鼻、四肢也不行，所以没有心就没有身体，没有身体就没有心。**但指其充塞处言之谓之身，指其主宰处言之谓之心，指心之发动处谓之意，指意之灵明处谓之知，指意之涉着处谓之物：只是一件**。只是就充塞正气而言称为身，就其主宰而言称为心，就其心的发动而言就是意，就其意的灵明之用就是知，就其意所着落涉及的就是物：所以都是一件事。关于这个"充塞"之意，《孟子》中有"我善养吾浩然之气"，多做好事，而使这种浩然之气充塞满身，正气十足。所谓是心，心不能是空的，如果心不和万事万物连在一起，而和种种思考联系在一起，这个心就不存在了。所以，心和物是连在一起的。**意未有悬空的，必着事物，故欲诚意则随意所在某事而格之，去其人欲而归于天理，则良知之在此事者无蔽而得致矣**。意不能凭空存在，必须附着在一定的事物上，所以想"诚意"

就必须随意所在，意到了哪，到了哪件事上，就在这个事上格。所以你诚意也好，正心也好，是离不开物的。这个心和意不能没着落，不能悬空，必须得涉及物。涉及的物正不正，就是格不格。比如随便拿个杯子，要递给别人，就这么随便一扔，啪一下掉地上了，这个就是没格物。要是有诚意，拿杯子的时候，就会比较恭敬、严肃认真地来对待这个东西。这个意就落在杯子上了，那么严肃认真来对待它，这就格物了。所以这个物和心是连在一起，不可分的。去除掉人欲而归于天理，那么良知在这件事上就不会受到蒙蔽而做到致知了。良知在此事上没有蔽，没有私欲，没有偏颇，没有过分的好恶，去掉了种种的障蔽，那你的良知就合乎天理了，就得以致良知了。**此便是诚意的工夫。**"这就是"诚意"的功夫，这也是最好的诚意啊！**九川乃释然，破数年之疑。**听了先生的讲解，我陈九川才感到释然，终于破解了多年的疑惑。又问："**甘泉近亦信用《大学》古本，谓格物犹言造道。又谓穷理如穷其巢穴之穷，以身至之也。**九川又问，甘泉先生近年来也相信《大学》旧本，认为"格物"就像说是另辟新径。这个"造道"有首创的意思。他又说，穷理就犹如穷其巢穴的穷，就是穷追到底。抓老鼠、抓蚂蚁，穷尽其巢穴，全身心地，尽心竭力，努力到底，亲自到巢穴里去。**故格物亦只是随处体认天理，似与先生之说渐同。**"所以湛甘泉认为格物就是随处体认天理。原来湛甘泉在北京的时候也这么讲，但是这里他加上前边对格物的认识，对穷理的认识，这样系统说下来随处体认天理，好像就是随处要格物，随处格物与穷理结合起来，那就不是光格外在的物，还要格心中的理。这么理解，陈九川认为这似乎与先生之说渐渐相同了。**先生曰："甘泉用功，所以转得来。**

王阳明说，甘泉很是用功，所以他能转变过来。**当时与说'亲民'字不须改，他亦不信，今论'格物'亦近，但不须换'物'字作'理'字，只还他一'物'字便是。"** 当时我对他说"亲民"不需要改，他也不信，他还认为朱熹的"大学之道，在明明德，在新民"是对的，他认为还是在"新民"。现在他所讲的"格物"与我的观点接近了，只是不用把这个"物"字改成"理"字，仍然用"物"字就行了。王阳明认为甘泉先生现在讨论格物已经相近了，但不需要换"物"字作"理"字。换"物"字作"理"字，就是上边陈九川说的又谓"穷理如穷其巢穴之穷"嘛，那穷理换成穷物就行了，本来就是"物"嘛，甘泉先生把它换成了"理"。从这个格物往下论，不谈理，就这么论下来，这不也可以吗？这是王阳明的意见，他也理解湛若水在"格物"的问题上接近他了，所以认为接近他就是接近格物是格己心之非，要格吾心怎么对待万事万物，不是格万事万物本身。所以湛若水说，就像穷理那样穷其巢穴，全身心致知，这样就像还有点遮掩地转向王阳明这个更深刻的格物的认识。**后有人问九川曰："今何不疑'物'字？"** 后来有人问我，现在为什么不怀疑"物"字了？**曰:《中庸》曰'不诚无物'，程子曰'物来顺应'，又如'物各付物'、'胸中无物'之类，皆古人常用字也。"** 我回答说，《中庸》中讲"不诚无物"，程颐说"物来顺应"，还有"物各付物""胸中无物"等，都是古人常用的字。程子一般都是指程颐。《中庸》的"不诚无物"，这是很关键的一句话，如果我们不诚心诚意，如果我们不致良知地对待万事万物，那就没尽万事万物天然的本性，所以不成物。比如我们不诚心地认识到粮食的生产是那样艰辛，来之不易，我们随便地糟踏，这本身就是不诚无物。

如果诚了，这个物要被用得恰到好处。所以从这个意义来讲，九川我就明白了心和物的关系了，心不是空的，意不是空的，要落到物上。不能很好地格物，自己心就不能真正做到诚；心做不到诚，就不能很好地对待物，就不能很好地格物。所以这是相辅相成的，格物、致知、诚意、正心这四个方面，一环一环，哪个也不可少。就是在这个意义上讲，在主宰上讲，心是主要的。对待万事万物来讲，诚是主要的。要想根本解决问题，就得一件一件、一物一物以良知对待它们，这叫格物。一事一物都良知了，我的意念能不诚吗？我意念这么诚了，我的心能不正吗？就是反反复复地论这个事。真正做学问的、有修养的人也不厌烦，因为我们每个人需要反反复复去做到。王阳明每当与学生分别的时候都是一再指导自己的学生，一定不要忘了讲学，什么叫不忘讲学？就是不忘了提这个醒，良知，良心，正心，诚意，格物，反反复复，我们才能少犯错误。王阳明从 34 岁一直到他 57 岁去世前，这二十多年他就没离开这个主旨啊。王阳明家中几代为官，官做得好，书读得好，人性人品也好。从这些学友来讲，就看陈九川问的这些问题，他本身四书、五经不用说，弄得很透，再来探讨这些思想，然后去对待怎么做官的问题。学友、老师之间也互相提携，互相批评。程颐说"物来顺应"，是指凡事应顺应事物的发展自然规律，不要逆风而行，强行改变，其实就是顺其自然。"物各付物"，即是要按照事物本来的面目去认识对待事物，不能夹杂个人的主观臆断，就是实事求是。"胸中无物"，其意就是心中无杂念，坦荡至诚。就是程子所说的"物来顺应""物各付物""胸中无物"等，都是古人常用的话。**他日先生亦云然。**过了几天，先生也是这样说的。

二〇二

　　九川问:**"近年因厌泛滥之学,每要静坐,求屏息念虑,非惟不能,愈觉扰扰,如何?"** 这个泛滥之学就是佛、道二氏之学。九川问老师,近几年因为讨厌流行的佛、道二氏之学,每每要静坐,探求摒弃杂念思虑的时候,不但不能心静,反而越发地烦扰,为什么呢?

　　先生曰:"念如何可息?只是要正。" 先生说,念头怎么能消除呢?消除不了的,只能是修正它,让它纯正。结合前面讲过的,王阳明开悟面壁三年的僧人的故事。

　　曰:"当自有无念时否?" 九川问,是不是也有无念的时候呢?

　　先生曰:"实无无念时。" 先生说,确实没有无念的时候。王阳明说这个话是有权威性的,他有独坐静修的经历,是有实实在在的体验。

　　曰:"如此却如何言静?" 九川说,这样,怎么能说是静呢?

　　曰:"静未尝不动,动未尝不静。戒谨恐惧即是念,何分动静?" 先生说,所谓静,不是一点不动;所谓动,也不是不静。动中取静,动中心正自然静。戒谨、恐惧,怕犯错误,这都是念,没有这个念,我们能管住自己吗?用这些念管住自己,那还分什么动静啊?

　　曰:"周子何以言'定之以中正仁义而主静'?" 九川问,周敦颐为什么说"定之以中正仁义而主静"?这是周敦颐《太极图说》上的话,说的是圣人以中正仁义修为自己的定见,主张静修的修养功夫。

曰:"**无欲故静,是'静亦定,动亦定'的'定'字,主
其本体也**。先生说,没有过分的欲望就是静。在儒家传统思想体系
中,说无欲的时候,不是绝对无欲,而是指无非分之欲。这是"静
亦定,动亦定"的"定"字,主静是主他的本体罢了。定的是什么?
是定在天理人心上,定在合乎天道上,一切辗转行为都合乎天理人
心。所以静也合乎天理,动也合乎天理。**戒惧之念是活泼泼地,
此是天机不息处,所谓'维天之命,於穆不已',一息便是死**。
这些天理良知,节制自己欲念的思虑都是活泼泼的,这正是天机生
生不息之处。"维天之命,於穆不已"是《诗经·周颂》中的话,"维
天之命,於穆不已。於乎不显,文王之德之纯"。天给周文王的命,
这种地位、势力、统治权统统包括在内,"於穆",呜呼,肃穆不已。
天给的命长远、永久、永恒,赞美周文王上应天命,品德纯美。说
明天给的命是不会无息的,是有息的。有息的就不是纯静的,它是
永远在动的,只不过动的过程当中是为民,还是为己,是为了善,
还是为了恶。为善、为民你就永远地运转,这就是定,是动中之定。
恒定地按天理人心做事,这就是定。"一息便是死",如果自己心里
的念要息了,就是死。如果天给的命停下来了,就是死。**非本体之
念,即是私念**。"人与生俱来的本体之念是善,是良知,本体之念
不能停。非本体之念是分外之念,是私念。私念心里头不熄灭,就
是躁动,与本体之念互相格斗。绝不是两耳不闻天下事就是修好了,
而是闻了天下事,然后想办法处理好天下事。天下事是规避不了的,
但听了看了也不影响天理的清纯,仍然能够致良知,这就是修,这
就是所谓的定。

又问："用功收心时，有声有色在前，如常闻见，恐不是专一。"九川又问老师，用功收心的时候，有声、色在前面，还像平常那样闻见，恐怕就不是专一了吧。

曰："如何欲不闻见？除是槁木死灰，耳聋目盲则可。只是虽闻见而不流去便是。"先生说，怎么能不闻不见呢？他眼前就在唱歌跳舞，硬是不听不看，除了修养到了槁木死灰的程度，或者耳朵听不到，眼睛看不见才可以。所以只是看到、听到了，而不随波逐流便是。我听到了，但是我不受影响，看了、听了又何妨？

曰："昔有人静坐，其子隔壁读书，不知其勤惰，程子称其其敬。何如？"九川说，过去有人在静坐，他的孩子在隔壁读书，他不知道孩子读书是勤劳还是懒惰，程子说他非常敬业专心。这怎么理解呢？

曰："伊川恐亦是讥他。"先生说，伊川先生恐怕也是在讥笑他。恐怕程颐这个话表面是表扬他，实质是讽刺他。他怎么能一点不听他儿子在那读书呢？王阳明就是求实，人间法，人间道，说的就是人间事。人不能搞得神乎其神，谁也不能绝对化。而是在修养过程当中，我们自己能控制到什么程度，把握到什么程度的问题。

又问："静坐用功，颇觉此心收敛，遇事又断了。旋起个念头，去事上省察。事过又寻旧功，还觉有内外，打不作一片。"

九川又问，在静坐用功的时候，觉得心神颇有些收敛，遇到事给打断了，马上起一个念头，在事上省察，事情过后又去寻找以前的功夫，仍然觉得有内外之别，无法打成一片。

先生曰："**此格物之说未透。心何尝有内外？**先生说，你这是对"格物"之说没有弄透。心怎么能分内外呢？**即如惟濬，今在此讲论，又岂有一心在内照管？**就像你惟濬，现在你在这里讨论，又怎么有另一颗心在照管呢？**这听讲说时专敬，即是那静坐时心，功夫一贯，何须更起念头？**在这里听讲说时的专敬，就是静坐时的心，功夫是一贯的，何必再起个念头呢？**人须在事上磨炼做功夫乃有益，若只好静，遇事便乱，终无长进。**人一定要在事上磨炼自己，做功夫才会有益，如果只是好静，遇到事情就慌乱，终究还是没有长进的。**那静时功夫亦差，似收敛而实放溺也。"**那么你静时的功夫也不会强，似乎是在收敛，实则是放纵沉溺。就是再有人打乱你，你要在事上用功，如果你的心做到了致良知，做到了格物、致知、诚意，那么来什么样的人你都能致良知，你都能诚意对待人家。来了什么人对我们身心都是有意义的，那样的话还有打乱的问题吗？所以只要把在事上磨这个事认清楚，那么所经历的一个事、一个物都是我磨炼功法、功德的一个机会。所以不要怕打断。**后在洪都，复与于中、国裳论内外之说。**后来在南昌，又和于中、国裳讨论了内外的学说。于中就是夏良胜，《明史》有记载，但无传。**渠皆云："物自有内外，但要内外并着功夫，不可有间耳。"**他们两人都说，事物本来就有内外之分，但要内外一起做功夫，不能有间隔的。内外要联系在一起下功夫，不可以有间断。**以质先生。**九川就这事请教先生。**曰："功夫不离本体；本体原无内外。**

先生说，下功夫不能离开本体，本体原本不分内外。**只为后来做功夫的分了内外，失其本体了。**只因为后来做功夫的人分了内外，也就失去了本体。**如今正要讲明功夫不要有内外，乃是本体功夫。**现在正要讲明白功夫是不分内外的，这才是本体功夫。**是日俱有省。**这一天大家都有省悟。

二〇五

又问:"陆子之学如何?"九川又问，陆九渊的学问如何啊?

先生曰:"濂溪、明道之后，还是象山，只是粗些。"濂溪是周敦颐，明道是程颢，周敦颐、程颢之后还得说是象山，象山就是陆九渊。这充分地说明，不是否定周敦颐、二程的学说，在肯定这之后又强调还得是象山，只是粗糙一些。就是对朱熹的《大学》学说有不同意见，别的还是肯定的。但是说陆象山粗一些，就是有一些陋，就是简。陆象山最早时穿草鞋，穿布衣，与学生一起和泥、垛墙、盖草房。陶行知的这些做法就是受王阳明的"知行合一"的影响，又受到陆象山的"心即理"的学说影响，又受陆象山实干的主张影响，自己动手，自己盖房子，自己养猪，自己办食堂，教育不只用书本教育学生，在做当中学，在生活当中练，他是这么来办教育的。所以陆象山对后世也是有很大影响的，社会活动、生产生活即教育。

九川曰:"看他论学，篇篇说出骨髓，句句似针膏肓，却不见他粗。"九川说，看他探讨学问，篇篇都能讲出精髓，句句都能一针见血，却不见他怎么粗糙。

先生曰:"然他心上用过功夫,与揣摹依仿,求之文义,自不同。但细看有粗处,用功久当见之。"先生说,诚然,他在心上下过功夫,与只在揣摩模仿,求个文理意思上有所不同。但仔细就能发现有粗糙的地方,用功久了就会看到的。

二〇六

庚辰往虔州,再见先生,庚辰是 1520 年,虔州就是赣州。在赣州再见先生。问:"近来功夫虽若稍知头脑,然难寻个稳当快乐处。"九川问,近来功夫虽然好像稍微知道了头脑,抓住了点要害,然而很难找到一个稳当的快乐处,还没到火候,里边的深味还没有体会出来。

先生曰:"尔却去心上寻个天理,此正所谓理障。此间有个诀窍。"先生说,你要在心上去寻求天理,这就是所谓的理障。这中间有个诀窍。

曰:"请问如何?"九川问,先生这个诀窍是什么?

曰:"只是致知。"先生说,只是做到致知。

曰:"如何致?"九川问,如何做到致呢?

曰:"尔那一点良知,是尔自家底准则。先生说,你的那一点良知,是你自己的行为准则。尔意念着处,他是便知是,非便知非,更瞒他一些不得。你的意念所到之处,对的就知道是对的,错的就知道是错的,没有丝毫可以隐瞒的。尔只不要欺他,实实落落依着他做,善便存,恶便去。他这里何等稳当快乐。你只要不欺骗自己的良知,实实在在地按照它去做,善的就能存养,恶的就能去除。这是多么稳当快乐的。**此便是格物的真诀，致知的实功**。这就是"格物"的真正诀窍，"致知"的实在功夫。**若不靠着这些真机，如何去格物？** 如果不靠着这些真正的关键，那怎么能格物呢？**我亦近年体贴出来如此分明，初犹疑只依他恐有不足，精细看无些小欠阙。**"我也是在近年才体会得这样详细分明，刚开始的时候还犹豫怀疑，只依靠良知恐怕不够，后来仔细体味，发现没有丝毫的缺欠。快活不快活就在于自己的良知精诚不精诚，只要精诚了，就没什么不快活。

二〇七

在虔，与于中、谦之同侍。 还是在赣州，九川与于中、谦之一同陪侍老师。夏良胜，字于中。

先生曰："人胸中各有个圣人，只自信不及，都自埋倒了。" 先生说，每个人心中都有个圣人，这个不是说每个人心中都有个偶像，不是的。是每个人自己心里都有圣，自己都有高明的地方，只不过是自己不自信，把自己的圣人埋倒了。

因顾于中曰："尔胸中原是圣人。" 先生回过头来对于中说，你胸中原本有圣人。你自己就是圣人。

于中起不敢当。 于中站起身来说不敢当。

先生曰："此是尔自家有的，如何要推？" 先生说，这是你自家有的，怎么还推辞呢？

于中又曰："不敢。" 于中又说，不敢当。

先生曰："众人皆有之，况在于中？却何故谦起来？谦亦

不得。"先生说，大家都有的，何况是于中呢？却为何要谦让呢？这不是谦让的事。

于中乃笑受。于中于是笑着不辩了。

又论："良知在人，随你如何，不能泯灭，虽盗贼亦自知不当为盗，唤他作贼，他还忸怩。"接着又讨论，良知就在人的心中，随你怎么样也不会泯灭，就像盗贼也知道自己不该做盗贼，你喊他盗贼，他还不好意思，他不愿意承认这个盗贼的称呼。

于中曰："只是物欲遮蔽，良心在内，自不会失；如云自蔽日，日何尝失了！"于中说，这只是被物欲遮蔽了，良心在内心中，自然不会失去，就像乌云把太阳遮蔽了，太阳又何尝失去了呢！

先生曰："于中如此聪明，他人见不及此。"先生说，于中你这样聪明，别人的见识达不到你的境界啊。

二〇八

先生曰："这些子看得透彻，随他千言万语，是非诚伪，到前便明。合得的便是，合不得的便非。如佛家说心印相似，真是个试金石、指南针。"先生说，把这些看得透彻，不管他千言万语，是非真伪，一看就明白。符合的就对，不符合的就不对。就像佛家所说的"心印"似的，真是试金石、指南针。关键就是要把这些问题搞清楚，人人都有良知，别以为别人没良知。虽然可能因为什么问题物欲遮蔽了他，但他也有良知。

二〇九

先生曰:"人若知这良知诀窍,随他多少邪思枉念,这里一觉,都自消融。真个是灵丹一粒,点铁成金。"先生说,人如果知道这良知的诀窍,不管有多少的邪念妄心,在这里被良知觉察,就都会消除的,真像灵丹妙药一般,可以点铁成金。诀窍是什么?诀窍就是笨法,就是一事一事的较真儿。到底是不是良知,就这么格。

二一〇

崇一曰:"先生致知之旨,发尽精蕴,看来这里再去不得。"欧阳崇一说,先生的致良知宗旨已经阐发得淋漓尽致,看来在这个问题上再进一步是不可能了。

先生曰:"何言之易也!再用功半年看如何?又用功一年看如何?功夫愈久,愈觉不同,此难口说。"先生说,怎么能说起来这么轻松呢?再用半年功看看如何?又用一年功看看如何?下的功夫越久,越会觉得不同,这是很难用语言表达的。俗话说,初学三年,走遍天下;再学三年,寸步难行;再学三十年,可能刚刚入门。学得越多越迈不开步,学得越多越胆小,越觉得武断不得呀!致良知这个事也是如此,咱们先别议论它,你就这么做,做半年再看,做一年再看,功夫愈久愈觉不同。

二一一

先生问九川：“于‘致知’之说体验如何？”先生问九川，你对于“致知”学说有什么体验？

九川曰：“自觉不同。往时操持常不得个恰好处，此乃是恰好处。”九川说，感觉和以前不同。过去操持的时候常常不能恰到好处，现在真是恰到好处。

先生曰：“可知是体来与听讲不同。我初与讲时，知尔只是忽易，未有滋味。只这个要妙，再体到深处，日见不同，是无穷尽的。”先生说，你可知道体会得来的和听讲得来的是不一样的。我开始给你讲的时候，知道你听得糊里糊涂，没有体会到什么滋味。但是有这个要妙，体会到恰到好处，你不断地体会下去，不断地和实践结合在一起，每天都会有不同的认知，那真是无穷尽的。

又曰：“此‘致知’二字，真是个千古圣传之秘，见到这里，‘百世以俟圣人而不惑’！”先生又说，此“致知”二字，真是个千古圣传之秘。“我此良知二字，实千古圣圣相传一点滴骨血也。”懂得这个道理，就能“百世以俟圣人而不惑”了！我多年的苦心，多年的研究和经历，包括被打四十大板，然后又活了过来，又逃跑，又回来走上正道。接受朝廷圣旨到了贵州龙场驿，再悟道，又当官，又挨批评，再升官，又平叛立功，立功又遭嫉妒，种种波折，使我认定了“致良知”是“千古圣圣相传一点滴骨血”。“百世以俟圣人而不惑”是《中庸》里的话，就是等到百世以后有新的圣人出现，对此也不会产生疑惑的。

二一二

　　九川问曰：“伊川说到‘体用一原，显微无间’处，门人已说是泄天机。先生致知之说，莫亦泄天机太甚否？”九川问，伊川先生说过“体用一原，显微无间”这话，他的门人已经说他泄露天机了。先生的“致知”之说，是不是泄露天机太厉害了呢？程伊川说的“体用一原”，就是体和用是源于一理，是统一的，体和用之间没有缝；“显微无间”，隐微的和显著的也是如此；理论和实践中间也没间隙。

　　先生曰：“圣人已指以示人，只为后人掩匿，我发明耳，何故说泄？先生说，圣人早已把“致良知”学说指示给后人了，只因为后人把圣人的教诲给掩匿了。我把掩匿的这一部分给揭开了，使得圣人揭示出来的真理重新显现光明罢了，怎么能说是泄露天机呢？此是人人自有的，觉来甚不打紧一般。良知对于每个人都是自有的，只是让人觉得不甚打紧，似乎并不要紧一样。然与不用实功人说，亦甚轻忽可惜，彼此无益。与那些不用实功夫的人说，这个事也是很没意思的，这样对彼此都没有益处。与实用功而不得其要者提撕之，甚沛然得力。”对于实在用功而不得要领的人，你“提撕之”，给他揭晓一下，启发一下，他们会感到大有益处啊。这就是孔子说的，“不愤不启，不悱不发”。

二一三

　　又曰：“知来本无知，觉来本无觉，然不知则遂沦埋。”先生又说，知道了才发现本来无所谓知道，察觉了才发现本来无所谓察觉。然而就在不知不觉中，良知就随时被沦陷掩埋了。这是佛教的语汇。

二一四

先生曰："大凡朋友，须箴规指摘处少，诱掖奖劝意多，方是。"先生说，大凡是朋友，需要少用一些圣贤的教诲互相指责批评，而在提携鼓励的方面多些，才是对的。**后又戒九川云："与朋友论学，须委曲谦下，宽以居之。"**后来又告诫九川说，与朋友谈论学问，应该委婉谦虚，宽以待人。

二一五

九川卧病虔州。陈九川在赣州得病卧床。

先生云："病物亦难格，觉得如何？"先生说，疾病这个事物很难格除，你觉得怎么样？

对曰："功夫甚难。"九川说，这个功夫确实很难。

先生曰："常快活便是功夫。"先生说，常常保持快乐的心态，就是真功夫。

二一六

九川问："自省念虑，或涉邪妄，或预料理天下事，思到极处，井井有味，便缱绻难屏。九川问，我自省思虑，有时涉及邪妄，有时考虑治理天下大事，想到极致的地方，也感到津津有味，缠缠绵绵的流连忘返，难以摒弃。**觉得早则易，觉迟则难，用力克治，愈觉扞格。**不当之思发现得早还容易克制，发现得晚就很难克制，用力去克制，越发觉得格格不入。**惟稍迁念他事，则随两忘。**只有逐渐想些别的事，才能忘掉这事。**如此廓清，亦似无害。**"就是我思想上存在问题，可是这样处理，好像也没有什么害处。

先生曰："**何须如此！只要在良知上着功夫。**"先生说，何必如此，只要在良知上下功夫就行。不管遇到什么邪念，你用良知去考虑，去衡量，这个问题就解决了。

九川曰："**正谓那一时不知。**"九川说，正因为那个时候就没想到良知啊，所以我就想了用别的事来排除那个事。

先生曰："**我这里自有功夫，何缘得他来？**先生说，我这里自然就有致良知的功夫，为何会有那种情况呢？**只为尔功夫断了，便蔽其知。**只是因为你的功夫间断了，你的良知才会被遮蔽。**既断了，则继续旧功便是，何必如此？**"既然已经中断了，那么延续旧的功夫就是了，何必如此呢？

九川曰："**真是难鏖，虽知丢他不去。**"九川说，真是一场鏖战，虽然知道了，就是去除不掉。

先生曰："**须是勇。用功久，自有勇。**先生说，这必须靠勇气。用功久了，自然就会有勇气。用功久，就敢坚持，因为有把握。**故曰'是集义所生者'，胜得容易，便是大贤。**"因此说，是集义所产生出来的，只要集义不断，正义不断地积累，不断做善美之事，便有浩然正气，这自然就会胜得容易，这就是大贤。大贤是什么？就是不断地积累，不断地致良知，不断做正义之事，所以他战胜邪恶就会容易。它是一个集字，是个渐字，是个久字。

二一七

九川问："**此功夫却于心上体验明白，只解书不通。**"九川问，这种功夫却在心中能体验明白，所以只是解释书本是无法清楚的。

先生曰："**只要解心。心明白，书自然融会。若心上不通，只要书上文义通，却自生意见。**"先生说，只需要在心中弄明白。内心明白了，书中之意自然就会融会贯通的。如果心中不明白，只追求书中文义的明白，这是越搞越不通，反而会另生歧义的。

二一八

有一属官，因久听讲先生之学，先生的一个下属官员，因为听先生讲学很久了。曰："**此学甚好。只是簿书讼狱繁难，不得为学。**"他说，这个学说是真的很好。只是平日记录账册、诉讼狱审的事务繁杂困难，没有办法学习。

先生闻之曰："**我何尝教尔离了簿书讼狱，悬空去讲学？**先生听到后说，我何曾教你离开了日常记录讼狱之事，而凭空去讲求学习？**尔既有官司之事，便从官司的事上为学，才是真格物。**你既然有官司事务可以审理，那就从官司事务上学习，这才是真正的格物。**如问一词讼，不可因其应对无状，起个怒心；不可因他言语圆转，生个喜心；不可恶其嘱托，加意治之；不可因其请求，屈意从之；不可因自己事务烦冗，随意苟且断之；不可**

因旁人谮毁罗织，随人意思处之： 如果审理一件案子，不能因为当事人应对无状，而产生恼怒；不能因为这个人言辞油滑，而心生喜欢；不能因为厌恶他的托请，而加倍地惩罚；不能因为他有所请求，而勉强地答应他；不能因为自己的事务繁忙，就随意断案；不能因为旁人诋毁罗织罪名，就随着他们的意愿断案。**这许多意思皆私，只尔自知，须精细省察克治，惟恐此心有一毫偏倚，枉人是非，这便是格物致知。** 这些意思都是有私欲的表现，只有你自己知道，必须仔细地省察克制，唯恐心中有一丝一毫的偏颇，而妄断了是非，这就是格物致知。我们每天、每事都需要格物致知呀！归根结底还是良知的问题。**簿书讼狱之间，无非实学。** 所以记录账簿、讼狱之间的这些事务，无非都是实在的学问。**若离了事物为学，却是著空。** 要离了记录账簿、打官司诉讼的具体事务而谈学，那就是学空了。所以王阳明说，你得结合簿书狱讼这些具体事来格物。

二一九

虔州将归，有诗别先生云："良知何事系多闻，妙合当时已种根，好恶从之为圣学，将迎无处是乾元。" 九川从赣州将要回家，写了一首诗向先生告别："良知何事系多闻，妙合当时已种根。好恶从之为圣学，将迎无处是乾元。"不关心更多的，有良知就好，时也，势也，境也。好恶皆要依据良知，良知格物之学，送往迎来无处不是天理人心。

先生曰："若未来讲此学，不知说'好恶从之'从个甚么？" 先生说，你如果没有来讨论这个学问，就不知道"好恶从之"的"从"

是从什么吗？

敷英在座，曰："诚然。尝读先生《大学古本序》，不知所说何事。及来听讲许时，乃稍知大意。"敷英当时在座，他说，我曾经读过先生的《大学古本序》，当时不太明白先生所讲何事，直到听讲一段时间，才稍微明白一些大意。

二二〇

于中、国裳辈同侍食。于中和国裳等人陪同老师一起吃饭。先生曰："凡饮食只是要养我身，食了要消化；若徒蓄积在肚里，便成痞了，如何长得肌肤？后世学者博闻多识，留滞胸中，皆伤食之病也。"先生说，凡是饮食，只是为了存养我们的身体，吃了就要消化；如果仅仅是为了积累在肚子里，那就成了肿块，如何能存养肌肤呢？后世的学者博学多闻，知识都滞留在胸中了，那就是不消化的毛病。这就是读书多了不用于世会成痞，肚子里有病，无补于事，所以得讲学。讲学一是巩固自己的修养，一是促进自己的认识，一是传播先生的教诲，这样才能有补于世。

二二一

先生曰："圣人亦是'学知'，众人亦是'生知'。"先生说，圣人也是"学而知之"，普通人也是"生而知之"。

问曰："何如？"弟子问，为什么呢？

曰："这良知人人皆有，圣人只是保全，无些障蔽，兢兢业业，矍矍翼翼，自然不息，便也是学；先生说，良知是人人都有的，圣人只是保全良知而不蒙蔽它，兢兢业业的，勤勤恳恳的，自然就不会停息，这也是学习。**只是生的分数多，所以谓之'生知安行'。**只是天生的分数多，所以说他是"生知安行"。**众人自孩提之童，莫不完具此知，只是障蔽多，然本体之知自难泯息，虽问学克治也只凭他；只是学的分数多，所以谓之'学知利行'。"**普通人从小时候就都完全具有良知，只是被遮蔽很多，然而本体的良知却是难于泯灭的，虽然问学克制，也只是依靠良知，只是学的成分多，所以说他是"学知利行"。圣人也是学而知之，众人也是生而知之，因为生到天地间原本一样，都具有良知、良心。只不过圣人没有那么多障蔽，圣人勤勤恳恳，他不断地学，不断地修养。那既然他不断地修，不断地学，他不就是学而知之嘛！普通人有了障蔽，在良知上、在仁义上就有障蔽了，虽有障蔽，但他的良知并未完全泯灭，他的良知还存，那么他还知道去学、去问，这个本身的良知没有泯灭，他就不断地学下去，他也能学好、学成。只不过普通人学的分数多，而圣人天生的那个分数多。他们的区别在这。这就是既真实，又给普通人一个希望。

门人黄直录

学生黄直，字以方，江西金溪人。嘉靖二年进士，任漳州推官。这个人很有性格。他和欧阳崇一在嘉靖二年进京参加会试，发现卷子的题目对王阳明的观点有些挖苦讽刺，两人就动怒了。但是没像徐汝佩那样拂袖而去。王阳明不赞成那样。两人直抒己见，把与题目要求不同的意见写到卷子上了。这回遇到的考官叫马汝骥，这位先生一看这两个年轻人不错，敢说实话。那时候考官的权力大，马汝骥就把他俩录取了。这是明代的一段佳话。

二二二

黄以方问："**先生格致之说，随时格物以致其知，则知是一节之知，非全体之知也。何以到得'溥博如天，渊泉如渊'地位？**"黄以方问，先生的格致学说，随时格物来致良知，那么这个知就是一部分的知，不是全体的知了。那怎么能达到广阔如天、深邃如渊的地步呢？随时格物，就是遇到什么事，随事格事。"溥博如天，渊泉如渊"是《中庸》上的话，意思是修养到中庸之道的时候，那就是广大如天，高深如渊。这一个阶段的知，一个阶段的格，还能是"溥博如天，渊泉如渊"吗？那与"溥博如天，渊泉如渊"不是一个系统的，不是一个大面积广阔范围内的知识。随事就格，这是具体事啊，谈不到那么广大、那么深远啊！

先生曰："**人心是天、渊。**先生说，人心就是天，就是渊。**心之本体无所不该，原是一个天，只为私欲障碍，则天之本体失了。**心的本体无所不包，原本就是一个天，只因被私欲障碍，那么天的本体就失去了。**心之理无穷尽，原是一个渊。只为私欲窒塞，则渊之本体失了。**心里的天理没有穷尽，原本就是一个渊。只因被私欲阻塞了，渊的本体失去了。不好的思想，违背天理、违背良知的思想，障蔽了心地原本的清明，使得你的心不开阔、不敞亮了，那就不是天、渊了。于是天也窄了，渊也浅了。**如今念念致良知，将此障碍窒塞一齐去尽，则本体已复，便是天、渊了。**"

我们现在学习致良知，就是念念要致良知，将障碍心灵深处的这些蔽障都一齐去尽，心的本体就恢复本来了，就光明了，就广博如天了，就渊泉如渊了，这便是天、便是渊了。**乃指天以示之曰："比如面前见天，是昭昭之天；四外见天，也只是昭昭之天。**先生接着指着天开示说，比如面前看到的天，是明亮的天；四下看到的天，也还是明亮的天。**只为许多房子墙壁遮蔽，便不见天之全体，若撤去房子墙壁，总是一个天矣。**只因为有许多的房屋墙壁遮蔽着，看不到天的全体，如果撤去这些房屋墙壁，就总还是一个天。**不可道眼前天是昭昭之天，外面又不是昭昭之天也。**不能说面前的天是明亮的天，外面的就不是明亮的天。**于此便见一节之知即全体之知，全体之知，即一节之知：总是一个本体。"**从这就能知道，一部分的良知就是全体的良知，全体的良知就是一部分的良知：其本体的良知总是一个。

二二三

    先生曰："圣贤非无功业气节，但其循著这天理，则便是道，不可以事功气节名矣。"先生说，古圣先贤不是不讲求功绩气节，但是他们遵循这天理，那这就是道，圣人不是以功业气节扬名的。圣贤不能说不建功立业，不能说不讲气节，不能说不讲仗义，不能说不动人情，王阳明好就好在这，今天能实用也就实用到这。他不离开人间烟火。情义之事就是修养上的那个动，理论之事就是那个静，动也好，静也好，都要合乎良知。你在这死死地静，死死地学理论，死死地反省自己，死死地对待别人痛苦，死死地对待人民要办的事，修养得再好，也不是今天的办实事，更不是开新局。应该怎么修养？抓住良知，抓住根本，然后要办实事。"圣贤非无功业气节"，所以他鼓励他的学生考进士做官。做好官，做清官，做给老百姓干实事的官，做关心老百姓冷暖的官，他是强调这个的。

二二四

"'发愤忘食'，是圣人之志，如此真无有已时；'乐以忘忧'，是圣人之道，如此真无有戚时。恐不必云得不得也。"先生说，"发愤忘食"，是圣人的志向，如此真的没有停止的时候；"乐以忘忧"，是圣人的道行，如此真的没有忧戚的时候。恐怕就不必说什么得不得了吧。因为他们做的完全符合圣人之道，"发愤忘食""乐以忘忧"，这个过程就是君子所得，君子乐得。功业气节合乎天理良知就是道，不可以离开道、忘了道、抛开道而去争功业气节。孔子曰，"当仁，不让于师"。为什么做？因为我做，老百姓少受委屈；因为我要做，能扫除更多的坏事，这就是我做的理由和必要。所以在这个意义上，我要去做这个功业，这就合乎天道。

二二五

先生曰："我辈致知，只是各随分限所及。先生说，我们这些人的致知程度，只是随着各自实际修养的能力所及。今日良知见在如此，只随今日所知扩充到底；明日良知又有开悟，便从明日所知扩充到底。如此方是精一功夫。今天的良知明白到这种程度，只跟从今日所知的扩充到底；明天的良知又有新的开悟，就从明天所知的扩充到底。这才是精一的功夫。这个人是不是好官，是不是好人，他都有个修养过程、进步过程。所以这里说各随自己能力所及，尽心竭力，尽心就尽到这个程度，这个就是好的。**与人论学，亦须随人分限所及。**和人家探讨问题，论道，也要随着别人的能力所能达到的地方开始。人家原来没学这个，你讲的这个东西他不熟悉，你用你的长处要求别人的长处和你一样，这是不可以的。**如树有这些萌芽，只把这些水去灌溉。萌芽再长，便又加水。**就比如树木有这些萌芽，只用这些水去灌溉，萌芽继续生长，就继续加水。**自拱把以至合抱，灌溉之功皆是随其分限所及。若些小萌芽，有一桶水在，尽要倾上，便浸坏他了。**"从拱把粗细到合抱粗细，灌溉的功夫都是随着树芽的生长所能达到的吸收程度来浇灌。如果只是一棵小树苗，有一桶水在，就全部都浇上去，那就会把它泡坏了，淹死了。

二二六

问"知行合一"。黄以方向老师请教"知行合一"的问题。

先生曰："此须识我立言宗旨。先生说，你一定要明白我的立言宗旨。言外之意，就是因为明朝中后期，人们坐而论道，特别是明宪宗开始推行八股文，大家经书讲得非常明白，文章也做得非常明白，但就是不干实事，不真正关心老百姓疾苦。苛税重赋，百姓无着，土匪横行，这样的天下怎么能行啊？当官的学的圣贤书要落在行动上，要听民间哀苦声，所以我提出知行合一。你要先明白我的意思，然后再了解什么是知行合一。**今人学问，只因知行分作两件，故有一念发动，虽是不善，然却未曾行，便不去禁止。** 当今做学问的人，只是因为把知行分成两件事，因此有一念萌动，虽然是不善的，然而还未曾行动，就不去禁止。所想的东西不对，就要把它去根；对了就要把它落实。**我今说个'知行合一'，正要人晓得一念发动处，便即是行了。** 我现在讲一个"知行合一"，正是要让人们明白，一念刚一萌生即是行动了。**发动处有不善，就将这不善的念克倒了。须要彻根彻底，不使那一念不善潜伏在胸中。此是我立言宗旨。"** 如果在发动处萌生了不善的念头，就要把这不善的念头克制了，一定要彻彻底底地，不要使这个不善的念潜伏在心中。这就是我的立言宗旨啊！这个立言宗旨和前面的立言宗旨稍有不同。此立言有立致良知之言，非指知行合一之言。说一恶念产生，就把它克倒了，一个善念，就把它落实了。这个与前边讲的知行合一的立言宗旨不是一回事，这个还是立致良知的立言宗旨。前边学生问他的是知行合一，他说"此须识我立言宗旨"。今人把学问分成两件，那个地方讲的是知行合一的立言宗旨。但当他讲知行合一到后半段的时候，就落到了致良知上。讲完了致良知，他又说这就是我的立言宗旨。所以后边这个立言宗旨包括了立致良知之言，不只是立知行合一之言。

二二七

"**圣人无所不知，只是知个天理；无所不能，只是能个天理。** 圣人无所不知，只是知道天理；圣人无所不能，只是能行天理。**圣人本体明白，故事事知个天理所在，便去尽个天理。**圣人的本体明白，所以事事都知道天理所在，便能去穷尽天理。**不是本体明后，却于天下事物都便知得，便做得来也。**不是圣人本体明白后，就对天下的事物都能知晓，就能做好了。**天下事物，如名物度数、草木鸟兽之类，不胜其烦。**天下的事物，就像名物度数、草木鸟兽之类，数不胜数。**圣人须是本体明了，亦何缘能尽知得？**圣人一定是本体明白，又怎么能什么都知道呢？只是本体明了，抓住了根本，抓住了天理，不是事事都明白。**但不必知的，圣人自不消求知；其所当知的，圣人自能问人，如'子入太庙，每事问'之类。**但不必要知道的，圣人自然不会去求知；应当知道的，圣人自然能向他人求问，就像"子入太庙，每事问"这类的事情。抓住关键的明白了，具体小问题问别人。**先儒谓'虽知亦问，敬谨之至'，此说不可通。**朱熹说，虽然知道也要问，这是恭敬谨慎达到了极致。这种说法不通。**圣人于礼乐名物，不必尽知。然他知得一个天理，便自有许多节文度数出来。不知能问，亦即是天理节文所在。"**圣人对于礼乐名物不一定都要知道，然而他知道一个天理，也就自然有许多的规矩法则引申出来。不知道的能够去问，这也就是天理规则所在之处。不用硬捧圣人，他大道明白，小事也不可能什么都知道。这就是实事求是。就像学生问孔子，"孔文子，何以谓之文也？"怎么死后称他为孔文子呢？孔子说，"敏而好学，不耻下问，是以谓之文也"。

二二八

问："先生尝谓'善恶只是一物'。善恶两端，如冰炭相反，如何谓只一物？"黄以方问，先生您曾说善恶只是一个事物，然而善恶两端就像冰和火一样相反，怎么就能是一个物呢？

先生曰："至善者，心之本体。本体上才过当些子，便是恶了。先生说，至善是心的本体，在本体上稍有些过了适当，就是恶了。不是有一个善，却又有一个恶来相对也。故善恶只是一物。"不是有一个善，就有一个恶来对应的。因此善恶只是一个物。你做的善是恰到好处，但过当一些就是恶了。

直因闻先生之说，则知程子所谓"善固性也，恶亦不可不谓之性"。黄直因为听先生之说，就知道程子所说的"善固然是本性，恶也不能不称之为本性"。

又曰："善恶皆天理。谓之恶者本非恶，但于本性上过与不及之间耳。"其说皆无可疑。先生又说，善恶都是天理，被称为恶的，本来不是恶，只是在本性上做过当了或者没做到位而已。那我黄直对这些说法再没有疑问。孟子认为性善，荀子认为性恶，我们论来论去，认为儒家把性定为性善。事实证明，两千三四百年以来，性善论的影响还是要好得多。但是圣人知道，性善也不是纯而又纯的，再善的性过分一些就变成了恶，不及一些也是恶。所以善与恶只是一间耳，就是一个空儿，一个缝儿，就差这么个缝儿，很近。那么作为严格要求自己修养的人来说，要很谨慎的。过了就不好了，不及也不好，只有恰到好处才是天给我们人性善的本真。从孔子的"性相近也，习相远也"，孟子性善，荀子性恶，墨子善与不善如染丝，

"染于苍则苍，染于黄则黄"，有了这些观点以来，我们民族文化还是以性善论来作为主体的。但是从来没有彻底否定，或者排斥人性有善恶。所以王阳明在这里从实际出发，不绝对化，认为人心中有时候恶念一闪也是人性的实况。

<h1 style="text-align:center">二二九</h1>

先生尝谓："**人但得好善如好好色，恶恶如恶恶臭，便是圣人。**"先生曾经说，人只要做到喜好善行就像好美色一样，厌恶恶行就像厌恶恶臭一样，那就是圣人了。他说的如好好色，如恶恶臭，是自然的，能自然而然的才是圣人。有意识地去修养，去管理自己，甚至逼迫自己，要做到诚，先明而后诚，这是我们一般人的修养。圣人的修养，没经过强迫修养，就很自然地、很率真地张口说话，举手办事，就合乎天道，就能做到善，这是圣人。**直初时闻之，觉甚易，后体验得来，此个功夫著实是难。**我黄直当初听到这种说法，觉得非常容易，后来仔细体会才明白，这个功夫实在是难。**如一念虽知好善恶恶，然不知不觉，又夹杂去了。**比如心中虽知道喜好善行，厌恶恶行，然而在不知不觉之中，又掺杂进别的东西。**才有夹杂，便不是好善如好好色、恶恶如恶恶臭的心。**刚一有夹杂，便不是那个好善如好好色、厌恶恶就像厌恶恶臭一样的心了。**善能实实的好，是无念不善矣；恶能实实的恶，是无念及恶矣：如何不是圣人？故圣人之学，只是一诚而已。**如果能实实在在地喜好善行，就是没有一念不善的；如果能实实在在地厌恶恶行，就是没有一念为恶的：这难道不就是圣人吗？因此圣人的

学问，只是一个诚而已。

二三〇

问："修道说言：'率性之谓道'，属圣人分上事；'修道之谓教'，属贤人分上事。"黄以方问，先生的修道之说，"率性之谓道"是属于圣人分内的事；"修道之谓教"是属于贤人分内的事。向先生请教。《中庸》开头三句话，"天命之谓性，率性之谓道，修道之谓教"。"率性之谓道"，天生就善，天生就诚，不用去教，不用去学。"率性"是什么？马渴了就喝水，饿了就啃草，乐了就互相啃脖，怒了就互相踢腿，此乃马之真性也，这叫率性。如果把马从草原抓走，把马鬃剪掉，削其马蹄，戴上马笼头，牵到车辕子里驾车，不走就打它，让它拉车运货，此马之真性死矣。王阳明认为，随意的在生活中的举动都合乎道，这就是圣人，这就是率性。"修道之谓教"，就是学圣人者，就是修道者。

先生曰："众人亦率性也。但率性在圣人分上较多，故'率性之谓道'属圣人事。圣人亦修道也，但修道在贤人分上多，故'修道之谓教'属贤人事。"先生说，普通人也能做到率性，但是自然就有的率性的事在圣人身上体现得多，因此"率性之谓道"是属于圣人的事。圣人也修道，只是需要修道的事在贤人身上表现比较多，因此"修道之谓教"是属于贤人的事。王阳明说话不绝对，圣人也有贤人的做法，他也学习，他也修道。孔子也学习，孟子也学习。反过来，一些很聪明的贤达之士，也有率性的一面，人家不学就会的地方也有。这是比较客观的，这里把圣人与贤人做区分。

孟子说，"充实之谓美，充实而有光辉之谓大，大而化之之谓圣，圣而不可知之之谓神"。果实长得饱满，花开得很满，这叫美；充实而且很有光辉，这是大，大也就是大美；大了之后，影响周边，被你感化，向你学，这叫圣。所以圣人不但自己德行高，别人看见他，听他一席话，受他影响，受到感化。达到了圣的程度，改变别人，影响别人，还是在不知不觉当中。就像春天于无声中化育万物。绿叶慢慢长出来了，杏花先开了，这就是不可知之，这就是神。《诗经》讲，天无声无味，无颜色，可是对万物都在起作用。这种高尚的德行是做官的应该效仿的，就是不留痕迹地给老百姓带来恩惠。这就是修养层级的不同，所带来的效果也是不一样的。

又曰："《中庸》一书，大抵皆是说修道的事。先生又说，《中庸》这本书，大体上都是说修道的事。**故后面凡说君子，说颜渊，说子路，皆是能修道的；**因此后面凡是讲君子，讲颜渊，讲子路，都是能修道的人。**说小人，说贤知愚不肖，说庶民，皆是不能修道的。**讲小人，讲贤者、智者、愚者、不肖者，讲庶民，都是不能修道的。**其他言舜、文、周公、仲尼至诚至圣之类，则又圣人之自能修道者也。"**其他讲到舜、文王、周公、孔子之类至诚至圣的人，则又是圣人中自然就能修道的人。就是说这些圣人既是圣，又能修道。

二三一

问："**儒者到三更时分，扫荡胸中思虑，空空静静，与释氏之静只一般，两下皆不用，此时何所分别？"**黄以方问，儒家普通读书人到了三更天，胸中空空荡荡，没什么思虑，空空静静的，跟佛教的这些修行者都一样，都是在那坐着修养，儒和佛两者都不发挥作用，这时怎样分别它们呢？就是从表面上看，修养都是在那静坐，儒和佛实质有没有区别呢？

先生曰："**动静只是一个。那三更时分，空空静静的，只是存天理，即是如今应事接物的心**。先生说，动静是一件事。在那三更时分，空荡安静的，也只是存养天理，也就是现在待人接物的心。**如今应事接物的心，亦是循此天理，便是那三更时分空空静静的心**。现在待人接物的心，也是遵循这个天理，也是那三更时分空荡安静的心。**故动静只是一个，分别不得。知得动静合一，释氏毫厘差处亦自莫揜矣**。"因此动静只是一件事，分别不得。明白了动静合一的道理，儒家与佛家的毫厘差别也就昭然若揭了。儒家与佛家看似无区别，但是我们儒者的心，做的想的是存天理，去人欲，要节制人欲，要去掉非分的欲望，那就跟佛的内修、内涵是截然不同的。这就是差之毫厘，谬以千里，虽然都是静坐，都是修养，但修养的内容、落脚点不同。

二三二

门人在座，有动止甚矜持者。在座的门人中，有人举止过于庄重矜持。

先生曰："**人若矜持太过，终是有弊**。"先生说，人太过于矜持庄重，终归是有毛病。人矜持过分了，也会失掉许多朋友，别人不好接近你。同时，太重外表修养的功夫，就容易忽略内心修养的功夫。

曰：“矜持太过，如何有弊？”黄以方问，为什么说矜持太过了，就会有毛病呢？

曰：“人只有许多精神，若专在容貌上用功，则于中心照管不及者多矣。”先生说，人的精神毕竟是有限的，如果你专门在容貌上用功，那么在内心中照管不过来的就多了。只在外表上给人印象严肃庄重，甚至干净漂亮，这方面如果用的心思太多了，那么思想深处好多应该照看的地方就照看不过来了。

有太直率者。有的人过于直率。

先生曰：“如今讲此学，却外面全不检束，又分心与事为二矣。”先生说，现在讲求良知的学问，如果在外在上全然不检点，又把心与事分作两件了。一点不检束，自己还讲修心修身，那你的行动和你要求内心的修养就是两条道了，这个不可以。所以他强调“中”，强调恰到好处，强调不离大格，不要这个极端，也不要那个极端。

二三三

门人作文送友行，问先生曰：“作文字不免费思，作了后又一二日，常记在怀。”有个学生写文章为朋友送行，于是他问先生，作文的事挺费心思的，作完之后又在一两天内常挂记在心上。

曰：“文字思索亦无害。但作了常记在怀，则为文所累，心中有一物矣，此则未可也。”先生说，写文章思索没有害处，但写完了还常记在心上，就会被文章所牵累，心里总有一件事，这就不可以了。就是不能把这个事永远在怀，使得其他事受影响，那也不行。

又作诗送人。又有人作诗送人。**先生看诗毕，谓曰："凡作文字要随我分限所及。若说得太过了，亦非修辞立诚矣。"**先生看过诗之后说，凡是写作文字，要随着自己的才力大小而为，如果说得过于夸大，也就不是发自内心的修辞了。写文写诗，特别是涉及情感、情义上的作品，最主要还是真，还是诚。王阳明的诗多数体现他的主张，不是诘屈聱牙的，都很简洁明白。

二三四

"文公格物之说，只是少头脑，如所谓'察之于念虑之微'，此一句不该与'求之文字之中'，'验之于事为之著'，'索之讲论之际'混作一例看，是无轻重也。"先生说，朱熹的"格物"学说，只是少了主脑。就像他所讲的"在思虑与念头的细微之处去体验"，这句就不该与"在语言文字之中去寻求""在事物的明显处去检验""在讲学与谈论之间去找寻"混作一件事来看，这是没有轻重之分了。这是王阳明对朱熹的"格物"之说的批评。王阳明认为，"察之于念虑之微"就如同求之于是否致良知，是一样的分量，这个分量比较重。"求之文字之中""验之于事为之著""索之讲论之际"，他认为比较轻，这不能平列。还是强调内在的良知，他认为朱熹忽略了内修良知。

二三五

问"有所忿懥"一条。黄以方问关于"有所忿懥"这一条。这是《大学》上的话，"有所忿懥，则不得其正；有所恐惧，则不得其正；有所好乐，则不得其正；有所忧患，则不得其正"。就是修养自己要先端正自己的心思，心有所愤怒处理问题就会不端正，所以处理问题的时候需要平心静气。

先生曰："忿懥几件，人心怎能无得？只是不可有耳！先生说，忿懥、恐惧、好乐、忧患等这些情绪，人的心中怎么能没有呢？只是不可以有罢了。**凡人忿懥着了一分意思，便怒得过当，非廓然大公之体了**。凡是人愤怒的时候，多一分愤怒的成分，就成了过当的愤怒，就不是心胸宽广、大公无私的本体了。**故'有所忿懥'，便不得其正也**。因此有所愤怒了，就不能保持心的中正了。**如今于凡忿懥等件，只是个物来顺应，不要著一分意思，便心体廓然大公，得其本体之正了**。如今对于忿懥等几个方面的情绪，只要物来顺应，顺其自然，不过分在意，内心就会宽广无私，就能保持心体的中正。就像你昨天生了气，今天上班气还没顺，但是你不应该把这个情绪带到今天的工作中来。有的情绪管理比较差的人还把气发到别人身上，这就是所谓迁怒。**且如出外见人相斗，其不是的，我心亦怒。然虽怒，却此心廓然，不曾动些子气。如今怒人，亦得如此，方才是正。"**就好像外出看见别人斗殴，对于不对的一方，我的心里也会产生气愤的。然而虽然气愤，却心中坦荡，不曾动气。如今对别人有怒气的时候，也应该如此，这才是中正平和。

先生尝言："**佛氏不著相，其实著了相。吾儒著相，其实不著相。**"请问。黄直问老师，先生曾说过，佛家不执着于相，其实是执着了相；我们儒家执着于相，其实并不执着于相。请问这是什么意思。

曰："**佛怕父子累，却逃了父子；怕君臣累，却逃了君臣；怕夫妇累，却逃了夫妇：都是为个君臣、父子、夫妇著了相，便须逃避。**"先生说，佛教害怕为父子关系所牵累，就逃避父子关系；害怕为君臣关系所拖累，就逃避君臣关系；害怕为夫妇的关系所拖累，就逃避夫妇的关系：这都是执着于君臣、父子、夫妇的相了，便须要逃避。"**如吾儒有个父子，还他以仁；有个君臣，还他以义；有个夫妇，还他以别：何曾著父子、君臣、夫妇的相？**"像我们儒家有父子关系，就给他仁爱；有君臣关系，就给他忠义；有夫妇关系，就给他有礼有别：何曾执着于父子、君臣、夫妇的相呢？我们正确处理了这些关系，就没有所累了，还有所益处。

以下门人黄修易录

黄修易，字勉叔。

黄勉叔问："心无恶念时，此心空空荡荡的，不知亦须存个善念否？"黄勉叔问，心没有恶念的时候，心中空空荡荡的，不知道是否需要存养一个善念呢？

　　先生曰："既去恶念，便是善念，便复心之本体矣。先生说，既然去除了恶念，那就是善念，自然就恢复了心的本体了。这个回答很妙，**譬如日光，被云来遮蔽，云去，光已复矣。**就如同阳光，被云彩遮蔽住了，云彩散去后，阳光自然就会重现。**若恶念既去，又要存个善念，即是日光中添燃一灯。"**如果恶念去除了，又要存养一个善念，就是在阳光中又添加了一盏灯。

二三八

　　问："近来用功，亦颇觉妄念不生。但腔子里黑窣窣的，不知如何打得光明。"黄勉叔问，近来用功，也觉得妄念不再产生，但是心中黑漆漆的，不知道怎么样才能有光明。

　　先生曰："初下手用功，如何腔子里便得光明？先生说，刚开始下手用功，心里怎么就会有光明呢？**譬如奔流浊水，才贮在缸里，初然虽定，也只是昏浊的。须俟澄定既久，自然渣滓尽去，复得清来。**就像奔淌的浊水，才倒进缸里，开始虽然已经静止不动，但也只是浑浊的。需要等到沉淀久了，渣滓自然就会沉淀到底部，水重新变清澈了。**汝只要在良知上用功。良知存久，黑窣窣自能光明矣。今便要责效，却是助长，不成工夫。"**你只要在良知上下功夫，良知存养久了入心，黑漆漆的自然就会光明了。你现在想马上产生效果，那就是揠苗助长，不是真正的功夫。

二三九

先生曰:"吾教人致良知,在格物上用功,却是有根本的学问。日长进一日,愈久愈觉精明。先生说,我教人致良知,在格物上用功,这是有根本的学问。一天比一天进步,时间越久远越觉得精明。世儒教人事事物物上去寻讨,却是无根本的学问。然而程朱等儒者却教导人在各种事事物物上去寻求探讨,那是没有根本的学问。方其壮时,虽暂能外面修饰,不见有过,老则精神衰迈,终须放倒。人在年轻力壮的时候虽然能在外表上修饰,看不到过错,但老了之后就会精神衰败,自然露出缺乏修养的马脚,最终一定会支撑不住而倒下去的。譬如无根之树,移栽水边,虽暂时鲜好,终久要憔悴。"就像无根的树木,移栽到水边,虽然暂时鲜活美好,但终究会憔悴而死。就是没有从修养的根上解决问题。《论语》中讲,孔子曰:"君子有三戒:少之时,血气未定,戒之在色;及其壮也,血气方刚,戒之在斗;及其老也,血气既衰,戒之在得。"所以老了也得修养,老了也要继续约束自己。

二四〇

问"志于道"一章。黄勉叔问老师"志于道"这一章。《论语·述而》中载,子曰:"志于道,据于德,依于仁,游于艺。"

先生曰:"只'志道'一句,便含下面数句功夫,自住不得。先生说,只"志于道"这一句,就包含了下面几句话的功夫,但停留在"志于道"这句上不行。譬如做此屋,'志于道'是念念要

去择地鸠材，经营成个区宅。就比如盖这个房子，"志于道"就是念念不忘要去选地，挑材料，经营制造成房子。**'据德'却是经画已成，有可据矣；'依仁'却是常常住在区宅内，更不离去。**"据于德"就是房子已经筹划好了，可以根据这个而做了；"依于仁"是房子盖好了，常常住在里边，不再离去。**'游艺'却是加些画采，美此区宅。艺者，义也，理之所宜者也，如诵诗、读书、弹琴、习射之类，皆所以调习此心，使之熟于道也。**"游于艺"则是增加装饰，美化这个房子。"艺"就是"义"，就是天理适宜的表现，比如诵诗、读书、弹琴、习射之类，都是为了调节本心，使人们能熟悉圣人之道。**苟不'志道'而'游艺'，却如无状小子；不先去置造区宅，只管要去买画挂做门面，不知将挂在何处？"** 如果不去"志于道"而就去"游于艺"，那就像一个毛头小子；不先去建造房子，只管去买些画饰当作门面，又不知道挂在哪里。所以首先要立志，人做学问修养自己，第一步立志要学道。学什么道？学做人的道，做事的道，做官的道。没有这个道，就没有根据地，没有落脚点。王阳明在这做了个比喻，这个比喻的目的是强调"志于道"是根本的，"据于德"是重要的，"依于仁"是不可更变的，前边这三者是铁打的硬规律，不能变的。后边你有多少钱装修都行啊，反正这个房子不会倒，那些东西都是次要的。不装修这个房子也倒不了，它也是钢筋水泥的。德和仁就是钢筋，就是水泥，这个地基就是道。孔子提出这个的目的就是要我们立志，我们要立志为道而奋斗，道的具体表现就是仁、礼、中庸，至于什么温良恭俭让都包括在这里了。仁、礼、中庸的落脚点，最后就是要解决社会的均、和、安的问题。我们为这个学习，那么怎么才能够达到这个目的？得"据于德"，时常要想到修养做一个有德性的人，按照仁道。"己所不欲，勿施于人"，"己欲立而立人，己欲达而达人"，"老吾老，以及人之老，幼吾幼，以及人之幼"，要忠恕，等等。最后是"游于艺"。王阳明的理解与孔子提出的"游于艺"的本意有所不同。孔子所提的这个"游于艺"，是指人的才能，在这个艺能上不规定一个方法，八仙过海，各显神通。王阳明强调的游于艺，像游泳一样，有自由的一面，不受限制、不受约束地游。

二四一

问："读书所以调摄此心，不可缺的。但读之之时，一种科目意思牵引而来，不知何以免此？"黄勉叔问，读书是为了调节自己的心，这不能缺少。但在有的时候，就是读着读着，科举的想法插进来了，不知道怎么才能避免。

先生曰："只要良知真切，虽做举业，不为心累；总有累亦易觉，克之而已。先生说，只要良知真切笃实，即使是科举功名的念头，也不能成为心的负累；总是有些负累也容易察觉，克制它而已。就算是科举考试也不应影响你修养良知，良知不碍举业，举业也不碍良知。且如读书时，良知知得强记之心不是，即克去之；有欲速之心不是，即克去之；有夸多斗靡之心不是，即克去之。就像读书的时候，良知告诉你死记硬背不对，就立即克除它；有想要快些达到之心不对，立即克除它；有自我吹嘘，自我夸耀，把别人压倒的心不对，立即克除它。如此，亦只是终日与圣贤印对，是个纯乎天理之心。如此这样地做，只是终日与圣人之学相为印证，就是颗纯乎天理的心。**任他读书，亦只是调摄此心而已，何累之有？**"任凭怎么读书，读什么书也都是调摄此心，控制自己的良知，也是按良知办事，怎么会有所牵累呢？就是读坏书也不会受影响，看见什么不好的东西，也不会受它影响。

曰："**虽蒙开示，奈资质庸下，实难免累。**黄勉叔说，虽然承蒙老师开示，蒙你的开导、你的教诲，奈何我的资质平庸，实在难于免除拖累。**窃闻穷通有命，上智之人恐不屑此。不肖为声利牵缠，甘心为此，徒自苦耳。**我私下里听说穷困或是通达是天命注定，有大智慧的人恐怕不屑于此，愚笨的人又被声名利禄所牵累，一心为科举读书，必然自己苦恼。**欲屏弃之，又制于亲，不能舍去，奈何？**"想要摒弃掉这个念头，想不读书改做他途，又受父母亲的控制和制约，不能舍去，怎么办呢？

先生曰："**此事归辞于亲者多矣，其实只是无志。**先生说，在这种事上，很多的人将原因归结到亲人那里，其实只是自己没有志向罢了。很多人不爱读书，勉强读书，说是父母亲逼着自己读书，其实是自己无志。**志立得时，良知千事万为只是一事，读书作文安能累人？人自累于得失耳！**"只要志向确定了，良知之下，千事万事都只是一件事，读书写文章怎么会累人呢？人都是自己牵累于得失计较当中了。**因叹曰："此学不明，不知此处担阁了几多英雄汉！**"先生因此感叹道，圣人之学不昌明，在这里不知道耽搁了多少英雄好汉啊！这是立志的问题，不要把这些问题都归结到父母亲身上去。

二四二

问：“'生之谓性'，告子亦说得是，孟子如何非之？”勉叔问，"生之谓性"，告子说得很对，孟子为什么说他不对呢？

先生曰：**"固是性，但告子认得一边去了，不晓得头脑，若晓得头脑，如此说亦是。**先生说，固然是性，但告子的认知偏离了，他不知道问题的统摄之处，如果掌握了统摄之处，他那样说也对。**孟子亦曰'形色天性也'，这也是指气说。"**孟子也说"形色是天性"，这也是针对气来说的。

又曰：**"凡人信口说，任意行，皆说'此是依我心性出来'，此是所谓'生之谓性'，然却要有过差。**先生又说，凡是一个人信口开河胡说，任意妄为，都会说这是从我的心性使然，这也是所谓的"生之谓性"？这样会有很多的差错的。**若晓得头脑，依吾良知上说出来，行将去，便自是停当。**如果能把握住统摄的关键点，从我的良知上说出来，做出来，那自然就会安稳妥当。**然良知亦只是这口说，这身行，岂能外得气，别有个去行去说？**然而良知也只是这么口说，这么身体力行，怎么能求气于外，再另行一套说法做法呢？**故曰：'论性不论气，不备；论气不论性，不明。'**因此程颐说，讨论性而抛开气，就不完备；只论气不论性，就不鲜明。**气亦性也，性亦气也，但须认得头脑是当。"**气就是性，性也是气，但是必须把握住关键点才行。头脑是什么？头脑是致良知，头脑是讲良心，无论是研究气还是性，决不要忘了良知良心。头脑、主脑就是核心，就是纲领，就是基调，良知就是这一切的基调和纲领。

又曰："诸君功夫最不可助长。上智绝少，学者无超入圣人之理。先生又说，诸位做功夫，最不要揠苗助长。有大智慧的人很少，一般学者没有超越进入圣人境界的道理。**一起一伏，一进一退，自是功夫节次。**一起一伏，一进一退，自然是功夫的顺序。**不可以我前日用得功夫了，今却不济，便要矫强，做出一个没破绽的模样，这便是助长，连前些子功夫都坏了。**不能因为我前天下了功夫，今天不济，不如昨天了，就要勉强装出一副没有破绽的样子来，这就是揠苗助长，连前段时间的功夫都损坏了。**此非小过，譬如行路的人，遭一蹶跌，起来便走，不要欺人做那不曾跌倒的样子出来。**这不是小的过错，譬如一个走路的人，摔倒一跤，爬起来就继续走，不要欺骗别人装出一副没有摔倒的样子。**诸君只要常常怀个'遁世无闷，不见是而无闷'之心，依此良知，忍耐做去，不管人非笑，不管人毁谤，不管人荣辱，任他功夫有进有退，我只是这致良知的主宰不息，久久自然有得力处，一切外事亦自能不动。**"各位只要经常怀有"社会不用我，我没什么想不开的，不肯定我，更没有什么想不开"的心，依照良知耐心用功，不管别人的非议嘲笑，不管别人的诋毁诽谤，不管别人的荣辱得失，任凭功夫有进有退，我只要坚持致良知的念头经久不息，自然就有得力的地方，一切外事外物都不能干扰我。"遁世无闷，不见是而无闷"，这是《易经·乾卦》文言上的话，避世而内心无忧，不被任用而内心无烦闷。

又曰："**人若著实用功，随人毁谤，随人欺慢，处处得益，**

处处是进德之资。若不用功，只是魔也，终被累倒。"先生又说，
人若是踏实用功，任凭别人诋毁诽谤，任凭别人欺负轻慢，处处都
是受益，处处都是品德提高的资本。如果不用功，这些东西就是魔鬼，
最终你会被它压垮。

<h2 style="text-align:center">二四四</h2>

先生一日出游禹穴，顾田间禾曰："能几何时，又如此长
了。"先生有一天到禹穴出游，环顾田间的禾苗说，这才多长时间呀，
又长这么高了。这个禹穴是在绍兴城的东南，会稽山中部，大禹东
巡死在那，葬在那。

范兆期在傍曰："此只是有根。学问能自植根，亦不患无
长。"范兆期在旁边说，这只是因为有根，学问如果能自己种植下根，
就不担心不生长了。

先生曰："人孰无根？良知即是天植灵根，自生生不息；
但著了私累，把此根戕贼蔽塞，不得发生耳。"先生说，人谁没
有根呢？良知就是天生的灵根，自然生生不息；但由于被私欲所累，
把这灵根给戕害蔽塞了，不能发育生长罢了。看到禾苗，想到每个
人的根，谈到这个根就又落到了良知上。就是万变不离其宗，天天
不忘良知，天天不忘良心。

<h2 style="text-align:center">二四五</h2>

一友常易动气责人。一位朋友常常容易生气而责怪别人。先

生警之曰："**学须反己**。先生警示他说，学习一定要反省自己。**若徒责人，只见得人不是，不见自己非**。如果只是责怪别人，就只能看到别人的不是，而看不到自己的不是。**若能反己，方见自己有许多未尽处，奚暇责人？** 如果能反省自己，才能看见自己有许多的不足之处，哪还有时间责怪别人呢？**舜能化得象的傲，其机括只是不见象的不是**。舜之所以能感化象的傲慢，其关键只是舜不去看象的不是。**若舜只要正他的奸恶，就见得象的不是矣。象是傲人，必不肯相下，如何感化得他？**"如果舜只是想纠正象的奸恶，就会只看到象的错误，象是傲慢的人，一定不肯服气，那样又怎么能感化得了他呢？**是友感悔**，这位朋友感到悔悟。**曰："你今后只不要去论人之是非，凡当责辩人时，就把做一件大己私克去，方可。"** 先生说，你今后不要去议论别人的对错，凡是需要指责别人错误的时候，就当作自己的一个大私欲来加以克制，这样才行。

二四六

先生曰："**凡朋友问难，纵有浅近粗疏，或露才扬己，皆是病发**。先生说，凡是朋友在一起讨论问题，纵使有人有浅显粗鄙的看法，有人想要展露才干，褒扬自己，这都是毛病的发作。**当因其病而药之可也；不可便怀鄙薄之心，非君子与人为善之心矣**。"应当根据他的病用药是可以的；不能怀有鄙视轻薄之心，那就不是君子与人为善的心了。朋友、学友之间互相讨论问题，纵有浅显的，粗俗的，疏漏的，有的还自己显摆才能，这都是学友们内心存在问题的展现。我们在辩论的时候，就应该因他这个病况给他对症下药，学友之间不应该看笑话，甚至他错了还表扬他，使他以后还继续错下去，这就不是君子与人为善的心了。

二四七

问："《易》，朱子主卜筮，程传主理，何如？"勉叔问，朱熹认为《易经》主要在于卜筮，程子写的《程氏易传》认为《易经》主要在于易理。先生以为如何？朱熹年轻的时候就崇拜二程，后世称作程朱理学，学术上一脉相承，但在这个问题上为什么不一样啊？

先生曰："卜筮是理，理亦是卜筮。先生说，卜筮就是易理，易理也就是卜筮。真正的卜筮不是后来的爻卦，真正的卜筮是答疑解惑的，只是以卜筮的形式来宣称自己的灵异权威，来阐发自己的指导思想。王阳明认为卜筮和易理是不可分的。而且在朱子去世后，科举考试从五经改为从四书中出题，在涉及《易经》出题的时候，是以朱子的《周易本义》和程子的《程氏易传》两本书作为从宋朝到明清考试的标准。考《易经》的时候，这两本书合考。也就是说他们虽然说得各执一偏，但说的都是一个理。**天下之理孰有大于卜筮者乎？只为后世将卜筮专主在占卦上看了，所以看得卜筮似小艺。**天下的道理还有比卜筮还大的吗？只因为后人将卜筮专注在算卦上了，所以卜筮就成了雕虫小技了。不了解的话，看到这会感觉王阳明重视爻卦，其实不是的。他认为我们的祖先、圣人非常高明，任何的表述方法，任何一种形式，包括文字，都反映不了我们圣贤的这种广大无边的天道人心，只有用八卦才能包罗万象。我们通过学习也发现，《易经》是最具有发明性的，最有创造性的，到今天还没有被完全理解。所以从这个意义上来讲，王阳明说哪个道理能大于卜筮这个道理呢？其实这个卜筮指的就是六十四卦，而不是说占卦求吉凶。**不知今之师友问答，博学、审问、慎思、明辨、笃行之类，皆是卜筮，卜筮者，不过求决狐疑，神明吾心而已。**不明白现在师友之间的问答，博学、审问、慎思、明辨、笃行之类，都是卜筮的范畴。卜筮的人不过是辨难解惑，使得人心变得清明而已。**《易》是问诸天，人有疑，自信不及，故以《易》问天；谓人心尚有所涉，惟天不容伪耳。**"《易经》是向天求教的书，人有了疑惑，又不自信，因此借助《易经》来向天求教；常说人心往往会有所偏颇，唯有天是容不得半点虚假的。"《易》是问诸天"，"惟天不容伪耳"。天是什么？天是诚。所以问天就是问真，就是求真，因为天不作假。

以下门人黄省曾录

黄省曾，字勉之，吴县人，他是黄鲁曾之弟。

二四八

黄勉之问："'无适也，无莫也，义之与比'，事事要如此否？" 黄勉之问老师，"无适也，无莫也，义之与比"，每件事都是如此吗？这是《论语》上的话。"君子之于天下也，无适也，无莫也，义之以比。"没有一个最正确的，没有一个最不正确的，没有一个最合适的，没有一个最不合适的。通俗地讲就是，什么都不对，什么都对。这种话初次听到觉得含含糊糊，不负责任，但是它也有另一面的道理。天下事本来也没有最正确的、最适合的，没有最不适合的、最不正确的。有的就是是否合乎道义，合乎道义的就是合适的，不符合道义的就是不合适的。都是以"义"为标准。

先生曰："固是事事要如此，须是识得个头脑乃可。先生说，当然事事都要如此，只是必须要有一个抓住根本的方法才可以。**义即是良知，晓得良知是个头脑，方无执著。**义就是良知，知道良知就是根本，才没有固执。王阳明讨论问题，什么材料都为他突出主题服务，他的主题就是致良知。**且如受人馈送，也有今日当受的，他日不当受的；也有今日不当受的，他日当受的。**就像接受别人的馈赠，有今天可以接受，他日不可以接受的；也有今日不应该接受，他日可以接受的。**你若执著了今日当受的，便一切受去，执著了今日不当受的，便一切不受去，便是'适'、'莫'，便不是良知的本体，如何唤得做义？"**你如果执着于今天应该接受的，就接受所有的馈赠；如果执着于今天不应该接受，就所有的馈赠都不接受，这就是"适""莫"，就不是良知的本体了，这怎么能叫作义呢？具体问题具体分析。就像孟子的学生陈臻问孟子，齐国送给你一百镒金子你不受，宋国有人送你七十镒金子你受了，薛国送你五十镒金子你也受了，原因何在？受和不受总得有一个对和不对吧。孟子说都对，前一个我不受是对的，后两项我受了也对。为什么？齐国和我政见不和，我不能做他的官，避之犹恐不及，他给我金子我怎么能受呢？那七十镒金子是宋国的朋友听说我要远行传道，他赞成我的思想，真情实意地支持我，这种情况那得受。薛国那五十镒金子是他们给我买必要兵器以防身的，所以这个钱可以受。什么事可以接受，什么事不可以接受，最终还是根据自己的良知判断。

二四九

问："'思无邪'一言，如何便盖得三百篇之义？" 黄勉之问，"思无邪"一语，怎么就能涵盖了《诗经》三百篇的内涵呢？"诗三百，一言以蔽之，曰：'思无邪。'"《诗经》删削之后，就保留了305篇，用一句话来概括，就是"思无邪"。它的思想是纯真的，善良的，自然美的。所以王阳明也讲过，《诗经》中的魏风、郑风是淫荡的诗，认为那是在《诗经》没删之前的事，删减之后的《诗经》都是无邪的。我们的先圣先贤主张自然的、天性的、合乎正义的，与天道人心是统一的。

先生曰："岂特三百篇？《六经》只此一言，便可该贯，以至穷古今天下圣贤的话，'思无邪'一言也可该贯。此外更有何说？此是一了百当的功夫。" 先生说，岂止是《诗经》三百篇，六经也可以用这一句话而贯通，以至于穷尽古今天下圣贤的话，都可以用"思无邪"这一句来涵盖。除此之外，还能有什么别的说法呢？这就是一了百当的功夫啊！

二五〇

问"道心"、"人心"。 黄勉之请教老师道心、人心。

先生曰："'率性之谓道'便是'道心'。 先生说，"率性之谓道"就是道心。**但着些人的意思在，便是'人心'。** 只要一沾染些人的意思，那便是人心了。'道心'本是无声无臭，故曰'微'。依著'人心'行去，便有许多不安稳处，故曰'惟危'。"道心本来是无声无味的，因此称作"微"。依照着人心去做，就会有许多不安稳的地方，因此称作"惟危"。这是《尚书》上的，"人心惟危，道心惟微，惟精惟一，允执厥中"。

二五一

问："'中人以下，不可以语上。'愚的人，与之语上尚且不进，况不与之语，可乎？"黄勉之问，中等程度以下的人，不可以给他讲上等的学问。愚钝的人给他讲上等学问，他尚且不长进，何况你不理他呢，这样可以吗？那不就更不会了吗？

先生曰："不是圣人终不与语。先生说，不是圣人始终不给他讲。圣人的心，忧不得人人都做圣人。只是人的资质不同，施教不可躐等。圣人的心思是恨不得人人都是圣人。只是每个人的资质不同，施行教化不可以超等。中人以下的人，便与他说性说命，他也不省得，也须慢慢琢磨他起来。"中等程度以下的人，就是给他讲天性和天命，他也不晓得，也不懂得，一定要慢慢地开导他。要因材施教，循序而教，然后再语上，再语高。所以"中人以下，不可以语上"，是说开始的时候，不是永远不可以语上。

二五二

一友问："读书不记得如何？"一位学友问，读书记不住怎么办？

先生曰："只要晓得，如何要记得？先生说，只要理解就够了，为什么要记得？要晓得已是落第二义了，只要明得自家本体。若徒要记得，便不晓得；若徒要晓得，便明不得自家的本体。"要理解已经是落在第二等的地位了，只要明白自己的本体清明就可以了。如果只是要记得，就不能理解；如果只要理解，那就无法使得自己的本体内在清明了。读书、讲学最根本的目的是致良知，记得不记得不是目的。圣人思想是己心不断地致良知，不然就跟不上大自然的运行，所以记得不记得这个不是主要的。晓得不晓得也是第二义，第一义是致良知。对一般的学者来说，真把良心的问题解决，凡事用良心良知，这是最重要的。

二五三

问："'逝者如斯'，是说自家心性活泼泼地否？"黄勉之问，"逝者如斯夫"是说自己心性生动活泼吗？"子在川上，曰：'逝者如斯夫！不舍昼夜'。"孔子站在泗水河边，指着河水说，"逝者如斯夫"，过去的时光就像流水一样，昼夜不停地流逝着。他鼓励学友抓紧时间，爱惜生命。

先生曰："然。须要时时用致良知的功夫，方才活泼泼地，方才与他川水一般。先生说，是的。一定要时时刻刻地用致良知的功夫，才能生动活泼，才能与这湍流的河水一样。若须臾间断，便与天地不相似。此是学问极至处，圣人也只如此。"如果有片刻的间断，那就会与天地不相称了。这就是学问的最高境界，圣人也是如此罢了。黄勉之也是把《论语》学得很深刻，也很有创意。他认为孔夫子说的"逝者如斯夫，不舍昼夜"，是不是表示自己的心性很活泼，像流水一样啊？王阳明肯定了他的说法，说得对啊。他又补充说，需要时时用致良知的功夫方才活泼，得有良知良心做个统帅，那他修养的心性才是活泼泼地不断进步，方才与那河水一般。如果间断了良知，自己的思想就是一潭死水，与天地万物就脱离了，圣人也要不断地努力跟上大自然的运转，圣人也都是要不间断地致良知。千变万化都可以，唯独良知和天地不变。

二五四

问"志士仁人"章。黄勉之问《论语》中的"志士仁人"一章。子曰："志士仁人，无求生以害仁，有杀身以成仁。"孔子提出了杀身成仁，孟子提出舍生取义。就是志士仁人能够为正义事业牺牲自己，成就仁德，却没有为了求生而伤害了仁德的。

先生曰："只为世上人都把生身命子看得来太重，不问当死不当死，定要宛转委曲保全，以此把天理却丢去了。先生说，只是因为世上的人都把身体性命看得太重了，不管当死不当死，一定要婉转着委曲求全，这样就把天理都丢弃了。**忍心害理，何者不为？**能狠心地不按良心办事，那还有什么坏事不敢做呢？**若违了天理，便与禽兽无异，便偷生在世上百千年，也不过做了千百年的禽兽。学者要于此等处看得明白。**如果违背了天理，那就与禽兽没什么区别了，即便是在这世上苟且偷生千百年，也不过是做了千百年的禽兽而已。学者应该在这些地方看得明白。**比干、龙逄只**

为他看得分明，所以能成就得他的仁。" 比干、关龙逢只是因为他们看得明白，所以才成就了他们的仁。比干和关龙逢都是强谏忠正之士。纣王暴政达到了极端，比干强谏。妲己怂恿纣王说，比干是圣人，听说圣人心有七窍，要看看比干的心到底有没有七窍。找这个理由就把比干杀了。比干明知道被杀掉而不跑；微子装疯卖傻，后来把他囚禁了；箕子就跑掉了。《论语》里讲，"微子去之，箕子为之奴，比干谏而死。孔子曰：'殷有三人焉。'"三子皆圣贤。孔子的学生也问孔子，有的强谏，不怕死，坚持真理，是圣贤；有的逃跑了，也是圣贤；有的装傻为奴，也是圣贤。这怎么理解呢？那就是根据个人的情况，都是不同的途径，反对暴政，报效国家。坚持正义，宁死要提建议。这里说的是比干，后来的屈原，明朝的海瑞，这都是忠臣。还有一类臣子，为国家的长远计，不硬顶，要活下去，以后要改造暴政，那最后也有很大贡献。司马迁的《史记》中有《管晏列传》，管仲本来是保公子纠的，他的老朋友鲍叔牙保公子小白，就是齐桓公。后来公子小白胜了，建立新王朝的时候，齐桓公就把管仲抓进了监狱，要杀头。他的老朋友鲍叔牙出面，说服齐桓公不要杀管仲。管仲是大才，将来要治国。在《论语》里，子路就问孔子，老师怎么看这问题？管仲仁吗？各保其主，别人都能陪着主人去死，他不但不死，还投靠了政敌，最后做了宰相。孔子说，管仲不仁谁是仁啊？"如其仁！如其仁！"他是真正的仁德。这样来说，箕子、微子也是仁德的。评论是非的标准不绝对化，都是爱国的。所以一边赞美比干、龙逢这样的一些强谏之士，同时也赞美一些暂时躲避、暂时委曲求全，到了一定时机，报效国家的贤能之士，这也都是仁德的。

二五五

　　问："**叔孙武叔毁仲尼，大圣人如何犹不免于毁谤？**"黄勉之问，叔孙武叔诽谤孔子，大圣人怎么也不能免于被人诽谤呢？在孔子去世后，有来自多个方面的声音攻击孔夫子，排除众议、维护孔子的主要是子贡。"叔孙武叔毁仲尼。子贡曰：'无以为也！仲尼不可毁也。他人之贤者，丘陵也，犹可逾也。仲尼，日月也，无得而逾焉。人虽欲自绝，其何伤于日月乎？多见其不知量也。'"叔孙武叔还说，子贡比仲尼高得多。子贡说，我的墙就像肩膀这么高，你一探头就看到了里边。我老师的门墙不可逾越，在外边看不到里边那些雄伟的建筑，"得其门者寡矣"。孔子去世后的一段时间内，子贡等强力地捍卫、宣传孔子思想。传到孟子时，就完全巩固地确立了孔子的地位。

　　先生曰："毁谤自外来的，虽圣人如何免得？先生说，诽谤是从外来的，虽然是圣人也未必能避免得了。**人只贵于自修，若自己实实落落是个圣贤，纵然人都毁他，也说他不著。却若浮云掩日，如何损得日的光明？**人贵在自我修养，如果自己实实在在是个圣贤之人，纵然别人都来诽谤他，也是不能对他有所损害的。就像浮云遮蔽了太阳，但它怎么能损害到太阳的光明呢？**若自己是个象恭色庄、不坚不介的，纵然没一个人说他，他的恶慝终须一日发露**。如果自己是一个外貌恭敬端庄但内在不坚毅、不耿介的人，即使没有一个人说他坏话，他的那些险恶的用心终究有一天会暴露出来的。**所以孟子说：'有求全之毁，有不虞之誉。'**所以孟子说，有追求完美而受到诽谤的，有意想不到的荣誉。就是我一般地做事，没有想到还得到了荣誉、夸赞；有的人一辈子都追求完善，还遭到了诬陷。**毁誉在外的，安能避得？只要自修何如尔！"** 所以外在的毁誉，怎么能避免呢？只要自我修养就好了。毁誉是在别人那里，不是我内心，我怎么能控制得了？只要自修罢了。

二五六

刘君亮要在山中静坐。 一位叫刘君亮的学友要在山中静坐修养。**先生曰："汝若以厌外物之心去求之静，是反养成一个骄惰之气了。汝若不厌外物，复于静处涵养，却好。"** 先生说，如果你是因为讨厌外界万事万物的纷扰，而去山中静坐修养的话，这反而养成一个骄惰之气了。如果你不讨厌外物，跟社会能融合，又能在安静的地方涵养自己，这却很好。

二五七

王汝中、省曾侍坐。 王汝中、黄省曾服侍先生坐着。

先生握扇命曰："你们用扇。" 先生拿着扇子说，你们也拿扇子扇扇。**省曾起对曰："不敢。"** 黄省曾站起来说，不敢。

先生曰："圣人之学，不是这等捆缚苦楚的，不是妆做道学的模样。" 先生说，圣人的学问不是这样拘束痛苦的，不是装成道学模样的。

汝中曰："观'仲尼与曾点言志'一章略见。" 王汝中说，看到"仲尼与曾点言志"这一章，就可以略见这个观点。在这里，学生提出来了这一章，略见圣人教人不捆缚、不禁止，很自由的。

先生曰："然。**以此章观之，圣人何等宽洪包含气象！**先生说，对，是这样。从这章看，圣人多么宽宏，包含万象。**且为师者问志于群弟子，三子皆整顿以对。**老师向各位弟子询问他们的志向，三人都很庄重认真地回答。**至于曾点，飘飘然不看那三子在眼，自去鼓起瑟来，何等狂态。及至言志，又不对师之问目，都是狂言。**至于曾点，飘飘然不把那三人看在眼里，自己就去鼓起瑟来，是多么狂傲的姿态。等到谈论志向的时候，又不针对老师的问题回答，说的都是一些狂言放语。**设在伊川，或斥骂起来了。**如果是程伊川先生，那就会责骂起来了。《宋史》中有记载，苏东坡不喜欢程颐，程颐比较严肃。而苏东坡什么朋友都不拒绝，可是无论怎样相处，我照样是我，你是你，你也不能把我改变了。在这里就能看到，圣人的教育是活的教育，允许学生比较自由地发表自己的见解、看法。**圣人乃复称许他，何等气象！**可是圣人对曾点非常赞赏，这是何等的气象！**圣人教人，不是个束缚他通做一般：只如狂者便从狂处成就他，狷者便从狷处成就他。人之才气如何同得？"**圣人教育人，不是把人都束缚成一个样子：对于性情外露的人就从外在的方面成就他，对于性情内向的人就从内敛的方面成就他。人的才能气质怎么能一样呢？所以因势利导，因才成就，是做师长和领导的需要考虑的。孔子的教育之所以搞得那么好，关键还在于一个"爱"字。就像叶圣陶先生到晚年的时候说过，教育的一切，一切的教育就是一个"爱"字！如果这个"爱"字不解决，教育统统搞不好。孔子对这些学生，无论子路怎么躁，怎么跟老师顶撞，冉有怎么慢，公西华怎么懂事，曾点怎么有自己一套，他都是心里明明白白的。但他都能看到学生们美好的地方，都很欣赏，很热爱学生们的长处。

二五八

先生语陆元静曰："**元静少年亦要解《五经》，志亦好博。但圣人教人，只怕人不简易，他说的皆是简易之规。以今人好博之心观之，却似圣人教人差了。**"先生谈到陆元静的时候说，元静在少年的时候就想注解五经，志向也是喜欢博学的。但是圣人教导人，只是担心人不能简易，他教导的都是简易的规则。用今天人们喜好博学的心思来看，却像是圣人教导人教导错了。今天的人学得太广博了，什么都想会。所以在这个意义上讲，圣人反对乱博，什么都博。简易是教人们头脑清醒地抓住一个良知良心的问题。圣人的规则是最为简易的，不要用任何博杂的东西冲淡这个简易的根本道理。如果像陆元静所主张的做法，在少年时候就学怎么解五经的话，难道是圣人教人差了吗？不是。所以在这里王阳明借助圣人来倡导学问的简易，要抓住致良知紧紧不放，不受博杂之影响。

二五九

先生曰："**孔子无不知而作；颜子有不善，未尝不知：此是圣学真血脉路。**"先生说，孔子没有不知道就做的事情。知行一体。颜子有不对的地方，都未曾不知道。知道错了，决不贰过。这就是圣学真正的精血脉路。王阳明认为孔、颜早已是知行合一的楷模，知行合一是圣圣相传的一点滴骨血。

以下钱德洪录

钱德洪是王阳明学生当中的后起之秀，是浙江余姚人。

二六〇

何廷仁、黄正之、李侯璧、汝中、德洪侍坐，先生顾而言曰："汝辈学问不得长进，只是未立志。"何廷仁、黄正之、李侯璧、王汝中、钱德洪陪侍老师坐着，老师环顾大家说，你们的学问没有长进，只是因为没有立志。当时的那些学生，大都已经是进士，有的已经做了官，老师这么说，看得出老师和学生之间的思想没有隔阂，可以很坦诚地说真话。

侯璧起而对曰："琪亦愿立志。"李侯璧站起来回答老师的话，我也愿意立志。李侯璧的名叫琪。

先生曰："难说不立，未是必为圣人之志耳。"先生说，很难说你不立志，但不是一定成为圣人之志。

对曰："愿立必为圣人之志。"侯璧回答说，我愿立一定成为圣人的志向。

先生曰："你真有圣人之志，良知上更无不尽。良知上留得些子别念挂带，便非必为圣人之志矣。"先生说，你要是真的有成为圣人的志向，那你在良知上就不会有不尽然的。如果良知上留得一些别的挂念，那就不是一定要成为圣人的志向了。

洪初闻时，心若未服，听说到此，不觉悚汗。德洪刚听到的时候，心中好像并不服气，但听到这里，不自觉地惊悚流汗。王阳明教育人，教育到了根本上，就像针灸只有扎在穴位上，才真能治病。

二六一

先生曰：**"良心是造化的精灵。这些精灵，生天生地，成鬼成帝，皆从此出，真是与物无对。人若复得他完完全全，无少亏欠，自不觉手舞足蹈，不知天地间更有何乐可代。"**先生说，良心是造化的精灵。这些精灵，生出了天和地，化成了鬼和帝，都是从它们当中出来的，真是没有任何的事物与之相匹配，不能等而论之。人如果能把它完完全全恢复起来，毫无亏欠，自然就会不自觉地手舞足蹈，不知道天地之间还有什么可以替代的快乐之事。这些话玩味起来，真是香醇美味，是很浓烈的。天地造化万物，就造化出了一个良知，所以良知是万物的精灵，这些精灵与物无双，简言之，真正的快乐就是致良知，真正有了良知，将其乐融融，其乐无比。

二六二

一友静坐有见，驰问先生。一位朋友在静坐中有所感悟见解，就跑去问先生。**答曰："吾昔居滁时，见诸生多务知解，口耳异同，无益于得，姑教之静坐**。先生回答说，我从前在滁州居住的时候，看到各位学生多注重知识见解，口耳说听中的异同，没有太多的收获，所以教他们静坐。王阳明在那当官，给学生讲学，就在醉翁亭下的龙泉湖，大伙围坐着探讨学问。可是时间久了，就发现这些人追求的不是正道，他们追求的只是知解，是一词一语的不同，对良知所得无益。所以他教大家静坐，要收心，把善意的心思收回来。**一时窥见光景，颇收近效**。他们就很快领悟了一些东西，短时间效果很好。**久之，渐有喜静厌动，流入枯槁之病，或务为玄解妙觉，动人听闻，故迩来只说致良知**。长久静坐了，逐渐就有喜静厌动，流于枯槁的毛病，有的人只追求玄妙感觉的解读，以此耸人听闻，因此我近来强调致良知。教你静坐，是为了那个具体的场景。长期静坐，你就喜静厌动，流入道家静坐的那种境地了，连佛带道地想入非非，表面讲起来这些玄话，对别人影响很大，蛊惑力很大。所以近来我只说致良知，不管你静坐不静坐。**良知明白，随你去静处体悟也好，随你去事上磨炼也好，良知本体原是无动无静的，此便是学问头脑**。把良知弄明白了，那么随你去静处体会感悟也好，或者是在事上磨炼也好，良知的本体原本是无动无静的，这就是学问的关键之处。**我这个话头，自滁州到今，亦较过几番，只是致良知三字无病。医经折肱，方能察人病理**。"我这个学问，从滁州到今天，也反复比较好几次了，只是致良知三个字没有毛病。这就好比医生医治过多次的骨折，才能明察病人的病情病理。好医生"三折肱而成良医"，自己摔折了三次骨头，就知道怎么治好啊。我这个致良知也是把多次的体验告诉大家，致良知是妙方啊！

二六三

一友问："功夫欲得此知时时接续，一切应感处反觉照管不及。一位学友问，做功夫想使得良知时时不断，一旦在应接事物时反倒感觉照顾不及。**若去事上周旋，又觉不见了。如何则可？"** 如果在事情上去周旋磨炼，又觉得良知不见了，应该怎么办呢？我越想要得致良知，我时时接续地这么想。"应感处"，也就是感应处。这个感字在《易经》上就是咸卦，这个咸字在古代就是感。咸卦在本质上实实在在就是感卦。古代先贤很早就意识到"感"字的重要，感觉的重要，只有感才能通，只有感才能化。强令只能一时通，一阵子通。真正的通、达、化都得需要感。所以修养、进步，也离不开感。

先生曰："**此只认良知未真，尚有内外之间。**先生说，这只是对良知的认知不真切，还有内外的分别。**我这里功夫，不由人急心认得。良知头脑是当，去朴实用功，自会透彻。**我这里的功夫，不能急于求成。在良知的关键处处理得当，朴实地用功，自然就能够体会透彻。**到此便是内外两忘，又何心事不合一？"**到了这种程度，就可以做到内外两忘，又怎么会有心与事不合一呢？老实地用功，使良知真正透彻，真正坚定而不移，那一切感应你都能照样应对。

二六四

又曰："**功夫不是透得这个真机，如何得他充实光辉？**先生又说，功夫若不是透彻地把握其中的真谛，如何能让它充实而有光辉呢？修养良知这个功夫，不是通过种种的应感来影响干扰坚定不移铸成的良知，那么怎么能够充实而有光辉呢？**若能透得时，不由你聪明知解接得来。须胸中渣滓浑化，不使有毫发沾带，始**

得。"真正修通透了，不是靠你的聪明和对知识的理解而得到这个真机的，而是靠浑化掉心中的私欲渣滓，不让私欲渣滓有一丝一毫的滞留，这样才能得到真机。这个"浑化"是指浑然化掉。

二六五

先生曰："'天命之谓性'，命即是性。'率性之谓道'，性即是道。'修道之谓教'，道即是教。"先生说，"天命之谓性"，命就是性；"率性之谓道"，性就是道；"修道之谓教"，道就是教。天给我们的命，天使人类跟禽兽不同，人有人性，天使我们有人性，所以命就是性，性就是道，道就是教。

问："如何道即是教？"德洪问，道怎么就是教了呢？

曰："道即是良知。先生说，道就是良知。良知原是完完全全，是的还他是，非的还他非，是非只依著他，更无有不是处。这良知还是你的明师。"良知原本就是完完全全的，是的就还他个是，非的就还他个非，是非只是根据良知来判断，就没有其他的不是的地方。这个良知还是你的明师。

二六六

问："'不睹不闻'是说本体，'戒慎恐惧'是说功夫否？"德洪问，"不睹不闻"是说本体，"戒慎恐惧"是说功夫吗？

先生曰："此处须信得本体原是'不睹不闻'的，亦原是'戒慎恐惧'的。'戒慎恐惧'不曾在'不睹不闻'上加得些子。

见得真时，便谓'戒慎恐惧'是本体，'不睹不闻'是功夫亦得。"先生说，在这必须要相信本体原本就是"不睹不闻"的，也原本就是"戒慎恐惧"的。"戒慎恐惧"不曾在"不睹不闻"上增加一些东西。如果认知得真切了，就算是说"戒慎恐惧"是本体，"不睹不闻"是功夫，也是可以的。《中庸》中讲，"天命之谓性，率性之谓道，修道之谓教。道也者，不可须臾离也，可离非道也。是故君子戒慎乎其所不睹，恐惧乎其所不闻。莫见乎隐，莫显乎微，故君子慎其独也"。这个地方讲到戒慎不睹、恐惧不闻，他说这个戒慎和恐惧是不是就是修养的功夫啊？不睹不闻是不是就是本体呀？从哲学的角度来讲，先圣先贤们把学问的功夫做得很细致了。但戒慎不睹、恐惧不闻，本身是一体的事，它也是不可离的。学生提出这个问题，王阳明给他解释，事实上最终落到底也是不可分的。戒慎，什么时候戒慎？别人没看到的地方，最偏僻的地方，最隐微的地方，也要戒慎。别人不知道我在做什么，我也要按原则办事，我的良心不丢。恐惧，小心谨慎，怕出错。在别人听不到的地方，我也从来不讲不应该讲的话，也不讲无原则的话。

二六七

问："通乎昼夜之道而知。"德洪问"通乎昼夜之道而知"这句话的含义。这是《易经·系辞》里的话。就是能够通晓昼夜、阴阳相生相济的道理，就能明白人世间更多的道理，成为一个知的人。孟子曾有一个命题，提出"夜气"说，就是人在白天是浑浊的，等到晚间睡了一觉，这种浑浊气就有所下降，有所纯净。而早晨起来后，善心善念没受到别人干扰的时候，就有所清明。所以这个夜气就有一点沉淀杂质的作用。这样在白天有些不端，晚上经过夜气静静地休息，静静地休养，能沉淀一些污浊。

先生曰："**良知原是知昼知夜的。**"先生说，良知本来是知道昼夜的。

又问："**人睡熟时，良知亦不知了。**"德洪又问，人熟睡的时候良知也就不知道了。

曰："**不知何以一叫便应？**"先生说，不知道怎么会一叫就答应呢？

曰："**良知常知，如何有睡熟时？**"德洪问，良知既然常常知道，那怎么会有睡熟的时候呢？

曰："**向晦宴息，此亦造化常理。**先生说，夜晚休息，也是自然造化的常理。**夜来天地混沌，形色俱泯，人亦耳目无所睹闻，众窍俱翕，此即良知收敛凝一时。**夜晚来临，天地一片混沌，事物的形状颜色都消失了，人的眼睛耳朵也没有什么可看可听的了，身上的孔窍都闭合了，众多的器官都停止了活动，这就是良知收敛凝聚的时候了。**天地既开，庶物露生，人亦耳目有所睹闻，众窍俱辟，此即良知妙用发生时。**白天到来，万物复苏，人的眼睛耳朵又可以看见、听见了，身体所有的孔窍都打开了，这就是良知发挥奇妙作用的时刻了。**可见人心与天地一体，故'上下与天地同流'。今人不会宴息，夜来不是昏睡，即是妄思魇寐。**"由此可见，人心与天地是一个整体的，所以孟子说"上下与天地同流"。现在的人不会休息，到了晚上不是昏睡，就是胡思乱想做噩梦。

曰："**睡时功夫如何用？**"德洪问，那睡觉的时候如何用功呢？

先生曰："知昼即知夜矣。日间良知是顺应无滞的，夜间良知即是收敛凝一的，有梦即先兆。"先生说，知道白天，就知道夜晚。白天的良知是畅通无滞的，夜晚时良知是收敛凝聚的。有梦就是先兆。

<h1 style="text-align:center">二六八</h1>

又曰："良知在'夜气'发的，方是本体，以其无物欲之杂也。学者要使事物纷扰之时，常如'夜气'一般，就是'通乎昼夜之道而知'。"先生又说，良知在夜气中生发的是本体，因为它没有掺杂物欲。学者就要在事物纷纷扰扰的时候，常常像夜气一般，就能做到"通乎昼夜之道而知"。良知是由于夜气这种静修静养而发生的。当然，这是一种比喻。那白天就不能产生良知了吗？不是的。就像夜气那样静静的、没有欲望的、没有那种万般事物的烦扰，这才是本来面目。做学问的人、修道的人在工作比较繁杂、繁难之时，常如夜气一般，能沉静得下去。他是用夜气做比较，做到一夜长睡醒来，良知无扰。

<h1 style="text-align:center">二六九</h1>

先生曰："仙家说到虚，圣人岂能虚上加得一毫实？佛氏说到无，圣人岂能无上加得一毫有？先生说，道家讲究虚，圣人怎能在虚上增加一丝一毫的实呢？佛家讲究无，圣人怎能在无上增加一丝一毫的有呢？但仙家说虚，从养生上来；佛氏说无，从

出离生死苦海上来：却于本体上加却这些子意思在，便不是他虚无的本色了，便于本体有障碍。但是道家说虚，是从养生上来的；佛教说的无，是从脱离生死苦海上来的：现在却要在本体上加一些这个意思，那就不是虚和无的本色了，那就妨碍了本体的性质。所以我们讲的虚、无，是借鉴佛、道的虚、无，已经不是真道、真佛的虚、无了。我们儒家非仙非佛，但对道的养生，对佛的脱离苦海，都把它拿来些意思，放到我们圣贤文化之中，已不是佛、道原来的本色，但是在本体上也有障碍。圣贤的本体是致良知，那致良知就不能挂带一些其他私欲杂念。比如说，道的虚，是为了养生，为了养生可以拒绝一些繁难的工作，为了养生可以泯灭自己的良知；佛的无，为了自己脱离苦海，可以不照顾别人。这些就成了圣贤思想上的障碍，就影响了真正的致良知，影响了真正的杀身成仁，舍生取义，障碍就在这里。儒家的圣贤们留下的思想，讲良心、讲良知、为社会、为大众，这个思想就受到障碍。所以就看到王阳明对佛、道的问题太清醒了，并且在具体措施上是非常明朗的。真正学习儒道的是尽社会义务的人，不能总讲这些保护自己，研究自己养生，研究自己脱离苦海的事。这是王阳明的真正想法，所以这地方挺重要的。**圣人只是还他良知的本色，更不着些子意在。**圣人只是还给良知本色，而不会添加别的什么意思。**良知之虚，便是天之太虚；良知之无，便是太虚之无形。**良知的虚就是天的太虚；良知的无就是太虚的无形。**日、月、风、雷、山、川、民、物，凡有貌象形色，皆在太虚无形中发用流行，未尝作得天的障碍。**日月风雷山川民物，凡是有相貌形状颜色的东西，都是在太虚无形当中生发流行的，从未成为天的障碍。**圣人只是顺其良知之发用，**

天地万物，俱在我良知的发用流行中，何尝又有一物超于良知之外，能作得障碍？"圣人只是顺应良知的生发作用，天地万物都在良知的生发作用与流行当中，何曾又有事物能超越于良知之外，成为障碍呢？我们要抓住这个良知，什么佛啊、道啊，都不会对我们有什么干扰和影响。关键是我们的良知要坚定，要果决。

<h2 style="text-align:center">二七〇</h2>

或问："释氏亦务养心，然要之不可以治天下，何也？"有人问，佛教也追求养心，然而却不能用来治理天下，为什么呢？

先生曰："吾儒养心，未尝离却事物，只顺其天则自然，就是功夫。先生说，我们儒家养心，没有离开事物，只是顺应天理自然法则，这就是功夫。释氏却要尽绝事物，把心看做幻相，渐入虚寂去了。佛教却要灭绝抛弃事物，将心看作幻相，渐渐进入虚妄寂静中去了。与世间若无些子交涉，所以不可治天下。"这样就与世间似乎没有一点关联了，那怎么能治理天下呢？

<h2 style="text-align:center">二七一</h2>

或问异端。有人向先生请教关于异端的问题。

先生曰："与愚夫愚妇同的，是谓同德。与愚夫愚妇异的，是谓异端。"先生说，与普通大众相同的，就叫作同德。与普通大众不同的，就叫作异端。关于这个人民性、大众性，圣人太高明了。舜善与人同，是善与人民同，善与大众同。善与贤人同，面就有点窄了，也容易同，但是要与一些有缺点的人同是不容易的。

二七二

先生曰："**孟子不动心，告子不动心，所异只在毫厘间**。先生说，孟子的不动心，与告子的不动心，区别只在毫厘之间。**告子只在不动心上著功，孟子便直从此心原不动处分晓**。告子只是在不动心上用功，孟子直接从心的原本不动处流出善性。人心原不动是指他的善和恶自然分清。**心之本体原是不动的，只为所行有不合义，便动了**。心的本体原来是不动的，只因为行为不合乎道义，不合乎善心善念，这就动了。**孟子不论心之动与不动，只是'集义'，所行无不是义，此心自然无可动处**。孟子不论心的动与不动，只是讲求"集义"，所行没有不合乎道义的，这个心自然就不会动了。**若告子只要此心不动，便是把捉此心，将他生生不息之根反阻挠了**。如告子这般，为了此心不动，就去抓住这个心，反而把它生生不息的根源给阻挠了。告子的不动心，就是硬把住自己心、抓住自己的心不动，控制自己的心，那么什么心都死了，良心坏心就都死了。本想抑制私心，却连天心、道心都给控制死了。**此非徒无益，而又害之**。这不只是对修养无益，而且害了人心。**孟子'集义'工夫，自是养得充满，并无馁歉；自是纵横自在，活泼泼地：此便是浩然之气**。"孟子"集义"的功夫，自然将心存养得充盈饱满，没有一丝的缺憾；自然纵横自在，生气勃勃，这就是所谓的浩然之正气。而告子太机械了，也就是太绝对化了。绝对化就会导致良莠俱焚。我们先贤圣人一直提倡在万事万物当中、在事上去修养，而王阳明把它具体化了，提出在事上磨，在事上修。如果完全脱离事物去修，或是修成极端，或是良知泯灭了。所以王阳明说，在事上磨，在社会上修，就会纵横自在，活泼泼的浩然之气。如果脱离人间烟火去修，就会修成那种馁气，那种没信心、枯槁的死灰。

二七三

又曰："**告子病源从'性无善无不善'上见来**。先生又说，告子的病根，是从"性无善无不善"上表现来的。**性无善无不善，虽如此说，亦无大差；但告子执定看了，便有个无善无不善的性在内**。性没有善没有不善，虽然这样说，也没有什么大的差错；但告子把这个固执地看了，这便有个"无善无不善"的性在心中。**有善有恶又在物感上看，便有个物在外，却做两边看了，便会差**。有善有恶又在事物的感知上认识，这就有个事物在心外，却把它们分成两边看了，这就会有问题。**无善无不善，性原是如此，悟得及时，只此一句便尽了，更无有内外之间**。没有善没有不善，性原本是这样的，感悟得及时，只要一句话就能说明白了，更没有内外的分别。**告子见一个性在内，见一个物在外，便见他于性有未透彻处。**"告子看见一个性在心中，看见一个物在心外，这就能看出他对于性还没有领悟透彻。告子把无善无不善固定化了，那就会认为人的内心是无善无不善的。王阳明说过，"无善无恶心之体，有善有恶意之动，知善知恶是良知，为善去恶是格物"。这里的意思是，无善无不善这个话可以这么说，但是不能把它说得太固定了，认为它永远是这样的，这就错了。就错在否定变化，它随时在变化，可能变化成善，可能变化成恶，可能变化成大善，可能变化成一般的善。这个区别在这！

二七四

朱本思问："人有虚灵，方有良知。若草、木、瓦、石之类，亦有良知否？" 朱本思问，人有清净的灵觉，才有良知。像草、木、瓦、石这些东西，也有良知吗？人有灵气，这个灵气是人性的灵气，它不是禽兽的灵气。

先生曰："人的良知，就是草、木、瓦、石的良知。若草、木、瓦、石无人的良知，不可以为草、木、瓦、石矣。 先生说，人的良知，就是草、木、瓦、石的良知。如果草、木、瓦、石没有人的良知，就不能称其为草、木、瓦、石了。这话有些费解，但是王阳明思想中，陆王心学中是经常出现的，就是"心即理"。我心即万物，万物即我心。心外无物，可以理解成心外无我心所及之物；我心所及之物，就是心内之物。我说心内有万物，我心所及之物都在我心中。这就是物在我心中，我心即万物，心外无理，心外无物。那么草、木、瓦、石，没有我良知所及，它就不能正确地保有它的天性、本能、价值。比如最基本的节约用水，避免浪费这些小事。这是最简单的，最老生常谈的事，但是自己是不是做到了呢？由于我的良知发现，良知的坚持，水就可以有作为水的真正用途，把它用到正地方。如果遇到一个非良知之人，这个水也不是原来那个水的意义了。这里王阳明是讲，只有自己有了良知，草、木、瓦、石才能真正地有良知。就像《中庸》里讲，"喜怒哀乐之未发，谓之中；

发而皆中节，谓之和。中也者，天下之大本也；和也者，天下之达道也。致中和，天地位焉，万物育焉"。我们每个人修养到中和的程度，也就是良知的程度了，天地才各正其位呀！天地正不正就在我们人心啊！天给我们这种自然的恩惠，我们人类能不能用得好，在于我们人心啊！我们人心正了，"万物育焉"，万物才能很好地繁育，正常地生长啊！所以这里讲的草、木、瓦、石，都是有良知的，就因为有良知的人善待它们。如果没有良知的人面对自然界，草、木、瓦、石也将被扭曲啊。**岂惟草、木、瓦、石为然，天地无人的良知，亦不可为天地矣**。难道只有草、木、瓦、石是这样的吗？天地没有人的良知，也就不是天地了。**盖天地万物与人原是一体，其发窍之最精处，是人心一点灵明**。天地万物与人原本是一体的，它最精妙的开窍之处，就是人心的一点灵觉清明。"一点灵明"就是良知，良知是人的统帅，是万物的统帅。**风、雨、露、雷、日、月、星、辰，禽、兽、草、木、山、川、土、石，与人原只一体。故五谷禽兽之类，皆可以养人；药石之类，皆可以疗疾：只为同此一气，故能相通耳。"**风雨露雷，日月星辰，禽兽草木，山川土石，与人原本都是一体的。因此，五谷禽兽之类都可以养育人，药石之类都可以治疗疾病，只因为它们的气是相同的，因此能够相通。要不相同，怎么能治自己的病呢？要不相同，怎么能养育我们人类呢？所以都是相同相通的。

二七五

先生游南镇，一友指岩中花树问曰："天下无心外之物，

如此花树，在深山中自开自落，于我心亦何相关？"先生游览南镇，一位朋友指着岩石中的花树问，天下没有心外的事物，就像这花树，在深山中自开自落，与我的心有什么关联呢？**先生曰："你未看此花时，此花与汝心同归于寂。你来看此花时，则此花颜色一时明白起来。便知此花不在你的心外。"**先生说，你没看到这花时，这花与你的心同属于寂静。你来看到这花时，这花的颜色一下子就显现明白起来，就知道这花不在你的心外了。这个地方有些佛教的味道。

二七六

问："**大人与物同体，如何《大学》又说个厚薄？**"德洪问，先生你说大人物与事物同是一个整体，为什么《大学》却要分个厚薄呢？既然是同体，怎么有厚薄呢？怎么还有远有近，有亲有疏呢？

先生曰："**惟是道理，自有厚薄。**先生说，只是因为道理本来就有厚薄之分。**比如身是一体，把手足捍头目，岂是偏要薄手足，其道理合如此。**比如，人的身体是一个整体，用手脚保护头部和眼睛，难道是要故意轻视手脚吗？只是道理应当如此罢了。天道就是如此，都是一体，都重要，但是手脚就是保护脑袋和眼睛的。**禽兽与草木同是爱的，把草木去养禽兽，又忍得？**我们对禽兽与草木都是关爱的，却用草木去饲养禽兽，又怎么忍心呢？**人与禽兽同是爱的，宰禽兽以养亲与供祭祀、燕宾客，心又忍得？**我们对人与禽兽都是关爱的，宰杀禽兽来奉养亲人，供于祭祀，宴请宾客，那又怎么忍心呢？**至亲与路人同是爱的，如箪食豆羹，得则生，不得则死，不能两全，宁救至亲，不救路人，心又忍得？**我们对待至亲与路人都是关爱的，如果只有一碗饭、一碗汤，吃了这饭就能活，不吃这饭就得死，不能两全，就宁愿去救至亲，而不去救路人，这又怎么忍心呢？**这是道理合该如此。**这就是道理本该如此罢了。这是天道。**及至吾身与至亲，更不得分别彼此厚薄。**至于自己和亲人，就更不会分个厚此薄彼了。**盖以仁民爱物，皆从此出；此处可忍，更无所不忍矣。**所以对待民众的仁爱和对物的关爱，都是从内心发出来的；在这里若能忍心，也就没有什么不能忍心的了。仁民爱物，这是孟子的观点，"亲亲而仁民，仁民而爱物"。对自己的亲人要亲，对工作所及的周边群众要关爱，对万物要爱惜。**《大学》所谓厚薄，是良知上自然的条理，不可逾越，此便谓之义；顺这个条理，便谓之礼；知此条理，便谓之智；终始是这条理，便谓之信。**"《大学》所谓的厚薄，是良知上的自然而然的条理，不能逾越，这就称为义；遵循这个条理，就称为礼；明白这个条理，就称为智；始终能坚持这个条理，就称为信。

二七七

又曰："**目无体，以万物之色为体；耳无体，以万物之声为体；鼻无体，以万物之臭为体；口无体，以万物之味为体；心无体，以天地万物感应之是非为体。**"先生又说，眼睛没有本体，万物的颜色就是它的本体；耳朵没有本体，万物的声音就是它的本体；鼻子没有本体，万物的气息就是它的本体；嘴巴没有本体，万物的味道就是它的本体；心灵没有本体，天地万物感应的是非就是它的本体。这里的"色"字相当于佛教的色即是空，空即是色的色。色不是颜色，是物，是实体。这个万物之色就是万物形态，包括颜色，包括形状。就是以万物的形态为体。以天地万物感应之是非为体，这个体是表现、体现作用。

二七八

问"夭寿不贰"。德洪问老师"夭寿不贰"的问题。这是《孟子·尽心上》里的话，"夭寿不贰，修身以俟之，所以立命也"。无论寿命长短，都不改变自己的态度，不贰其心，只是修身养性等待天命，这就是确立正常命运的方法。

先生曰："学问功夫，于一切声利嗜好俱能脱落殆尽，尚有一种生死念头毫发挂带，便于全体有未融释处。先生说，学问的功夫，在一切名利嗜好方面都能完全摆脱得掉，但尚有一种怕死的念头牵挂在心里，有了影响生死的念头再去坚持修养，就不能与全体全部融通，这种拖累比较重。王阳明说这个话是有根据的，他到了贵州龙场驿，首先想到的是这个地方太难以生存了，怎么活下去，怎么坚持下去，也有过死的念头。但是一转念，不能死，为了父亲，为了家，为了名声，不能死。我将来还可能做事，我要用自己的行动来表明我是什么样的人。就像白居易写的，"向使当初身便死，一生真伪复谁知？"别的困难好克服，唯独生死这个问题不好克服。所以就不能完全与本体融会贯通。王阳明正因为能正确对待生死，正确对待人生，正确对待人生与社会价值的问题，所以他没死，坚持了下来。**人于生死念头，本从生身命根上带来，故不易去**。人的生死念头，本来就是从生命根源处带来的，因此不容易去除。**若于此处见得破，透得过，此心全体方是流行无碍，方是尽性至命之学**。"如果在这里看得破、看得透，这颗心才能完全做到畅通无碍，才是尽性至命的学问。正确对待生死，才能够尽性至命，修养成功。

二七九

一友问："欲于静坐时，将好名、好色、好货等根逐一搜寻，扫除廓清，恐是剜肉做疮否？"一位学友问，想在静坐时，把好名、好色、好利等病根逐一找到，清除干净，这恐怕是剜除烂肉而生新疮吧？

先生正色曰："这是我医人的方子，真是去得人病根。更有大本事人，过了十数年，亦还用得著。先生严肃地说，这是我治疗病人的药方，真的能去除人的病根，本事再大的人，过了十几年也还用得着。**你如不用，且放起，不要作坏我的方子。"**你要是不用，就放下，不要糟踏了我的方子。

是友愧谢。这位朋友很惭愧地道歉。

少间曰："此量非你事，必吾门稍知意思者为此说以误汝。"过了一会儿，先生说，这个事料想不是你的意思，一定是我门下的学生，稍懂一点意思的人，这样说误导了你。

在坐者皆悚然。在座的人都严肃起来。

一友问功夫不切。一位朋友请教功夫不真切怎么办。

先生曰："学问功夫，我已曾一句道尽，如何今日转说转远，都不著根？"先生说，学问的功夫，我已经用一句话说明白了，怎么现在还是越说越远，还是不得要领呢？

对曰："致良知盖闻教矣，然亦须讲明。"学友说，听过老师讲致良知了，然而还需要您再明白地讲讲。

先生曰："既知致良知，又何可讲明？良知本是明白，实落用功便是。不肯用功，只在语言上转说转糊涂。"先生说，既然知道了致良知，还有什么可以讲的呢？良知本来明明白白的，只要踏实用功就行了。不肯用功，只在语言文字上说，就越说越糊涂了。

曰："正求讲明致之之功。"德洪说，正是要请您讲明致良知的功夫。

先生曰："此亦须你自家求，我亦无别法可道。先生说，这也必须是你自己去寻求，我也没有别的方法可以传授了。昔有禅师，人来问法，只把麈尾提起。以前有一位禅师，有人来问法，他只是把拂尘提起来。一日，其徒将麈尾藏过，试他如何设法。一天，他的弟子把他的拂尘藏起来了，试试他怎么讲法。禅师寻麈尾不见，又只空手提起。禅师找不到拂尘，就只是空手提起，做个提拂尘的样子。我这个良知就是设法的麈尾，舍了这个，有何可提得？"我这个良知就好比是禅师的麈尾，除了这个，还有什么可提的呢？

少间，又一友请问功夫切要。过了一会儿，又有一位朋友请教功夫的要领。

先生旁顾曰："我麈尾安在？" 先生向旁边看了看说，我的拂尘在哪呢？

一时在坐者皆跃然。一时间，在座的人都哄堂大笑起来。有些东西也不必问得太细，老师也不能解得太细，良知、致良知说得明明白白的，你自己去做。至于品味，还是王阳明的那句话，"哑巴吃苦瓜，有苦说不得，要知苦瓜苦，还需我自吃"。致良知这个问题，按良心办就是了。所以王阳明的意思已经说清楚了，传道也就传到这个份儿上了，剩下的还得人们内心自己动，自己知，自己求。

二八一

或问"至诚"、"前知"。有学友请教"至诚""前知"的问题。"至诚""前知"是《中庸》里的话，"至诚之道，可以前知"。但是这个"前知"不是预测，是指诚心实行的主张或诚心办事，是能够预先推知的。就像孔子说，"不逆诈，不亿不信，抑亦先觉者，是贤乎！"不主动地去设想他，琢磨他，但是他做坏事我马上知道他。这个前知是指圣人修养到一定程度。

先生曰："诚是实理，只是一个良知。先生说，诚是实在的道理，只是一个良知。**实理之妙用流行就是神，其萌动处就是几，诚、神、几曰圣人**。这个实在道理的奇妙作用一旦流行起来就是神，以实在道理去活用，具体问题具体分析，具体对待，不拘泥，对各种事物皆能富有针对性地妥善解决，就是神。它的萌动处就是"几"，这个"几"有隐微、奥妙的意思，诚、神、几等方面都做到了，就叫圣人。这和孟子的美大圣神都是一致的。"大而化之之谓圣，圣而不可知之之谓神。"圣而不可知之就是这个"几"。**圣人不贵前知。祸福之来，虽圣人有所不免**。圣人不占卜、不预测，他不贵在能够先知。祸福的发生，即使是圣人也无法避免。**圣人只是知几，遇变而通耳**。圣人只是明白事物的发展规律，遇到突变能够随机应变而已。不管事物怎么发展变化，他都能够随着发展变化而解决问题，出现什么困难都能通，都能达。**良知无前后，只知得见在的几，便是一了百了**。良知不分前后，只要明白规律，抓住隐微的关键，就是一了百了。**若有个'前知'的心，就是私心，就有趋避利害的意**。你要有"前知"的心，那就是私心，就有趋利避害的这种意识。**邵子必于前知，终是利害心未尽处**。"邵雍主张追求前知，终究是因为利害之心没有完全去除。关于宋朝时的邵雍在历史上评述多有分歧，正统理学派没有把邵雍纳入其中，就像南宋朱熹编的《近思录》，选北宋四子就没有邵雍，选的是周敦颐、程颢、程颐和张载。在研究《易经》的浩瀚著作当中，倡导《易经》的主流思想都不肯定邵雍，把邵雍的《易经》学放到了数术里边，数术就不是经注里边的。但是到了清朝末期，特别是尚秉和先生研究的《易经》学被充分肯定，他强调"易象"，主张一切都是由象来决定的，这个观点很被人肯定！尚秉和先生肯定邵雍，他还肯定历史上研究卦爻的主流思想家所否定的京房和焦赣。所以这个事情都不是简单的。尚秉和有好多东西我们一看，非常拥护；但另一面，他肯定的这几个人在历史上从来就不被肯定，从历史材料上看，在当时也是否定的。所以关于邵雍这个问题，我们只能尊重前人留给我们的一些结论，因为我们没有仔细去研究他，邵雍的这些占卜东西、推测的东西，到底科学与否，我们是下不了结论的。所以邵雍在历史上的地位大家是有分歧的。在这里要明白一个问题，就是"前知"和圣人的这个"几"不一样，它不是预测。圣人学道，他把世间道的规律，整个大自然的规律掌握之后，出现什么问题，他都能抓住问题的要害和解决的主要方法，所以它和占卜不一样。

二八二

先生曰："**无知无不知，本体原是如此**。先生说，无所谓知也无所谓不知，知的本体原本就是这样的。**譬如日未尝有心照物，而自无物不照。无照无不照，原是日的本体**。就比如太阳，从未有意去照耀万物，然而没有任何事物不在它的照耀之下。所以无所谓照耀也无所谓不照耀，原本就是太阳的本体。**良知本无知，今却要有知；本无不知，今却疑有不知，只是信不及耳！**"良知本来没有知，现在却要它有知；本来是无不知的，现在却怀疑它有所不知，这只是对良知不够坚信罢了。如果我们笃诚地相信良知就是人的本体，良知就是人一生修养追求的最高境界，那么就没有其他的疑虑。如果没有疑虑，也就不会提出良知本来有没有啊？遇事的时候才有吗？这些问题统统不会提出来的。就是你信良知笃诚否？真切否？他强调这个问题。

二八三

先生曰："'**惟天下至圣，为能聪明睿智**'，旧看何等玄妙，**今看来原是人人自有的**。先生说，《中庸》里讲，只有天下最圣贤的人，才能做到聪明睿智。以前看是何等的玄妙啊，如今看来原本人人都有啊。没什么悬念，谁都能做到聪明睿智，就看你做不做。聪明睿智也不是绝对的，它是相对的，就看在什么范畴内你是最聪明睿智的，人不可能在所有范畴内都是聪明睿智的。就像庄子写的，一只青蛙在一个很小的泥潭里头，它爬来爬去，感到又温暖，又惬意，又自由，心里又畅快。那么它在这个范围内，是最聪明睿智的。换个环境，它就不是聪明睿智了。所以在这个意义上说，聪明睿智，人人自有的。**耳原是聪，目原是明，心思原是睿智，圣人只是一能之尔。**耳朵本来就聪，眼睛本来就明，心灵本来就睿智，圣人只是都能做到罢了。**能处正是良知，众人不能，只是个不致知，何等明白简易！"**圣人能中正地处理事务，这就是致良知，一般的人不能处正，只是因为不能致良知，这道理是何等的简单明了。所以"惟天下至圣，为能聪明睿智"，实际上来讲，一般人也具有的。而跟圣人的区别，就是能不能致良知。

二八四

问："**孔子所谓'远虑'，周公'夜以继日'，与'将迎'不同。何如？"**德洪问，孔子所谓的"远虑"，周公的"夜以继日"，与"将迎"不同，为什么呢？孔子的"远虑"是在《论语》中，"人无远虑，必有近忧"。周公的"夜以继日"，这是《孟子·离娄下》里的。说大禹厌恶美味佳肴，"而好善言"；说汤，"汤执中，立贤无方"。他执中，立贤而没有拘泥的标准，选拔人才没有固定的框框；周文王，"视民如伤，望道而未之见"。总把老百姓看作是受伤的群体，希望自己实现这个仁道，就没实现，总是后悔自己做得不好啊。"武王不泄迩，不忘远。"对待周围的官员、将士尊重，对待远方的老百姓不忘怀。对谁都不懈怠，不傲慢。对别人尊重，对别人肯定，对别人表扬，不是装出来的，是自然地流淌出来的。"周公思兼三王，以施四事，其有不合者，仰而思之，夜以继日，幸而得之，坐以待旦。"周公考虑到大禹好善言，不腐败；汤不拘一格选拔人才；文王把老百姓始终看成是应该照顾的群体；武王对周围官员的这种亲切真诚，对远方人民的关爱。周公把这些东西合起来思考，来治理国家，检查自己的做法和这三个朝代、四个王的做法还有什么不合的地方，有不合之处，就考虑怎么改正。白天考虑不好，晚上接着考虑。一旦考虑出了一个新办法，能合乎先圣先贤的好做法，立即就兴奋得不得了，恨不得立即天亮，立即执行。能按照三个朝代、四个贤王的好做法解决现在的问题，周公总怕忘了，也兴奋，睡不着，就坐到天亮立即去落实。这就是"孔子所谓'远虑'，周公'夜以继日'"。"将迎"就是送事之往，迎事之来。这个词最早是程颢给张载写的信中提到的，"所谓定者，动亦定，静亦定；无将迎，无内外"。人要修养到一定程度，静是定的，就是动，有事办事它也是定的。将迎无妨，送事之往，迎事之来，处理送往迎来也不影响人的修养。程颢是这个意思。所以这个"远虑""夜以继日"与"将迎"是有不同的，为什么呢？这是学生提出的问题。

先生曰："'远虑'不是茫茫荡荡去思虑，只是要存这天理。 先生说，远虑不是空空荡荡地去思考，只是要存养天理。**天理在人心，亘古亘今，无有终始；天理即是良知，千思万虑，只是要致良知。** 天理在人心，从古到今，无始无终；天理就是良知，千思万虑，只是要致良知。**良知愈思愈精明，若不精思，漫然随事应去，良知便粗了**。良知越思考越精明，如果不精思细想，随便依事应付，良知就会粗糙了。**若只着在事上茫茫荡荡去思教做'远虑'，便不免有毁誉、得丧、人欲搀入其中，就是'将迎'了**。如果只是在具体事上空空荡荡去思考，死凿在具体事上，这样教人远虑，就不免会有个人的毁誉、得失、私欲掺杂进去，这就是将迎了，就是一般的送往迎来了。孔子说，"人无远虑，必有近忧"。这个远虑是得按原则办事啊，得按正道办事啊。用王阳明的话说，就得按良知办事，只是要存着天理啊！所以孔子的"人无远虑，必有近忧"，他的远虑也就是要致良知，讲良心。**周公终夜以思，只是'戒慎不睹、恐惧不闻'的功夫，见得时，其气象与'将迎'自别。"**周公整夜思考，只是"戒慎不睹、恐惧不闻"的功夫，明白了这一点，他的气象就与"将迎"自然区别开了。周公就怕和禹、汤、文、武等圣贤的作为走样了，所以他昼夜思考。那这个思考也只是"戒慎乎其所不睹，恐惧乎其所不闻"的功夫，怕出错的功夫。真明白时，真懂得时，周公的意识、周公的气象与一般送往迎来的思考，自然就有区别。所以，概括起来讲，"远虑"和"将迎"二者只是有无私欲之别。

二八五

　　问："'一日克己复礼，天下归仁'，朱子作效验说，如何？"德洪问，《论语》中说"一日克己复礼，天下归仁"，朱子说这是从效验上来说的，他说得怎么样？"颜渊问仁。子曰：'克己复礼为仁。

一日克己复礼，天下归仁焉。为仁由己，而由人乎哉？'"就是一旦能做到克己复礼，天下就都归于仁德了。

先生曰："**圣贤只是为己之学，重功夫不重效验。**先生说，圣贤只是为了自己的学问修养，改造自己，提升自己，所以注重修养的过程，不苟且，而不注重效验。**仁者以万物为体，不能一体，只是己私未忘。**有仁爱之心的人以万物为一体，如不能为一体，那只是自己的私欲没有忘掉。**全得仁体，则天下皆归于吾仁，就是'八荒皆在我闼'意，天下皆与其仁亦在其中。**如能得到复仁的本体，那么天下就都归顺于仁了。这就是"四面八方都在我的门内"的意思了，天下皆归于仁，他们的仁德也在其中。仁者以万物为一体，只有修养到了仁德，才有这个包容，才能够容别人。反过来，别人才愿意被你容。**如'在邦无怨，在家无怨'，亦只是自家不怨，如'不怨天，不尤人'之意。**就像"在邦无怨，在家无怨"，也只是自己不怨，就像"不怨天，不尤人"的意思。这两句话是孔子回答仲弓问仁的时候说的话，"出门如见大宾，使民如承大祭。己所不欲，勿施于人。在邦无怨，在家无怨"。一般的解释就是你做得这么好，你在家在邦，都不会对你有怨言。可是王阳明从另一面解释了，在哪里都不怨，是由于你不怨，才能得到别人的不怨。"不怨天，不尤人。"这也是《论语》上的话，不埋怨天，不罪责人。**然家邦无怨于我亦在其中，但所重不在此。**"然而家、邦对我都没有怨恨，也包含在里边了。但这里所看重的不是这个。这里所看重的是我自己不怨。王阳明读四书很深刻，他揭示的视角跟一般读书人不一样。

二八六

问:"孟子'巧力圣智'之说,朱子云:'三子力有余而巧不足。'何如?"德洪问,孟子有"巧力圣智"的说法,朱子说"三子力有余而巧不足",怎么理解呢?"巧力圣智"是说孟子讲圣人的智慧能力,他做了个比喻,比如射箭,伯夷、伊尹、柳下惠,还有孔子,虽然他们都是圣人,但他们很不同。他们射箭都能射到靶子上,但是能不能射中那个圆心,这个就得看巧智;能不能射到,看的是他的力量。这是孟子的"巧力圣智"之说。而朱子说,"三子力有余而巧不足",这个三子就是伯夷、伊尹、柳下惠。是说三子虽也为圣人,但智还稍显不足。

先生曰:"三子固有力,亦有巧,巧力实非两事。先生说,三个人固然有力,但也有巧智,只是巧和力实际上并不是两件事。巧亦只在用力处,力而不巧,亦是徒力。巧也就是巧在用力处,只有力而没有巧,也只是白用力。三子譬如射:一能步箭,一能马箭,一能远箭;他射得到,俱谓之力,中处俱可谓之巧。这三个人好比射箭,一个能步行射箭,一个能骑马射箭,一个能远距离射箭。他们能射到靶子,都称为有力气,能射中靶心,则都可以称之为巧。但步不能马,马不能远,各有所长,便是才力分限有不同处;孔子则三者皆长。但是步行射箭的不能骑射,骑射的不能远射,各有所长吧,这便是才力有不同区别的地方;孔子则是兼有他们三位所长。然孔子之和,只到得柳下惠而极;清,只到得伯夷而极;任,只到得伊尹而极。然而孔子在和的问题上只到得柳下惠的极致;在清白问题上,只到得伯夷的极致;在担当精神上，只到得伊尹的极致。**何曾加得些子？**不能再增加一丁点了。**若谓'三子力有余而巧不足'，则其力反过孔子了。**如果说这三位圣贤他们力有余而巧不足，那他们的力量反而超过孔子了。那就是巧不如孔子的问题了。这三位圣人各有其长，如果提问说"三子力有余而巧不足"，那力是他的基本长处。三子的基本长处是，柳下惠的和、伯夷的清、伊尹的担当精神，他们的长处有余，那就是说孔圣人在这点上赶不上他们了。但不是这么个理解法，孔圣人达到了他们三人的最高点，所以不能说他们三者力有余。**巧力只是发明圣知之义，若识得圣知本体是何物，便自了然。**"巧和力只是用来明确圣与知的含义，如果能够明白圣与知的本质意义是什么，就自然会明白了。这个本体就是天理人心。在这里学生提出来"巧力圣智"的问题，王阳明又进一步深刻地揭示了问题的本真。

二八七

先生曰："'先天而天弗违'，天即良知也；'后天而奉天时'，良知即天也。"先生说，先天生而与天不相违背的，天就是良知；后天生培养而顺奉于天时的，良知就是天。这个话是《易经·乾卦》文言中的。虽然我不成熟，我先走了一步，后来那个理论标准出来了，一对照，我还没完全违背后来出来的这个标准，也就是先天生而不违天。后天生的又紧随天时。总之，先也好后也好，都能够循天、尊天、奉天而行。只有这样才能够存在，才能够发展。文言上说，"天且弗违，而况于人乎？况于鬼神乎？"天都不违，人怎么能违呢？神怎么能违呢？修养到一定程度，怎么做都不违道，这也就是孔子说的"七十而从心所欲，不逾矩"。

二八八

"良知只是个是非之心，是非只是个好恶，只好恶就尽了是非，只是非就尽了万事万变。"先生说，良知只是个辨别是非的心，是非就是欢喜与厌恶；明白了欢喜与好恶，就能完全明白是非；只要明白是非，就能穷尽万事万物的变化。

又曰："是非两字，是个大规矩，巧处则存乎其人。"先生又说，是非两个字，这是个大规矩。懂得对错，懂得真假，懂得诚实还是虚伪，这是个大规矩，这是个大问题。但是，如何能"巧处"，巧妙地知道，巧妙地对待，这个方法则存在每个人的心中，就不一样了。这是"存乎其人"，个人有个人的存养法。

二八九

"圣人之知如青天之日，贤人如浮云天日，愚人如阴霾天日，虽有昏明不同，其能辨黑白则一。圣人的良知就像晴天的太阳，贤人的良知就像有浮云时的太阳，愚人的良知就像被雾霾笼罩着的太阳，虽然有昏暗和明亮的不同，但都懂得黑白，都懂得是非，在能辨别黑白是非上是一样的。虽昏黑夜里，亦影影见得黑白，就是日之余光未尽处；困学功夫，亦只从这点明处精察去耳！"即使是昏暗的黑夜里，也能影影绰绰地看到黑白，那就是太阳的余光没有完全被遮蔽的地方；遇到困难而开始学习的功夫，也只能从这点光明中去精心体察。就算一个人很愚昧，但总也会有一点亮，比如还懂得孝敬父母。这就是黑暗当中的那点亮，有点亮就好影响他，就好教诲他。如果父母都不好，那就没亮了，不好教诲了。在黑暗之中还有点亮，能追求这个光明，这叫"困学功夫"。就在这点明亮处给他方向，给他信心，给他动力。这点亮，就是良知未泯。

二九〇

问："知譬日，欲譬云，云虽能蔽日，亦是天之一气合有的，欲亦莫非人心合有否？"德洪问，良知好比是太阳，私欲好比是云彩，云彩虽然能遮蔽太阳，那也是天气中本来应有的，私欲莫非也是人心中本来应该有的吗？

先生曰："喜、怒、哀、惧、爱、恶、欲，谓之七情。先生说，喜、怒、哀、惧、爱、恶、欲，叫作七情。七者俱是人心合有的，但要认得良知明白。这七种情感都是人心中本来应该有的，但要把良知认得清楚明白。比如日光，亦不可指着方所；一隙通明，皆是日光所在；虽云雾四塞，太虚中色象可辨，亦是日光不灭处，不可以云能蔽日，教天不要生云。比如日光，也不能只照一个方向；只要有一丝光明，都是阳光所在；即使是云雾缭绕，天空中颜色、形状都可以辨得，那也是阳光不能熄灭的地方，不能因为浮云能够遮蔽太阳，就让天不要生出浮云来。七情顺其自然之流行，皆是良知之用，不可分别善恶，但不可有所着；七情顺其自然地生发流行，这都是良知的运作，不能把七情分成善与恶，但也不能有所执着；顺其自然之流行，不是人为的流行，不是勉强的流行，随着自然流行就都是良知。王阳明不将修养说得很玄。人的七情六欲要合乎自然的流行，那就是天道，就是天理人心，就是良知。你过分了，你不及了，那就不是良知，你就是违背天理了。这个就和戴震的观点相吻合了，他认为，"性之欲之，不可无节也。节而不过，则依乎天理，非以天理为正，人欲为邪也。天理者，节其欲而不穷人欲也。是故欲不可穷，非不可有。有而节之，使无过情，无不及情，可谓之非天理乎？"这就是肯定自然的性与欲，节制非分的性与欲，不要过分节制。**七情有着，俱谓之欲，俱为良知之蔽；**七情有了执着，就称为私欲，那都是良知的蒙蔽。我喜欢这个东西喜欢得不得了，这就叫欲。**然才有着时，良知亦自会觉，觉即蔽去，复其体矣！**然而一旦有所执着，良知就会自行察觉，察觉了就立即去掉这个障蔽，良知的本体就会得以恢复。**此处能勘得破，方是简易透彻功夫。**"就在此处能够看得透，那才是简单彻底的功夫啊。

二九一

问："**圣人生知安行是自然的，如何有甚功夫？**"有人问，圣人生而知之，安而行之是自然的，这有什么功夫呢？

先生曰："**知行二字即是功夫，但有浅深难易之殊耳。**先生说，知和行二字就是功夫，只是有深浅难易的区别罢了。**良知原是精精明明的，如欲孝亲，生知安行的只是依此良知，实落尽孝而已；**良知原本是清清明明的，比如要孝敬父母，生知安行的人只是依照良知，落实尽孝而已。**学知利行者只是时时省觉，务要**

依此良知尽孝而已；学知利行的人只是时时刻刻警觉，以务必要依照良知尽孝而已。**至于困知勉行者，蔽锢已深，虽要依此良知去孝，又为私欲所阻，是以不能，必须加人一己百、人十己千之功，方能依此良知以尽其孝。**至于困知勉行的人，良知被遮蔽禁锢已经很深了，虽然要依此良知去尽孝，又被私欲所阻碍，因此不能，必须加上百倍、千倍于人的功夫，才能依得了此良知去尽孝。**圣人虽是生知安行，然其心不敢自是，肯做困知勉行的功夫。**圣人虽然是生知安行，然而他们内心不敢自以为是，而愿意去做困知勉行的功夫。他自己本来很自然地孝敬父母，还要做普通人督促自己孝敬父母的功夫。**困知勉行的，却要思量做生知安行的事，怎生成得？**"困知勉行的人却要做生知安行的事，那怎么能做成呢？我们周边的一些人，包括我们自己的心，无端的烦恼往往起于不自量，往往起于不知道自己是个什么位置、什么能力、什么价值、什么作用。应该怎么做事，应该做哪些事，这些事弄不明白，就会有无穷无尽的烦恼。这些问题都需要教化，教化会解决好多问题，一定要知道哪些事是自己应该做的。

二九二

问："**乐是心之本体，不知遇大故于哀哭时，此乐还在否？**"德洪问，快乐是心的本体，不知道遇到大的变故而哀哭的时候，这个乐还在不在？

先生曰："**须是大哭一番方乐，不哭便不乐矣。虽哭，此心安处即是乐也，本体未尝有动。**"先生说，一定要大哭一场之后才能快乐，不哭就不能快乐。虽然哭，此心得到安慰就是快乐的，心的本体没有变动。回答得好！需要哭就得哭，哭了才能乐。

二九三

问："良知一而已：文王作《彖》，周公系《爻》，孔子赞《易》，何以各自看理不同？"德洪问，良知只是一个而已：但周文王作了卦辞，周公写了爻辞，孔子写《十翼》以赞《易经》，他们各自对易理的看法为什么不同呢？

先生曰："圣人何能拘得死格？先生说，圣人怎么能拘泥于死板教条呢？大要出于良知同，便各为说何害？只要大的方面都出自于相同的良知，即使各自说法有些不同，有什么害处呢？有什么不可以的呢？且如一园竹，只要同此枝节，便是大同。就好像一片竹子，只要是枝节相同，那便是大同了。若拘定枝枝节节，都要高下大小一样，便非造化妙手矣。如果一定要拘泥于枝枝节节，要大小高矮都一样，那就不是自然造化的神奇之处了。汝辈只要去培养良知。良知同，更不妨有异处。汝辈若不肯用功，连笋也不曾抽得，何处去论枝节？"你们只要去培养良知。良知相同了，那就不妨有些不同之处。你们如果不肯用功修养良知，那就像连竹笋都没有长出来，哪里还能谈什么枝节的问题呢？所以，王阳明强调只要良知相同，指导思想相同，具体细节有些差别也是可以的。如果良知不抓住，不很好用功，那就连竹笋都抽不出来，还论什么竹子有没有枝节啊？

二九四

乡人有父子讼狱，请诉于先生，侍者欲阻之。乡里有父子二人打官司，告状到先生这里请先生评判，侍从人员想拦着不让见。**先生听之，言不终辞，其父子相抱恸哭而去。**先生听了他们的诉说，开导的话还没说完，这对父子就相互拥抱着痛哭而去。

柴鸣治入问曰："先生何言，致伊感悔之速？"柴鸣治进来问道，老师你怎么讲的，他们这样快就认识各自的错误了，就表示改正了呢？

先生曰："我言舜是世间大不孝的子，瞽瞍是世间大慈的父。"先生说，我是这样说的，舜是世间最不孝的儿子，瞽瞍是世间最慈爱的父亲。

鸣治愕然请问。柴鸣治很是惊愕，向老师请教。

先生曰："舜常自以为大不孝，所以能孝。瞽瞍常自以为大慈，所以不能慈。先生说，舜常常认为自己大不孝，所以他能孝顺。瞽瞍常常以为自己很慈爱，所以他不能做到慈爱。**瞽瞍只记得舜是我提孩长的，今何不曾豫悦我，不知自心已为后妻所移了，尚谓自家能慈，所以愈不能慈。**瞽瞍只记得舜是他从小养大的，现在为什么不能让我高兴呢？却不知道自己的心已经被后妻改变了，还认为自己很慈爱，所以更加不能慈爱了。**舜只思父提孩我时如何爱我，今日不爱，只是我不能尽孝，日思所以不能尽孝处，所以愈能孝。**舜只想着父亲在他小时候如何爱他，现在不爱了，是因为他不能尽孝，于是每天都在想自己哪些地方不能尽孝，所以就更加孝顺了。**及至瞽瞍底豫时，又不过复得此心原慈的本体。**

等到瞽瞍高兴的时候，又只不过是恢复了心中原本慈爱的本体。**所以后世称舜是个古今大孝的子，瞽瞍亦做成个慈父。**"所以后世都说舜是个古今的大孝子，瞽瞍也跟着成了慈父。这地方非常值得玩味，越是最普通的事，越是这么简单的事，越是要万分小心的事。

二九五

先生曰："**孔子有鄙夫来问，未尝先有知识以应之，其心只空空而已；**先生说，曾经有山野村夫来请教孔子，孔子没有现成的知识来应对他，他的心中也是空空如也。**但叩他自知的是非两端，与之一剖决，鄙夫之心便已了然。**孔子只是询问村夫自己知道的事情来龙去脉，是是非非，给他分析，村夫的心中就明白了。**鄙夫自知的是非，便是他本来天则，虽圣人聪明，如何可与增减得一毫？**村夫自己知道的是非，本来就是他的天理规则，即使圣人再聪明，又怎么能增减他一分一毫？**他只不能自信，夫子与之一剖决，便已竭尽无余了。**只是村夫自己不能察觉，孔子一帮他分析，他就十分清楚了。**若夫子与鄙夫言时，留得些子知识在，便是不能竭他的良知，道体即有二了。**"如果孔子给村夫说道理的时候，留给他一些知识，那便不能竭尽他的良知，道和体就有二了，就不是一了。这是《论语》中的话，"有鄙夫问于我，空空如也。我叩其两端而竭焉"。王阳明在这里强调的是圣人启发了他的良知。他本来就有的明被私欲障蔽了，被怒气障蔽了，被过于喜、过于悲的情绪障蔽了。圣人把他一调整，把障蔽揭掉，良知本来就有的明就恢复了，他就明白了。人皆有良知天理，启发他体味天理，然后剖判，他才真正认识到正、恶。但剖判者须是良知者，须是知行合一者。

二九六

先生曰：**"'烝烝乂，不格奸'，本注说象已进进于义，不至大为奸恶。**先生说，《尚书》中的"烝烝乂，不格奸"，在后来的注释本中说，象已经上进到接近于义了，不至于去做大奸大恶的事。《尚书》上讲，尧是"烝烝乂"，使得正义的东西一天比一天向上，善的东西越来越广泛，熏陶的面越来越大，他用义扩大范围来熏陶不义，熏陶奸恶。"不格奸"，就是不用暴力把它铲除。今天的话就是教化、影响、化育，《尚书》是倡导这个的。**舜征庸后，象犹日以杀舜为事，何大奸恶如之！**舜被尧征召做官后，象仍然每天想着怎么杀舜，那这与大奸大恶有什么区别呢？**舜只是自进于义，以义薰烝，不去正他奸恶。**舜只是自己天天做得好，还以正义去熏蒸、感化、安抚他，不去直接纠正他的奸恶。**凡文过掩慝，此是恶人常态，若要指摘他是非，反去激他恶性。**凡是文过饰非，刻意掩盖的，都是奸恶之人的常态，如果直接去指责他的是非，反而会刺激他的恶性。《史记·殷本纪》中说，"知足以距谏，言足以饰非"。以纣王的智慧，就是什么好的建议，他都能给你驳回去；他的语言足可以掩饰自己的过错。**舜初时致得象要杀己，亦是要象好的心太急，此就是舜之过处。**舜在开始的时候使得象杀自己，也是希望象能成为好人的心过于着急了。这就是舜的过错吧。**经过来，乃知功夫只在自己，不去责人，所以致得'克谐'，此是**

舜'动心忍性，增益不能'处。经历了这个事，才知道功夫在自己，舜逐渐懂得象怎么样也是改变不了的，要想改变只得改变自己，不去责备别人，所以做到能与象和谐相处。这就是舜的动心忍性，不断提升自己的地方。**古人言语，俱是自家经历过来，所以说得亲切；遗之后世，曲当人情。**古人留下的话，都是自己经历后的经验总结，所以说得都很亲切，流传到后世，仍然适用。**若非自家经过，如何得他许多苦心处？**"如果不是自己经历过的，怎么能体会到这些圣贤的苦心呢？圣人待恶弟，望其为善，也是急不得的，急就是助，就是拔苗助长，自己急了，也是拔自己的心性。

二九七

先生曰："古乐不作久矣。今之戏子，尚与古乐意思相近。"先生说，古代的音乐已经很长时间不流行了，现在的戏曲乐调还与古代音乐的味道相近。

未达，请问。德洪没明白，请问老师。

先生曰："《韶》之九成，便是舜的一本戏子。《武》之九变，便是武王的一本戏子。先生说，《韶》乐的九章，是舜的一部乐曲剧本。《武》乐的九变，便是武王的一部乐曲剧本。这个戏子就是剧本之意。《论语》中有，"子谓《韶》，'尽美矣，又尽善也'。谓《武》，'尽美矣，未尽善也'"。《韶》乐就是舜的乐，舜当年南巡，在韶山演乐。**圣人一生实事，俱播在乐中。**圣人平生的事迹，都记录在乐曲之中了。**所以有德者闻之，便知他尽善尽美与尽美未尽善处。**所以有德之人听到它，就能知道其中的尽善尽美与尽美不尽善之处了。**若后世作乐，只是做些词调，于民俗风化绝无关涉，何以化民善俗？**如果后世的人作乐，只是写一些词调，和民风教化毫无关系，那怎么能用来教民向善呢？**今要民俗反朴还淳，取今之戏子，将妖淫词调俱去了，只取忠臣孝子故事，使愚俗百姓人人易晓，无意中感激他良知起来，却于风化有益。然后古乐渐次可复矣。**如今要求民风返璞归真，就把今天的戏曲剧本拿来，去掉乐曲中所有的妖淫词调，只保留忠臣孝子的故事，使得愚昧的平民百姓都容易理解，在不知不觉中激发他们的良知，这样对移风易俗很有帮助。然后古之乐才能逐渐地恢复起来。王阳明认为把音乐进行改革，把这些靡靡之音改一改，换成像《韶》乐、《武》乐那样的，考虑到对民俗的影响，借鉴唱戏里面有益的词调，那么久而久之就会影响人民良知的启发。其实在古代，一提到古乐、古音、古文云云，好像是复古，实质都是对当时存在的一些不端的思想行为的一种改革和改造，都是托古改制。那时不可能有人站出来说，我的思想是对的，你们照我的来，那时也没有什么主义。但是你可以提，照着尧、舜、禹、孔子的办，那就有人信你了。所以好像是在复古，事实上是打着古人的旗号，办今天人要办的有益事。托古改制，自古有之。

曰：“洪要求元声不可得，恐于古乐亦难复。”德洪说，我想要元声的基本音调，都找不着，恐怕复古音乐就更加困难了吧。就是最原始的那个音调，是用竹管子从大自然天籁之中取得的这个声，作为一个标准声。

先生曰：“你说元声在何处求？”先生说，德洪你说元声应该从哪里能得到？

对曰："**古人制管候气，恐是求元声之法。**"德洪回答说，古代人制造取音的律管来候气，等待节气，这也许是求得元声的办法。古人制作个竹管子，上边钻几个孔，里边装些草灰，就是芦苇烧成的灰，等到冬至那一天，西北风一吹，所得之音就是元声。什么样的孔出什么样的声音。古时候讲"宫、商、角、徵、羽"。

先生曰："**若要去葭灰黍粒中求元声，却如水底捞月，如何可得？元声只在你心上求。**"先生说，如果要从葭灰黍粒中寻求元声，那就如同水中捞月，怎么能得到呢？元声只能在你自己的心中觅求。

曰："**心如何求？**"德洪问，在心上如何求啊？

先生曰："**古人为治，先养得人心和平，然后作乐。**先生说，古代人为治乐，首先是要把人培养得心平气和，而后才开始作乐。**比如在此歌诗，你的心气和平，听者自然悦怿兴起。只此便是元声之始。**比如在这里吟诗唱赋，首先你的心气平和，听的人自然就感到身心愉悦，这就是元声的开始处。王阳明的这个说法是对的，《毛诗序》也说，人心一高兴了，"不知手之舞之，足之蹈之"，就发声了嘛，发声了就有了音乐，就有了舞蹈，是很自然的。**《书》云'诗言志'，志便是乐的本。'歌永言'，歌便是作乐的本。'声依永，律和声'，律只要和声，和声便是制律的本。**《尚书·尧典》中讲，"诗言志"，那么这个志就是乐的根本；"歌永言"，这个歌就是作乐的根本；"声依永，律和声"，音律只要与声音和谐一致，声音和谐就是制定音律的根本。**何尝求之于外？**"怎么能到心外去求呢？这不是用什么管子、什么芦苇灰的问题。

曰："**古人制候气法，是意何取？**"德洪问，古人以律管候气的方法取声，又是什么依据呢？

先生曰：**"古人具中和之体以作乐。**先生说，古人当具备了中和的心体之后才开始作乐。他得具备中和之体，中和的思想，中和的情感，而后作乐。**我的中和，原与天地之气相应；候天地之气，协凤凰之音，不过去验我的气果和否。**我的中和之气，本来与天地之气相应；等待天地之气，与凤凰之音相和谐，以此来验证我心中之气是不是真正的中和。**此是成律已后事，非必待此以成律也。**这是制成音律之后的事，并不是非要以此为依据才能制成音律。**今要候灰管，先须定至日。然至日子时，恐又不准，又何处取得准来？"**如今要用灰管候节气，就必须先定在冬至这天。然而到了冬至的子时，又恐怕不准，那到哪里去找才能标准呢？王阳明批评了用候管取元声恢复古乐的做法，强调乐在人的心中。人心受社会自然的感动，流淌出来的音乐，这才是乐的根本。音乐源于社会实践，对古取元声法持怀疑态度。

二九八

先生曰：**"学问也要点化，但不如自家解化者，自一了百当。不然，亦点化许多不得。"**先生说，学问也是要经过别人的开导点化，但是，不如自己所觉悟的那样，自然一了百当，什么事都能豁然开朗。否则，也不能开导点化得太多。如果自己内因不化，内在学习不主动、无动力，那么谁教也不会。

二九九

"孔子气魄极大，凡帝王事业，无不一一理会，也只从那心上来。孔子的气魄宏大，大凡帝王的事业，大事小事，他都能一一加以体会，也都是从他的心上来。譬如大树有多少枝叶，也只是根本上用得培养功夫，故自然能如此，非是从枝叶上用功做得根本也。就好比一棵大树，无论有多少枝叶，也只是从根本上用培养的功夫，所以自然就能枝繁叶茂，而不是从枝叶上用功去培养根本。学者学孔子，不在心上用功，汲汲然去学那气魄，却倒做了。"现在的学者学习孔子，若不在心上用功，只是匆匆忙忙地学习孔子的大气魄，这却是把功夫做倒了。就是大树，也得从根上培养。学问，得从心上培养；道德，需要从心上培养。

三〇〇

"人有过，多于过上用功，就是补甑，其流必归于文过。"人犯了错误，多数的人只是在错误上用功，就好像修补破旧的瓦罐子，他的流弊一定是文过饰非。就错论错，这就等于打破了锅补锅，打破了碗补碗。所以人有过，一定要在根上去找原因，不要只是就事论事。

三〇一

"今人于吃饭时，虽无一事在前，其心常役役不宁，只缘此心忙惯了，所以收摄不住。"现在的人们吃饭时，虽然没人来打扰，没有事情于眼前，但是你的心忙忙碌碌的，非常烦乱，不得安宁，只是此心忙惯了，所以收摄不住。

三〇二

"琴、瑟、简编，学者不可无。盖有业以居之，心就不放。"琴、瑟与书籍，学者不可以不具备。一旦做官有空暇了，就可以弹琴、鼓瑟、看书，这样时时有圣人教诲，就不想入非非了，就不好高骛远了，就不心如欲壑了。未做官的学者也应如此。

三〇三

先生叹曰："世间知学的人，只有这些病痛打不破，就不是善与人同。"先生感叹说，人世间知道学习的人，如果这些毛病不克服了，就做不到善与人同啊。

崇一曰："这病痛只是个好高不能忘己尔。"欧阳崇一说，这种毛病也就是所说的好高骛远，而不能舍弃自己的利益。

三〇四

问："良知原是中和的，如何却有过不及？"德洪问，良知本来是中、是和的，是恰到好处的，如何还有过和不及呢？

先生曰："知得过不及处，就是中和。"先生说，知道了过与不及，这就是中和。

三〇五

"'**所恶于上**'，**是良知；'毋以使下'，即是致知。**"讨厌上边领导的恶劣作为，这就是良知；不以类似的方法对待下属，这就是致知。

三〇六

先生曰："苏秦、张仪之智也，是圣人之资。先生说，苏秦、张仪的谋略，也是圣人的资质了。在这里就看到，别的儒家大家都没有突破到这种程度，而王阳明非常实际，他承认苏秦、张仪他们的能力，承认他们的智慧是圣人的资质。**后世事业文章，许多豪杰名家，只是学得仪、秦故智。**后来的诸多事业文章，许多的豪杰名家，只是学到了张仪、苏秦用过的手段。即仪、秦的旧招。**仪、秦学术善揣摸人情，无一些不中人肯綮，故其说不能穷。**苏秦、张仪的学问更善于揣摩人情世故，没有哪一点不切中要害的，因此他们的学问看起来不能穷尽。**仪、秦亦是窥见得良知妙用处，但用之于不善尔。**"张仪、苏秦也是懂得良知的妙用之处，只是用在了不善的地方。王阳明肯定一些有才干的人，虽然德性方向上有些错误，但他的能力是不可否定的。如果他的能力用得好，那也是圣人。

三〇七

或问"未发已发"。 有人问"未发已发"的问题。"喜怒哀乐之未发，谓之中；发而皆中节，谓之和。"

先生曰："只缘后儒将未发已发分说了，只得劈头说个无未发已发，使人自思得之。 先生说，只因为后世儒者将未发已发分开来讲了，所以只能直接说没有未发已发，让世人自己思考而有所得。**若说有个已发未发，听者依旧落在后儒见解。** 如果说有一个未发已发，听讲的人就依然会回到后儒的见解上。**若真见得无未发已发，说个有未发已发，原不妨，原有个未发已发在。"** 如果真的能明白没有未发已发，那么即使讲有个未发已发，也没有什么事。原本就有个未发已发在嘛。那是喜怒哀乐有了未发，还是没有而未发？要是有了，看出来了那不已经发了吗？到底是有没有这个未发呀？在这方面，古往今来存疑很多。喜怒哀乐未发，按照王阳明说，"无善无恶心之体"，无善无恶就是未发的前提。而另有讲法，是喜怒哀乐有了而没发，他的意思是如果喜怒哀乐没有，你还没发，那算什么呀？有了没发，那才是高度修养。这两个观点的区别在这。其实在历史上，我们的圣贤从未把它绝对化，从未把它绝对分开，就是绝对的有或绝对的无。喜怒哀乐未发，就是未表现出来，没展示出来。所以王阳明讲，未发已发就不分说。

问曰："未发未尝不和，已发未尝不中；譬如钟声，未扣不可谓无，既扣不可谓有，毕竟有个扣与不扣，何如？" 德洪问，未发并非不和谐，已发也并非不中正；就好比钟声，没敲它不能说它无，敲了也不能说有，毕竟它有个敲与不敲的分别，是这样吗？

先生曰：“未扣时原是惊天动地，既扣时也只是寂天寞地。”
先生说，没有敲的时候原本就是惊天动地，敲了之后也只是寂静无声。这话是很费解的，需要反复地品味。大家都知道柳宗元的《黔之驴》中讲了黔驴技穷的故事，这驴刚被放下山的时候，周围的老虎以为它有撼天动地的本事。踢了一脚之后，发现什么能力都没有，不过就是头驴罢了。钟没有敲的时候，人们的期待，人们的想象，它是惊天动地的；它敲了，反而比我想象的惊天动地寂寞多了。这样讲大概还不是王阳明的完全本意，这里边还是有些禅意，大家还是要进一步琢磨。

三〇八

问：“古人论性，各有异同，何者乃为定论？” 德洪问，古人谈论人性，说法各异，那到底哪种说法可以作为定论呢？论人性，从孔子以来有多家讲法。

先生曰：“性无定体，论亦无定体，有自本体上说者，有自发用上说者，有自源头上说者，有自流弊处说者。 先生说，人性没有固定的体，其论点也就没有固定的体，有就本体而言的，有就作用上而言的，有就源头而言的，有就流弊而言的。**总而言之，只是一个性，但所见有浅深尔。** 总而言之，说的都是一个性，只是看法有深有浅罢了。**若执定一边，便不是了。** 如果偏执一边，那就不是性了。**性之本体原是无善无恶的，发用上也原是可以为善，可以为不善的，其流弊也原是一定善一定恶的。** 人的本性原是无善无恶的，它发生的作用可以是善的，也可以是恶的。人性的流弊原也是有的为善，有的为恶。这个观点显然是比孔孟的时候要发展了，也更实际了。人们大胆设想人性善，但是更认识到人本来是有善有恶的。**譬如眼，有喜时的眼，有怒时的眼，直视就是看的眼，微视就是觑的眼。**比如人的眼睛，有喜悦时的眼睛，有愤怒时的眼睛，直视时就是正面看的眼睛，偷看时就是窥视的眼睛。**总而言之，只是这个眼，若见得怒时眼，就说未尝有喜的眼，见得看时眼，就说未尝有觑的眼，皆是执定，就知是错。**总而言之，只是这个眼睛，如果看见愤怒时的眼睛，就说从没有欢喜的眼睛；看到直视的眼睛，就说从没有窥视的眼睛，这都是执着固化，就知道是错的。**孟子说性，直从源头上说来，亦是说个大概如此。**孟子谈论性，是直接从源头上说起，也就是说个大概如此。**荀子性恶之说，是从流弊上说来，也未可尽说他不是，只是见得未精耳。**荀子主张性恶说，只是从流弊上说的，也不能说他全部都是错的，只是认识得还不够精确。**众人则失了心之本体。"**而平常的人是失去了心之本体啊。众人失了本体，失了原来的善。

问："**孟子从源头上说性，要人用功在源头上明彻；荀子从流弊说性，功夫只在末流上救正，便费力了。**"德洪问，孟子从源头上论性，要求人在源头上用功，使得心性明净清澈；荀子是从流弊上论性，仅在流弊的末流上用功纠正，如此就很耗费精力了。

先生曰："**然。**"先生说，是的。学生这样解释也比较圆融，就不说孟子和荀子是对立的两个观点了。

三〇九

先生曰：**"用功到精处，愈著不得言语，说理愈难。若着意在精微上，全体功夫反蔽泥了。"**先生说，用功到了精妙之处，就越发不能用语言来表达，说理也就愈加困难。若是在精微细节上过分在意，那整体的功夫反而会受到障蔽和阻碍了。越到精处，越用不着反复去论证。已经用功到精微处了，言语往往是赶不上实际修养的那种精细度；过于精微，可能会走向反面。这就是"季文子：三思而后行。子闻之，曰：'再，斯可矣'"。孔子说，不要多思考，如果过于精微了，反而障蔽教条了。

三一〇

"杨慈湖不为无见，又著在无声无臭上见了。"杨慈湖并不是没有见解，反而他执着在无声无臭方面的见解了。"无声无臭"这个话本来是《诗经》上的话，天对万物、对人类的作用太大了，贡献太大了，恩德太深厚了。天无声无臭，没有颜色，没有形状，没有声音，没有气味，可是它时时在给人们创造恩惠。杨慈湖本身有见解，但他是着迷、执着在研究天的神化。天的这种功夫是神功、神化、不知不觉的，怎么能做到这个份儿上？他执着在这个无声无臭上，这也会出问题的。就是过于精微，过于精细，过于执着，都将走向反面。

三一一

"人一日间，古今世界都经过一番，只是人不见耳。人在一天的时间里，就把古今世界都经历了一遍，只是人自己没有意识到罢了。**夜气清明时，无视无听，无思无作，淡然平怀，就是羲皇世界**。当夜气清明之时，人不看不听，不想不做，淡然平静，这就是伏羲那时候的世界了。**平旦时，神清气朗，雍雍穆穆，就是尧、舜世界**。在清晨，人神清气爽，庄严肃穆，这就是尧、舜的世界。**日中以前，礼仪交会，气象秩然，就是三代世界**。中午之前，人们礼尚交流，气象井井有条，这就是夏、商、周三代的世界。**日中以后，神气渐昏，往来杂扰，就是春秋、战国世界**。中午以后，人的神气渐渐昏暗，往来喧闹，这就是春秋、战国的世界。**渐渐昏夜，万物寝息，景象寂寥，就是人消物尽世界**。渐渐进入黑夜，万物安息，景象寂然，这就是人消失、物灭亡的世界。**学者信得良知过，不为气所乱，便常做个羲皇已上人**。"学者若能坚信良知，不为杂七杂八的气象所扰乱，便能常做得伏羲时代以前的人。虽然时间不同，年代不同，纷繁扰乱的程度不同，只要我们致了良知，我们也会过着羲皇以上的生活。人若永致良知，一天之中，无论何时，都能不为气所乱，不为气所扰，始终做个清醒的人、明白人，你就是快乐的人。

三一二

薛尚谦、邹谦之、马子莘、王汝止侍坐，因叹先生自征宁

藩已来，天下谤议益众，请各言其故。薛侃、邹守益、马子莘、王汝止侍奉老师在座，大家感慨先生自从征讨宁藩以来，天下非议毁谤先生的人与日俱增。先生让大家各自说说其中原因。**有言先生功业势位日隆，天下忌之者日众；有言先生之学日明，故为宋儒争是非者亦日博；有言先生自南都以后，同志信从者日众，而四方排阻者日益力**。有的讲先生的功绩权势日益显赫，因而天下妒忌的人越来越多；有的讲先生的学说影响力越来越大，因而替宋儒争地位的人也越来越多；有的讲先生到南京讲学以后，尊重先生、信任先生的人越来越多，因而天下排挤阻挠的人也越来越卖力。

先生曰：**"诸君之言，信皆有之，但吾一段自知处，诸君俱未道及耳。"**先生说，各位所言，相信都会存在的，但我自己知道有些原因，你们还没有谈到。

诸友请问。诸学友向老师请教。

先生曰：**"我在南都已前，尚有些子乡愿的意思在。**先生说，我在南京讲学之前，尚有一些乡愿的表现。那个时候还很小心，怕得罪人而做老好人。**我今信得这良知真是真非，信手行去，更不着些覆藏。**我现在搞明白良知之后，就认准这个道，认准这个良知，就随手行去，不加顾忌，更不会刻意掩盖，我的锋芒自然外露。**我今才做得个狂者的胸次，使天下之人都说我行不掩言也罢。"**我现在才做得了狂者的胸怀，即使天下人都说我行为不掩藏我的主张也罢，也无所谓了。我的致良知观点大大方方地、勇敢地、公开地提出来，当仁不让于师，无论谁讲什么我都坚持，这可能会招致一些达官贵人的反对。

尚谦出，曰："信得此过，方是圣人的真血脉。"薛尚谦站起来说，我相信老师坚持的致良知学说，那才是圣人的真血脉啊。

<h2 style="text-align:center">三一三</h2>

先生锻炼人处，一言之下，感人最深。先生教育锻炼人的时候，一句话就能感人肺腑。

一日，王汝止出游归，先生问曰："游何见？"一天，王汝止外出回来，先生问他，在外边有什么见闻？**对曰："见满街人都是圣人。"**王汝止回答说，我看到满街的人都是圣人。**先生曰："你看满街人是圣人，满街人到看你是圣人在。"**先生说，你看到满街人都是圣人，他们看你也是圣人。

又一日，董萝石出游而归，见先生曰："今日见一异事。"又有一天，董萝石外出回来，他对先生说，今天我看到一件稀奇的事。这个董萝石就是董沄，是一个年龄比较大的学生。**先生曰："何异？"**先生说，什么稀奇事？**对曰："见满街人都是圣人。"**他说，我看见满街的人都是圣人。**先生曰："此亦常事耳，何足为异？"**先生说，这是平常的事，有什么值得奇怪的呢？这是在仿孔子的因材施教，有这个味道，同是一个问题，回答不一样。

盖汝止圭角未融，萝石恍见有悟，故问同答异，皆反其言而进之。大概就是王畿棱角鲜明，萝石则是恍然有悟，所以他们问的问题相同，但先生的回答不一样。都是就他们的话而启发他们。

洪与黄正之、张叔谦、汝中丙戌会试归，为先生道途中讲学，有信有不信。德洪与黄正之、张叔谦、王汝中参加完会试后往回走，在途中为传先生的学说讲学，有人信，有人不信。**先生曰：**

"你们拿一个圣人去与人讲学，人见圣人来，都怕走了，如何讲得行！先生说，你们端着一副圣人的样子去给人家讲学，人们见到圣人来了，就都给吓跑了，那怎么能讲得好呢！**须做得个愚夫愚妇，方可与人讲学。**"要做一个普通的人，才能给人家讲学。

洪又言："今日要见人品高下最易。"德洪又说，如今看得人品的高下还是很容易的。**先生曰："何以见之？"**先生说，何以见得？**对曰："先生譬如泰山在前，有不知仰者，须是无目人。"**德洪回答说，先生就如同泰山在前面，如果不知道敬仰，那就是不长眼睛的人了。这不就看出他简直太没有眼力了。**先生曰："泰山不如平地大，平地有何可见？"**先生说，泰山不及平地广阔，在平地上你又能看到什么呢？

先生一言剪裁，剖破终年为外好高之病，在座者莫不悚惧。先生一句分析解剖的话，暴露了大家多年的好高骛远的毛病，在座的人无不有所警惧。把自己打扮成一个比群众高明得多，高尚的、高贵的人，一个圣人的样子，那怎么能去当教师呢？

三一四

癸未春，邹谦之来越问学，居数日，先生送别于浮峰。嘉靖二年春天，邹谦之来到绍兴问学，住了一段时间后，先生送行谦之到浮峰。绍兴距离浮峰有八十里路程，当时送几十里是非常困难的，或骑个驴走山路，或乘小船走曲折的水路，看得出王阳明是非常看重邹谦之这个人。**是夕，与希渊诸友移舟宿延寿寺，秉烛夜坐。**当天晚上，与蔡希渊等几位学友乘船到延寿寺住宿，大家秉烛夜坐。**先生慨怅不已，曰："江涛烟柳，故人倏在百里外矣！"**先生感慨万千地说，江涛奔涌，烟柳缥缈，老朋友顷刻间已经在百里之外了。李白曾有诗，"故人西辞黄鹤楼，烟花三月下扬州。孤帆远影碧空尽，唯见长江天际流"。可见王阳明对朋友的情谊绵长。

一友问曰："先生何念谦之之深也？"一位学友问，先生为何对谦之如此的思念啊？

先生曰："曾子所谓'以能问于不能，以多问于寡；有若无，实若虚；犯而不较'，若谦之者，良近之矣！"先生说，曾子曾说，有才能的人却向没能力的人请教，有很多学问的人却向无学问的人请教；有内涵却表现得若无其事，有实力却虚怀若谷；被别人冒犯却不计较。像谦之这样的人他的品德很接近了，所以我怀念他。这个本身也是对周围学友的一个提醒，也是树立一个标杆。

三一五

丁亥年九月，先生起复征思、田。丁亥年九月，先生被朝廷重新起用，又恢复了官职，去征讨广西思恩、田州的叛乱。**将命行时，德洪与汝中论学。**即将起行的时候，钱德洪和王汝中讨论学问。

汝中举先生教言曰："无善无恶是心之体，有善有恶是意之动，知善知恶是良知，为善去恶是格物。"汝中举引先生教导的话说，"无善无恶是心之体，有善有恶是意之动，知善知恶是良知，为善去恶是格物"。

德洪曰："此意如何？"德洪问，你认为这几句话怎么样？

汝中曰："此恐未是究竟话头。若说心体是无善无恶，意

亦是无善无恶的意，知亦是无善无恶的知，物是无善无恶的物矣。王汝中说，这几句话大概还没有说完全。如果说心体是无善无恶的，那么，意也是无善无恶的意，知也是无善无恶的知，物也是无善无恶的物。**若说意有善恶，毕竟心体还有善恶在。**"如果说意念有善恶，那么毕竟心体上还有善恶存在。

德洪曰："心体是天命之性，原是无善无恶的。但人有习心，意念上见有善恶在，格、致、诚、正、修，此正是复那性体功夫。若原无善恶，功夫亦不消说矣。"德洪说，心体是天命之性，原本是无善无恶的。但是人有受污染的心，所以在意念上就常见有善和恶。而格物、致知、诚意、正心、修身，这正是恢复心体本性良知的功夫。如果原本无善恶，那就不消说什么功夫了。他俩就是争来争去。

是夕侍坐天泉桥，各举请正。这一晚上，他们陪着老师坐在天泉桥下，各人谈自己的观点，请老师指正。这个天泉桥就是王阳明绍兴的家后花园里的一个小桥，不是外边风景区的小桥。

先生曰："我今将行，正要你们来讲破此意。先生说，如今我将要远征，正想找你们两位来说破这一点。**二君之见正好相资为用，不可各执一边。**你们两位的见解，正好互相补充，互相借助，统一起来，不可偏执一边。**我这里接人原有此二种：利根之人，直从本源上悟入。人心本体原是明莹无滞的，原是个未发之中。利根之人一悟本体，即是功夫，人己内外，一齐俱透了。**我这里开导别人的方法原本有两种：聪明的人、资质特别高的人，就让他直接从本源上体悟。人心原本就是晶莹透彻的、无滞碍的，原本就是一个未发之中。聪明的人一体悟到本体，就是功夫，别人、自己、内在、外在，一切都透彻了，他就都明白了。**其次不免有习心在，本体受蔽，故且教在意念上实落为善去恶。功夫熟后，渣滓去得尽时，本体亦明尽了。**其次第二种人，资质较差，心中不免有被污染，本体遭到蒙蔽，因此就教导他从意念上实实在在地为善去恶。待功夫纯熟后，污染的渣滓彻底去除，本体也就明净了。就是我教育人，无外乎这么两类人：一个从本体上一点就明白；一个是在具体实践中、在事上磨。**汝中之见，是我这里接利根人的；德洪之见，是我这里为其次立法的。**汝中的见解，是我这里开导聪明人的；德洪的见解，是我这里教导资质较差的人的方法。**二君相取为用，则中人上下皆可引入于道。若各执一边，眼前便有失人，便于道体各有未尽。"**两位若能相互补充借用，那么中等资质上下的人，都可以被接引导入正道。如果两位各执已见，那么你们眼下就会失掉一部分人不能近道，对于道体就不能完全把握，各有缺憾。

既而曰："**已后与朋友讲学，切不可失了我的宗旨：无善无恶是心之体，有善有恶是意之动，知善知恶的是良知，为善去恶是格物，只依我这话头随人指点，自没病痛。**先生接着说，今后你们和朋友讲学，千万不要忘了我的宗旨：无善无恶是心之体，有善有恶是意之动，知善知恶是良知，为善去恶是格物。只要依据我这个理论因材施教，自然不会出问题。**此原是彻上彻下功夫。利根之人，世亦难遇，本体功夫，一悟尽透。**这原本就是贯通上下的功夫。聪明资质高的人，世上很难遇到，对于本体功夫，一悟即透。**此颜子、明道所不敢承当，岂可轻易望人！**这即使是颜渊和程颢这样的人，也不敢妄自尊大，岂可轻易地都要求别人做到利根之人那样呢！**人有习心，不教他在良知上实用为善去恶功夫，只去悬空想个本体，一切事为俱不着实，不过养成一个虚寂。**人有受沾染的心，如果不教导他在良知上切实地用为善去恶的功夫，只是去凭空思索一个本体，一切的事物都这样不切实际地落实，那就不过养成一个虚寂的坏毛病。**此个病痛不是小小，不可不早说破。"**这个毛病不是小毛病，我不能不早点破它。

是日德洪、汝中俱有省。这一天，德洪和汝中都有所感悟。

[钱德洪跋]

先生初归越时，朋友踪迹尚寥落，既后，四方来游者日进。先生刚回到绍兴的时候，来拜访的朋友尚不多，后来，各地来拜访先生的人与日俱增。王阳明平定宁王立了功，有朝臣给他造谣，说他不请示、不汇报，自己搞阴谋。又说他的学说有假，所以王阳明刚到绍兴的时候，朋友来得不多。**癸未年已后，环先生而居者比屋，如天妃、光相诸刹，每当一室，常合食者数十人；夜无卧处，更相就席；歌声彻昏旦。**嘉靖二年，远道来向先生学习的人，在先生周围居住的比比皆是，就像天妃、光相寺等，每间屋子里，经常是几十个人在一起吃饭，夜晚都没有睡觉的地方，大家轮流就寝，歌声通宵达旦。**南镇、禹穴、阳明洞诸山，远近寺刹，徙足所到，无非同志游寓所在。**在南镇、禹穴、阳明洞等山中的寺庙里，不管远近，只要人能走到的地方，都有求学的人居住。**先生每临讲座，前后左右环坐而听者，常不下数百人，送往迎来，月无虚日；至有在侍更岁，不能遍记其姓名者。**先生每次登台讲课，前后左右围绕先生坐着听课的人，经常不少于几百人，日积月累，迎来送往者甚多，甚至有人在这里听课一年更替一年，先生也不能完全记住他们的姓名。**每临别，先生常叹曰："君等虽别，不出在天地间，苟同此志，吾亦可以忘形似矣！"**每当临别，先生常常感叹说，虽然我们分别了，也不会超出天地间，只要我们有共同的志向，我也就可以忘形了。修养忘形了，乐得灵魂出窍了。**诸生每听讲出门，未尝不跳跃称快。**学生们每次听讲课出门时，无不欢呼雀跃。**尝闻之同门先辈曰："南都以前，朋友从游者虽众，未有如在越之盛者。此虽讲学日久，孚信渐博，要亦先生之学日进，感召之机申变无方，亦自有不同也。"**他们曾听同门长辈说，在南京之前，求学的朋友虽不少，但比不上在绍兴这样兴盛。其中固然因为先生讲学时间久了，获得的信任也就多了，关键是先生的学问与日精进，感召学生的时机和开导学生的方法也更灵活自如，效果自然就大不一样了。

此后黄以方录

黄以方名叫黄直，明朝中期学者、诤臣，王阳明的弟子。江西金溪人。金溪是江西省抚州市的一个县，也是王安石的故乡。

三一六

黄以方问："'博学于文'，为随事学存此天理；然则谓'行有余力，则以学文'，其说似不相合。"黄以方问，"博学于文"，就是随事物发展变化而学存此天理；然而，孔子讲"行有余力，则以学文"，这两下说法似乎有所不同。《论语》中，"君子博学于文，约之以礼，亦可以弗畔矣夫"。"博学于文"的这个"文"字用我们今天的话把它讲成文化、文明、文字、文学都不确切。"子以四教，文行忠信。"孔子用四大方面的内容进行教育，这个"文"就是当时的六经，《诗》《书》《礼》《乐》《易》《春秋》；行，是行为处事；把行为处事、把"文"当中的内容提出核心的东西，就是忠信。它是一个人行于世的主要的依据，没有忠信不能行于世。所以"博学于文"的内涵是这个。孔子当时没像王阳明这样去深挖它，王阳明认为这个文都指的是德，这样讲是因为《诗》《书》《礼》《乐》《易》《春秋》里面讲的这一切，也都是一个德字。行为处事，行也是德，忠信也是德的一个主要内容。所以孔子的文行忠信教育用一个字概括，就是"德"，就是德的教育，就是做人的教育。转来转去，讲的一切理论、实践合到一起就是一个"德"字。所以不是几十年，不是几百年，那是几千年里所谓的德的内容不变，就是孝悌忠信、礼义廉耻。它不变，才能坚持，才能代代相传，才能传承，才能不教而起作用。黄以方在这里提出了"博学于文，约之以礼"，"为随事学存此天理"，然则谓"行有余力，则以学文"，其说似不相合。就是孔夫子既然提出"博学于文，约之以礼，可以弗畔矣夫"，就不会背叛正道了。但是又说出来，"行有余力，则以学文"，这两个观点是不是有不相合的地方？"行有余力，则以学文"，这不是把"文"放到次要的位置上了吗？而"博学于文，约之以礼"，这个"文"不是主要位置吗？那到底"文"应该是主要位置还是次要位置呢？

先生曰："《诗》、《书》、"六艺"皆是天理之发见，文字都包在其中。**先生说，《诗》、《书》、六艺都是符合天理的，都是天理的归纳显现，文字都包括其中了。古代六艺包括礼、乐、射、御、书、数，偶尔也会把"六经"称为"六艺"，但是真正的六艺是这些，并且在孔子之前就有六艺。孔子用六艺教育弟子，而用六经做教材。当时不叫六经，叫六书。六艺中的书，不是书本的意思，这个书是制竹简子、编竹简子、写竹简子，这个动作叫书。数不只是数学，算术是数里边的一部分，这个数还包括卜和筮。在古代，特别是先秦时期，是离不了卜筮的，但并不像我们今天说的爻个卦、抽个签。在先秦时候，这个意思有是有，但很少。卜筮更像一个日常的推测、推断、判断、决策的工具。这个"御"就是驾车的学问。驾车怎么还是孔子教育的一个内容呢？这个"御"是指御兵车、御战车，比如四匹马拉着一辆战车，战鼓一敲，马拉车奋勇向前，如果马遇到陷坑，跌倒了，驾车的人需要迅速地把马绳套这些东西取下，其余三匹马还能跑，这是驾车的本事和水平。《左传》上有记载，当主将受了伤，副将也受了伤，这个驾车者如何还能驾车，一个手拽着四匹马的缰绳，一个手拿着鼓槌擂鼓，代替主帅来发号施令。当时这个驾车是一个很大的学问和一个实践的能力，这是孔子当时的教育内容之一。**考之《诗》、《书》、六艺，皆所以学存此天理也。不特发见于事为者方为文耳。'余力学文'，亦只'博学于文'中事。"**研究《诗》、《书》、六艺，都是为了学习存此天理，不只是因为要表现在事物上，才做的文啊。所以"余力学文"，也仅是"博学于文"之内的事。"行有余力，则以学文"，那是学了道德，学了孝悌忠信、礼义廉耻之后，行有余力才学文，虽然说是行有余力而学文，但那也是博学于文当中的事，所以二者本质上是不矛盾的。"行有余力，则以学文"是《论语》中的话，"弟子入则孝，出则弟，谨而信，泛爱众而亲仁。行有余力，则以学文"。这个弟子就是指年轻人，后生晚辈回到家里要尽孝；出了家门要讲互相尊敬，像兄弟一样讲悌道；谨慎而守信誉；不管是谁，都要关爱别人，都要体谅别人而亲近仁德。这些方面都做得好了，"行有余力，则以学文"，才可以学六书，学《诗》《书》《礼》《乐》《易》《春秋》。学了这个，使自己层次更高。虽然是文，但文的内容是你已经做到道德的上一层。如果没有基本做人的素质，马上就学六经是学不进去的，你内在就没有这个东西。所以黄以方提出来，"博学于文，约之以礼"和"行有余力，则以学文"是不是有矛盾的呢？第一层意思，你是把它作为一个主要内容了，学了它就不能叛道了；第二层意思，你又提出行有余力才学它，是不是把它放在第二位置上了呢？那么仔细分析起来，就是你有了基本的道德素质，再学道德理论，你的素质会更高。所以并没有贬低"行有余力，则以学文"。

或问"学而不思"二句。有人问，子曰："学而不思则罔，思而不学则殆。"请教先生。学而不思他就迷惘，思而不学他就疲怠。孔子说这个话的本身，就是要学思结合，学了要想继续有动力，就得有一个清晰的梳理，经过梳理才有不断进步的源泉。

曰："此亦有为而言，其实思即学也。学有所疑，便须思之。先生说，这话是有针对性说的，其实思考就是学习，学习有了疑问，就要去思考。**'思而不学'者，盖有此等人只悬空去思，要想出一个道理，却不在身心上实用其力，以学存此天理。**"思而不学"的人，他们只是凭空漫无边际地胡思乱想，希望能思索出一个道理，并不在自己的身心上着实用功，以学存此天理。**思与学作两事做，故有'罔'与'殆'之病。其实思只是思其所学，原非两事也。"**把思考和学习当作两件事来做，那就存在了罔和殆的弊端。其实思考也仅是思考他所学的东西，并不是两件事。王阳明在这里抓住学、思问题，又进一步强调了知行合一的价值、作用。学，是学天理；思，是思天理。学了天理，巩固天理，越学越愉快，就不会疲劳不堪。

三一七

先生曰："先儒解格物为格天下之物，天下之物如何格得？先生说，朱子、程子等先儒主张的格物，是要格尽天下的事物。那天下的万事万物如何能格得过来呢？且谓一草一木亦皆有理，今如何去格？就比如说，一草一木都有其理，如今要你去格，你怎么去格呢？纵格得草木来，如何反来诚得自家意？即便是能格得了草木，那又如何反过来诚我自己的意呢？把草木格清楚了，那自己的意怎么诚？我解'格'作'正'字义，'物'作'事'字义。我认为这个"格"就是"正"的意思，"物"就是"事"的意思。格就是正，物就是事，格物就是正事，就是纠正事，纠正错误的事，纠正错误的思想，纠正错误的认识，这就叫格物。《大学》之所谓'身'，即耳、目、口、鼻、四肢是也。欲修身，便是要目非礼勿视，耳非礼勿听，口非礼勿言，四肢非礼勿动。《大学》中所谓的身，就是指人的耳、目、口、鼻、四肢。若要修身，那便是眼睛做到非礼勿视，耳朵做到非礼勿听，嘴巴做到非礼勿言，四肢做到非礼勿动。要修这个身，身上如何用得工夫？要修养这个身，功夫怎么能用在身上呢？心者身之主宰，目虽视而所以视者心也，耳虽听而所以听者心也，口与四肢虽言动而所以言动者心也。心是身体的主宰，是耳、目、口、鼻、四肢这些东西的主宰，眼睛虽然在看，而使它能够看到的是心的作用；耳朵虽然能听，而真正使它能听是心的作用；口与四肢虽然能言动，但使它言动的是心的作用。**故欲修身在于体当自家心体，常令廓然大公，无有些子不正处**。所以，要修养身体，就需要在自己的心体上体悟，常保持心体的廓然大公，没有丝毫的不正之处。**主宰一正，则发窍于目，自无非礼之视；发窍于耳，自无非礼之听；发窍于口与四肢，自无非礼之言动：此便是修身在正其心**。身的主宰中正了，表现在眼睛上，就会不合礼的不看；表现在耳朵上，就会不合礼的不听；表现在口和四肢上就会不合礼的不言不动：这就是所谓的修身在于正心。所以修养在心，体现在眼睛、耳朵、口、鼻、四肢。**然至善者，心之本体也**。然而最善的，是心之本体。**心之本体，那有不善**？心的本体，哪有不善的呢？**如今要正心，本体上何处用得功**？现在要正心，那么在本体上何处用功呢？**必就心之发动处才可著力也**。那一定是在心的发动之处才可以着力用功。必须是起心动念，这时候你才能发现哪些地方不符合善，哪些地方违背了本体，就可以下力了。**心之发动不能无不善，故须就此处著力，便是在诚意**。心的发动之处不可能没有不善，所以，必须在此处用力，这就是在诚意。**如一念发在好善上，便实实落落去好善；一念发在恶恶上，便实实落落去恶恶**。如果有一个好的念头发生，就实实在在地去落实做好事；如果有一个憎恶的念头发生，那就实实在在地去除它。**意之所发，既无不诚，则其本体如何有不正的**？意念的发动，没有不诚的，那么这个本体怎么会不端正呢？**故欲正其心在诚意。工夫到诚意，始有著落处**。所以，要想正心就要有诚意。功夫用到了，诚意也就有了落实处。不到诚意的程度，那就是没有着落，就不真实。**然诚意之本，又在于致知也。所谓'人虽不知，而己所独知'者，此正是吾心良知处。**然而诚意的根本，其表现又在于致知。朱熹所讲的"人虽不知，而己所独知"这句话，正是我们内心的良知所在。别人虽有不知，而自己独知，自己独知还得按照良知去对待，这才是吾心良知处。这就是所谓的慎独。**然知得善，却不依这个良知便做去，知得不善，却不依这个良知便不去做，则这个良知便遮蔽了，是不能致知也。**然而，知道了善，却不遵循这个良知去做；知道不善，却也不遵循这个良知不去做。那么这个良知就被遮蔽了，就不能致知了。**吾心良知既不得扩充到底，则善虽知好，不能著实好了；恶虽知恶，不能著实恶了，如何得意诚？**我内心的良知既然不能完全扩充，那即便知道好善，也不能切实地落实好善；厌恶恶的，也不能切实地憎恶。这怎么能意诚呢？恶应该表现为自己坚决防止这么做，这才叫意诚。如果含含糊糊地讨厌这么做，那么有些事就半推半就了，这就不是意诚。**故致知者，意诚之本也。**所以，致知是意诚的根本。知道了良知之后，就彻底地、坚决地守诚。**然亦不是悬空的致知，致知在实事上格。**然而致知也不是凭空去致知，致知须在实事上去格。**如意在于为善，便就这件事上去为；意在于去恶，便就这件事上去不为。**如果心意在于为善，那就在这件事上去为善；如果心意在于去恶，那么就在这件事上去除恶。**去恶固是格不正以归于正，为善则不善正了，亦是格不正以归于正也。**去恶固然是把不端正的心思改为端正的心思，为善就是使不善的得到纠正，也是格去不正的以归于正的。那格谁的不正啊？主要是格自己心里的不正，自己不善的也把它给正了，这就是"格不正以归于正"。**如此，则吾心良知无私欲蔽了，得以致其极，而意之所发，好善去恶，无有不诚矣！**如此这样，那么我们的良知就不会被私欲所遮蔽，使得良知得以更充分地展示。而我的心意发动，就自然去为善去恶，没有不诚的！**诚意工夫，实下手处在格物也。若如此格物，人人便做得，'人皆可以为尧、舜'，正在此也。"**诚意的功夫，格物就是用功的实下手处。如果像这样的格物，则人人都能做到像孟子所说的"人皆可以为尧、舜"，正是这个道理。

三一八

先生曰："**众人只说格物要依晦翁，何曾把他的说去用？我着实曾用来。**先生说，大家都说对于格物的理解阐释，要以朱熹的观点为准，但他们又何尝切实地运用过朱熹的观点呢？我倒是确实照着用过。**初年与钱友同论做圣贤要格天下之物，如今安得这等大的力量？**早些年，我和钱姓的朋友曾一同探讨过做圣贤要格尽天下之物，现在想想怎么会有那么大的力量呢？**因指亭前竹子，令去格看。**我指着亭子前的竹子，让他去格。**钱子早夜去穷格竹子的道理，竭其心思，至于三日，便致劳神成疾。**钱友自早到晚去穷格竹子的道理，竭尽其心力，等到了第三天，竟然劳累成疾。**当初说他这是精力不足，某因自去穷格。**当时我认为他是精力不足，就自己去穷格。**早夜不得其理，到七日，亦以劳思致疾。**从早到晚也不能理解竹子的道理，到了第七天，也是疲劳至极，倒床不起。**遂相与叹圣贤是做不得的，无他大力量去格物了。**因而我们共同慨叹，这圣贤做不成啊，没有圣贤这么大的力量去格物啊。

及在夷中三年，颇见得此意思，乃知天下之物本无可格者。后来我在贵州龙场驿待了三年，深有体会，那时才明白，天下之物本来没什么可以格的。**其格物之功，只在身心上做，决然以圣人为人人可到，便自有担当了。这里意思，却要说与诸公知道。"**格物的功夫只能在自己身心上做，我坚信人人都可以做到圣人，便自己就有了担当的意识。这里说的道理，就是要诸公都能知道，做圣贤不是为了享受，而是要有担当。真正的格物，是要在自己身心上去格，自己身心格清楚了，然后对待万事万物，那就都会合乎天道人心了。就像只要自己有一点修养，在自己良知好的时候，那对待事物就是爱心，不管这个事物给谁用，不管这个事物是自己的还是给别人的，都会正确对待的。所以"致中和，天地位焉，万物育焉"。人要修养到中的程度、和的程度，天地万物就都得好了，都各正其位了，人就能正确对待它们了。

三一九

门人有言邵端峰论童子不能格物，只教以洒扫应对之说。弟子中有人说，邵端峰认为小孩子不能格物，只能教他们洒扫应对的学问。在《论语》中，子游曰："子夏之门人小子，当洒扫应对进退，则可矣，抑末也。本之则无，如之何？"子夏闻之曰："噫！言游过矣！君子之道，孰先传焉？孰后传焉？譬诸草木，区以别矣。君子之道，焉可诬也？有始有卒者，其惟圣人乎？"这是子游和子夏关于弟子如何教诲的论题。朱熹奉行洒扫庭除，从小就从实际出发。包括二程和周敦颐学习也是这么学的，从洒扫、应对、送往迎来这里开始学，结合经书学。

先生曰："**洒扫应对就是一件物，童子良知只到此，便教去洒扫应对，就是致他这一点良知了**。先生说，洒扫应对本身就是一件事物，小孩子的良知只能达到这个程度，所以只教他们洒扫应对，也就是致他的这一点良知了。**又如童子知畏先生长者，此亦是他良知处**。又如小孩子懂得敬畏先生、长者，这也是他的良知所在。**故虽嬉戏中见了先生长者，便去作揖恭敬，是他能格物以致敬师长之良知了**。所以，即使他在嬉戏玩耍时看到长者、先生，也照样会作揖以表恭敬，这就是他能格物以致他尊敬师长的良知了。**童子自有童子的格物致知**。"小孩自有小孩的格物致知。

又曰："**我这里言格物，自童子以至圣人，皆是此等工夫。但圣人格物，便更熟得些子，不消费力**。先生又说，我在这里所说的格物，自小孩到圣人，都是这样的功夫。只不过圣人格物更为纯熟一些，不费力气。**如此格物，虽卖柴人亦是做得，虽公卿大夫以至天子，皆是如此做**。"如此这样格物，虽然是卖柴的人也能做到，自公卿大夫到天子，也都是如此格物。

三二〇

或疑知行不合一，以"知之匪艰"二句为问。有人对知行能不能合一有疑问，向先生请教"知之匪艰"两句的意思。"非知之艰，行之惟艰。"这是《尚书·说命中》里的话，懂得道理并不难，实际做起来就很难了。

先生曰："**良知自知，原是容易的。只是不能致那良知，**

便是'知之匪艰，行之惟艰'。"先生说，良知是自然能体会的，本来是很容易的。只是由于不能致这个良知，这便是"知之匪艰，行之惟艰"了。一般人认为这是挺有道理的，知之容易，践行是很困难的。但是在无形中就把知和行分作两节了，而王阳明一再主张知行合一。

三二一

门人问曰："知行如何得合一？且如《中庸》，言'博学之'，又说个'笃行之'，分明知行是两件。"有弟子问，知行如何才能合一？就像《中庸》上讲，"博学之"，后边又说了"笃行之"，这分明是把知行当作两件事了。《中庸》中说，"博学之，审问之，慎思之，明辨之，笃行之"，前有博学、审问、慎思、明辨，最后是笃行，这些如果是一回事，那还分着说干什么？学、问、思、辨，最后有个行，这不就是分开来看吗？

先生曰："博学只是事事学存此天理，笃行只是学之不已之意。"先生说，博学就是在每件事中去学会存养天理，笃行也就是努力学习不间断的意思。

又问："《易》'学以聚之'，又言'仁以行之'，此是如何？"弟子又问，《易经》中不仅说"学以聚之"，又说"仁以行之"，这是为什么呢？"学以聚之"，是指通过学习来积累知识；"仁以行之"，以仁义作为履行君子的责任。

先生曰："也是如此。事事去学存此天理，则此心更无放失时，故曰'学以聚之'，然常常学存此天理，更无私欲间断，此即是此心不息处，故曰'仁以行之'。"先生说，也是同样的道理。如果每件事都去学会存养此天理，那么此心就不会有放任的时候，所以说"学以聚之"。然而，经常学习存养此天理，更没有私心杂念使它间断，这便是此心生生不息之处，所以说"仁以行之"。

又问："孔子言'知及之，仁不能守之'，知行却是两个了。"又有人问，孔子在《论语》中曾说，"知及之，仁不能守之"。那知和行不就是两件事吗？《论语》中说，"知及之，仁不能守之，虽得之，必失之。知及之，仁能守之，不庄以莅之，则民不敬。知及之，仁能守之，庄以莅之，动之不以礼，未善也"。你智慧很好，你很会聚敛财富，但你仁德不好，"虽得之，必失之"，得到的越多，丢掉的越多；"知及之，仁能守之"，但是你不庄重，"则民不敬"，老百姓不拿你当回事；"知及之，仁能守之"，也能"庄以莅之"，但你"动之不以礼"，你一切活动不按规矩办，"未善也"，这也不是最好的。由此，提问者就说，这样知和行不就是两件事了吗？

先生曰："说'及之'已是行了，但不能常常行，已为私欲间断，便是'仁不能守'。"先生说，既然说了"及之"，就是已经行了。但是不能做到常行不止，这是被私欲所间断，所以就"仁不能守"了。

又问："心即理之说，程子云'在物为理'，如何谓心即理？"又有人问，先生说心即理，而程子主张"在物为理"，那怎么就说心即理呢？

先生曰："在物为理，在字上当添一心字，此心在物则为理。如此心在事父则为孝，在事君则为忠之类。"先生说，在物为理的在字前面应该添一个心字，就是心在物上则为理。比如心在事父上，就是孝；在事君上，就是忠。此类等等。

先生因谓之曰："诸君要识得我立言宗旨。先生因此又说，诸位一定要知道我的立言宗旨。**我如今说个心即理是如何，只为世人分心与理为二，故便有许多病痛。**我现在所说的心就是理，这是为什么？只是因为世人将心和理分作为二了，所以便出现了许多的弊端。**如五伯攘夷狄，尊周室，都是一个私心，便不当理。**就像五霸抵抗夷狄，尊崇周王室，这都是为了一个私心，这便不合天理。虽然提出的口号是尊王攘夷，但王阳明认为"都是一个私心"。**人却说他做得当理，只心有未纯，往往悦慕其所为，要来外面做得好看，却与心全不相干。**但是人们却说他们做得合理，这只是世人的心不够纯明，往往羡慕他们的所作所为，并且只求外表体面好看，而与内心毫不相干。**分心与理为二，其流至于伯道之伪而不自知。**把心和理分作为二，它的流弊就是使自己深陷霸道的虚伪而还未察觉。**故我说个心即理，要使知心理是一个，便来心上做工夫，不去袭义于外，便是王道之真。此我立言宗旨。"**所以我说心就是理，就是要人们明白心和理是一个，就是在心上做功夫，不必要到外部做义袭之事，这才是王道的本真。这也是我的立言宗旨。王道应该是在内心做功夫，不去表面做文章。

又问："圣贤言语许多，如何却要打做一个？"弟子又问，圣人的言论很多，为什么却要只说一个方面？

曰："我不是要打做一个，如曰：'夫道，一而已矣。'又曰：'其为物不二，则其生物不测。'天地圣人皆是一个，如何二得？"先生说，我不是非要打做一个。就像《孟子》中讲，"夫道，一而已矣"。《中庸》中讲"其为物不贰，则其生物不测"。天地、圣人都是一体的，怎么能分作二呢？道，就是一个罢了，这个道就是儒家的仁义之道。《中庸》讲，"其为物不贰，则其生物不测"。不贰是什么？就是《中庸》讲的只是一个诚。儒家之道和为物不贰合到一起，都可以讲成诚心爱人，就是道。"非自成己而已也，所以成物也。"诚心诚意关爱天下人，不是为己而成物，而成人，而成就万物，而成就万民，这就是道。道不单是完善自己，完善自己是成己，然后去成就天下，成就别人，成就万物。那万物怎么成就？我遇到的物我正确对待，不浪费，不糟蹋，合理使用，这都是成就万物。比如说一个好木匠，所有的木材在他眼睛里没有废材，什么活儿做完了，剩下几块小木板，还能给你做个小板凳，这叫好木匠。就是有一定修养的人，在他眼睛里这些东西都是物有所用的，用得都恰如其分。

三二二

"**心不是一块血肉，凡知觉处便是心，如耳目之知视听，手足之知痛痒，此知觉便是心也。**"心并不只是那一坨血肉，凡是有知觉的就是心，比如耳朵和眼睛知道听与看，手和脚知道痛与痒，这个知觉便是这个心。

三二三

以方问曰："**先生之说'格物'，凡《中庸》之'慎独'及'集义'、'博约'等说，皆为'格物'之事。**"黄以方问，先生的格物观点，是不是把《中庸》的慎独、《孟子》的集义、《论语》的博约等，都看作格物了呢？

先生曰："非也。'格物'即'慎独'，即'戒惧'。至于'集义'、'博约'，工夫只一般，不是以那数件都做'格物'底事。" 先生说，不是的。"格物"就是"慎独"，就是"戒惧"，至于"集义""博约"，那仅仅是普通的功夫，有点外在的意思，"格物""慎独""戒惧"是内心解决良知问题。不能把这几件当作"格物"的事。"集义""博约"和"格物""慎独"还有点距离，"格物""慎独"完全是内心里的约束，是致良知的事。

三二四

以方问："尊德性"一条。 黄以方向老师请教"尊德性"的问题。"尊德性"是《中庸》中的话，"君子尊德性而道问学，致广大而尽精微，极高明而道中庸"。君子尊崇奉行德性而求学问道；大道覆盖天下，宽广博大而又深入到细微之处；修养到了极其高明而同时又能遵循中庸之道。

先生曰："'道问学'即所以'尊德性'也。 先生说，"道问学"就是为了"尊德性"。**晦翁言'子静以尊德性诲人，某教人岂不是道问学处多了些子？'** 朱熹说："陆九渊是以尊德性教诲别人，而我教人岂不是在道问学处多了许多？" 王阳明把这话引用来，用在下边供他批判。**是分尊德性、道问学作两件。** 这种说法就是把"尊德性"与"道问学"分成两件事看了。**且如今讲习讨论，下许多工夫，无非只是存此心，不失其德性而已。** 现在我们讲习讨论，下了不少功夫，只不过就是存养此良心，使它不丢失德性罢了。**岂有尊德性只空空去尊，更不去问学？** 哪有尊德性只是空泛地去尊崇，而不再去问学呢？**问学只是空空去问学，更与德性无关涉？** 问学岂能是空泛地去问，而与德性再无丝毫的关联了呢？**如此，则不知今之所以讲习讨论者，更学何事！**"真要是如此，我们今天的讲习讨论，就不知道究竟学的是什么东西了！

问"致广大"二句。又问《中庸》中"致广大而尽精微，极高明而道中庸"两句的意思。

曰："'尽精微'即所以'致广大'也。'道中庸'即所以'极高明'也。先生说，"尽精微"就是为了"致广大"，"道中庸"就是为了"极高明"。不尽精微怎么有致广大的基础和根源？如果不中庸你怎么能极高明？如果高明了，而你忘了中庸，那怎么还能高明？**盖心之本体自是广大底，人不能'尽精微'，则便为私欲所蔽，有不胜其小者矣**。因此人心的本体是广大的，如果人不能尽精微，就会被私欲所障蔽，就不能战胜细微处的私欲了。**故能细微曲折，无所不尽，则私意不足以蔽之，自无许多障碍遮隔处，如何广大不致？**"所以能在细微曲折的地方，无所不尽其精微，私意就无法障蔽住心体，自然就没了许多障碍阻隔，心体怎么能不致广大呢？它一定能达到广大的程度。

又问："精微还是念虑之精微，是事理之精微？"以方又问，那精微是念虑的精微，还是事理的精微啊？

曰："念虑之精微即事理之精微也。"先生说，念虑的精微就是事理的精微。

三二五

先生曰："今之论性者纷纷异同，皆是说性，非见性也。见性者无异同之可言矣。" 先生说，现在探讨人性的人，都在为不同的观点争论，他们全在谈论人性，但并非明白了性。真正明白性的人，不会在异同上多说什么的。

三二六

问："声、色、货、利，恐良知亦不能无。" 又问，关于声、色、货、利这些东西，恐怕在良知当中也不能没有吧？

先生曰："固然。但初学用功，却须扫除荡涤，勿使留积，则适然来遇，始不为累，自然顺而应之。 先生说，当然！但是在初学用功的时候，确实要扫除荡涤干净，不要使它留有痕迹。如果这样，偶有碰到声、色、货、利的事，才不会成为负累，才能自然而然地循良知而应对。**良知只在声、色、货、利上用功，能致得良知精精明明，毫发无蔽，则声、色、货、利之交，无非天则流行矣。"** 良知只要在声、色、货、利上用功，就能使得良知清清明明的，没有一丝一毫的障蔽，那么即使与声、色、货、利相交往，也无非是循天理而顺行罢了。良知在声、色、货、利上用过功，就相当于你的视听言动皆合于理，非礼勿视，非礼勿听，非礼勿言，非礼勿动，把这些功夫做到了，然后与声、色、货、利相交往，那就能合乎天则，合乎天道。

三二七

先生曰："吾与诸公讲致知格物，日日是此，讲一二十年俱是如此。诸君听吾言，实去用功，见吾讲一番，自觉长进一番。否则，只作一场话说，虽听之亦何用？"先生说，我给你们讲致知格物，天天如此，讲了十年、二十年也都是这样。诸位听我讲过之后，要实实在在地去用功，每听我再讲一番，就会自觉地长进一番。否则，那只是一场说教而已，即便听了，又有何用？

三二八

先生曰："人之本体常常是寂然不动的，常常是感而遂通的。未应不是先，已应不是后。"先生说，人的本体常常是寂然不动的，常常是相互感应而彼此贯通的。在未应之中就有人的本性，而在已应之中显现，未应、已应中的本性无先后之别。这是引用程伊川的话，"冲漠无朕，万象森严已具，未应不是先，已应不是后"。自己虚空而内心无思虑，觉得万物不存在，但万物是森然林立的，已具其间，已具其周。"未应不是先，已应不是后"，就像"喜怒哀乐之未发"，"发而皆中节"一样，未发不是先已有，已发不是后来才显见。

三二九

一友举"佛家以手指显出，问曰：'众曾见否？'众曰：'见之.'复以手指入袖，问曰：'众还见否？'众曰：'不见.'佛说还未见性"。此义未明。一个学友举了一个佛教的例子，一个僧人伸出手指问，大家看到了吗？众人说，看到了。僧人又把手指缩入衣袖，再问，大家还能看见吗？大家说，看不见了。僧人于是说，众人还未见性。这位朋友不理解僧人的意思。按照僧人说的，众人还没见性，就是手指在袖子里藏起来了，也不是不存在，你没看到就认为没存在，这就是未见性。

先生曰："手指有见有不见，尔之见性常在。先生说，手指有看见有看不见的时候，但是你能体悟的人性常在。人之心神只在有睹有闻上驰骛，不在不睹不闻上着实用功。人们的心神却只在能见能闻的事物上驰骋，而不在不见不闻的事物上着实地用功。盖不睹不闻是良知本体。戒慎恐惧是致良知的功夫。因此，在看不见听不到的时候是良知的本体，这时候做到戒慎恐惧是致良知的功夫。学者时时刻刻常睹其所不睹，常闻其所不闻，工夫方有个实落处。久久成熟后，则不须著力，不待防检，而真性自不息矣。岂以在外者之闻见为累哉？"学者时时刻刻在别人看不见的地方用功，常在别人听不见的地方用功，这样功夫就有了个实落处。久而久之，当功夫纯熟后，就不须用力，不须提防检点了，而人的真性自然生生不息。岂能被表面的见闻所拖累呢？在具体事物下功夫，这还是表面的；深刻的功夫，是要在不睹不闻、不显山不露水的问题上下功夫，特别是在人们不知道、不了解的地方，你自己去修养，这是真功夫。手指看得见看不见，在这里是一个比喻，看得见的就是在睹在闻上下功夫；看不见的是把手指藏到袖子里了，在别人看不见、听不到、想不到的这些方面你要去下功夫，这是真正的修养。最后还是落到《中庸》上，"戒慎乎其所不睹，恐惧乎其所不闻。莫见乎隐，莫显乎微，故君子必慎其独也"。

<h1 style="text-align:center">三三〇</h1>

问："先儒谓'鸢飞鱼跃'，与'必有事焉'同一活泼泼地。"
有人问，为什么先儒认为"鸢飞鱼跃"和"必有事焉"都是说充满生机。"鸢飞戾天，鱼跃于渊"，这是《诗经》中的句子。天上飞的，水里游的，路上走的，各行其道，道道都合大道，谁都有谁的道，谁的道也不违背天道。所以大道是允许个人有自己的个性的，有自己的特殊情况的。各行其道，各有其道，各唱其道，但是不能影响别人走道。"小德川流，大德敦化。"大江大河之所以成为大江大河，得有若干小河不断地往里注入，这就是说"小德川流"，大德才能敦化。"大德敦化"，才使小流百川归海。什么是敦化？就是天，是无声，无味，无色，没形状，就是在那为人民做好事，为万物发育助力。"必有事焉"，是一定不要忘了加强内心的良知修养，时常要做好事、善事。过去有这样的话，"但得一步地，何须不为人？"

先生曰："亦是。天地间活泼泼地，无非此理，便是吾良知的流行不息，致良知便是'必有事'的工夫。此理非惟不可离，实亦不得而离也。无往而非道，无往而非工夫。" 先生说，也是这样，你讲得对。天地间充满生机的，无非都是这个天理，这个理就是我良知的流行不止，到哪个角落都是良知，到哪个角落都是友善关爱。致良知就是"必有事"的功夫。这个天理不仅不能离开，实际上也不可能离得开。你只要按良知去做，时时提醒自己这么去做，这就没有不是道，没有不是功夫的。

三三一

先生曰："诸公在此，务要立个必为圣人之心，时时刻刻，须是一棒一条痕，一掴一掌血，方能听吾说话句句得力。先生说，诸位在这里，务必要确立必做圣人的决心，时时刻刻要有一棒留一条痕，一掴一掌血印的勇气，才能在听我讲课的时候，感到句句都能充满力量。若茫茫荡荡度日，譬如一块死肉，打也不知得痛痒，恐终不济事。回家只寻得旧时伎俩而已，岂不惜哉！"如果整天浑浑噩噩地混日子，就像一坨死肉，打它也不知道痛痒，恐怕最终也是无济于事。回家后依旧还是以前的老套路，岂不让人可惜！王阳明爱生忠诲，是负责任的好老师。

三三二

问："近来妄念也觉少，亦觉不曾著想定要如何用功，不知此是工夫否？"有弟子问，近来感觉虚妄的念头少了，也不曾想过一定要怎么用功，不知道这是不是功夫？

先生曰："汝且去着实用功，便多这些着想也不妨，久久自会妥帖。若才下得些功，便说效验，何足为恃？"先生说，你要真是在致良知上着实用功，就是多了一些想法也无妨，时间久了自然就会妥帖。如果你刚开始下了一点功夫，你就讲上学习体会了，那怎么能靠得住呢？足恃的是着实用功。尽管在着实用功的同时，有许多私心杂念在闪烁，但是这个着实用功能把私心杂念排斥到旁边去。如果没有这个着实用功的致良知，就是自己想没有私心杂念，也修养不好的。就是在事上磨，事上练，事上做。

三三三

一友自叹：“私意萌时，分明自心知得，只是不能使他即去。”有一位学友自叹说，当内心萌生了私意时，自己分明是知晓的，只是不能马上去除它。

先生曰：“你萌时这一知处，便是你的命根。当下即去消磨，便是立命工夫。”先生说，在你萌生了私意时能知道，这个知就是你的命根子。当即就要将这个私意除去，这就是你立命的功夫。只要着实用功，致良知、格物，即使有些妄想，久而自消。

三三四

“夫子说‘性相近’，即孟子说‘性善’，不可专在气质上说。先生说，孔子主张的“性相近”，就是孟子说的“性善”，不能仅从气质上说。哲学界在讨论人性这个问题的时候，认为孔子是最高的圣人，他说“性相近也，习相远也”，但没明确说性善，也没明确说性恶，而认为孔子是中道。王阳明不这么认为，他认为夫子的“性相近”就是孟子说的“性善”，人生而性善，是性善相近。他比一般人读《论语》高超一步，多数时高超得好，也有少数强词夺理的地方。但在这里关于性善的问题，他说得有道理。“性相近也，习相远也”，性相近，不是一般的性，是人性善，是人性相近。人性是善的，这和孟子的性善论本质上是一致的。**若说气质，如刚与柔对，如何相近得？** 如果从气质上说，他刚烈，他柔弱，这是相对立的，怎么能相近呢？**惟性善则同耳。** 人只有在性善的方面相同。只有性善才能看到相近的问题呀。**人生初时，善原是同的。但刚的习于善则为刚善，习于恶则为刚恶；柔的习于善则为柔善，习于恶则为柔恶，便日相远了。"** 人刚生下来时，善原本是相同的。但是，气质刚硬的人受到善的熏陶就表现为刚善，受到恶的熏陶就表现为刚恶；气质柔顺的人受到善的熏陶就是柔善，受到恶的熏陶就是柔恶。这样人后天的习性差别就日益变大了。

三三五

先生尝语学者曰："**心体上着不得一念留滞，就如眼着不得些子尘沙。些子能得几多？满眼便昏天黑地了。"** 先生曾对修养的人说，在心体上不能留有一丝一毫的杂尘，就像眼睛里不能揉入一丁点的沙子一样。一丁点能有多少？有一点就能使人满眼昏天黑地了。王阳明在之前论述过，心如明镜台，如果沾染上一点灰尘应该立即知道，不允许它留滞在那里。所以这里说心体上着不得一点错误的念头。

又曰："**这一念不但是私念，便好的念头，亦着不得些子。如眼中放些金玉屑，眼亦开不得了。"** 又说，这一念不仅指私念，即便是好的念头，也不能有些许的留滞。就如同在眼睛里放一些金玉屑，眼睛也是睁不开的。所以致良知这个心的本体，是揉不得沙子的，放不得其他的好心、恶念。

<h2 style="text-align:center">三三六</h2>

问："人心与物同体，如吾身原是血气流通的，所以谓之同体。若于人便异体了，禽兽草木益远矣，而何谓之同体？"有人问，先生说人心与物为同体。就像我的身体原本血气畅通，所以可以称为同体。如果是我和别人，那就是异体了，与草木鸟兽就差得更远了，那怎么说我的心与万物同体呢？

先生曰："你只在感应之几上看，岂但禽兽草木，虽天地也与我同体的，鬼神也与我同体的。"先生说，你只要在与万物的微妙感应上看，岂止是禽兽草木，即便是天地也与我同体，鬼神也是与我同体的。

请问。请问先生怎么理解。

先生曰："你看这个天地中间，甚么是天地的心？"先生说，你看看在这个天地之间，什么东西是天地的心呢？

对曰："尝闻人是天地的心。"学生回答说，曾听说人是天地的心。

曰："人又甚么教做心？"先生说，人又为什么称为天地的心呢？

对曰："只是一个灵明。"学生说，人只是有一个精明的灵魂。

"可知充天塞地中间，只有这个灵明，人只为形体自间隔了。先生说，由此可知，充塞于天地之间的，只有这个灵魂。人只是因为这个形体而把自己与天地给隔开了。我的灵明，便是天地鬼神的主宰。天没有我的灵明，谁去仰他高？地没有我的灵明，谁去俯他深？鬼神没有我的灵明，谁去辩他吉凶灾祥？我的灵明，就是天地鬼神的主宰。天若是没有我的灵魂，那谁去仰望他的高大？地若是没有我的灵魂，谁还去俯视他的深厚？鬼神若是没有我的灵魂，那谁还去分辨他的吉凶祸福？**天地鬼神万物离却我的灵明，便没有天地鬼神万物了。我的灵明离却天地鬼神万物，亦没有我的灵明。如此，便是一气流通的，如何与他间隔得？**天地鬼神万物，若是离开了我的灵魂，也就不存在了；而我的灵魂若是离开了天地鬼神万物，也就不存在了。如此这般，都是一气贯通的，岂能与他们隔离得开？

又问："**天地鬼神万物，千古见在，何没了我的灵明，便俱无了？**"又问，天地鬼神万物，是千古长存的，那为什么说没有了我的灵魂，他们就不存在了呢？你不是说有我的灵明才有天地吗？那我的灵明没了，就没天地了？天地鬼神万物千古长存啊，我们每个人的性命灵明时间有限啊，难道我们没了，那天地万物就都没了？

曰："**今看死的人，他这些精灵游散了，他的天地万物尚在何处？**"先生说，如今你看看死去的人，他们的灵魂消散了，他们的天地万物又在何处呢？就是死去的人的天地万物还有吗？

三三七

先生起行征思、田，德洪与汝中追送严滩，汝中举佛家实相幻相之说。王阳明奉皇帝令前往广西的思恩、田州去征讨，钱德洪与王汝中送先生到了严滩。王畿举了佛教的实相与幻相的问题请教先生。严滩就在浙江桐庐县富春江边的富春山，后人称此为严滩，这段也是学界所称的"严滩问答"。**先生曰："有心俱是实，无心俱是幻；无心俱是实，有心俱是幻。"**先生说，有心都是实，无心都是幻；无心都是实，有心都是幻。**汝中曰："有心俱是实，无心俱是幻，是本体上说工夫。无心俱是实，有心俱是幻，是工夫上说本体。"**王汝中说，有心俱是实，无心俱是幻，这是从本体上说功夫；无心俱是实，有心俱是幻，这是从功夫上说本体。就是本体的功夫，还是功夫的本体。**先生然其言。**先生肯定了王汝中的说法。

　　洪于是时尚未了达，数年用功，始信本体工夫合一。但先生是时因问偶谈，如吾儒指点人处，不必借此立言耳！在当时，钱德洪还没有弄明白，经过数年用功，他才相信本体功夫为一体。然而，先生的这个观点是因为王畿所提的问题偶然讨论的，如果我们以后开导别人时，不必要用此立言。这就是王阳明的弟子们对后世学者负责任，认为老师和我们的对话，我们如实记下来了，但是当时有当时的背景和场所，人物不同，所论也会有所不同。如果把这个话拿出来去教育别人，叫别人遵循，别人就不一定知道他的头脑了。所以，你了解一下可以，但是不能作为一条格言，说老师这么说的，就去教育别人，这个不能作为教材。

三三八

　　尝见先生送二三耆宿出门，退坐于中轩，若有忧色。德洪趋进请问。曾看见先生送二三位老先生出门，送完回来在中堂坐下，似乎面有愁容。德洪赶紧走上前问老师。

先生曰："**顷与诸老论及此学，真圆凿方枘**。先生说，刚才和各位老先生论及致良知学说，真是圆凿方枘，格格不入啊。"圆凿方枘"是《楚辞·九辩》上的话，意思就是方榫头，圆榫眼，两下合不来，格格不入。**此道坦如道路，世儒往往自加荒塞，终身陷荆棘之场而不悔，吾不知其何说也！**"我的"致良知"之道平坦如大道，世间儒者常常是自己将它荒芜阻塞了，而终身陷入到荆棘之处还不知悔改，我不知道该说些什么了！《孟子·尽心下》中，孟子谓高子曰："山径之蹊间，介然用之而成路。为间不用，则茅塞之矣。今茅塞子之心矣。"山坡之间的小径，经常有人走，便踏成了一条路；过了一段时间，没有人走，就又被茅草堵塞了。现在茅草也把你的心堵塞了。

德洪退，谓朋友曰："先生诲人，不择衰朽，仁人悯物之心也。"钱德洪退出来，对朋友说，先生教诲别人，对年老衰迈的也不好拒绝，的确是仁人悲天悯人的心思啊！他对学友朋友的帮助，不管多大年龄都是尽心竭力的！

三三九

先生曰："**人生大病，只是一傲字**。先生说，人生最大的毛病，就是一个傲字。曾国藩批评李鸿章的时候，也说了这句话。**为子而傲必不孝，为臣而傲必不忠，为父而傲必不慈，为友而傲必不信：故象与丹朱俱不肖，亦只一傲字，便结果了此生**。作为子女的如果傲慢，那他必然不孝；作为臣子的如果傲慢，那他必然不忠；作为父亲的如果傲慢，那他必然不慈爱；作为朋友的如果傲慢，那他必然没有信誉：因此像象与丹朱这样的都是不肖的，也只是因为傲慢，便了结了自己的一生。**诸君常要体此人心本是天然之理，精精明明，无纤介染著，只是一无我而已；** 诸位要经常体会这一点，人心原本就是天然的理，精明纯净，没有丝毫的杂尘污染，这只是有一个无我罢了。所有的杂尘都是我的私意，都是我的非分之欲，如果没有这个非分之欲、非分之想，我的心灵深处就没有这些纤尘杂染。**胸中切不可有，有即傲也。** 所以人的胸中切不可有这些杂染，有杂染就是傲慢。**古先圣人许多好处，也只是无我而已，无我自能谦。** 古代圣贤的诸多优点，也只是无我罢了，无我自然就能谦恭谨慎。没有自己过分的这些需求、欲望，就能谦恭。**谦者众善之基，傲者众恶之魁。"** 谦谨是一切善的基础，傲慢是一切恶的源头。"谦者众善之基，傲者众恶之魁"，这两句话常记、常用。王阳明的理论为什么会这么普及，就因为他强调在事上磨，不是空的，事上磨就是得在官场上磨，在处理是是非非、曲曲折折当中去磨。这个是公平的，不管对谁，就在这个事上，面对这个事怎么对待。我们谈修养、讲修养的时候，不要忘了环境、背景，要把这些东西都考虑进去，才能体谅别人，严于律己。所以这样，你能体谅别人，你这个谦就能做到，你这个傲也就能够抑制。

三四〇

  又曰："此道至简至易的，亦至精至微的。 先生又说，这个道是十分简单易行的，也是十分精细微妙的。就比如谦虚谨慎这个事，那也是很简单的，也是很容易做到的，但也是很奥妙的，不是谁想努力去做都能做到恰到好处的。这里是有微妙之处的。**孔子曰：'其如示诸掌乎！'** 孔子说，如果十分了解禘礼的话，那么治理国家就像观察自己的手掌一样。在《论语》中，"或问禘之说。子曰：'不知也。知其说者之于天下也，其如示诸斯乎！'指其掌"。有人问老师，这个禘礼、祭祀大礼是怎么回事呢？孔子说，我不知道，本质上我也是说不清楚的。但是我知道，如果真把禘礼的事弄明白了，我们治理天下就是掌中之物，怎么摆弄都运用自如。**且人于掌，何日不见？及至问他掌中多少文理，却便不知。** 况且每个人的手掌，哪一天不见呢？但当你问他手掌上有多少条纹理的时候，他就不知道了。**即如我'良知'二字，一讲便明，谁不知得？若欲的见良知，却谁能见得？"** 就像我说的"良知"二字，一讲就都明白，谁不知道呢？如果要他真在私欲出现的时候讲良知，以良知制约私欲，谁又能做得到呢？

问曰："此知恐是无方体的，最难捉摸。" 又有人问，这个良知只怕是没有形体、方位的，所以令人难以捉摸。

先生曰："良知即是《易》，'其为道也屡迁，变动不居，周流六虚，上下无常，刚柔相易，不可为典要，惟变所适'。 先生说，良知就是有《易经》的内涵。易道的本质就是常常变化，变动不已，在六爻之间转化流动，时上时下，刚柔相济，而不能拘泥于固定的模式，只有依据它的变化顺应而为。关于这个"典要"历来就有讲偏了的，甚至朱熹对这个事的认识都有偏，他认为《易经》不可以为典要，是因为《易经》不像其他经书，因为它是占卜的，是爻卦的，所以它不像经书，它做不得典要。事实上不是这个意思，这是《易经·系辞》上的话，是权威的话，多数人认为是孔子说的。"不可为典要"，是不可以为固定的规则，不可以为一个基本的固定化的理论依据，因为大道是变化的，是无常的，是随着事物发展变化而变化的。在这个意义上来讲，它不能成为典要，不能成为固定的规则。**此知如何捉摸得？见得透时便是圣人。**"由此可知，良知如何能琢磨得透呢？能看得透的人就是圣人了。不可为固定规则，万物不断地变，良知也要永远不断地变，要永远不断地适应变化了的事物，保持良知。形式、方式都要适应外部的发展变化，这就是中庸之道，随时适中。万物是不断发展变化的，要随着这个变化而变化。但不管怎么变化，在精神上、在思想上得是良知，得是良心。

三四一

问："**孔子曰：'回也非助我者也。'是圣人果以相助望门弟子否？**"有人问先生，孔子曾说，颜回对于我没有什么帮助啊。难道圣人真的是以相互帮助来要求他的弟子们吗？在《论语》中，子曰："回也非助我者也，于吾言无所不说。"不管我说什么，颜回没有不喜欢的。

先生曰："**亦是实话。**先生说，孔子说的这是实话。**此道本无穷尽，问难愈多，则精微愈显。**这个道原本无穷无尽，问得越多，精微之妙就越能显现。互相切磋，互相推敲，互相提问题，叫对方帮助思考，这能使精微之处愈加鲜明，内涵更加深刻的道理得以揭示出来。**圣人之言，本自周遍，但有问难的人胸中窒碍，圣人被他一难，发挥得愈加精神。**圣人的言论，原本自然周正，而发问的人胸中有窒碍的疑惑，圣人被他一问，也就激发了圣人思考，使得圣人发挥得淋漓尽致。**若颜子闻一知十，胸中了然，如何得问难？故圣人亦寂然不动，无所发挥，故曰'非助'。**"但就像颜回，听到一便知十，胸中都知晓，那怎么能有问难呢？所以圣人也只能是寂然不动，无所能发挥的，所以说"非助我也"。颜回他一学就会，他明白了，他不问，圣人就寂然不动，那就互相缺乏感应，互相不感应，也就是我们今天讲的思想不碰撞，就不能进一步启发，不能启发精微之妙，更深层次内涵的挖掘便受到影响。所以，这里王阳明回答得很妙，就是好学生一问，老师讲得更精神，实质是对老师更有促进。特别像子路、子贡、子张这些人，他们一提问，孔子确实讲得更深刻了。

三四二

邹谦之尝语德洪曰："舒国裳曾持一张纸，请先生写'拱把之桐梓'一章。邹谦之曾对钱德洪说过，舒国裳曾经拿一张纸，请先生书写《孟子》中"拱把之桐梓"这一章。**先生悬笔为书，到'至于身而不知所以养之者'，顾而笑曰：'国裳读书中过状元来，岂诚不知身之所以当养？还须诵此以求警？'一时在侍诸友皆惕然。**"先生提笔写到"至于人自身而不知道如何去修养"时，回过头来笑着说，国裳是中过状元的，他岂能不知应该怎么修养身心吗？他还需要通过诵读这一章来提醒自己吗？当时在座的学友们无一不警觉起来。《孟子·告子上》中，孟子曰："拱把之桐梓，人苟欲生之，皆知所以养之者。至于身，而不知所以养之者，岂爱身不若桐梓哉？弗思甚也。"这里的拱把就是两只手合拢的粗细程度。就是讲拱把粗细的树木，想让它茁壮成长，都知道如何去浇灌培养它；而至于人自己，却不知道如何培养，这难道是爱惜自己还赶不上爱惜树木吗？只是太不爱动脑筋罢了。这棵树你要想让它活得茁壮，你都有办法，那你自己身心怎么好，你自己的心怎么正，你是应该知道怎么培养的。难道你爱自己的身心不如爱护一棵树木吗？不是的。你仔细考虑就会知道，自己身心的培养要比把这棵树培养好重要得多呀！舒国裳本人是状元，他请王阳明给他写这个语录，先生于是对学生说，国裳读书中过状元的，把书都读烂熟了，都知道的，还叫我写这干什么呢？你看中过状元的，书读得那么好，还不忘自己要考虑考虑，难道管理自己的身心，还不如对待一棵树吗？应该严格要求自己呀，管束自己的良知良心啊。

[钱德洪跋]

嘉靖戊子冬，德洪与王汝中奔师丧，至广信，讣告同门，约三年收录遗言。 嘉靖七年（1528）的冬天，我与王汝中奔老师的丧事，来到江西上饶，给同学们发了讣告，约定在三年内收集整理先生的遗言。王阳明死在大余县漳江边的船上之后，在当地入殓，然后把灵柩通过赣州、南昌往东走，过益阳，就到了上饶。而钱德洪和王畿几个同学到了上饶来迎灵。据《年谱》记载，灵柩到了南昌，当地的读书人以及慕名来的，还有他的一些学生，要留下来多停几天。灵柩在南昌停了几天，然后就过了春节。**继后同门各以所记见遗。洪择其切于问正者，合所私录，得若干条。** 后来各位同门学友分别把各自的记录收集过来，德洪选择其中符合先生思想，合乎正道的，再加上自己收集的合在一起，得到了若干条。**居吴时，将与《文录》并刻矣，适以忧去，未遂。**在江苏苏州的时候，我就打算把这些记录和先生的文录一并刻录了，但正赶上父亲去世，回家丁忧，就没能办成此事。**当是时也，四方讲学日众，师门宗旨既明，若无事于赘刻者，故不复萦念。**当时，全国各地讲习先生之说的人越来越多，师门的宗旨已经很明朗，也很公开。在当时也没有那么多的钱，那么多的力量去办刻录的事，而老师的东西已经传开了，好像就没有再刻的必要了，所以我就没有再去考虑这个事了。

去年，**同门曾子才汉得洪手抄，复傍为采辑，名曰《遗言》，以刻行于荆。**去年，同门学友曾才汉得到了我的手抄本，又进行广泛的收集，取名为《遗言》，在江陵刻录出版。**洪读之，觉当时采录未精，乃为删其重复，削去芜蔓，存其三之一，名曰《传习续录》，复刻于宁国之水西精舍。**我读了之后，感觉到当时收集得不精细，于是就删去了很多重复的、杂乱的内容，仅保留了原来的三分之一，取名为《传习续录》，在宁国的水西精舍进行复刻。宁国就是安徽的宣州宁国县，就是白居易的"宣城太守知不知，一丈毯，千两丝"中的宣城。水西精舍就是当时一个比较有名的书院。**今年夏，洪来游蕲。**今年夏天，钱德洪到湖北的蕲春出游。蕲春今属湖北省黄冈市，是李时珍的家乡，著名的教授县。这个蕲春县城，平均一米一个大学生；在过去，大概一米一个秀才。**沈君思畏曰："师门之教久行于四方，而独未及于蕲。**沈思畏先生说，先生的学说已经在全国各地流行很久了，却唯独没有在蕲春传播。**蕲之士得读《遗言》，若亲炙夫子之教；指见良知，若重睹日月之光。**

我们蕲春的学子读了先生的《遗言》，就好像得到了先生亲自的教诲；明白了良知，就像重新见到了日月光明。这里的"炙"有熏陶的意思。**惟恐传习之不博，而未以重复之为繁也。**只恐收录得不够广博，并不以重复得过多而感到繁杂。**请哀其所逸者增刻之，若何？"**请多拿些曾删减的东西，增加刻录，怎么样？哀多益寡，取多余，补不足。**洪曰："然师门'致知格物'之旨，开示来学；**德洪说，但先生的"格物致知"的宗旨，就是开导启示后来的学者。**学者躬修默悟，不敢以知解承，而惟以实体得，故吾师终日言是，而不惮其烦；**学习者刻苦钻研，默言思索，不敢随便以知解老师的教诲来继承学问，而只是以实践良知来获得，所以我老师每天都在讲解致良知、知行合一，而不厌其烦。**学者终日听是，而不厌其数；**学习的人每天都在听老师讲解致良知、知行合一，而不厌其频繁重复。**益指示专一则体悟日精，几迎于言前，神发于言外，感遇之诚也。**得益于指导的专一，而使感悟日益精进，几乎是先生尚未开讲，学生已然感悟，先生的话外之意，学生亦可心领神会，使得师生之间的感悟与知遇尤为至诚。**今吾师之没未及三纪，而格言微旨渐觉沦晦，岂非吾党身践之不力，多言有以病之耶？**现在我的老师去世不到三十年，而他的格言宗旨已经渐渐沉沦，这难道不是我们做学生的不能身体力行，言语多有弊病的原因吗？**学者之趋不一，师门之教不宣也。"**这就是学者们的目标不一样，先生的教诲不能广泛传播。**乃复取逸稿，采其语之不背者，得一卷；**于是我就又收集了一些遗失的稿子，采纳其中不违背先生思想的内容，编成一卷。**其余影响不真，与《文录》既载者，皆削之，并易中卷为问答语，以付黄梅尹张君增刻之。**其余影响不真切的，与

《文录》中已经刊载的，都削减掉了，并把中卷改为问答句式，交给黄梅县尹张君增订刻录。黄梅就是现在的安庆，安庆属于安徽。现在的黄梅县属于湖北，黄梅戏最早就在这里。**庶几读者不以知解承而惟以实体得，则无疑于是录矣！**就是防止在口上传承解释王阳明的这些思想，现在要以实践体悟相传，这样无疑重刻此录就有意义了！

嘉靖丙辰夏四月，门人钱德洪拜书于蕲之崇正书院。嘉靖三十五年（1556）夏天四月，门人弟子钱德洪谨拜书于蕲春崇正书院。这是指《传习录》的第三卷。第三卷是王阳明去世后，他们在迎灵的时候，就下决心把老师的遗稿，一些好的教诲集中到一起，做一本书。前边交代了，由钱德洪负责，但他父亲去世就放下了。放下来之后，曾才汉又把它刻录了，后来钱德洪看到了，就进行了修改、补充，最后形成《传习录》第三部分。这样始有《传习录》上、中、下三卷。

［附录］朱子晚年定论

关于《朱子晚年定论》的问题，在明代很有分歧，特别是朝廷中的桂萼一派。他们说王阳明为人狡诈，因为认可自己理论的人不多，所以就造出了一个《朱子晚年定论》。桂萼一派其实只是以这个为借口，他们主要是怕王阳明的思想控制不住。王阳明的能力超过他们想象，特别是几次出兵镇压边民暴乱，与他们预想的结果大相径庭。他们觉得王阳明到那必死，可是王阳明到了那，仅用二三十天的时间，就处理得利利索索，十分妥帖。王阳明向朝廷建议，不要派永久的地方官，不要驻扎永久的军队。地方官应是巡视性地到边疆地区去，得是流动的。固定在那的话，久之就会和边民首领沆瀣一气。而且驻扎一个官府，兵马粮草消耗太多。要用地方上影响大的人来做官，官位再由他的儿孙继承。对地方官要有所牵制，做好了升迁；做不好，这个地方官随时可以被裁夺。王阳明还规定，衙门不能设在山顶，收钱粮、管理百姓不方便。衙门都要搬到平原地区，建设大型的集镇。皇帝一看王阳明的奏折，非常满意。所以那些反对他的人就造他的谣，说这个《朱子晚年定论》是王阳明和他弟子们假造的。这个事只要仔细探究一下就知道造不了假。因为不只是王阳明一个人、不只是他一个学派说有《朱子晚年定论》。当时王阳明在南京做鸿胪寺卿时确实有条件接触历史资料。他发现《朱子晚年定论》之后，那些再传的朱熹弟子也认可这个东西。

《定论》首刻于南赣。这个《定论》最先是在南安、赣州刊行。**朱子病目静久，忽悟圣学之渊薮，乃大悔中年注述误己误人，遍告同志**。朱子的眼睛有病，静静地修养很长时间后，忽然之间觉悟到圣学的精深微妙，方才后悔自己中年时期的注述误人误己。于是遍告四方同道。这个"渊"是指水，"薮"是指草，"渊薮"指深渊、深草丛。**师阅之，喜己学与晦翁同，手录一卷，门人刻行之**。我的老师看了之后，非常高兴自己的学说与朱熹的思想同出一辙，就抄录了一卷，门人弟子便将其刊刻印行了。**自是为朱子论异同者寡矣**。从这开始，替朱熹论异同者就少了许多。就是原来认为王阳明是异端邪说，大违朱子之道的人，现在发现了《朱子晚年定论》的说法，跟王阳明的学说接近或者一致，你还辩论什么？**师曰：**

"无意中得此一助!"先生说,这是无意中得到了这一帮助。**隆庆壬申,蚪峰谢君廷杰刻师《全书》,命刻《定论》附《语录》后,见师之学与朱子无相谬戾,则千古正学同一源矣。**隆庆六年(1572),蚪峰人谢廷杰刊刻《王文成公全书》,他安排在《语录》后附录《朱子晚年定论》,展示了先生的学说与朱子的思想并没有相悖之处,始证千古以来圣学本是同根同源的。隆庆皇帝是嘉靖皇帝的儿子。谢廷杰号叫蚪峰,这个谢廷杰是徐阶的学生,而徐阶也是王阳明的私淑弟子,虽没亲自受教,但他赞成王阳明学说。而他的老师聂豹是王阳明的学生。这个谢廷杰用今天的话讲,是很够意思的!隔了多少年以后,谢廷杰到浙江去做巡抚,收集了王阳明的遗稿、遗存,还有钱德洪等人刻的《传习录》。他认为不只是收集《传习录》,还应该包括先生的往来书信、奏章等。在这个基础上,隆庆年间,他印出了《王文成公全书》。这样,在历史上第一个全本就是谢廷杰的隆庆本。我们今天看的这个书,是以隆庆本作为基础,有所增减。**并师首叙与袁庆麟跋凡若干条,洪僭引其说。**这里把王阳明先生的序与袁庆麟的跋等若干条合编成册,我今天私下就把它引用上了。

朱子晚年定论

阳明子序曰:

洙、泗之传,至孟氏而息;千五百余年,濂溪、明道始复追寻其绪;自后辨析日详,然亦日就支离决裂,旋复湮晦。吾尝深求其故,大抵皆世儒之多言有以乱之。王阳明序称:孔子到曾子的圣学传统，到了孟子就中断了。经过一千五百年之后，周敦颐、程明道等人才开始重新追寻圣学的传承脉络。自此以后，虽然对于字面的辨析越来越详尽，然而圣学也就一天一天地支离破碎，很快就又被淹没了。我曾经深入地研究其缘故，发现大概都是因为世儒们多是沉醉于辞句，而扰乱了圣学的真谛。这里的洙、泗是两条河流，都是在曲阜。"子在川上曰：'逝者如斯夫。'"孔子就在泗水河上站着，说的这话。这个洙、泗之学就代表孔子、曾子传承之学，或者说是孔孟之学，传到孟子以后就没人传了，古人是这样认为的。韩愈写《原道》的时候，他就声称圣人之学到孟子就息了。为什么圣学遭到毁灭性的遭遇呀？我曾经深深地探求它的原因，得出结论就是因为这些读书人多言多语，乱加注释，偏了圣人的本意，脱离了实际，根本不明白知行合一，根本不明白圣人的道之精髓，在于致良知。

守仁早岁业举，溺志词章之习，既乃稍知从事正学，而苦于众说之纷扰疲苶，茫无可入，因求诸老、释，欣然有会于心，以为圣人之学在此矣！我早年参加科举事业，沉醉于词章之学，随后就知道要从事正道学问了，但却苦于众说纷纭，搞得自己疲惫不堪，茫然间不得其门径，于是求助于佛、道二氏，欣欣然于内心有所感悟，就以为圣人的学问就在于此！**然于孔子之教间相出入，而措之日用，往往缺漏无归，依违往返，且信且疑。**然而佛、道之说与孔子学说之间很有些出入，而用其于日常生活，常常有所缺失，或信或不信间来来回回，就将信将疑了。忽而接触儒教，忽而接触佛、道，把它和日用结合起来，和做官结合起来，和处事结合起来，往往无着落，无归宿。这样就将信将疑了。**其后谪官龙场，**

居夷处困，动心忍性之余，恍若有悟，体验探求，再更寒暑，证诸《五经》、《四子》，沛然若决江河而放诸海也。后来被贬谪到龙场驿，身处夷狄困境之地，动心忍性之余，恍然间有所感悟，更体验探求，这样过了一年，印证了五经、四书之精要，骤然间就像决堤的江河汇入大海，贯通无阻，自己思想豁然开朗了。**然后叹圣人之道坦如大路，而世之儒者妄开窦径，蹈荆棘，堕坑堑，究其为说，反出二氏之下**。然后才感叹圣人之道就犹如坦途大道，而世俗的学者妄自开辟蹊径，步入荆棘之路，掉入深坑之中，查究他们的学说，反而不如佛、道之说。他们妄开道，乱讲，就把儒家思想搞毁了，他们把儒家思想搞成了只要考上秀才，考上进士，然后就可以进入仕途贪赃枉法了。人们按照这个道走下去的话，那么就会认为儒家思想不如佛、不如道，反处于二氏之下了。**宜乎世之高明之士厌此而趋彼也！此岂二氏之罪哉！**难怪世上高明之士开始厌倦儒学而趋向佛、道二氏了，这难道是佛、道二氏的过错吗？**间尝以语同志，而闻者竞相非议，目以为立异好奇**。其间曾和同道中人说起过此事，而听闻者却争相非议我的学说，看似以为我好标新立异。**虽每痛反深抑，务自搜剔斑瑕，而愈益精明的确，洞然无复可疑**。虽然每每都感到痛苦反思，务求自己发现并剔除不足，但我的观点却日益精确明白，豁然无碍而没有可疑之处。**独于朱子之说有相牴牾，恒疚于心，切疑朱子之贤，而岂其于此尚有未察？**但是，却偏偏与朱子之学相抵触，所以一直有疚在心，深切疑虑像朱子这般大贤人，怎么对此毫无察觉呢？**及官留都，复取朱子之书而检求之，然后知其晚岁固已大悟旧说之非，痛悔极艾，至以为自诳诳人之罪，不可胜赎**。到了我回南京做官，重新找来朱子的书稿查寻，然后才知道朱子在晚年的时候，已经对自己的固有学说有深刻的省悟，痛苦至极，更认为自己有自欺欺人之罪，无法救赎了。**世之所传《集注》、《或问》之类，乃其中年未定之说，自咎以为旧本之误，思改正而未及，而其诸《语类》之属，又其门人挟胜心以附己见，固于朱子平日之说犹有大相谬戾者，而世之学者局于见闻，不过持循讲习于此。**世上所流传的《四书集注》《大学或问》之类的书籍，其实都是朱子中年还未确定的学说，他自己归咎为是旧本的脱误，想要改正却没来得及修改，而他的《朱子语类》等著述，又由于他的弟子们裹挟着争强好胜之心，而牵强附会上自己的意见，这就固然与朱子平日所说的尤为大相径庭。同时世俗的学者局限于所见所闻，不过是持守遵循讲习朱子这些学说罢了。朱熹平日的一些说法、一些观点和后来出的书，很有些大相谬戾，其原因就是学生们挟胜心，附圣人之说，把自己的见解也糅进去了，而学者的见解又局限于其所见所闻，他只看到朱熹的《集注》了。考试就考这个，那我就学这个，当官处事我就以这个为准啊！**其于悟后之论，概乎其未有闻，则亦何怪乎予言之不信、而朱子之心无以自暴于后世也乎？**而对于朱子悔悟之后的观点，他们大概还未有所闻，那怎么能怪他们对于我的观点不相信，况且朱子也无法将自己的心迹昭示于后世学者呢？朱熹真正醒悟是到了晚年，但这些观点还没传呢，别人还不知道。我讲的这个观点与朱熹晚年的观点一样，但他们不信。而《朱子晚年定论》的这些标准的思想理论，就没有办法使后世都能掌握。

　　予既自幸其说之不谬于朱子，又喜朱子之先得我心之同然，且慨夫世之学者徒守朱子中年未定之说，而不复知求其晚

岁既悟之论，竞相呶呶，以乱正学，不自知其已入于异端。我既为自己的学说与朱子学说不相谬悖感到幸运，又为朱子能在我之前就明白我心想的这些道理感到高兴。同时感慨于世俗学者只是固守朱子中年未定论的学说，而不知道去探求他晚年所感悟的学问，争吵不休，扰乱了正学，却不知自己已经陷入到异端邪说中了，不再是孔孟的正学、正道。**辄采录而哀集之，私以示夫同志，庶几无疑于吾说，而圣学之明可冀矣！**于是我就开始收集采录相关文稿，私下里拿给学友们对照，几乎不再对我的学说有所疑惑了，而圣人之学的昌明就可以期待了。把这个事情搞清楚了，就会知道朱熹晚年正确的说法和我的说法是一致的。

正德乙亥冬十一月朔，后学余姚王守仁序。正德十年（1515）冬十一月初一，后学余姚王守仁序。

答黄直卿书

黄直卿，名干，字直卿，福州闽侯人，他是朱熹的学生，后来也是朱熹的女婿。

为学直是先要立本。朱子回信说，治学真是首先要确立根本。**文义却可且与说出正意，令其宽心玩味；未可便令考校同异，研究纤密，恐其意思促迫，难得长进。**文章的意义可以在确定了正确的根本之后，让人慢慢体会玩味；不能没有确定根本就教人考证校对同异，做仔细研究，这样容易使人急于求成，难以有所长进。**将来见得大意，略举一二节目渐次理会，盖未晚也。**将来如能明白其中大意，再适当举一两个细节讲解，也为之不晚。**此是向来**

定本之误。今幸见得，却烦勇革。不可苟避讥笑，却误人也。 这是过去我定本的错误。今天有幸能发现，却是苦于没有了改正的勇气。不能只是为了避免别人的讥笑，而耽误了别人。

答吕子约

吕子约，名祖俭，字子约，是吕祖谦的弟弟。

日用工夫，比复何如？ 先生回信说，平日里所做的功夫，自我感觉如何？**文字虽不可废，然涵养本原而察于天理人欲之判，此是日用动静之间，不可顷刻间断底事**。文字虽然不能荒废了，但是涵养自己本原，而体察天理人欲的差别，这才是平日用功于动静之间，而不能片刻间断的事。其实，这就是王阳明的致良知啊！向内求，而不能向外求。**若于此处见得分明，自然不到得流入世俗功利权谋里去矣。** 如果能在这里看得明白，那自然就不会流于世俗、功利与权谋之中了。**熹亦近日方实见得向日支离之病，虽与彼中证候不同，然忘己逐物，贪外虚内之失，则一而已。** 我也是最近才切实发现以前的观点有支离破碎的毛病，虽然与你的毛病特点不同，但也是忘了自己本分而追逐物欲，贪图外在的显现而忽视了内在的修养，这些过失都是一样的。**程子说"不得以天下万物挠己，己立后自能了得天下万物"**，程子说，不能因为天下的万事万物而扰乱了自己，而自己的本心确立后自然就能明白天下的万事万物了。**今自家一个身心不知安顿去处，而谈王说伯，将经世事业别作一个伎俩商量讲究，不亦误乎！** 现在自己的身心都不知道该安放何处，却去妄谈王霸之事，将治理国家的事业也看作是伎俩之术来商量探究，这不也是错误的嘛！**相去远，不得面论。书问终说不尽，临风叹息而已。**我们相隔甚远，不能够当面讨论，通过书信交流，终究说不透彻，也只能临风而叹罢了。

答何叔京

何叔京，名镐，字叔京，是朱熹的朋友。

前此僭易拜禀博观之敝，诚不自揆。之前我曾冒昧地向您请教探讨了博览泛观的弊病，其实我自己也没有太大的把握。**乃蒙见是，何幸如此！**得蒙您的指正，荣幸之至！**然观来谕，似有未能遽舍之意，何邪？**然而看了您的来信，似乎尚有不能立即舍去之意，为什么呢？**此理甚明，何疑之有？**这个道理非常明白了，怎么还能有疑惑呢？**若使道可以多闻博观而得，则世之知道者为不少矣。**如果大道可以通过多见多闻、博览泛观而得到，那么天下明白道的人将会是很多的。**熹近日因事方有少省发处，如"鸢飞鱼跃"，明道以为与"必有事焉勿正"之意同者，乃今晓然无疑。**我最近因为一些事情才有了少许的反省之处，就像"鸢飞鱼跃"，明道先生认为与"必有事焉而勿正"的意思是相同的，到了今天我才明白无疑。**日用之间，观此流行之体，初无间断处，有下工夫处。**而在平日的做功中，能观察到此大道的流行本体，才认识到大道是没有间断的，是有做功夫的地方的。**乃知日前自诳诳人之罪，盖不可胜赎也。**这才省悟自己以前自欺欺人的过错，都是不可挽回的。**此与守书册，泥言语，全无交涉。幸于日用间察之，知此则知仁矣。**这个道与死抠书本，拘泥于言语，就是毫无瓜葛了。幸好我在日间功课时体察到了，明白了这个道理，就是明白了仁的含义。

答潘叔昌

潘叔昌，名景愈，字叔昌，金华人，潘叔度之弟。

示喻"天上无不识字底神仙"，此论甚中一偏之弊。用"天上没有不识字的神仙"来做比喻，这个说法就中了失之偏颇的弊病。衙门里没有不聪明的官。"天上无不识字底神仙"，有的识字，有的是假识字；有真博士，也有假博士；有真教授，也有假教授。所以就有失之偏颇之弊。**然亦恐只学得识字，却不曾学得上天，即不如且学上天耳**。然而也是怕只学习了识字，却不曾学得上天，那还不如先学习如何上天呢。**上得天了，却旋学上天人，亦不妨也**。只要上得天了，再去向天上的神仙学习，那也无妨啊。**中年以后，气血精神能有几何？不是记故事时节**。到了中年以后，你的气血精神还剩多少啊？就已经不是记得这些故事的时候了。**熹以目昏，不敢着力读书。闲中静坐，收敛身心，颇觉得力**。我已经是老眼昏花了，不敢用力去读书。就在空闲的时候静坐，收敛身心，还是觉得很有用的。**间起看书，聊复遮眼，遇有会心处，时一喟然耳！**偶尔起来看看书，时而用书遮目，遇到心领神会的地方，便有了些感慨啊！因为眼睛有病，迫不得已这么静坐，反而觉得独坐静思、反省自己，比只读书更有利。如果我反省之后，再结合着看书，那时常会有心领神会的收获。王阳明所讲的，就是朱熹静坐体会的收敛身心，向内求，比只读书向外求要更有效。

答潘叔度

潘叔度，名景宪，字叔度，是朱熹的朋友，非弟子。

熹衰病，今岁幸不至剧，但精力益衰，目力全短，看文字不得，冥目静坐，却得收拾放心。我身体衰弱多病，今年所幸没有加重，但精力体力日益衰竭，视力也衰退很多，无法阅读文章了，只能静坐冥想，反而能做到收敛身心，把放纵的心收拢回来。**觉得日前外面走作不少，颇恨盲废之不早也。**现在觉得以前在心外做的功夫太多了，颇为悔恨眼睛怎么不早些盲废呢？眼睛有病还是有点晚了，早点有这个眼病，那就少看书，多静坐想，那对过去向外求不向内求的毛病还有弥补的可能啊。**看书鲜识之喻，诚然。**你说只看书就少有收获，这是对的。**然严霜大冻之中，岂无些小风和日暖意思？要是多者胜耳！**然而在严寒冰冻之中，又怎么会没有些许的风和日丽的感觉呢？主要是较强的一方胜过另一方罢了。

与吕子约

孟子言"学问之道，惟在求其放心"，而程子亦言"心要在腔子里"。孟子说，学问之道，就在于寻回放纵的本心；而程子说，心要保持在你的胸中。心始终要在心的位置上，我们平常人说没心没肺，心丢了，事实上都是从孟子这来的。而程子说的，心时时要守在腔子里，实质是良心要始终保存着。**今一向耽著文字，令此心全体都奔在册子上，更不知有己。**现在我一直沉溺于文字，使得全身心都放纵在书册上，竟然不知道还有个本己。**便是个无知觉**

不识痛痒之人，虽读得书，亦何益于吾事邪？ 这样就成了一个无知无觉、不知痛痒的人，虽然读了很多的书，那对于自己的学业有什么帮助呢？

与周叔谨

周叔谨是吕祖谦、朱熹的弟子。下文的"应之"是石宗昭，也是吕祖谦和朱熹的弟子。

应之甚恨未得相见，其为学规模次第如何？ 特别遗憾没能见到应之，不知道他最近的学业情况如何？**近来吕、陆门人互相排斥，此由各徇所见之偏，而不能公天下之心以观天下之理，甚觉不满人意。** 近来有吕祖谦和陆九渊的门人弟子相互攻击排斥，这是由于他们各执门户之见有所偏颇，不能以公正之心去看待天下的道理，很是不能令人满意。就像子张和子夏的学生在私下里互相辩论，其实根本上都是孔子学说。孔子教育子张的话是有针对性的，你别过激，要中一点；而子夏慢，那你就痛快点。他这样教育两个学生，是因为他们性格不一样，各自有偏，这叫补偏救弊。可是他们在得到老师教诲之后，不像老师教诲他那样去教诲学生，而是把老师的话原封不动教给学生了，那结果就偏了。得根据自己学生是偏慢还是偏快，偏强还是偏柔，根据这个再采取具体措施去具体处理。**应之盖尝学于两家，未知其于此看得果如何？** 应之曾在两家都学习过，不知道他对于这件事如何看待？**因话扣之，因书谕及为幸也。** 按我写给你的信的话头，如果能就这个事写信告知我就好了。**熹近日亦觉向来说话有大支离处，反身以求，正坐自己**

用功亦未切耳。我最近也感觉到以前所说的话有很多大的漏洞，反观以求正，倒是觉得自己用功有不真切的地方。**因此减去文字工夫，觉得闲中气象甚适。**因此减少了文字方面的功夫，还觉得闲暇之中修养状况颇为自然。**每劝学者且亦看《孟子》"道性善"、"求放心"两章，著实体察收拾为要。**这样每每我都劝勉学者，要看看孟子的"道性善"和"求放心"两章，着实体会收敛本心的要领。**其余文字，且大概讽诵涵养，未须大段著力考索也。**其余的文字，大都是劝诫涵养方面的，不需要下很大的气力考察求索。这就很接近王阳明的思想了，不要总在文字上反反复复地推敲，撮其大意，最终落到抓住良心上，使良心不跑。

答陆象山

熹衰病日侵，去年灾患亦不少，比来病躯方似略可支吾。我现在病体衰弱，去年尤为多灾多难，最近才感觉稍稍可以支持。**然精神耗减，日甚一日，恐终非能久于世者。**然而精神损耗一天比一天大，恐怕将不久于人世了。**所幸迩来日用工夫颇觉有力，无复向来支离之病。**所幸近来日常所做的功夫颇为得力，没有了过去支离破碎的毛病。**甚恨未得从容面论。未知异时相见，尚复有异同否耳？**甚是可惜不能当面与你从容讨论。不知道他日再相见，我们还会不会有异同之争？

答符复仲

符复仲是朱熹的弟子。

闻向道之意甚勤。我听说你心向圣道十分恳切。**向所喻义利之间，诚有难择者**。从前所说的义利之辨，确实有难于取舍的地方。**但意所疑，以为近利者，即便舍去可也**。只要是意识上有所怀疑，认为是近于利的，即便舍去也就可以。**向后见得亲切，却看旧事，又有见未尽舍未尽者，不解有过当也**。后来对此理解更加真切，再看以往我的学问，又有了许多不全舍得丢弃的、不完善的东西，这是没理解而有过失的。**见陆丈回书，其言明当，且就此持守，自见功效，不须多疑多问，却转迷惑也**。见到象山的回信，他说得明白妥当，如能就此坚守，自然就有效果，无须再多疑多问，要不就导致迷惑了。

答吕子约

日用工夫，不敢以老病而自懈。平常做功夫，不能以自己病老做借口而有所懈怠。**觉得此心操存舍亡，只在反掌之间**。能感觉到自己的良心把握住就存在，舍掉了就失去，那真是易如反掌。**向来诚是太涉支离**。**盖无本以自立，则事事皆病耳**。过去的学问确实太过支离破碎，如果不自立根本，那么任何事都会有问题的。**又闻讲授亦颇勤劳，此恐或有未便**。又听说你讲课颇为勤恳，这恐怕也会出问题。今日正要清源正本，以察事变之几微，岂可一向汩溺于故纸堆中，使精神昏弊，失后忘前，而可以谓之学乎？如今我正要正本清源，以察明事物变化的精微之处，怎么还能一直沉溺于陈闻旧书之中，使得自己精神昏聩，失之于后，忘之于前，这样怎么能称之为学呢？

与吴茂实

吴茂实与朱熹亦师亦友。

近来自觉向时工夫，止是讲论文义，以为积集义理，久当自有得力处，却于日用工夫全少检点。近来觉得自己过去所做的功夫，只是停留在讲文论义上了，以为是积累义理，久而久之自然就会得力，然而却在日常做功夫上太少加以检点。**诸朋友往往亦只如此做工夫，所以多不得力。**诸位朋友也都是这样做功夫，往往多是很不得力。**今方深省而痛惩之，亦欲与诸同志勉焉。幸老兄遍以告之也。**现在我深刻醒悟了，痛定思痛，希望与各位同志共勉。幸而有老兄你遍告各位同志吧。

答张敬夫

张敬夫，名栻，号南轩，字敬夫，后又改字钦夫，南宋汉州人，就是今天的四川绵竹。他是当时的丞相张浚之子，与朱熹、吕祖谦齐名，时称"东南三贤"。

熹穷居如昨，无足言者。我还像以前一样窘迫地生活，没什么值得说的。**自远去师友之益，兀兀度日。**自从离开师友们的相互关照帮助，就只是平淡地过日子。**读书反己，固不无警省处，**

终是旁无强辅，因循汩没，寻复失之。通过读书反求诸己，固然不能没有警醒之处，但终究是旁边没有强大的辅助，只能是因循固守，汩没沉沦，刚学到又丢失了。**近日一种向外走作，心悦之而不能自已者，皆准止酒例，戒而绝之，似觉省事。**最近有一种心向外驰往、心情喜悦得不能自已的感觉，就准备比照戒酒的方法，戒绝它，似乎觉得很省事。**此前辈所谓"下士晚闻道，聊以拙自修"者，若充扩不已，补复前非，庶其有日。**就是像苏轼在《贫家净扫地》中写的，"悟性不好的人懂得道理较晚，只能用来完善自身罢了"。如果能不断地扩充修养德性，修补之前的过失，那还能有改正之日。**旧读《中庸》"慎独"、《大学》"诚意"、"毋自欺"处，常苦求之太过，措词烦猥。**过去读《中庸》的"慎独"、《大学》的"诚意""毋自欺"等处，常常太过辛苦地苛求，措词也都很繁杂。**近日乃觉其非，此正是最切近处，最分明处。**最近才觉得这是不对的，这些恰恰是最贴近、最分明的地方。**乃舍之而谈空于冥漠之间，其亦误矣。**舍去这些而去空谈冥漠之事，这也是错误的。**方窃以此意痛自检勒，懔然度日，惟恐有怠而失之也。**才开始以此意检点自己，戒惧严肃地过日子，唯恐有所怠慢而失去正道。**至于文字之间，亦觉向来病痛不少。**至于文字方面的功夫，也觉得以前毛病不少。**盖平日解经最为守章句者，然亦多是推衍文义，自做一片文字。**这是因为平日里做的注释经文太过执着于章句了，也只不过是经过推衍文字意义，来做成一番文字来。**非惟屋下架屋，说得意味淡薄，且是使人看者将注与经作两项工夫做了，下梢看得支离，至于本旨，全不相照。**这不仅仅是就像在屋子下面再建屋子一般没用，也会使得原来的内涵意思说得淡薄了，而且让读者把注释和经文看作两件事了，下乘者看得支离破碎，至于原经的本来宗旨，却全然顾及不到。**以此方知汉儒可谓善说经者，不过只说训诂，使人以此训诂玩索经文。**由此才知道汉儒们可以说是善说经文者，不过只是说了训诂之词，让人以训诂之学来探索经文。**训诂经文不相离异，只做一道看了，直是意味深长也。**训诂和经文之事不能割裂得开，只是合做一道看了，真的是意味深长啊！

答吕伯恭

吕伯恭，名祖谦，字伯恭。南宋时著名的理学家，和朱熹名位相近。

道间与季通讲论，因悟向来涵养工夫全少，而讲说又多强探必取、寻流逐末之弊。路上与季通讨论问题，感悟到之前做涵养方面的功夫少了，而在说辞讲求方面多是用强探求，这样一定会招致舍本而顺流逐末的弊端。**推类以求，众病非一，而其源皆在此，恍然自失，似有顿进之功。**以此类推，虽然有许多这样那样的毛病，但是它们的根源都在于此，恍然间若有所失，似乎有了些顿悟精进的效果。**若保此不懈，庶有望于将来。**如果保持涵养功夫不松懈，差不多将来有希望成功。**然非如近日诸贤所谓顿悟之机也。**然而这并不是近来诸位所说顿悟的做法。**向来所闻诲谕诸说之未契者，今日细思，吻合无疑。**过去所听到的教诲之言未能契合的，现在仔细思考，无疑都是吻合的。**大抵前日之病，皆是气质躁妄之偏，不曾涵养克治、任意直前之弊耳。**大概之前的毛病，都是由于气质上烦躁虚妄的偏颇，自己不曾涵养克治、任意妄行造成的。

答周纯仁

周纯仁，名朴，字纯仁，是朱熹的学生。

闲中无事，固宜谨出，然想亦不能一并读得许多。闲来无事，固然应当谨慎而行，然而又想那也不能一下子读很多的书。**似此专人来往劳费，亦是未能省事，随寓而安之病**。就像这样派专人来往劳碌，也是不能省事，随遇而安的毛病。**又如多服燥热药，亦使人血气偏胜，不得和平，不但非所以卫生，亦非所以养心**。又多服用了一些解燥热的药，使得自己气血上涌，不能够平和，不但不能养生，也不能够养心。**窃恐更须深自思省，收拾身心，渐令向里，令宁静闲退之意胜，而飞扬燥扰之气消，则治心养气、处世接物自然安稳，一时长进，无复前日内外之患矣**。我私下以为需要更加深刻地反省自己，收拾放纵的身心，逐渐向内探求，使得宁静清闲的气息升腾，而飞扬躁动的气息消退，那么就会涵养身心，待人接物自然安稳，随时有所长进，就不会再有之前的内外担忧了。

答窦文卿

窦文卿，名从周，字文卿，南宋理学家。

为学之要，只在著实操存，密切体认，自己身心上理会。做学问的要点，只是在于切实地操持存守，密切体察认知，在自己身心上理会。这里操存的就是良知良心。**切忌轻自表襮，引惹外人辩论，枉费酬应，分却向里工夫。**切忌轻浮夸耀，引起外人的非议论辩，浪费时间去应对，分散了向内的功夫。

答吕子约

闻欲与二友俱来而复不果，深以为恨。听说你想要和两位朋友一起来而未能成行，深以为遗憾。**年来觉得日前为学不得要领，自做身主不起，反为文字夺却精神，不是小病。**今年以来觉得之前做学问还不得要领，自己做不了自己身体的主宰，反而被文字占去了很多的精力，这不是小病。**每一念之，惕然自惧，且为朋友忧之。**每每想到这个，都会警惕而恐惧，还会替朋友担心有此毛病。**而每得子约书，辄复恍然，尤不知所以为贤者谋也。**而每次得到子约你的来信，就会再次恍然大悟，却不知道你作为贤者的考虑啊。**且如临事迟回，瞻前顾后，只此亦可见得心术影子。**就好像遇到了事情而回来晚了，瞻前顾后的，就是如此也可以看到自己内心的影子。**当时若得相聚一番，彼此极论，庶几或有剖决之助。**当时如果能相聚一番，彼此好好议论议论，差不多就有剖析解决的帮助吧。**今又失此机会，极令人怅恨也！**现在又失去了这样的机会，实在是令人遗憾惆怅啊！**训导后生，若说得是，当极有可自警省处，不会减人气力。**教导后生，如果说得对，应当有可以警醒自己的地方，不会浪费人的气力。**若只如此支离，漫无统纪，则虽不教后生，亦只见得展转迷惑，无出头处也。**如果只是这样的支离破碎，全无计划和纪律，那么虽然不是教导后生，也只是使得自己晕头转向，没有出头之日。

答林择之

林择之，名用中，字择之，朱熹的弟子。

熹哀苦之余，无他外诱，日用之间，痛自敛饬，乃知敬字之功亲切要妙乃如此。 我除了哀伤病痛之外，没有其他别的诱惑。平日之时，能够将痛苦加以收敛，这才知道敬字的功夫如此亲切神妙。就是我们做事还是要守这个敬字。敬字要是做好了，之前的傲字就去掉了。无论是帮别人盛碗粥，还是给别人开个门，有这个敬字，效果不一样。久而久之，德性肯定会日积月累。**而前日不知于此用力，徒以口耳浪费光阴，人欲横流，天理几灭。** 然而以前不知道在这里用功，只知道在口耳上浪费时间，使得人欲横流，天理几乎消失殆尽。**今而思之，怛然震悚，盖不知所以措其躬也。** 现在想起来，深感惊恐，真不知道以前之所以忙碌的意义。过去想的就是讲授传播，而没有往内心使劲，也没有引导学生在良知上检讨自己，这个问题确实挺严重。就是从内心去解决问题，这个功夫差太多。所以王阳明讲，致良知是我们"圣圣相传的一点滴骨血"。

又

此中见有朋友数人讲学，其间亦难得朴实头负荷得者。 在这见到有数位朋友讲学，其间也难有朴实、担当的带头人。**因思日前讲论，只是口说，不曾实体于身，故在己在人，都不得力。**

因而想到以前讲论的学问，只是嘴巴上说，不曾亲身去实践，所以不管对于自己还是对于别人，都没有什么用处。**今方欲与朋友说日用之间，常切点检气习偏处、意欲萌处，与平日所讲相似与不相似，就此痛著工夫，庶几有益**。现在想要与朋友们说在日常用功的时候，要经常切实地检查习气的偏颇之处、私意的萌动之处，与平日里所讲的是不是相吻合，就在此处痛下功夫，那可能很有益处的。**陆子寿兄弟，近日议论，却肯向讲学上理会**。陆子寿兄弟，在近日的讨论中，却是肯向讲学上体会。**其门人有相访者，气象皆好**。他的学生有来拜访我的，气象都很好。**但其间亦有旧病。此间学者却是与渠相反，初谓只如此讲学，渐涵自能入德**。但其中还是有些老的毛病。而这里的学者却是与他们相反，起初以为只是这样讲学，逐渐认识到涵养自己而能提升德性。**不谓末流之弊只成说话，至于人伦日用最切近处，亦都不得毫毛气力。此不可不深惩而痛警也**！不说末流的弊端而只是成了说说话，至于在人伦这样日用中最贴合的地方，也都不花丝毫的气力。这不能不深刻警醒啊！

答梁文叔

近看《孟子》见人即道性善，称尧、舜，此是第一义。近来在看《孟子》见人便说性善，称尧、舜之德性善，这是最重要的道义。**若于此看得透，信得及，直下便是圣贤，便无一毫人欲之私做得病痛**。如果在此处看得透彻，信得过，照尧、舜学，当下你就是圣贤，就没有一丝一毫人欲之私所致的病痛。**若信不及，孟**

子又说个第二节工夫，又只引成覸、颜渊、公明仪三段说话教人如此，发愤勇猛向前，日用之间，不得存留一毫人欲之私在这里，此外更无别法。如果信不过，孟子又说了个第二层次的功夫，只是引用成覸、颜渊、公明仪三个人的三段对话来教导人，要人发愤图强、奋勇向前、在平常日用之时，不存留一丝一毫的人欲之私在其中，除此以外，更无别法。若于此有个奋迅兴起处，方有田地可下功夫。如果在此处能够有发愤图强的意识，才可能有真正下功夫的地方。不然，即是画脂镂冰，无真实得力处也。不然的话，那就是在油脂上画画，在冰上雕刻，没有真正的切实所得。近日见得如此，自觉颇得力，与前日不同，故此奉报。所以最近明白了许多，自己觉得很是有用，与之前的不相同，特以此相告。有了感想，及时写给比他年轻的好朋友。

答潘叔恭

潘叔恭，吕祖谦、朱熹的弟子。

学问根本在日用间，持敬集义工夫，直是要得念念省察。学问的根本就在于平常日做之间，持敬与集义的功夫，那真是要念念不忘、时时省察的。读书求义，乃其间之一事耳。读书求宜，读书求得把事情做得恰当，这只是其中的一件事啊。旧来虽知此意，然于缓急之间，终是不觉有倒置处，误人不少。今方自悔耳！过去虽然知道这个意思，然而在处事轻重缓急之间，仍然在不知不觉间把功夫做颠倒了，误导了许多人。现在才知道后悔！这里的倒置是指重视学，而忽视了行，重视表面的礼义廉耻，忽视了内心良知的恒定。真正的圣贤、大学者，在自省、自查、自改过上还用别人来提醒吗？圣贤之人大都内敛而寡言。比如我们现在评论别人的是非，好多事我们没有资格评论，因为我们并不知道真实情况，总从自己的角度分析对错！

答林充之

林充之是朱熹弟子。

充之近读何书？充之你近来都在读什么书啊？**恐更当于日用之间为人之本者，深加省察，而去其有害于此者为佳。**恐怕还是要在平常生活当中体悟做人的根本，深刻省察，去除掉那些有害于做人的东西为好。**不然，诵说虽精，而不践其实，君子盖深耻之。此固充之平日所讲闻也。**不然的话，文字讲诵虽然精彩，但没有去实践它，君子人都会深以为耻。这些固然也是充之你平日里所讲所听的学问吧。

答何叔景

李先生教人，大抵令于静中体认大本未发时气象分明，即处事应物，自然中节。李侗先生教诲人，大都是让人在处静之中体认本心在萌动未发之时的表象分明，这时处事应物都是自然而然地合乎中道。李侗是二程的三传弟子，并真正教过朱熹，所以朱熹是二程的四传弟子。"大本未发"就是"喜怒哀乐之未发"，这时候的气象分明，修道就能很自然地恪守中道，那就能"发而皆中节"。**此乃**

龟山门下相传指诀。这是杨时门下相传的秘诀。这个龟山是杨时，程门立雪的杨时。二程传杨时，杨时传罗从彦，罗从彦传李侗，李侗传朱熹，杨、罗、李、朱四位理学大师，古称"延平四贤"。李侗被后人称为"延平先生"，延平是现在的福建省南平市。**然当时亲炙之时，贪听讲论，又方窃好章句训诂之习，不得尽心于此。**然而当时在先生门下学习，贪于听取讲论之学，又在私下里喜欢文章词句与训诂之学，没能专心于先生静中体认的功夫。**至今若存若亡，无一的实见处，辜负教育之意。每一念此，未尝不愧汗沾衣也。**至今还是茫茫荡荡、若有若无，没有一处切实的见地，辜负了先生的教诲。每想到此，都会惭愧得汗流浃背。当时都注意的是贪听讲论，章句训诂，不得尽心在良知上去发现，所以先生们所讲至今若存若无，没有一个地方很着实地、很深刻地在心里打烙印，辜负了教育之意。

又

熹近来尤觉昏愦无进步处。我最近尤为觉得昏聩而没有什么进步之处。**盖缘日前偷堕苟简，无深探力行之志，凡所论说，皆出入口耳之余，以故全不得力。**大概是由于之前的懒惰和苟且，没有深究探求身体力行的志向，凡是所讲的论述，都是嘴巴上说说，耳朵听听而已，所以完全没什么用途。**今方觉悟，欲勇革旧习，而血气已衰，心志亦不复强，不知终能有所济否？**现在才有所觉悟，想去努力改掉旧习，然而气血精力已经衰老，心志也没有过去那么强了，不知道最终还能有何改观。

又

　　向来妄论"持敬"之说，亦不自记其云何。过去妄论"持敬"的学问，现在也不记得自己说过什么了。**但因其良心发现之微，猛省提撕，使心不昧，则是做工夫底本领。**一旦有微妙的良心发现，猛然提醒，使得良心不被蒙昧，这就是做功夫的本领。这里明白看到，朱熹已经提出了良心的问题。发展到宋、元、明、清之际，佛、道思想对儒家思想有促进的影响，在这个时候人们更细微地约束自己的身心了，不只是外在的，也已经提到内在的约束了。所以到朱熹这个时候，已经意识到良心、良知的重要程度了。这样看，王阳明提出"致良知"、讲良心的问题也不是偶然的，也是有文化背景、思想发展的背景的。我们研究这个问题，既不否认王阳明"致良知"的思想的独创性，也不能把王阳明思想和朱熹、陆九渊思想就给断裂开来。既是一脉相承，又有独创性。**本领既立，自然下学而上达矣。**本领既然已经确立，自然就能通过学习而通达天道。**若不察良心发见处，即渺渺茫茫，恐无下手处也。**如果不省察自己良心的发用之处，那么就会茫茫荡荡，而没有功夫下手的地方。**中间一书论"必有事焉"之说，却尽有病，殊不蒙辨诘，何邪？**其间有一封书信论及"必有事焉"的论断，其中却是有很多的问题，却没有受到质疑，为什么呢？**所喻多识前言往行，固君子之所急。**因为所讲的都是过去的圣贤言行，也正是君子们所急迫需要的功夫。**熹自来所见亦是如此。**我一直以来的见解也正是如此。**近因反求未得个安稳处，却始知此未免支离，如所谓因诸公以求程氏，因程氏以求圣人，是隔几重公案，曷若默会诸心，以立其本，**

而其言之得失，自不能逃吾之鉴邪？ 近来开始反求诸己而没能得到安稳之处，才明白这样的学问未免是支离破碎的。如果所谓通过诸公的讲解而学习二程，通过二程的讲解而学习圣人，这就隔了几重人事之间的是非，何如默然体会于心，确立自己的本心，这样言语上的得失，就自然不能逃过自己的心的鉴别，这不更好吗？**钦夫之学所以超脱自在，见得分明，不为言句所桎梏，只为合下入处亲切。** 张栻先生的学问之所以超然自在，见得明白，不会被语言所羁绊，只是因为功夫做得好，与社会贴切。**今日说话虽未能绝无渗漏，终是本领。** 如今他说话虽不能做到绝无纰漏，但终究也是本领。**是当非吾辈所及，但详观所论，自可见矣。** 这固然不是我辈所能企及的，但是详细观察其所论述，自然能够看得出来。

答林择之

所论颜、孟不同处，极善极善！ 择之关于颜回和孟子不同之处的论述，说得极好，极好！**正要见此曲折，始无窒碍耳。** 正是要看到这些细节上的曲折，才能没有滞碍。**比来想亦只如此用功。** 最近常想也确实要这样用功了。**熹近只就此处见得向来未见底意思，乃知"存久自明，何待穷索"之语，是真实不诳语。** 我近来只有在这里看到过去未能明白的意思，才知道"存养久了自然明，何须一定要穷尽探索"的话，是真切的，非妄言。**今未能久，已有此验，况真能久邪？但当益加勉励，不敢少弛其劳耳！** 如今还没存久，就有这样的效果，何况真的长久呢？所以只有加倍努力勉励自己，而不能有丝毫的松懈啊！

答杨子直

杨子直，名方，字子直，福建人，年长于朱熹，是朱熹的学友。

学者堕在语言，心实无得，固为大病。学者沉溺于言语之上，心里没有实际的修养，这固然是做学问的大毛病。**然于语言中，罕见有究竟得彻头彻尾者。**然而在言语上，却又少见有明白得彻头彻尾的。**盖资质已是不及古人，而工夫又草草，所以终身于此，若存若亡，未有卓然可恃之实。**大都是由于资质上已经不如古人，而下的功夫又是草草了事，所以终身只限于此，似有非有，没有卓然扎实的学问作仰仗。**近因病后，不敢极力读书，闲中却觉有进步处。**最近因为生了病之后，不敢努力读书，闲下来反倒觉得有了一些进步。**大抵孟子所论"求其放心"，是要诀尔！**大概孟子所论述的"求其放心"，就是这个要诀吧！

与田侍郎子真

吾辈今日事事做不得，只有向里存心穷理，外人无交涉。我们现在什么事都做不好，那只有向内存养心性，穷尽天理，跟外人没什么关系。**然亦不免违条碍贯，看来无着力处，只有更攒近里面，安身立命尔。**然而也免不了违背条理，阻碍贯道。看来是没有着力之处，攒，同钻，只有钻入内心深处去求正心诚意，才能安身立命。**不审比日何所用心？因书及之，深所欲闻也。**不知道以前是怎么想的？因为写信谈及到了，我很想听听你的看法。

答陈才卿

陈才卿，名文蔚，字才卿，江西上饶人，人称"克斋先生"，是朱熹的弟子。

详来示，知日用工夫精进如此，尤以为喜。 详细看了你的来信，知道你的平时功夫精进到如此这般程度，尤其为你感到高兴。**若知此心此理端的在我，则参前倚衡，自有不容舍者，亦不待求而得，不待操而存矣。** 如果能够知道此心此理真的就在自己心里，"参前倚衡"，见于《论语·卫灵公》，"子张问行。子曰：'言忠信，行笃敬，虽蛮貊之邦，行矣。言不忠信，行不笃敬，虽州里，行乎哉？立则见其参于前也，在舆则见其倚于衡也，夫然后行。'子张书诸绅。""言忠信，行笃敬"，时时在昭示我们，不容许我们对其有所丢失。久而久之，不待求而自有，不把持它也不跑掉。**格物致知，亦是因其所已知者推之，以及其所未知，只是一本，原无两样工夫也。** 格物致知，也是凭借自己已知的推而广之，以达到自己所未知的，其实只是一个根本，原本就不是两样的功夫。

与刘子澄

刘子澄，名清之，字子澄，江西吉安人，是刘子和的弟弟，人称"静春先生"，朱熹的学友。

"居官无修业之益"，若以俗学言之，诚是如此。 "为官对于修养的事业没有什么益处"，如果就一般的学问而言，的确是这样。**若论圣门所谓德业者，却初不在日用之外，只押文字，便是进**

德修业地头，不必编缀异闻，乃为修业也。如果按照圣门所说的德业来论，其原就不在日常事物之外，只在文字上用功，那么为官便是进德修业的头，就不必再编收其他什么学问，这就是进德修业。**近觉向来为学，实有向外浮泛之弊，不惟自误，而误人亦不少。**近来觉得过去做学问，实在是有向外探求，浮于泛泛的毛病，不仅耽误了自己，也误导了不少别人。**方别寻得一头绪，似差简约端的，始知文字言语之外，真别有用心处，恨未得面论也。**我才另外寻到一点为学的头绪，似乎简约了一些，才知道在文字语言之外，真的另有可用心之处，可惜不能当面和你讨论。**浙中后来事体，大段支离乖僻，恐不止似正似邪而已，极令人难说，只得惶恐，痛自警省！恐未可专执旧说以为取舍也。**到了浙江之后的事情，大体上都是支离破碎，乖张偏僻，恐怕不只是似正似邪而已，极为让人难说，只是感到惶恐，痛切警醒！恐怕不可以只是执着于旧时学说来做取舍。

与林择之

熹近觉向来乖谬处不可缕数，方惕然思所以自新者，而日用之间，悔吝潜积，又已甚多。我最近觉得过去乖张谬戾之处不可胜数，才惶恐地思考该如何了解学习新的东西，然而在日常之间，悔吝的事情已经不知不觉积累了很多。**朝夕惴惧，不知所以为计。**从早到晚惴惴不安，不知所措。**若择之能一来辅此不逮，幸甚！**如果择之能够过来帮助我的不足，那真是太好了！**然讲学之功，比旧却觉稍有寸进。以此知初学得些静中功夫，亦为助不小。然**

而讲学的功夫，比较过去还是觉得稍有进步。由此而知，在初学的时候能够做些静的功夫，还是有不小帮助的。

答吕子约

示喻日用工夫如此，甚善！你来信告诉我你日常用功的情况如此，这很好！**然亦且要见一大头脑分明，便于操舍之间有用力处。**然而也要明白做学问的宗旨清晰，以便在收放之间有用力之处。**如实有一物，把住放行在自家手里，不是谩说求其放心，实却茫茫无把捉处也。**就像有一实实在在的东西，把握在手中收放自如，不是随口空说个"求其放心"，而实际上却是茫茫荡荡地没有把握住。

子约复书云："某盖尝深体之，此个大头脑本非外面物事，是我元初本有底。吕子约回信说：我曾深有体会，这个做学问的宗旨本来就不是外面的事物，是我原本初时就有的。**其曰'人生而静'，其曰'喜怒哀乐之未发'，其曰'寂然不动'，人汩汩地过了日月，不曾存息，不曾实见此体段，如何会有用力处？**就像他说"人生而静""喜怒哀乐之未发""寂然不动"等，人稀里糊涂地度过了岁月，不曾有所存养，不曾实际明白这种体会，那怎么会有用功的抓手呢？**程子谓'这个义理，仁者又看做仁了，智者又看做智了，百姓日用不知，此所以君子之道鲜'。**程子说"这个义理，仁者见仁，智者见智，普通百姓天天用而不明白，这就是为什么君子之道很难显现"。**此个亦不少，亦不剩，只是人看他不见，不大段信得此话。**这个道理并不缺少，也不多余，只是由于人们很少见到，所以并不真正信这个道理。**及其言于勿忘勿助长间认取者，认乎此也**。至于说要在勿忘、勿助长中有所体认，那就是体认这个道理吧。**认得此，则一动一静皆不昧矣！**体认得这个道理，那么无论是动还是静就都不会蒙昧了！**恻隐羞恶辞让是非，四端之著也，操存久则发见多；忿懥忧患好乐恐惧，不得其正也，放舍其则日滋长**。恻隐、羞恶、辞让、是非，人性四端之心的显著，操持存守久了就会显现得多；忿懥、忧患、好乐、恐惧四种情绪，使得人心不能摆正，放纵了、舍了约束，这些情绪就会日益滋长。**记得南轩先生谓'验厥操舍，乃知出入'，乃是见得主脑，于操舍间有用力处之实话**。记得南轩先生说过"体验过操持与放纵，就能明白心性的出入关系了"，这是明白了做学问的宗旨，并在操持与放纵之间有下功夫地方的实话。**盖苟知主脑不放下，虽是未能常常操存，然语默应酬间历历能自省验，虽其实有一物在我手里，然可欲者是我底物，不可放失；**如果知道抓住宗旨不放，那么虽然不能常常操存，然而在言谈举止间也能时常自我反省检验，虽然真的有一实物在我手里，然而这个可以追求的是我自己的东西，不可以放弃丢失；**不可欲者非是我物，不可留藏：**不可以追求的就不是我的东西，那就不可以留藏：**虽谓之实有一物在我手里，亦可也**。虽然说真有一实物在我手里，也是可以这样做的。**若是谩说，既无归宿，亦无依据，纵使强把捉得住，亦止是袭取，夫岂是我元有底邪？**如果只是随便说说，既没有归宿，也没有依据，纵使强行把持得住，那也只是"义袭而取"，那怎么能是我原来就有的呢？**愚见如此，敢望指教。"**这些是我的粗浅见解，请您指教。**朱子答书云："此段大概，甚正当亲切。"**朱子回信说，这段话的大意，很是恰当而亲切。

答吴德夫

吴德夫，名猎，字德夫，湖南醴陵人，先从学于张栻，后从学于朱熹。

承喻仁字之说，足见用力之深。 承蒙你给我讲仁字之意，足见你用功深刻扎实。**熹意不欲如此坐谈，但直以孔子、程子所示求仁之方，择其一二切于吾身者，笃志而力行之，于动静语默间，勿令间断，则久久自当知味矣。** 我的想法不是这样坐而论道，而是直以孔子、程子所开示求仁的方法，选择其中一二，适合于我的，笃志而能力行它，在动与静、言与默之间，不让它间断地实践，那么久而久之自然就能感悟其中的内涵。**去人欲，存天理，且据所见去之存之。** 去人欲，存天理，姑且就自己已经明白的或存养或除去。**工夫既深，则所谓似天理而实人欲者次第可见。** 随着功夫做到精深了，那些所谓的天理而实际是人欲的东西，它们的区别层次就显而易见了。**今大体未正，而便察及细微，恐有"放饭流啜而问无齿决"之讥也。如何如何？** 现在做学问的大体原则还没有确立，而要去观察细微之处，恐怕就会有自己"大口吃饭喝汤"而去"责备别人用门牙啃骨头"之嫌。这如何理解呢？

答或人

"中和"二字，皆道之体用。 "中和"两个字，都是道的本体和作用。**旧闻李先生论此最详，后来所见不同，遂不复致思。**过去听闻李侗先生讲解这两个字最为详备，后来自己的见解与他不同，就不再思考了。**今乃知其为人深切，然恨己不能尽记其曲折矣。**现在才知道李先生为人真切，既而后悔自己不能更多地记得李先生所讲的细节了。**如云"人固有无所喜怒哀乐之时，然谓之未发，则不可言无主也"，又如先言"慎独"，然后及"中和"，此亦尝言之。**就像他说"人固然有没有所谓的喜怒哀乐的时候，然而说它是未发，那么就不能说他没有主宰"，又比如先说"慎独"，然后才说到"中和"，这也是先生曾说过的。**但当时既不领略，后来又不深思，遂成蹉过，孤负此翁耳！**但是在当时既不能心领神会，后来又不去深思，就此蹉跎而过，辜负了先生！

答刘子澄

日前为学，缓于反己。过去做学问，对于反求诸己方面是放松的。**追思凡百，多可悔者。**回忆过去，有很多后悔之处。**所论注文字，亦坐此病，多无着实处。**所注释的文字，也因为此毛病，大多没有切实之处。**回首茫然，计非岁月工夫所能救治，以此愈不自快。**现在回想起来很是茫然，料定不是花时间所能救治的。因此越来越不畅快。**前时犹得敬夫、伯恭时惠规益，得以自警省。**前些时候还能得到敬夫、伯恭两位朋友时不时的帮助规劝，还能使得自己省察。**二友云亡，耳中绝不闻此等语。**现在两位朋友走了，我就再也听不到这等话语了。**今乃深有望于吾子澄。自此惠书，痛加镌诲，乃君子爱人之意也。**现在就深切地寄希望于子澄你了。

以后能多给我写信，严以教诲，这才是君子人爱人的美意呀！

[王阳明语]

朱子之后，如真西山、许鲁斋、吴草庐亦皆有见于此，而草庐见之尤真，悔之尤切。在朱熹之后，还有如真西山、许鲁斋、吴草庐等也都有这样的见解，而且吴草庐的见解更为真切，悔恨之意更为甚些。这话挺关键的，真西山是真德秀，朱熹弟子；许鲁斋是许衡，是元朝的大教育家；吴草庐是吴澄。真西山是南宋的，许鲁斋、吴草庐是元朝的。**今不能备录，取草庐一说附于后。**现在不能全部收录进来，就把吴澄的一说附在后面。

[吴澄文]

临川吴氏曰："天之所以生人，人之所以为人，以此德性也。临川是今天的江西抚州。临川的吴氏说，天之所以生养人，人之所以为人，都是因为有此德性啊。如果没有德性，人和禽兽有何分别？**然自圣传不嗣，士学靡宗，汉、唐千余年间，董、韩二子依稀数语近之，而原本竟昧昧也。**然而圣人思想没有继承，士大夫、学者的学习宗旨不明确，自从汉唐以来千余年间，只有董仲舒、韩愈两位先生寥寥数语，还能近于圣道，而圣道的大本大原竟也昏蔽了。**逮夫周、程、张、邵兴，始能上通孟氏而为一。**以至于到了周敦颐、二程、张载、邵雍等兴起，才又能通达孟子之学而与圣学为一。**程氏四传而至朱，文义之精密，又孟氏以来所未有者。**从二程开始往下传，传了四代传到朱熹，杨、罗、李、朱四代。文章字义达到了精微缜密的程度，这又是自孟子以来所未有的。**其学徒往往滞于此而溺其心**。而他的学徒往往是滞留于其文义而汨溺了本心。**夫既以世儒记诵词章为俗学矣，而其为学亦未离乎言语文字之末**。虽然以世儒们记诵词章为低俗之学问，然而朱氏为学也没有离开语言文字这些末流之学。**此则嘉定以后朱门末学之敝，而未有能救之者也**。这就是嘉定之后朱子学派的末流之学的弊端，而朱子门徒没有能救此弊端的人啊。**夫所贵乎圣人之学，以能全天之所以与我者尔**。圣人之学之所以尊贵，是它能将全部天理赋予我们。**天之与我，德性是也，是为仁义礼智之根株，是为形质血气之主宰**。天所能赋予我的，是德性二字，是仁义礼智的根本，是有形气质与血脉气息的主宰。**舍此而他求，所学何学哉？**舍弃这个德性的修为，而求其他，那所学的是什么学问呢？你看，学的是什么？是"形质血气之主宰"，"仁义礼智之根株"。要学那个根，学这个民族精神，民族气质，民族的奋勇，自强不息。**假而行如司马文正公，才如诸葛忠武侯，亦不免为习不著，行不察；亦不过为资器之超于人，而谓有得于圣学则未也**。即使为人处世有司马光的能力，有诸葛亮的才干，也不免落入修习不着实，行动不明察的境地；也只不过是有着超过常人的资质罢了，却不能说这是有得于圣学。孟子说："行之而不著焉，习矣而不察焉，终身由之而不知其道者，众也。"天天这么做，也没有显著的什么表示，其中蕴含的道理却不明白，这是"行之而不著焉"；经常做的事，习以为常，却不能察其所以然，这是"习矣而不察焉"；终生都按照这个道走，却不知道这是个什么道，这是芸芸众生，这就是老百姓。就像司马光、诸葛亮他们的做法，那也不过都是跟老百姓一样，"习不著，行不察"。为什么呢？就是这些有名人物，他们也没有体察心性，也没有上升到深刻的精神层面来理解修养问题，他们做的是规范。时间久了，代代相因，就成了个习惯。**况止于训诂之精，讲说之密，如北溪之陈，双峰之饶，则与彼记诵词章之俗学，相去何能以寸哉？**更何况止步于训诂上的精妙，讲说上的细致，就如陈北溪、饶双峰之徒，他们的学问与那些记诵词章的低俗之学相比，那又有多大的差别呢？陈北溪与饶双峰是朱熹的重要弟子，都是南宋的理学名家。**圣学大明于宋代，而踵其后者如此，可叹已！**圣学在宋代发扬光大了，而其后的追随者如此，真是可叹啊！宋代时期，程朱理学已经明确了，而在他的后人如陈、饶，还不能解决这个认识问题、心理问题，那就令人嗟叹了！**澄也钻研于文义，毫分缕析，每以陈为未精，饶为未密也。**我吴澄也曾钻研文章词义，条理分析，时常认为陈北溪的学问未必精纯，饶双峰的学问未必缜密。**堕此科臼中垂四十年，而始觉其非。**堕入这个窠臼之中，白白度过了将近四十年，这才觉悟到他的错误。**自今以往，一日之内子而亥，一月之内朔而晦，一岁之内春而冬，常见吾德性之昭昭，如天之运转，如日月之往来，不使有须臾之间断，则于尊之之道殆庶几乎？**自此以后，一天之内从子时到亥时，一个月之内从月初到月末，一年之内从春天到冬天，时常能见到自己的德性光明，就像天的运转，日月交替，不曾有片刻的间断，这对于尊贤之道的发扬大概差不多了吧？**于此有未能，则问于人，学于己，而必欲其至。**如果对于这还有做不到的，就向人请教，或者自己学，也务必做到极致。**若其用力之方，非言之可喻，亦味于《中庸》首章、《订顽》终篇而自悟可也。**"如果用功的方法，不是言语可以表达明白的，也可以品味《中庸》的首章、《订顽》的终篇而使自己感悟。

[袁庆麟跋]

《朱子晚年定论》，我阳明先生在留都时所采集者也。《朱子晚年定论》是我们的阳明先生在南京时所采集到的。**揭阳薛君尚谦旧录一本，同志见之，至有不及抄写，袖之而去者。**揭阳薛尚谦曾抄录一本，同学们都见到了，有人来不及抄录，就给拿走了。**众皆惮于翻录，乃谋而寿诸梓，谓"子以齿，当志一言"。**众人都怕被别人翻录盗刻，就商量为了能长久地保存必须刻版，就说"您的岁数最长，应当写一个跋"。**惟朱子一生勤苦，以惠来学，凡一言一字，皆所当守；而独表章是、尊崇乎此者，盖以为朱子之定见也。**朱子一生勤勉，对于后学尽有恩德，凡是他的一言一字，都应当持守；而唯独表彰、尊崇的这些文字，都以为是朱子的确定之见。**今学者不求诸此，而犹踵其所悔，是蹈舛也，岂善学朱子者哉？**如今的学者不探究这里的学问，而是犹自追随朱子所后悔的学说，这是重蹈错误啊，这哪是善于学习朱子学说呢？**麟无似，从事于朱子之训余三十年，非不专且笃，而竟亦未有居安资深之地，则犹以为知之未详，而览之未博也。**我袁庆麟不是这样的，我从事学习朱子之学三十多年，并非不专学笃定，但也没有达到安于所学、造诣精深的地步，仍以为是自己知道得不够详细，看得还不够广博。**戊寅夏，持所著论若干卷来见先生。**戊寅年（1518）的夏天，我拿着自己所写的若干卷文字来见先生。**闻其言，如日中天，睹之即见；象五谷之艺地，种之即生；不假外求，而真切简易，恍然有悟。**听闻先生之言，就像正午的太阳，一看就明白；像是种植五谷的沃土，一种即能生长；无须向外而求，真切简易，恍然大悟。**退求其故而不合，则又不免迟疑于其间。**回来之后对应此前所学又有不尽相同之处，不免产生疑惑。**及读是编，始释然，尽投其所业，假馆而受学，盖三月而若将有闻焉。**等到读了先生辑录的文字，才真正释怀，开始全身心投入先生的学问之中，假于学馆而听先生教诲，差不多三个月后好像有所明白了。**然后知向之所学，乃朱子中年未定之论，是故三十年而无获。**然后才知道过去所学，是朱子在中年时期还没有定论的学说，所以学了三十几年没有收获。**今赖天之灵，始克从事于其所谓定见者，故能三月而若将有闻也。**现在靠苍天之灵，才能够让我从学于朱子的定论之说，而在三月中有所收获。**非吾先生，几乎已矣！**如果不是阳明先生，我这一生就算完了！**敢以告夫同志，使无若麟之晚而后悔也。**因此斗胆告诉同学，使得大家不要像我这样因明白得晚而后悔。**若夫直求本原于言语之外，真有以验其必然而无疑者，则存乎其人之自力，是编特为之指迷耳。正德戊寅六月望，门人雩都袁庆麟谨识。**如果真想要求得本原于语言之外的话，真有想验证其学问而确认无疑者，就必须要靠自己的努力，先生所编撰的文章就是为学者指点迷津的。正德戊寅六月十五，门人弟子雩都袁庆麟谨记。

参考文献

吴光、钱明、董平、姚延福编校：《王阳明全集》，上海古籍出版社2012年版。

束景南：《王阳明年谱长编》，上海古籍出版社2017年版。

朱熹、吕祖谦辑：《近思录》，中国书店2015年版。

阮元校刻：《十三经注疏》，中华书局1982年版。

陈鼓应：《老子注译及评介》，中华书局1984年版。

王先谦：《庄子集解》，中华书局1954年版。

蒋伯潜：《十三经概论》，上海古籍出版社1983年版。

司马迁：《史记》，中华书局1975年版。

班固：《汉书》，中华书局1983年版。

陈寿：《三国志》，中华书局1982年版。

张廷玉等：《明史》，中华书局1984年版。

朱棣：《金刚经集注》，上海古籍出版社1984年版。

后 记

在 2020 年出版了《王阳明统说》一书之后，乐府学舍学友敦促本学人讲解《传习录》。乐府学舍过去几年系统学习了四书，再深入学习《传习录》就会容易多了。盖由王阳明先生《传习录》是通过四书、五经乃至《近思录》思想，阐述自己的思想观点；其运用经书与《近思录》语言之功力炉火纯青，臻于至善，多不说出处，随思而流；使不熟经书与《近思录》之学者，初受《传习录》犹坐云里雾中。而今所见《传习录》译文，多有不确而寡神。故逐字逐句，本真不偏地传承《传习录》之真灵魂，很有必要。遂于乐府学舍（2020年 11 月至 2021 年 11 月）讲解了《传习录》。听课之大学者林立，课堂上辅助讲者各抒己见。每一堂课，讲者所论均能得以纠谬与疏正，故将集成之书稿名之曰"王阳明《传习录》讲疏"。

胡永成先生以半年时间，将《传习录》讲稿整理成书稿，付出了太多的辛苦。其间又有诸多学友帮助审读，对此书的出版多有贡献。

本书是由讲稿整理而成，语言风格较为口语化，讲解的方式也不同于一般的译注类图书，而是将一些背景知识和拓展知识融入了讲解中，希望有助于读者对《传习录》的理解，期待学友与读者朋友的批评指正。

刘兆伟

2024 年 10 月 29 日